Gourmelon/Seidel/Treier

Personalmanagement im öffentlichen Sektor

Personalmanagement im öffentlichen Sektor

Grundlagen und Herausforderungen

von

Dr. Andreas Gourmelon
Professor an der Fachhochschule für
öffentliche Verwaltung Nordrhein-Westfalen,
Abteilung Gelsenkirchen

Dr. Sabine Seidel
Direktorin des Studieninstituts Ruhr in NRW

und

Dr. Michael Treier
Professor an der Fachhochschule für
öffentliche Verwaltung Nordrhein-Westfalen,
Abteilung Duisburg

1. Auflage, 2014

::rehm

Bibliografische Informationen Der Deutschen Nationalbibliothek

Die Deutsche Nationalbibliothek verzeichnet diese Publikation in der Deutschen Nationalbibliografie; detaillierte bibliografische Daten sind im Internet über http://dnb.d-nb.de abrufbar.

Bei der Herstellung des Werkes haben wir uns zukunftsbewusst für umweltverträgliche und wiederverwertbare Materialien entschieden. Der Inhalt ist auf elementar chlorfreiem Papier gedruckt.

ISBN: 978-3-8073-0247-8

::rehm

eine Marke der Verlagsgruppe Hüthig Jehle Rehm GmbH
Heidelberg/München/Landsberg/Frechen/Hamburg

Unsere Homepage: www.rehmnetz.de

Satz: TypoScript GmbH, München
Druck: Zimmermann Druck + Verlag GmbH, Balve

::rehm

Inhaltsübersicht

Seite

Geleitwort

„Das Personalmanagement in den Städten, Gemeinden und Landkreisen steht vor einer Vielzahl von Veränderungen und Herausforderungen. Die Notwendigkeit eines konsequenten Personalmanagements wird durch die demographische Entwicklung deutlich verstärkt. Denn besonders das Personal in den öffentlichen Verwaltungen wird von der demographischen Entwicklung betroffen sein. Während in der Vergangenheit vor allem der Personalabbau das beherrschende Thema war, rücken nun Themen wie die Gewinnung von Nachwuchskräften, Alterung der Belegschaft und Wissensmanagement in den Mittelpunkt des Handelns.

Die stetig sinkende Anzahl von Schulabgängern führt schon jetzt zu einem „Wettbewerb um die besten Köpfe", dessen Auswirkungen in den Kommunen bereits spürbar sind. Neben gezielten Rekrutierungsstrategien gilt es aber auch die Frage zu beantworten, wie man mit weniger Personal den höheren Anforderungen gerecht werden kann und wie gewährleistet werden kann, dass die Kommunalverwaltungen auch bei einer älter werdenden Belegschaft leistungsfähig bleiben. Denn die Verwaltungen werden immer weniger in der Lage sein, zur Wissensgewinnung auf die Neueinstellung junger Mitarbeiterinnen und Mitarbeiter zurückgreifen zu können. In der Zukunft wird es notwendig sein, mehr ältere Mitarbeiterinnen und Mitarbeiter in einen kontinuierlichen Weiterbildungs- und Innovationsprozess zu integrieren. Darüber hinaus sind u.a. Aspekte wie Arbeitszeitgestaltung, Neumotivation durch Arbeitsplatzwechsel, Fortbildung und Gesundheitsprävention von entscheidender Bedeutung.

Mit dem Lehrbuch „Personalmanagement im öffentlichen Sektor – Grundlagen und Herausforderungen" liegt eine komprimierte Darstellung insbesondere für die künftigen Führungskräfte vor, die ihnen Antworten und Anregungen auf die wichtigsten Fragen im Personalmanagement gibt. Aber auch für alle anderen Leser kann dieses Lehrbuch eine wertvolle Hilfe sein."

Berlin im Mai 2014
Dr. Ulrich Maly
Präsident des Deutschen Städtetages

Vorwort

Als Suchbegriffe in Google eingegeben erzielen die Stichwörter „Personalmanagement/Lehrbuch" über 67.000 Treffer. Bei einem Buchhändler wie Amazon werden dem Interessenten über 160 Bücher anzeigt, gibt er diese oder verwandte Begriffe in die Suchmaske ein. An Büchern oder überhaupt Informationsmöglichkeiten zum Thema Personalmanagement herrscht folglich kein Mangel. Und viele Lehrbücher zeichnen sich durch eine hohe Qualität aus.

Weshalb soll es dann noch ein weiteres Lehrbuch zum Personalmanagement geben? Angesichts unserer Erfahrungen in Lehre und Praxis gibt es hierzu folgende Antwort: Es gibt derzeit kaum Werke, welche

- das Personalmanagement im öffentlichen Sektor wissenschaftlich fundiert darstellen,
- aktuelle und zukünftige Herausforderungen im Personalmanagement des öffentlichen Sektors erläutern,
- sich in Inhalt und Form sowohl auf Belange von Studierenden als auch Praktikern beziehen und
- einen Einstieg in alle bedeutsamen Themenbereiche des Personalmanagements bieten.

In dieses Werk gehen unsere Erfahrungen ein, die wir in der Lehre an verschiedenen Universitäten, (Fach-)Hochschulen, Akademien und Studieninstituten erworben haben. Daneben sind aber jene Erfahrungen genauso wichtig, die im Rahmen unserer Praxistätigkeit in verschiedenen Bereichen des Personalmanagements entstanden sind.

Aufgrund unserer Ausbildungen und Berufsbiografien reflektieren wir das Personalmanagement im öffentlichen Sektor aus unterschiedlichen Perspektiven: So gehen Erkenntnisse der Personalpsychologie, der Betriebswirtschaftslehre, der Pädagogik und der Verwaltungswissenschaften in das vorliegende Lehrbuch ein. Des Weiteren sind wir in der Verwaltung, aber auch in der Privatwirtschaft beruflich sozialisiert worden, was zum einen eine vertiefte Kenntnis von Verwaltungen ermöglicht, zum anderen aber auch Betriebsblindheit vermeiden hilft. Herausforderungen wie der demografische Wandel und der Fachkräftemangel können bewältigt werden, wenn die Akteure des Personalmanagements sowohl für Erfahrungen aus dem öffentlichen Sektor als auch der Privatwirtschaft offen sind.

Zum Entstehen des Werkes haben drei Personen in besonderer Weise beigetragen, bei denen wir uns herzlich bedanken: Frau Julia Rüland, M. A. Human Resource Management, hat ganz wesentlich das Kapitel „Personalentlohnung" gestaltet. Viele unangenehme Arbeiten, wie die Dateiverwaltung, die Vereinheitlichung des Layouts oder die Überprüfung der Vollständigkeit von Quellenangaben, hat Frau Dominique Bender-Jansen, M. A., übernommen und professionell erledigt. Seitens des Verlags wurde das Autorenteam tatkräftig, sehr geduldig und immer wieder motivierend durch Frau Dipl.-Jur. Rita Cornmark betreut.

Den Leserinnen und Lesern wünschen wir eine informative und hoffentlich auch kurzweilige Lektüre!

Gelsenkirchen, Dortmund und Duisburg im März 2014

Andreas Gourmelon, Sabine Seidel und Michael Treier

Zum Autorenteam

Prof. Dr. Andreas Gourmelon studierte Psychologie (Diplom) und Wirtschaftswissenschaften (Diplom) an den Universitäten Erlangen und Hagen. Berufspraktische Erfahrungen hat er in der Bundesagentur für Arbeit erworben. Prof. Dr. Gourmelon ist an der Fachhochschule für öffentliche Verwaltung NRW tätig; er lehrt und forscht im Bereich Personal- und Verwaltungsmanagement. Im Rahmen des Theorie-Praxis-Transfers berät Prof. Dr. Gourmelon zahlreiche Behörden. Er ist Mit-Herausgeber der Fachzeitschrift „Der Öffentliche Dienst", Herausgeber der Fachbuch-Reihe „Personalmanagement im öffentlichen Sektor" und Autor zahlreicher Veröffentlichungen, so auch eines Blogs zum Thema „Personalmanagement".

Dr. Sabine Seidel ist Direktorin des Studieninstitutes Ruhr in NRW. Zuvor hat sie umfassende Erfahrungen als Führungskraft im öffentlichen Dienst erworben. Sie leitete die Organisationsabteilung und später das Rechnungsprüfungsamt der Stadt Lünen. Als Professorin für Personal- und Organisationsmanagement war sie mehrere Jahre an der Fachhochschule für öffentliche Verwaltung NRW wissenschaftlich tätig. Dr. Seidel studierte Diplom-Verwaltungswissenschaften sowie Diplom-Pädagogik mit dem fachlichen Schwerpunkt Personal- und Organisationsentwicklung.

Prof. Dr. Michael Treier ist Professor für Personal, Organisation und Psychologie an der Fachhochschule für öffentliche Verwaltung NRW in Duisburg. Seine fachlichen Schwerpunkte sind Personal-, Gesundheits- und Qualitätsmanagement. Nach einer Ausbildung absolvierte er Studiengänge in Psychologie, Wirtschaftspädagogik, Arbeitswissenschaft und Organisationsmanagement an den Universitäten Bochum, Hagen und Wuppertal. Prof. Dr. Treier arbeitete als Wirtschaftspsychologe für die RAG AG, als Berater begleitet er verschiedene Unternehmen in den Bereichen Demografie- und Gesundheitsmanagement.

1. Zur Bedeutung des Personalmanagements

Personalmanagement ist heute nicht mehr auf administrative Tätigkeiten wie die Ausstellung von Arbeitsverträgen, die Ernennung von Beamten und das Führen von Personalakten begrenzt. Die Personalarbeit wird auch im öffentlichen Sektor vermehrt zu einem „strategischen Erfolgsfaktor"[1)] der Behörden. Neben den traditionell hervorgehobenen Aspekten der Rechtmäßigkeit aller personalwirtschaftlichen Aktivitäten und der Steigerung der Arbeitsproduktivität verfolgt das Personalmanagement heute insbesondere folgende Ziele: Verbesserung der Wirtschaftlichkeit und Berücksichtigung von Mitarbeiterinteressen und -bedürfnissen. Wesentlich ist, leistungsfähiges, qualifiziertes und motiviertes Personal an den richtigen Stellen zu positionieren. In diesem Zusammenhang müssen sowohl die Führungskräfte als auch die Mitarbeiter zahlreichen Herausforderungen begegnen. Das moderne Personalmanagement stellt den Akteuren hierfür verschiedene Methoden und Techniken zur Verfügung.

Beim Personalmanagement von Behörden handelt es sich um ein komplexes Phänomen. Die einzelnen Facetten dieses strategisch bedeutsamen Bereiches werden in diesem Kapitel behandelt. Dabei werden die Besonderheiten des öffentlichen Sektors, der in Abgrenzung zur Privatwirtschaft vor allem eine andere Beschäftigungsstruktur aufweist und mit besonderen Rahmenbedingungen und Herausforderungen für die Zukunft umgehen muss, herausgestellt. Abbildung 1-1 gibt einen Überblick über die unterschiedlichen Facetten.

Abb. 1-1: Facetten des Personalmanagements im Überblick

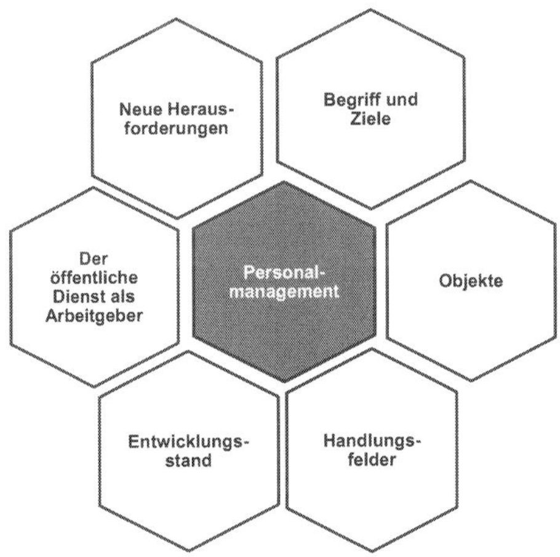

1.1 Gegenstand des Personalmanagements

Begriffsbestimmung

Das **Personalmanagement** hat die Aufgabe, die Ressource Personal zur Verfügung zu stellen und zur Verwirklichung der Behördenziele optimal zu steuern[2)]. Die Begriffe Personalwirtschaft, Personalwesen und Human Resource Management werden weitgehend synonym verwandt. Dabei bezeichnet die Personalwirtschaft häufig die wissenschaftliche Disziplin in der Betriebswirtschaftslehre; der ökonomische Charakter der Personalarbeit wird besonders betont[3)]. Das Personalwesen hebt in traditioneller Auffassung die administrativen und operativen Aufgaben der Personalarbeit wie etwa die Berechnung und Zahlung von Gehältern und Versorgungsbezügen und das Führen der Personalakten hervor. Häufig wird auch die Personalabteilung bzw. der Personalbereich als organisatorische Einheit so bezeichnet[4)]. Im englischsprachigen Raum existieren die Begriffe Personnel Management und Human Resource Management überwiegend gleichbedeutend nebeneinander, wobei das „Human Resource Management" den Akzent auf die strategische Bedeutung legt[5)]. Letztlich ist die Unterscheidung nicht von Belang, wenn man den Gegenstandsbereich als ein aktiv zu gestaltendes, methodisch und inhaltlich fundiertes System in einem Unternehmen bzw. einer Behörde betrachtet, welches für den Erfolg der Organisation existenziell notwendig ist[6)].

Das zuvor dargelegte Verständnis des Personalmanagementbegriffs hebt hervor, dass das Verhalten der Mitarbeiter einer *Steuerung* unterliegt. Diese Steuerung geschieht auf zweierlei Weise (siehe auch Abbildung 1-2)[7)]: Mit **Systemgestaltung** sind Tätigkeiten für das Personal insgesamt gemeint. Aktivitäten wie die Personalbeschaffung oder die Personalentwicklung beziehen sich bei diesem Verständnis nicht explizit auf Einzelpersonen, sondern auf das gesamte Personal. Es werden einzelne Instrumente (z. B. Assessment-Center, Beurteilungsrichtlinien) entwickelt und gestaltet. Mit zielgerichteten inhaltlichen, prozessualen und strukturellen Regelungen wird Einfluss auf das Verhalten der Mitarbeiter ausgeübt und werden bewusste Stimuli zum Leistungsverhalten gesetzt. Die Systemgestaltung, die auch als indirekte oder strukturelle Personalführung bezeichnet wird, liegt insbesondere in der Verantwortung der Verwaltungsführung, weniger in der des einzelnen Vorgesetzten.

Abb. 1-2: Handlungsfelder des Personalmanagements – Zuordnung zu den Komponenten Systemgestaltung und Verhaltenssteuerung

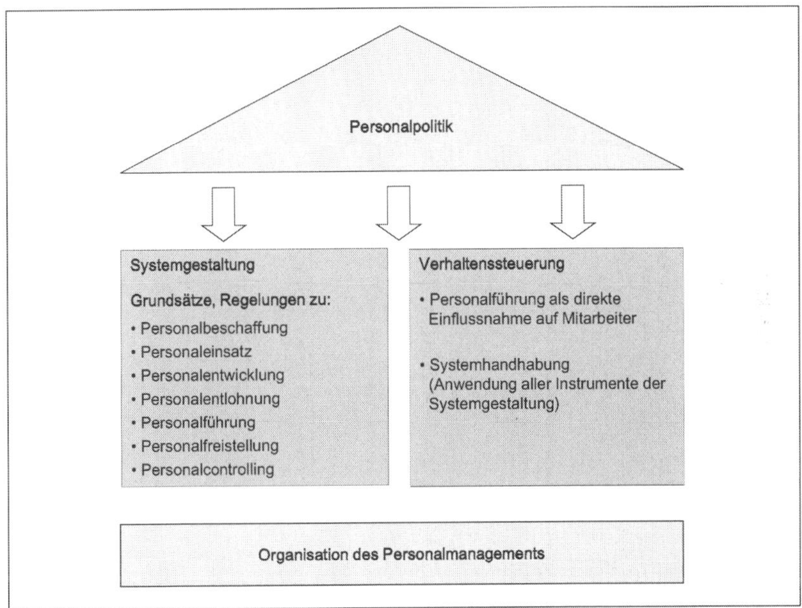

Verhaltenssteuerung umfasst die Aspekte Personalführung und Systemhandhabung. Zum einen geht es dabei um die direkte Ausübung von Führungsfunktionen als Tätigkeit der Vorgesetzten, also um eine persönliche Interaktion oder anders formuliert: um die Führung *des* Personals. Zum anderen sind Führungsaktivitäten gemeint, die darauf abzielen, die im Rahmen der Systemgestaltung geschaffenen Systeme zu handhaben. Beide beschriebenen Komponenten, die Systemgestaltung und die Verhaltenssteuerung, haben eines gemein: Durch sie wird Einfluss auf die Mitarbeiter und auch auf (potenzielle) Bewerber ausgeübt.

Ziele des Personalmanagements

Ziele sind angestrebte Zustände, die durch Handlungen bzw. Maßnahmen erreicht werden sollen. Die personalpolitischen Ziele eines Unternehmens oder einer Behörde sind auf den Einsatz der menschlichen Arbeitskraft ausgerichtet; demnach sind sie Unterziele der behördenweiten Gesamtzielsetzung.

„Weil seit Jahrzenten im öffentlichen Sektor das Spar-Diktat herrscht, galten Mitarbeiter lange nur als Kostenfaktor[I]). Nun setzt sich in der Breite die Erkenntnis durch, dass die wichtigste Ressource der öffentlichen Verwaltung eben genau ihr Personal ist“[8)]. Das Zitat stellt einen relevanten Aspekt im Zusammenhang mit der Zielsetzung des Personalmanagements heraus: Es gilt, sowohl dem Interesse der Behörden nach einem wirtschaftlichen Einsatz der Ressource Personal nachzukommen als auch die Bedürfnisse und Interessen der Beschäftigten als wichtigstes Kapital eines Unternehmens bzw. einer Behörde zu berücksichtigen. Für das Personalmanagement ergeben sich aus dieser Betrachtungsweise zwei Haupt-Zielebenen: wirtschaftliche Ziele und soziale Ziele.

Wirtschaftliche Ziele: Das ökonomische Ziel betont die Sicht des Arbeitgebers. Im öffentlichen Sektor strebt dieser einen wirtschaftlichen Ressourceneinsatz und damit eine Kostenminimierung aller Einsatzfaktoren[II]) an. Im Mittelpunkt des Personalmanagements steht demnach die Versorgung der Behörde mit der Ressource Personal und die Gestaltung von Arbeitsinhalt, Arbeitsplatz und Arbeitszeit unter Kostengesichtspunkten. Das Ziel der Kostenminimierung lässt sich durch folgende Unterziele erreichen[9)]:

- Bereitstellung und optimaler Einsatz der Ressource Personal, wobei darauf zu achten ist, dass eine bestmögliche Kombination aller Einsatzfaktoren gegeben ist. Eine ideale Zusammensetzung der Einsatzfaktoren hat zur Folge, dass sich die erforderliche Anzahl von Mitarbeitern mit geeigneter Qualifikation zur rechten Zeit am richtigen Ort befindet.
- Steigerung der Arbeitsleistung der Mitarbeiter. Hierbei geht es häufig um die Bereitschaft der Mitarbeiter, den eigenen Leistungsbeitrag zu verbessern (etwa durch die Einhaltung vorgegebener Termine, den sparsamen Verbrauch von Arbeitsmitteln, die regelmäßige Teilnahme an Qualifizierungsmaßnahmen, die Zuverlässigkeit bezüglich übernommener Rechte und Pflichten oder die Vermeidung unberechtigter Fehlzeiten[10)]).
- Nutzung und Verbesserung der fachlichen Qualifikation, der Erfahrungen, des Wissens und der Kreativität der Mitarbeiter.

Soziale Ziele: Soziale Ziele sind auf die Erwartungen, Wünsche und Interessen der Mitarbeiter ausgerichtet. Sie umfassen die Erreichung bestmöglicher Arbeitsumstände für die Mitarbeiter und stellen eine wesentliche Voraussetzung für die Erbringung der Leistung des Personals dar. Soziale Ziele beziehen sich zum einen auf die Verbesserung der materiellen Bedingungen, z. B.

- ein gerecht empfundenes Entlohnungssystem,
- eine leistungsorientierte Bezahlung,

I) Anmerkung der Autoren: Die Personalausgaben betrugen laut Statistischem Bundesamt im Jahre 2012 für den öffentlichen Sektor insgesamt ca. 236 Milliarden EUR.

II) Einsatzfaktoren umfassen Personal- und Sachmittel einschließlich Informations- und Kommunikationstechniken.

- die unbefristete Beschäftigung der Mitarbeiter,
- eine Arbeitszeitverkürzung bei vollem Lohnausgleich.

Zum anderen wird die Optimierung immaterieller Arbeitsumstände angestrebt, etwa durch

- eine Steigerung des Gesundheitsschutzes,
- die Reduzierung von Belastungseinflüssen,
- eine ergonomische Arbeitsplatzgestaltung,
- flexible Arbeitszeiten,
- Personalentwicklungsmaßnahmen[11].

Die Interessen und Bedürfnisse der Mitarbeiter sind individuell verschieden, daher können Bedeutung und Ausprägung der Verfolgung sozialer Zielsetzungen stark voneinander abweichen. Betrachtet man die Situation eines befristet eingestellten neuen Mitarbeiters, ist davon auszugehen, dass die Sicherheit des Arbeitsplatzes von hoher Relevanz ist. Einem Mitarbeiter, der eine herausgehobene Position anstrebt, wird es in besonderem Maße auf die Personalentwicklungsmöglichkeiten ankommen.

Zwischen wirtschaftlichen und sozialen Zielen können sich Zielkonkurrenzen ergeben. Zum Beispiel stellen Maßnahmen des Gesundheitsschutzes wie etwa Fortbildungsangebote zur Stressbewältigung zunächst einen Kostenfaktor dar und führen kurzfristig zu einer Verschlechterung der Kosten- und Leistungsrelation. Bei einer Ausweitung des Zeithorizonts kann sich diese Zielkonkurrenz allerdings in eine Zielkomplementarität verwandeln. Durch die Gesundheitsschutzmaßnahme ist langfristig nämlich eine Senkung der Krankheitsrate zu erwarten.

Neben wirtschaftlichen und sozialen Zielen lassen sich als weitere Zielebenen nennen[12]:

- rechtliche Ziele, z. B. die rechtssichere Anwendung der beamten- und arbeitsrechtlichen Vorschriften;
- organisatorische Ziele, z. B. der nach Eignung und Befähigung bestmögliche Einsatz der Mitarbeiter im organisatorischen Gefüge der Behörde;
- volkswirtschaftliche Ziele, z. B. die Beschäftigungssicherung durch die Vermeidung von betriebsbedingten Kündigungen nach dem Outsourcing von Verwaltungsbereichen (zum Outsourcing vgl. Kapitel 7).

Die Ziele des Personalmanagements werden aus den Behördenzielen abgeleitet, die von den Entscheidungsträgern (insb. Behördenleitung und politische Ebene) festgelegt werden (vgl. hierzu auch Kapitel 2). Die Verfolgung der Ziele ist nicht nur Aufgabe des Personalbereichs (Personalamt, Personalabteilung bzw. Personalreferat), auch alle anderen Träger der Personalarbeit wie die Verwaltungsführung, die Facheinheiten und die Mitarbeitervertretungen (siehe Kapitel 7) sind hierin involviert.

1.2 Zielgruppen des Personalmanagements

Zielgruppen des Personalmanagements sind zunächst die in jeder Art von Organisationen in abhängiger Stellung arbeitenden Personen, die eine Arbeitsleistung gegen Entgelt erbringen – vgl. auch § 5 Abs. 1 Betriebsverfassungsgesetz (BetrVG). Im öffentlichen Dienst werden die in abhängiger Stellung arbeitenden Personen als Beschäftigte bezeichnet (vgl. § 4 Bundespersonalvertretungsgesetz). Diese setzen sich aus den beiden Statusgruppen „Tarifbeschäftigte" und „Beamte" zusammen. Sie unterliegen in Bezug auf ihre Arbeitsverhältnisse unterschiedlichen rechtlichen Regelungen. Zu den Beschäftigten zählen auch Auszubildende und Praktikanten. Kennzeichnendes Merkmal der abhängigen Stellung (sog. persönliche Abhängigkeit) ist die Weisungsgebundenheit nach §§ 6 Abs. 2, 106 Gewerbeordnung (GewO). Die Gesamtheit der in einer Organisation beschäftigten Menschen wird auch als Personal bezeichnet. Der Begriff „Personal" schließt die Führungskräfte ein[13]. Weitere Zielgruppen des Personalmanagements im öffentlichen Sektor sind die Versorgungsempfänger und die ehrenamtlich oder freiwillig Tätigen. Im Folgenden werden die genannten Zielgruppen näher beschrieben:

Tarifbeschäftigte

Für die Beschäftigten des öffentlichen Dienstes in Bund, Ländern und Gemeinden sowie bei sonstigen Körperschaften, Anstalten und Stiftungen des öffentlichen Rechts, die nicht als Beamte in einem öffentlich-rechtlichen Dienstverhältnis stehen, gilt das Arbeitsrecht. Für diese Personengruppe sind grundsätzlich die gleichen arbeitsrechtlichen Vorschriften wie für Arbeitnehmer der Privatwirtschaft anzuwenden, z. B. das Arbeitszeitgesetz (ArbZG) und das Kündigungsschutzgesetz (KSchG). Weiterhin ist der Tarifvertrag für den öffentlichen Dienst (TVöD, gültig für Bund und Kommunen) oder der für das jeweilige Bundesland gültige Tarifvertrag der Länder (TV-L) Grundlage für die Gestaltung des Arbeitsverhältnisses der tariflich Beschäftigten. Der TVöD enthält u. a. Regelungen zur Gestaltung des Arbeitsvertrags, der Arbeits-, Beschäftigungs- und Dienstzeit, zur Eingruppierung und Vergütung sowie zu Sozialleistungen. Die Beschäftigten genießen beispielsweise einen erweiterten Kündigungsschutz nach langjähriger Zugehörigkeit zum öffentlichen Dienst. Die Ausgestaltung des TVöD oder TV-L liegt in der Zuständigkeit der Tarifvertragsparteien. Hierbei handelt es sich in der Regel um ein Bundes- oder Landesministerium als Vertreter der Arbeitgeber sowie die Gewerkschaft ver.di als Vertreterin der Arbeitnehmer. Der TVöD löste ab 1. Oktober 2005 den auf das Jahr 1961 zurückgehenden Bundesangestelltentarifvertrag (BAT) ab. Die wesentliche Neugestaltung des TVöD liegt in der Vereinheitlichung des Tarifwerks für Arbeiter, Angestellte und Pflegebeschäftigte sowie die Abkehr von der dienstalters- und familienbezogenen Bezahlung hin zu einer erfahrungs- und leistungsorientierten Vergütung.

Beamte

Beamte sind Bedienstete, die durch eine Ernennungsurkunde in das Beamtenverhältnis berufen worden sind und demnach im Gegensatz zu den Tarifbeschäftigten nicht über einen Arbeitsvertrag verfügen. Man unterscheidet regelmäßig Beamte/Richter sowie Berufs- und Zeitsoldaten. Beamte stehen in einem öffentlich-rechtlichen Dienst- und Treueverhältnis zu ihrem Dienstherrn, das mit der Fürsorgepflicht des Dienstherrn gegenüber dem Beamten korrespondiert. Die Rechte und Pflichten der Beamten sind im Bundesbeamtengesetz (BBG) sowie in den entsprechenden Landesbeamtengesetzen (LBG) geregelt. Die Besoldung erfolgt nach der jeweils gültigen Besoldungsordnung (BBesO, LBesO). Zu den hergebrachten Grundsätzen des Berufsbeamtentums zählen u. a.[14)]:

- die grundsätzliche Anstellung auf Lebenszeit,
- das Laufbahnprinzip,
- die Fürsorgepflicht des Dienstherrn, insbesondere die Gewährung angemessener Bezüge (Alimentationsprinzip),
- das Leistungsprinzip (sichert den grundgesetzlich verankerten Zugang zu allen öffentlichen Ämtern beim Eintritt in den Staatsdienst und beim Aufstieg),
- die Treuepflicht des Beamten,
- die parteipolitische Neutralität,
- das Streikverbot (Verbot kollektiver Maßnahmen zur Wahrung gemeinsamer Berufsinteressen).

Aus der Aufzählung wird deutlich, dass der Beamte eine besondere soziale Sicherung erfährt, zugleich aber seine Arbeitnehmerrechte eingeschränkt sind.

Ehrenamtlich Tätige/bürgerschaftliches Engagement

Eine weitere Zielgruppe, die für das Personalmanagement im öffentlichen Sektor immer mehr an Bedeutung gewinnt und deren Tätigkeit grundsätzlich nicht auf Erwerbszwecke ausgerichtet ist, sind die Personen mit ehrenamtlichem oder bürgerschaftlichem Engagement. Ein **Ehrenamt bzw. eine ehrenamtliche Tätigkeit** ist im verwaltungsbezogenen Kontext eine gegen Aufwandsentschädigung ausgeübte Funktion, die mit beamtenähnlichen Rechten und Pflichten verbunden ist[15)]. Nach § 28 der Gemeindeordnung des Landes Nordrhein-Westfalen (GO NRW) ist das Ehrenamt auf Dauer angelegt und bleibt den Bürgern einer Kommune vorbehalten. Beispiele für Personen, die ein Ehrenamt ausüben, sind die Mitglieder des Gemeinderates oder der freiwilligen Feuerwehr. Eine ehrenamtliche Tätigkeit, wie die des Wahlhelfers, wird vorübergehend oder nur einmalig übertragen und kann von allen Einwohnern wahrgenommen werden. Das ehrenamtliche Engagement ist grundsätzlich von Freiwilligkeit geprägt, d. h., dass Interessierte sich ganz überwiegend aus eigener Überzeugung für die Übernahme entsprechender Aufgaben entscheiden. Nach der GO können sie jedoch auch verpflichtet werden, es sei denn, es liegt ein wichtiger Ablehnungsgrund vor. Ob dies der Fall ist, entscheidet der Rat bzw. der Bürgermeister. Das **bürgerschaftliche Engagement** geht über die Begrifflichkeit des Ehrenamtes hinaus. Anstelle einer Verpflichtung, Wahl oder Berufung bringen sich Personen, die sich bürgerschaftlich engagieren, selbst in organisierter Form in das Gemeinwesen ein[16)]. Das Spektrum von Betätigungsmöglichkeiten lässt sich wie folgt differenzieren[17)]:

- die einfache Mitgliedschaft oder leitende Tätigkeit in Vereinen, Verbänden, Gewerkschaften und politischen Gremien,
- die unbezahlte Mitarbeit in karitativen oder gemeinwohlorientierten Einrichtungen (z. B. Krankenhäuser, Schulen, Bibliotheken),
- die verschiedenen Formen direkt-demokratischer Bürgerbeteiligung (z. B. Volksbegehren, Volksentscheide),
- die Beteiligung an Bürgerinitiativbewegungen (z. B. an einer Protestaktion im Rahmen der Anti-Atomkraftbewegung),
- das finanzielle Engagement in Form von Spenden und Stiften.

Das ehrenamtliche und bürgerschaftliche Engagement erlebt weltweit einen erheblichen Zuwachs sowie eine steigende gesellschaftliche und politische Bedeutung und gilt international als Gradmesser gesellschaftlicher Entwicklung und als relevanter Faktor für „Good Governance"[18)]. Während jedoch bis zur Jahrtausendwende das Engagement der Bürger eher abgegrenzt zu den Aufgaben des Staates betrachtet wurde, hat sich dieses Verständnis in den vergangenen Jahren signifikant verändert. „Immer häufiger dient freiwilliges Engagement dazu, sinkende Versorgungsleistungen der öffentlichen Hand zu kompensieren"[19)].

Die geschilderte Entwicklung hat zur Folge, dass sich das Personalmanagement auf diese an Bedeutung gewinnende Zielgruppe einstellen muss und das für Erwerbstätige bewährte Handlungsrepertoire durch geeignete Methoden zu ergänzen hat, wie etwa die Etablierung einer besonderen Anerkennungskultur (z. B. durch offizielle Ehrungen). Auch sind in der Behörde günstige Voraussetzungen zu schaffen, um die Bereitschaft zum Engagement zu fördern. Dies beginnt bereits bei der Anwerbung von freiwillig Tätigen. Die „Jobs" für freiwillig Tätige sollten bekannt sein und Interessierte über geeignete Informationskanäle angesprochen werden[20)].

1.3 Handlungsfelder

„Im Prinzip ist Personalarbeit ein einfacher Vorgang: Man muss lediglich dafür sorgen, dass Mitarbeiter in ausreichender Zahl und ausreichender Qualität zum erforderlichen Zeitpunkt an der erforderlichen Stelle sind"[21)]. Hinter diesem simpel formulierten Anspruch steckt eine Fülle von Aktivitäten, die bestimmten Handlungsfeldern zugeordnet werden können. Der Aufbau des Buches orientiert sich in seiner Gliederung an den Handlungsfeldern des Personalmanagements, die aus Abbildung 1-2 ersichtlich sind und an dieser Stelle kurz charakterisiert werden.

Personalpolitik (Kapitel 2)

Personalpolitik umfasst alle grundsätzlichen Festlegungen für den Personalbereich im Hinblick auf Ziele, Handlungen und Werte für den Umgang mit dem Personal. Personalpolitische Grundsätze bilden sozusagen das Dach des Personalmanagements und sind richtungsweisend für alle Aktivitäten, die auf die wechselseitige Beziehung zwischen den Vorgesetzten und Mitarbeitern, den Mitarbeitern untereinander und den Mitarbeitern und ihrer Arbeit gerichtet sind[22)]. Personalpolitische Festlegungen finden sich beispielsweise im Leitbild der Organisation, in Organisationsvorschriften wie Dienstanweisungen oder in Führungsleitlinien. Personalpolitische Festlegungen werden grundsätzlich durch die Behördenleitung und die Personalvertretung getroffen.

Personalbeschaffung (Kapitel 3)

Eine wesentliche Aufgabe des Personalmanagements besteht darin, der Organisation die notwendigen Personalressourcen zur Verfügung zu stellen. Hierzu ist zunächst der Personalbedarf zu ermitteln, d. h., Anzahl und Qualifikation der benötigten Mitarbeiter an bestimmten Arbeitsplätzen sind zu bestimmen. Grundlagen für eine Personalbedarfsermittlung sind im öffentlichen Sektor in der Regel die durch Gesetz oder durch Ratsbeschluss festgelegten Aufgaben. Liegt ein Bedarf an Personalressourcen vor, gibt es verschiedene Möglichkeiten, diesen intern durch die Nutzung vorhandener Personalressourcen bzw. extern zu decken. Bei der Einstellung geeigneter und qualifizierter neuer Mitarbeiter kommt dem Personalmarketing und hier insbesondere der aufmerksamkeitserregenden Präsentation von freien Stellen (Personalwerbung) eine große Bedeutung zu. Wesentlich für die Beschaffung von Mitarbeitern ist die Gestaltung des Personalauswahlprozesses. Grundvoraussetzung einer qualitativ hochwertigen Personalauswahl ist die passgenaue Abfassung des Anforderungsprofils. Im Personalauswahlverfahren wird dann das Befähigungsprofil des Bewerbers ermittelt und dem Anforderungsprofil gegenübergestellt. Bei der Entscheidung, welcher Bewerber der Beste ist und demzufolge eingestellt werden sollte, können unterschiedliche objektive Methoden herangezogen werden. Für die erfolgreiche Einarbeitung in die neue Tätigkeit ist eine strukturierte Personaleinführung hilfreich. Bei der Personalbeschaffung spielt das Personalwesen eine herausragende Rolle. Die Linienführungskräfte sind in hohem Ausmaß in die Auswahl und Einführung neuen Personals eingebunden.

Personaleinsatz (Kapitel 4)

Ein erfolgreicher Personaleinsatz ist dann gegeben, wenn das Personal in ausreichender Menge, zum richtigen Zeitpunkt und am richtigen Ort und in der angemessenen Qualifikation zur Verfügung steht, um die Aufgaben der Organisation zu erfüllen. Flexible Arbeitsformen kennzeichnen den Personaleinsatz, denn Flexibilisierung von Ort, Zeit und Inhalt sind die Regel. Das Referenzmodell der Vollarbeitszeit steht dabei nicht mehr im Vordergrund, denn die Umwelt erfordert mehr Dynamik und Anpassung. Verschiedene interne und externe Einflussgrößen wie der gesetzliche Rahmen oder der

Arbeitsmarkt bestimmen den Möglichkeitsraum des Personaleinsatzes. Neben Bedarfsdeckung geht es vor allem um Effektivität und Effizienz des Personaleinsatzes, aber auch um Motivationssteigerung und Gesundheitsförderung.

Personalentwicklung (Kapitel 5)

Die Personalentwicklung stärkt diejenigen Qualifikationen und Kompetenzen der Beschäftigten, die zur derzeitigen und zukünftigen Aufgabenwahrnehmung erforderlich sowie beruflich, persönlich und sozial förderlich sind. Die offerierten Lern- und Entwicklungschancen ermöglichen eine Anpassung an die sich permanent ändernden Anforderungen der Arbeitswelt und erhöhen gleichzeitig die Einsetzbarkeit der Mitarbeiter innerhalb der Behörde. Dabei beeinflussen die aktiven Lernprozesse der Beschäftigten stets auch die Entwicklung der gesamten Organisation. Personalentwicklung umfasst Maßnahmen der Personalbildung, der Personalförderung sowie der Arbeitsstrukturierung. Die Ermittlung, Umsetzung und Erfolgskontrolle der Maßnahmen erfolgt idealerweise im Wege des Funktionszyklus systematischer Personalentwicklung. Die methodische Absicherung des gesamten Personalentwicklungsprozesses ist Voraussetzung für das Aufzeigen von Effektivität und Effizienz.

Personalentlohnung (Kapitel 6)

Die Entlohnung der Beschäftigten im öffentlichen Sektor ist durch Gesetze, Verordnungen oder Tarifverträge verbindlich geregelt. Bedingt durch den personalpolitischen Grundsatz der Leistungsorientierung werden die Entlohnungsformen seit einigen Jahren durch leistungsorientierte Bezahlungselemente ergänzt. Die Zahlbarmachung der Gehälter erfolgt überwiegend in der zentralen Personalabteilung durch sogenannte „Bezügerechner". Größere Behörden haben die Bezügerechnung häufig zentralisiert. Zum Beispiel übernimmt das Landesamt für Besoldung und Versorgung in NRW diese Aufgabe für alle Beschäftigten des Landes.

Personalführung (Kapitel 7)

Mittels der Personalführung werden die Zielsetzungen und grundlegenden Strategien und Entscheidungen der Organisation in den einzelnen Organisationseinheiten (z. B. Referate, Fachbereiche, Abteilungen) personenbezogen durch Führungskräfte umgesetzt. Der öffentliche Sektor ist seit Jahrzehnten von einer grundsätzlichen Neuausrichtung seiner Ziele und Strategien bestimmt, wobei das Leitbild des modernen und effizienten Dienstleistungsunternehmens die Richtschnur darstellt. In diesem Zusammenhang kommt dem Führungsstil der Vorgesetzten sowie den Maßnahmen und Instrumenten der Mitarbeiterführung eine herausragende Bedeutung zu. Führungsarbeit ist komplex; demzufolge sind auch die Themen im Bereich Führung vielschichtig. Die folgenden Stichpunkte umreißen wesentliche Aspekte: Führungsgrundsätze und Menschenbilder als Basis des Führungsgeschehens, Modelle und Theorien zur Personalführung, Führungsinstrumente, insb. die Personalbeurteilung als zentrales Führungsinstrument, Führungssituationen,

Auswahl, Entwicklung und Beurteilung von Führungskräften, Führungstugenden und Führungskultur sowie Herausforderungen im öffentlichen Sektor aus Sicht der Personalführung.

Personalfreistellung (Kapitel 8)

Die Personalfreistellung zielt darauf ab, personelle Überkapazitäten in qualitativer, quantitativer, örtlicher und zeitlicher Hinsicht zu vermeiden bzw. abzubauen. Im Falle einer Reduzierung des Personalüberhangs soll diese in hinreichendem Maße, aber bei Minimierung der negativen Folgen für die Beschäftigten und die Behörde erfolgen. Um die Anzahl geeigneter Maßnahmen der Personalfreistellung zu erhöhen, ist es von Relevanz, sich sorgfältig mit den Ursachen, die betriebsbedingt oder mitarbeiterbedingt sein können, auseinanderzusetzen, um eine frühzeitige Prognose von Personalüberkapazitäten zu ermöglichen. Grundsätzlich differenziert man in interne Personalfreistellungen wie Umsetzungen oder den Abbau von Überstunden, die zu einem Personalabbau führen und gleichzeitig den Personalbestand erhalten, sowie externe Personalfreistellungen wie Einstellungsstopps oder Kündigungen, die reduzierenden Einfluss auf den Personalbestand haben.

Organisation des Personalmanagements (Kapitel 9)

Das Personalmanagement schließt alle Gestaltungs- und Verwaltungsaufgaben, die für die Menschen in einer Organisation geleistet werden, ein. Es ist ein verwaltungsweites Tätigkeitsfeld, in das alle Organisationseinheiten und -instanzen eingebunden sind, und bildet das Fundament des Personalmanagements. Die Tätigkeiten für das Personalmanagement müssen im Hinblick auf Struktur und Ablauf organisiert werden. Dabei nimmt z. B. der zentrale Personalbereich schwerpunktmäßig Servicefunktionen für die Facheinheiten wahr und unterstützt die Behördenleitung in konzeptionellen und strategischen Angelegenheiten. Er kann in unterschiedlicher Weise organisiert sein. Mit dem Outsourcing und der Einrichtung von Shared Service Centern beschreibt man neue Wege der Organisation des Servicebereichs.

Personalcontrolling (Kapitel 10)

Die Bedeutung des Personalcontrollings wächst mit der Bedeutung des Personals. Das Personalcontrolling interessiert sich sowohl für die Kosten als auch für den Wert des Personals. Strategische Personalarbeit ist ohne Instrumente zur Steuerung des Personalfaktors nicht vorstellbar, deshalb ist das Personalcontrolling ein wesentliches Managementinstrument. Im Rahmen des Personalcontrollings werden personalrelevante Daten aus verschiedenen Perspektiven erfasst, verknüpft und bewertet. Typische Bilder wie das des Kompasses beschreiben die Funktion des Personalcontrollings. In Umbruchzeiten fungiert das Personalcontrolling als Kompass, denn es trägt dazu bei, dass der öffentliche Sektor sich modernisiert und sich im Kontext der Haushaltskonsolidierung und sich abzeichnender Personalrisiken (Beispiel demografischer Wandel) neu ausrichtet. Daher befasst sich das Personalcontrolling nicht nur mit der Aufschlüsselung von Personalstrukturdaten wie Personalbestand oder mit den

Personalkosten in Personalberichten, sondern versteht sich auch als wertschöpfungsorientierter Ansatz, der sowohl Risiken (Personalrisikomanagement) als auch Investitionschancen in seiner Betrachtung verknüpft. Verschiedene Schwerpunktbereiche wie das Bildungs- oder Führungscontrolling lassen sich aus inhaltlicher Sicht bestimmen und ermöglichen damit eine auf Daten basierende operative und strategische Personalarbeit.

1.4 Entwicklungsstand

Aus wissenschaftlicher Sicht handelt es sich beim Personalmanagement um ein interdisziplinäres Forschungsgebiet. So hat man sich im Laufe der Zeit aus unterschiedlichen Richtungen dem Personalmanagement genähert: der Betriebswirtschaftslehre, der Arbeits- und Betriebspsychologie, der Organisationspsychologie, der Verhaltenswissenschaft, der Arbeitswissenschaft und der Rechtswissenschaft. In Deutschland entwickelte sich die Personalwirtschaftslehre zu Beginn des 20. Jahrhunderts zunächst als Teil der Betriebswirtschaftslehre. Dabei waren unterschiedliche Betrachtungsweisen bezüglich der Mitarbeiter und ihren Rollen in Betrieben erkennbar. Zum einen wurde unter Einbeziehung verhaltenswissenschaftlicher Erkenntnisse der Mensch als Ausgangs- und Bezugspunkt betriebswirtschaftlicher Überlegungen gesehen („Der Mensch ist Mittelpunkt“[23).]). Zum anderen gewannen ökonomische Betrachtungsweisen an Gewicht, die die menschliche Arbeit als Produktionsfaktor sahen („Der Mensch ist Mittel. (Punkt)“[24)]) und noch bis Ende des letzten Jahrhunderts bestimmend waren. Die theoretische Grundlage hierfür ist im Produktionsfaktorenansatz von Gutenberg zu sehen, der die menschliche Arbeit mit den beiden anderen Produktionsfaktoren Werkstoffe und Betriebsmittel gleichsetzt[25)].

In der jüngeren Geschichte (seit dem zweiten Weltkrieg) hat sich das Personalmanagement sowohl in der wissenschaftlichen Forschung und Lehre als auch in der betrieblichen Praxis über mehrere Entwicklungsstufen zu seinem heutigen Stand entwickelt. Abbildung 1-3 zeigt den idealtypischen Verlauf dieser Entwicklung bis heute auf[26)]. Ein wesentlicher Grund für die ständige Weiterentwicklung ist in veränderten Rahmenbedingungen zu sehen. Wirtschaftlicher, technischer, demografischer und politischer Wandel, neue rechtliche Vorgaben und auch neue Managementkonzepte beeinflussen die Personalarbeit. Seit den 1980er- und 1990er-Jahren bekommen das Intrapreneurship[III)] und der Ansatz des Lean Managements[IV)] einen hohen Stellenwert. Sie betonen

III) Intrapreneurship bedeutet Binnenunternehmertum. Von den Mitarbeitern wird erwartet, dass sie sich so verhalten, als seien sie selbst Unternehmer (z. B. durch mehr Eigeninitiative, Kostenbewusstsein, Kundenorientierung). Der Begriff wurde Ende der 1970er-Jahre durch G. Pinchot geprägt.

IV) Mit dem Begriff „Lean Management“ wird eine schlanke Unternehmensführung beschrieben. Kerngedanke ist, die Anforderungen der Kunden effizient und „ohne Verschwendung“ zu erfüllen. Der Begriff Lean Management wurde Mitte der 1990er-Jahre von W. Pfeiffer und E. Weiß geprägt. In den öffentlichen Sektor hat das Konzept unter der Bezeichnung „schlanke Verwaltung“ Eingang gefunden.

das Leistungsvermögen des Mitarbeiters als maßgeblichen Kosten- und Leistungsfaktor. Wirtschaftlichkeitsaspekte und Rationalisierungspotenziale rücken in den Vordergrund und erhalten gerade im öffentlichen Sektor vor dem Hintergrund der Finanzprobleme eine hohe Bedeutung. Zudem sollen sich die Mitarbeiter durch mehr eigenverantwortliches Handeln und aktives Mitgestalten tendenziell zum gleichrangigen Partner und damit zum Mit-Unternehmer („Intrapreneur")[27)] entwickeln. Die Mitarbeiter werden als wichtigste Ressource („Humankapital") und ihr Leistungsvermögen als ein essenzieller Bestandteil der immateriellen Werte eines Unternehmens bzw. einer Behörde gesehen. So wird auch im öffentlichen Sektor seit einigen Jahren die Mitarbeiterbindung mit personalpolitischen Maßnahmen zur Lebensphasenorientierung, zur Work-Life-Balance und zum Diversity Management betont (siehe Kapitel 2). Hauptaufgabe der Personalentwicklung ist, die Fähigkeiten und Kompetenzen der Mitarbeiter für bestehende und künftige Aufgaben zu fördern und beispielsweise im Bereich des Wissensmanagements verstärkt aktiv zu werden. Die beschriebenen Handlungsfelder erfordern grundsätzlich ein größeres Gewicht der strategischen und konzeptionellen Arbeit. Relativ neue Themen des Personalmanagements im öffentlichen Sektor sind der Nachweis des Wertschöpfungsbeitrags und das nachhaltige Personalmanagement[28)]. Die Ausführungen machen deutlich, dass die Professionalisierung der Personalarbeit und damit das Selbst- und Rollenverständnis der im Personalbereich tätigen Mitarbeiter heute mehr denn je gefordert ist.

Abb. 1-3: Idealtypische Phasen der Entwicklung des Personalmanagements

Zeitraum	Entwicklungsstufen des Personalmanagements
bis ca. 1960	**Bürokratisierung** • Philosophie: Kaufmännische Bestandspflege der Personalkonten • Aufbau vorwiegend administrativer Personalfunktionen. Hauptfunktionen sind die Verwaltung der Personalakten und die Durchführung personalpolitischer Entscheidungen der Betriebsleitung.
ab ca. 1960	**Institutionalisierung** • Philosophie: Anpassung des Personals an organisatorische Anforderungen • Professionalisierung und Zentralisierung des Personalwesens. Hauptfunktionen sind die Verwaltung, Einstellung und der Einsatz des Personals sowie die Entgeltfindung. Der Ausbau der qualitativen Sozialpolitik (Bildung, Freizeit, Arbeitsplätze) wird vorangetrieben.
ab ca. 1970	**Humanisierung** • Philosophie: Anpassung der Organisation an die Mitarbeiter, Partizipation • Erweiterte Mitarbeiterorientierung: Hauptfunktionen sind die kooperative Mitarbeiterführung, die Personal- und Organisationsentwicklung, die Humanisierung von Arbeitsplätzen und -zeit

Zeitraum	Entwicklungsstufen des Personalmanagements
ab ca. 1980	**Ökonomisierung** • Philosophie: Anpassung von Organisation und Personal an veränderte Rahmenbedingungen nach Wirtschaftlichkeitsaspekten • Die Personalarbeit wird stärker dezentralisiert. Der Kostenfaktor wird thematisiert; die Folge ist eine Rationalisierung von Personalfunktionen. In seinen Hauptfunktionen konzentriert sich das Personalmanagement auf die Flexibilisierung der Arbeit und der Arbeitskräfte sowie auf die Freistellungspolitik.
ab ca. 1990	**Unternehmerische Orientierung, Intrapreneurship** • Philosophie: Mitarbeiter als wichtigste und sensitivste Ressource. • Das strategische und konzeptionelle Personalmanagement wird wieder stärker zentralisiert. Als Hauptfunktionen sind zu nennen: Unternehmerisches Mitwissen, Mitdenken, Mithandeln und Mitverantworten; eine aktive Mitwirkung bei der Entwicklung der Unternehmenspolitik und -strategie; die Mitarbeiterbindung (etwa durch Familienförderung, Work-Life-Balance, Diversity Management); ein Kompetenz-, Nachfolge- und Talentmanagement; ein systematisches Personalcontrolling.
ab ca. 2010	**Nachhaltiges Personalmanagement** • Philosophie: Langfristige Wirkungen personalwirtschaftlicher Aktivitäten • Der Wertschöpfungsbeitrag des Personalmanagements wird betrachtet. Ethische Aspekte und gesellschaftliche Verantwortung rücken in den Vordergrund.

1.5 Der öffentliche Dienst als Arbeitgeber

Im öffentlichen Dienst waren im Jahre 2012 ca. 4,6 Millionen Menschen beschäftigt, das sind ca. 11,1 Prozent aller Erwerbstätigen in Deutschland. Damit ist der öffentliche Dienst der größte Arbeitgeber Deutschlands[29)]. Mit Abbildung 1-4 wird das Personal noch einmal nach den Beschäftigungsbereichen Bund, Land, Kommunalverwaltung und Sozialversicherung unterschieden. Es wird deutlich, dass die Länder mit 2,35 Mio. Erwerbstätigen das meiste Personal beschäftigen; die Aufgabenfelder Bildungswesen, Wissenschaft und Kultur einschl. Schulen und Hochschulen (ca. 1,4 Mio. Beschäftigte), öffentliche Sicherheit und Ordnung einschl. Polizei (ca. 0,28 Mio. Beschäftigte) tragen maßgeblich zu diesem Ergebnis bei.

Seit der Wiedervereinigung ist die Zahl des Personals im öffentlichen Dienst um fast ein Drittel gesunken (von ca. 6,7 Mio. im Jahre 1991 auf ca. 4,6 Mio. im Jahre 2012). Folgende Gründe waren hierfür in besonderem Maße ausschlaggebend: Privatisierung von Bundesbahn und Bundespost, Anpassung der Personalausstattung des öffentlichen Dienstes in den neuen Bundesländern an die Verhältnisse im früheren Bundesgebiet, Privatisierungen, allgemeiner Personalabbau im öffentlichen Bereich aufgrund von finanziellen Restriktionen und technischen Rationalisierungsprozessen[30]. Die Personalausgaben der öffentlichen Arbeitgeber lagen in 2012 bei insgesamt ca. 236 Mill. EUR.

Abb. 1-4: Personal des öffentlichen Dienstes. Kommunen einschl. Gemeindeverbände und Zweckverbände; Sozialversicherung einschl. Bundesagentur für Arbeit

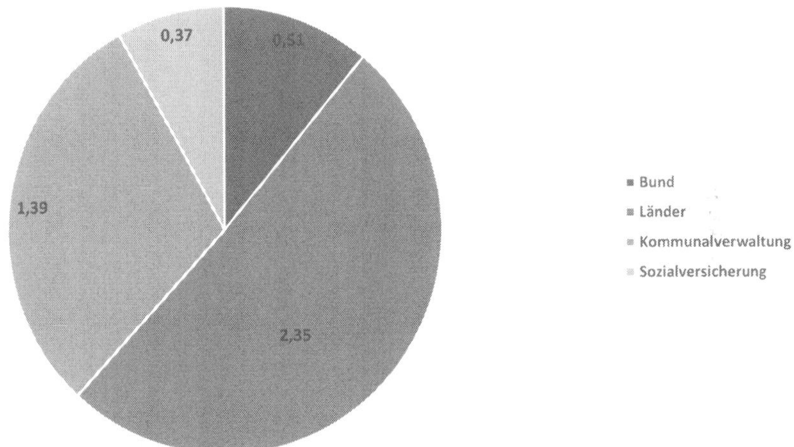

Künftig ist zu befürchten, dass sich die Situation noch verschärfen wird, denn es kommt hinzu, dass die Arbeitgeber des öffentlichen Sektors mit dem privaten Sektor in einem harten Wettbewerb um qualifizierte Beschäftigte stehen. „Bereits jetzt ist es für Institutionen des öffentlichen Sektors schwierig, bestimmte Berufsgruppen wie Informatiker, Ärzte oder Ingenieure anzuwerben. Dieser Wettbewerb wird sich in naher Zukunft durch den demografischen Wandel (vgl. Abschnitt 1.5) verschärfen... Insbesondere die jüngeren Erwerbspersonen werden einen Arbeitsmarkt vorfinden, in dem sie sich nicht mehr um Arbeitsplätze, sondern umgekehrt sich die Arbeitgeber um hinreichend qualifizierte Mitarbeiter bemühen müssen"[31].

Weitere Rahmenbedingungen des öffentlichen Sektors, die Einfluss auf das Personalmanagement haben, werden im Folgenden erläutert:

- Das **öffentliche Dienstrecht** bietet den Arbeitnehmern besondere Schutzmechanismen. Dies gilt sowohl für die Beamten, die in einem öffentlich-rechtlichen Dienst- und Treueverhältnis zu ihrem Dienstherrn stehen, als auch für die Tarifbeschäftigten, die im Vergleich zu Arbeitnehmern der Privatwirtschaft von Vergünstigungen profitieren können (z. B. Kündigungsschutz nach langjähriger Zugehörigkeit zum öffentlichen Dienst, gute Altersabsicherung, vgl. auch Abschnitt 1.1).
- Das **Lebenszeitprinzip** basiert auf der grundsätzlichen Unkündbarkeit. Dies hat zur Folge, dass ein besonderes Augenmerk auf den Erhalt der

Leistungsfähigkeit und -bereitschaft der Mitarbeiter zu legen ist. Die Einführung leistungsorientierter Bezahlungselemente ist eine entsprechende Maßnahme des Personalmanagements. Sie zielt auf eine Motivationsförderung und demzufolge Leistungssteigerung ab. Zum Leistungserhalt tragen gesundheitsfördernde Maßnahmen bei (vgl. Kapitel 2).

- Die öffentliche Verwaltung ist nicht erst seit Kurzem von einem schnelleren Wandel der Aufgaben geprägt. Dieser Wandel setzt eine höhere **Flexibilität und Mobilität** der Arbeitnehmer in fachlicher und räumlicher Hinsicht voraus, um die personellen Ressourcen bestmöglich auf den sich jeweils ändernden Personalbedarf anzupassen. Das öffentliche Dienstrecht trägt dieser Gegebenheit Rechnung. Aus dienstlichen Gründen oder auf Antrag kann beispielsweise der Beamte nicht nur innerhalb derselben Dienststelle auf einen anderen Dienstposten umgesetzt werden, sondern auch zu einer anderen Dienststelle seines oder auch eines anderen Dienstherrn (z. B. vom Bund zu einem Land) abgeordnet werden. Im weiter zusammenwachsenden Europa kommt der Mobilität der Beamten zwischen den öffentlichen Diensten der EU-Partnerstaaten, d. h. der zeitlich befristeten Tätigkeit im öffentlichen Dienst eines Partnerstaats, eine herausgehobene Bedeutung zu. Um dieses Ziel zu fördern, wurden in den EU-Staaten im Rahmen eines gemeinsamen Projekts nationale Kontaktstellen für die EU-Mobilität eingerichtet, welche die Behörden und Interessenten u. a. über aktuelle Beschäftigungsmöglichkeiten und über die arbeits- und sozialrechtlichen Rahmenbedingungen informieren sollen[32].
- Der öffentliche Dienst bietet eine große **Berufsvielfalt** und hält Stellen für zahlreiche Ausbildungsberufe und Studienmöglichkeiten bereit. Die nachfolgende Übersicht zeigt einen Ausschnitt, der verdeutlicht, dass Zielgruppen mit unterschiedlicher Interessenlage und Schulbildung angesprochen werden[33].

Abb. 1-5: Berufsvielfalt des öffentlichen Dienstes von A bis Z

Amtsarzt
Beamter/in im Zolldienst (mittlerer Dienst)
Elektroniker/in für Geräte und Systeme
Fachangestellte/r für Arbeitsmarktdienstleistungen
Fachangestellte/r für Bäderbetriebe
Fachinformatiker/in
Forstwirt/in
Gärtner/in
Industriekauffrau/-mann
Industriemechaniker/in
Jurist
Kauffrau/Kaufmann für Büromanagement
Kommunalbeamter/in im gehobenen nichttechnischen Dienst

IT-Systemelektroniker/in
Kfz-Mechatroniker/in, Schwerpunkt Personenkraftwagentechnik
Mechatroniker/in
Mediengestalter/in Digital und Print
Medizinische/r Fachangestellte/r
Polizeivollzugsbeamter/in (gehobener Dienst)
Psychologe
Straßenwärter/in
Tierpfleger/in
Vermessungstechniker/in
Verwaltungsfachangestellte/r
Wasserbauer/in
Zahnmedizinische/r Fachangestellte/r

- Die Aufgabenwahrnehmung im öffentlichen Sektor ist in nahezu perfekter Weise **rechtlich geprägt** und die Arbeitsbedingungen sind durch eine Vielzahl formaler Regelungen wie etwa Dienstanweisungen und Dienstvereinbarungen gekennzeichnet. Nicht ganz zu Unrecht spricht man in diesem Zusammenhang von einer Überreglementierung, da u. a. finanzwirtschaftliche und organisatorische Handlungsspielräume wie auch die personalwirtschaftliche Flexibilität eher gering ausgebildet sind[34)].
- Die Organisationskultur der Behörden des öffentlichen Sektors ist tendenziell **konservativ-formell**. Ihr Ursprung ist bereits auf die von Max Weber formulierten Merkmale der Bürokratie zurückzuführen. Dies sind u. a. der streng hierarchische Aufbau der Organisation (sog. Amtshierarchie), eine starke Regelgebundenheit der Aufgabenerledigung und das Prinzip der Aktenmäßigkeit. Die Folge ist oftmals ein Mangel an Flexibilität.
- Das **Image** des öffentlichen Dienstes ist seit jeher Gegenstand der öffentlichen Diskussion. So wird auf vermeintliche „Privilegien" der Beschäftigten im öffentlichen Dienst verwiesen und „...das Klischee vom verstaubten und überversorgten Bürokraten hält allzu oft jedem sachlichen Gegenbeweis stand"[35)]. Damit steht das Image des öffentlichen Dienstes oftmals im Widerspruch zu den tatsächlichen Leistungen, die heute von Bürgerorientierung und Leistungsbereitschaft geprägt sind.
- Mit dem steigenden Durchschnittsalter der Bevölkerung wächst auch das Durchschnittsalter der Belegschaften in Unternehmen und Behörden. Die Altersstruktur im öffentlichen Dienst ist durch ein **hohes Durchschnittsalter** geprägt. Während das Durchschnittsalter in der Privatwirtschaft bei 42 Jahren liegt, beträgt es im öffentlichen Sektor 44 Jahre (Bund: 45,2 Jahre)[36)]. Gründe für das steigende Durchschnittsalter der Beschäftigten des öffentlichen Dienstes sind u. a.: demografische Effekte, die sich aus dem Altersaufbau der Bevölkerung in Deutschland ergeben, die vermehrte Inanspruchnahme von Altersteilzeit sowie Privatisierungen in Bereichen mit vergleichsweise jungem Personal wie etwa kommunale Krankenhäuser[37)]. Abbildung 1-6 verdeutlicht die Altersstruktur des Per-

sonals im öffentlichen Dienst und aller rund 27,7 Millionen sozialversicherungspflichtig Beschäftigten in Deutschland im Vergleich. In der Altersstruktur haben sich bezogen auf den öffentlichen Sektor im Zeitraum von 2000 bis 2010 insbesondere in den Altersgruppen ab 45 Jahren Verschiebungen hin zu einer Erhöhung des Anteils der Älteren ergeben. Beispielsweise waren 2010 rund 23 Prozent der Beschäftigten im öffentlichen Dienst 55 Jahre und älter, während der Anteil zehn Jahre zuvor nur 16 Prozent betrug[38].

Abb. 1-6: Altersstruktur im Vergleich. Öffentlicher Dienst: ohne Berufs- und Zeitsoldaten und ohne Bundeseisenbahnvermögen

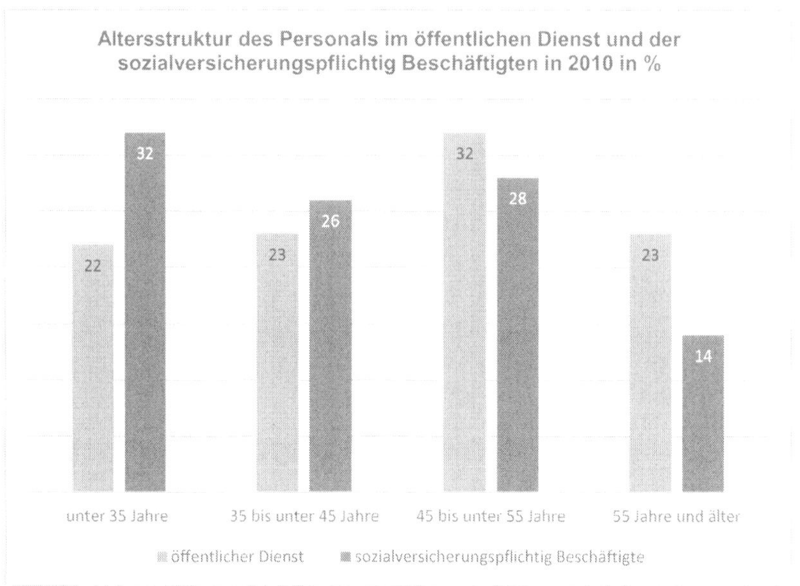

1.6 Herausforderungen für die Zukunft

Die Rahmenbedingungen, unter denen personalwirtschaftliche Aktivitäten gestaltet werden, ändern sich stetig. Relevante Einflussfaktoren auf gesellschaftlicher, politischer und wirtschaftlicher Ebene (sog. „Megatrends"[39]), denen sich die öffentliche Verwaltung zurzeit und in den nächsten Jahren stellen muss, sind in Abbildung 1-7 verdeutlicht. Diese Entwicklungstendenzen wirken sich sowohl auf die mentalen Einstellungen des Personals als auch auf die Personalstrategien der Arbeitgeber aus.

Wertewandel

Seit Anfang der 1980er-Jahre ist in der Gesellschaft ein Trend zu einer stärkeren Freizeitorientierung zu verzeichnen. So wird als wichtiges Attraktivitätsmerkmal einer Stelle ein ausgewogenes Verhältnis von Arbeit und privaten Lebensbereichen („Work-Life-Balance") angeführt (vgl. Kapitel 2)[40]. Der Trend zur Individualisierung führt beim Einzelnen zur Bedeutungssteigerung postmaterieller[V]) Werte wie Selbstverwirklichung, Ausübung einer interessanten Tätigkeit sowie Verantwortungsübernahme. Andererseits ist gerade in der jüngeren Vergangenheit zunehmend eine Hinwendung zu traditionellen Werten zu verzeichnen, verbunden mit einem Management, „...das Leistung und Disziplin höher schätzt als emotionale Intelligenz, Teamgeist und Soft Skills"[41]. Die Herausforderung für Organisationen in Wirtschaft und Verwaltung besteht darin, Arbeitsprozesse und -strukturen so zu gestalten, dass sowohl der ökonomischen Effizienz als auch dem Wohlergehen der Mitarbeiter Rechnung getragen werden kann[42].

Möglichkeiten des Personalmanagements, auf diese Herausforderungen zu reagieren, sind[43]:

- Arbeitszeitflexibilisierungen, z. B. Gewährung von Teilzeitarbeit zur Betreuung von Kindern oder pflegebedürftigen Angehörigen,
- Qualifizierungsangebote, etwa zum Zeit- und Stressmanagement oder für den Wiedereinstieg nach Beurlaubung oder Elternzeit,
- Berücksichtigung postmaterieller Werte beim Aufbau des Arbeitgeberimages,
- Veränderung von Stellenzuschnitten und Verantwortungsbereichen,
- Berücksichtigung von Kennzahlen zur Bewertung weicher Faktoren, z. B. Arbeitszufriedenheit,
- Stärkung des Leistungsprinzips, insb. durch leistungsorientierte Bezahlung (vgl. Kapitel 2).

Demografischer Wandel

Demografischer Wandel bezeichnet Veränderungen in der Zusammensetzung von Gesellschaften, insbesondere der sog. Altersstruktur. So zeichnen sich moderne Gesellschaften dadurch aus, dass einerseits die Geburtenrate niedrig ist und die Sterberate seit einigen Jahrzehnten höher ist als die Geburtenrate. Gleichzeitig steigt aber die Lebenserwartung der Bevölkerung, wodurch der Anteil der älteren gegenüber den jüngeren Menschen zunimmt[44]. Die Verschiebung der Altersstruktur der Bevölkerung wirkt sich naturgemäß auch auf die Erwerbstätigkeit aus. Im Jahre 2060 werden in Deutschland nur noch etwa 36 Millionen Menschen im Erwerbsalter sein, wohingegen die Zahl im Jahre 2008 noch knapp 50 Millionen betrug. Hinzu kommt, dass sich

V) Postmaterialismus bezeichnet die Einstellung von Personen, nicht nach dem greifbaren Materiellen zu streben, sondern „übergeordnete" Werte erreichen zu wollen. Das Streben nach materiellen Gütern wird geringer eingeschätzt als bestimmte „höhere" Werte wie etwa Gesundheit, Glück, Selbstverwirklichung, Bildung (vgl. Benedikter, 2001, S. 63–66).

die Altersstruktur der Arbeitnehmer des öffentlichen Sektors durch ein hohes Durchschnittsalter auszeichnet (vgl. Abschnitt 1-5); viele Arbeitnehmer werden demzufolge in den nächsten Jahren ins Rentenalter kommen. Die Ressource Personal wird künftig zum Engpass-Faktor werden.

Geeignete Handlungsansätze des Personalmanagements sind etwa:

- Entwicklung einer Arbeitgebermarke (Employer Brand), Anwerbung von qualifizierten (Nachwuchs-)Kräften (siehe Abschnitt 3.3),
- Etablierung fachgerechter Personalauswahlverfahren,
- Förderung des Gesundheitsmanagements,
- Erhalt der Leistungsfähigkeit und -bereitschaft von älteren Mitarbeitern,
- Aufbau einer Arbeitsorganisation für altersgemischte Teams,
- Flexibilisierung der Lebensarbeitszeit,
- systematische Personalentwicklung, die Raum schafft für individuelle Entwicklung,
- Förderung einer Organisationskultur des „Gesunden Führens" (s. hierzu Kapitel 6),
- Aufbau eines systematischen Wissensmanagements, insb. Sicherung des Wissenstransfers,
- Steigerung des ehrenamtlichen/bürgerschaftlichen Engagements.

Globalisierung und Internationalisierung

Die öffentliche Verwaltung muss bei ihren strategischen Überlegungen zunehmend internationale Entwicklungen berücksichtigen. Insbesondere die Europäische Union hat Einfluss auf Strukturen und Prozesse der Behörden (z. B. EU-Vergaberecht, EU-Dienstleistungsrichtlinie). In Bezug auf das Personal sind zwei Aspekte von besonderer Bedeutung. Zum einen steigt aufgrund des Fachkräftemangels die Tendenz an, Personen mit Migrationshintergrund in die Organisation zu integrieren (als Teil des Diversity Managements, vgl. Kapitel 2). Die Unternehmen bzw. Behörden streben durch den (interkulturellen) Personal-Mix den Zugang zu einem neuen Arbeitskräftereservoir an bzw. erhoffen sich einen Vorteil bei der Gewinnung qualifizierter Mitarbeiter[45)]. Zum anderen sind angesichts der größeren kulturellen Vielfalt der Bevölkerung geeignete Handlungskonzepte zu entwickeln, um die interkulturelle Kompetenz der Behörden zu stärken. Dies umfasst die Integrationsnotwendigkeit von Mitarbeitern mit Migrationshintergrund als auch die interkulturell kompetente Handlungsfähigkeit des gesamten Personals[46)]. Dies schließt die Förderung der Führungskompetenz der Vorgesetzten ein, die sich stärker denn je mit der Vielfalt der Mitarbeiter befassen müssen (siehe hierzu Kapitel 6).

Als Handlungsansätze sind z. B. zu nennen:

- hoher Stellenwert interkultureller Kompetenz bei der Personalauswahl,
- Angebot geeigneter Qualifizierungsmaßnahmen zur interkulturellen Kompetenz,

- Stärkung der Führungskompetenz,
- Veranstaltungen für interkulturelle Teams.

Technologische Entwicklung

„Kürzere Produktlebenszyklen sowie die immer kürzer werdende Halbwertzeit des technologischen Wissens bringen laufend neue Herausforderungen für Unternehmen und Mitarbeiter."[47] Online-Dienste, Tele-Arbeit und das E-Business zählen zur Normalität. Im öffentlichen Sektor hat das E-Government einen wesentlichen Einfluss auf Arbeitsprozesse und -strukturen. Der Zusammenhang der fortschreitenden Technisierung mit der Personalarbeit liegt auf der Hand. Das Personal benötigt zunehmend ein höheres Kompetenzniveau, um mit dem technologischen Wandel Schritt halten zu können. Auch die Organisation des Personalmanagements ist betroffen. Die Unterstützung im informationstechnischen Bereich reicht von Softwareprogrammen zur Abbildung einzelner Arbeitsprozesse (z. B. Entgeltabrechnung) bis hin zum Einsatz komplexer Personalinformationssysteme. Zu den Elementen der Personalinformationssysteme gehören u. a. die Stammdatenverwaltung, Personalplanung, Entgeltabrechnung, Arbeitszeitermittlung und die Personalberichterstattung.

Zudem gewinnen die sozialen Medien (Social Media) verstärkt an Bedeutung. Es besteht die Möglichkeit, über diese Zugangswege für die Personalarbeit relevante Informationen zu platzieren und so eine breite Öffentlichkeit zu erreichen.

Handlungsansätze im Hinblick auf die Technisierung sind z. B.:

- Online-Recruiting,
- Nutzung komplexer Personalinformationssysteme bis hin zur Administration der eigenen Bestandsdaten durch die jeweiligen Mitarbeiter.

In der öffentlichen Verwaltung der Zukunft kommt der Ressource Personal eine Schlüsselrolle zu. Da sich Organisationen aufgrund der beschriebenen gesellschaftlichen, politischen und wirtschaftlichen Trends in ständigen Entwicklungs- und Veränderungsprozessen befinden, werden qualifizierte und leistungsfähige bzw. leistungsbereite Mitarbeiter zum Erfolgsfaktor. Das Personalmanagement muss diese Prozesse aktiv begleiten und zum Teil selbst initiieren. Die für den öffentlichen Sektor in naher Zukunft wesentlichen Herausforderungen sind nachfolgend noch einmal zusammenfassend dargestellt:

Abb. 1-7: Herausforderungen für das Personalmanagement im öffentlichen Sektor

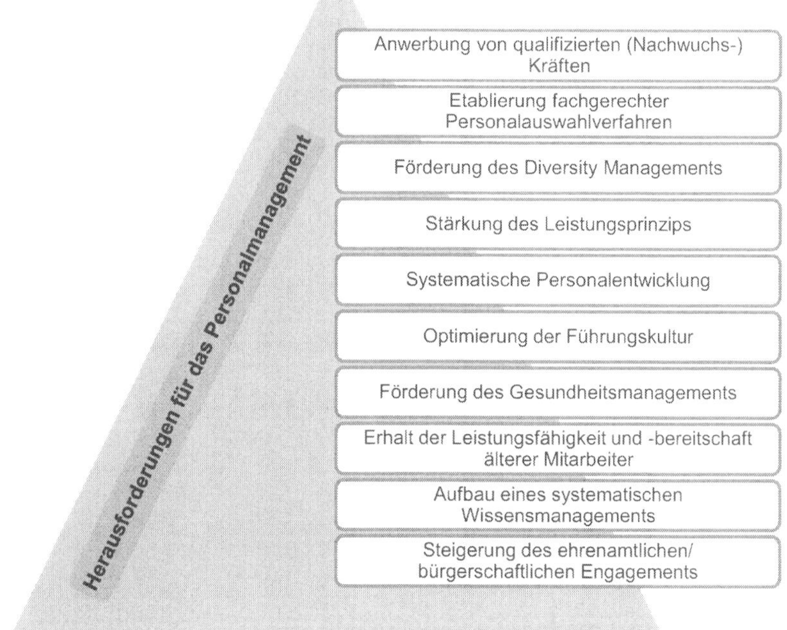

2. Personalpolitik

2.1 Ziele, Träger und Instrumente der Personalpolitik

Personalpolitik (personnel policy) besteht in der Festlegung von Grundsätzen für das Personalmanagement. Es werden Werte für den Umgang mit dem Personal bestimmt[48)]. Personalpolitische Grundsätze sind richtungsweisend für alle Aktivitäten im Personalmanagement, d. h., Personalpolitik wirkt sich z. B. in der Anwerbung, im Einsatz, in der Führung von Personal aus. Es werden „...Entscheidungsprämissen für die Behandlung konkreter Probleme vorgegeben“[49)].

Die durch die Personalpolitik vorgegebenen Grundsätze können häufig nicht unmittelbar in personalwirtschaftliches Handeln umgesetzt werden. In den einzelnen Bereichen des Personalmanagements sind diese Grundsätze und normativen Vorgaben zu übersetzen und an die jeweiligen Aufgabenstellungen anzupassen.

Personalpolitische Grundsätze finden sich unter anderem

- im Leitbild der Organisation (siehe Abb. 2-1),
- in Dienstvereinbarungen,
- in Dienstanweisungen,
- in Führungsleitlinien.

Abb. 2-1: Auszug aus dem Leitbild der Stadtverwaltung München[50)]

Wir – Mitarbeiterinnen und Mitarbeiter und Führungskräfte — gehen miteinander vertrauensvoll und partnerschaftlich um.
Bei der Aufgabenerledigung und zur Erreichung der gesteckten Ziele

- denken und handeln wir dienstleistungsorientiert, wirtschaftlich und kostenbewusst
- arbeiten wir kontinuierlich an der Verbesserung von Organisation und Verfahrensabläufen und gehen flexibel und innovativ mit neuen Situationen um
- übernehmen wir Ergebnisverantwortung, greifen berechtigte Kritik auf und lernen gemeinsam aus Fehlern
- steigern wir die Arbeitszufriedenheit durch Stärkung der Eigenverantwortung, Anerkennung der Leistung und durch Beteiligung an Entscheidungen
- erkennen, fördern und nutzen wir die Lern- und Leistungspotenziale, nehmen dabei jedoch auch Rücksicht auf das individuelle Leistungsvermögen

- setzen wir auf ressortübergreifende Zusammenarbeit, Arbeit im Team und offene Information
- greifen wir Konflikte auf und tragen sie lösungsorientiert, fair und im gegenseitigen Respekt aus
- sorgen wir für Chancengleichheit von Frauen und Männern, wirken Benachteiligungen aktiv entgegen und fördern die Vereinbarkeit von Beruf und Familie.

Personalpolitik kann bewusst betrieben und schriftlich niedergelegt werden. Gerade in kleineren Behörden und Kommunalverwaltungen ist es aber auch möglich, dass personalpolitische Grundsätze ohne ein zielgerichtetes, formalisiertes Vorgehen entstehen und nicht dokumentiert werden. Personalpolitik existiert dann „in den Köpfen" und wird im Alltag gelebt[51)].

Im öffentlichen Sektor unterliegt die Personalpolitik einer Reihe von Einflüssen, zu nennen sind insbesondere:

- die Gesellschaftspolitik[52)], also politische Aktivitäten auf Bundes-, Länder- und Kommunalebene, mit denen Zielvorstellungen und Ideologien von Parteien, Gewerkschaften, Religionsgemeinschaften und anderen Gesellschaftsgruppen verwirklicht werden sollen,
- die Unternehmenspolitik, d. h. grundlegende Ziel- und Wertvorstellungen, Visionen und Strategien der jeweiligen Organisation,
- sozial-kulturelle Entwicklungen, z. B. Veränderungen in der Demografie, Wandel in den Werten einer Gesellschaft, neue Lebensformen,
- technische Entwicklungen, die Auswirkungen auf die Art und Weise der Arbeit und Zusammenarbeit des Personals haben,
- wirtschaftliche Entwicklungen, z. B. die Lage am Arbeitsmarkt oder die finanzielle Lage der Institutionen des öffentlichen Sektors.

Die Personalpolitik der Behörden und Kommunalverwaltungen unterliegt einer besonderen Aufmerksamkeit der Öffentlichkeit. Von der öffentlichen Hand wird erwartet, dass sie „...Vorreiter bei der Gestaltung von humanen und fortschrittlichen Arbeitsverhältnissen ist"[53)].

Personalpolitik ist auf Kontinuität und Langfristigkeit auszurichten[54)]. Grundlage für eine überzeugende Personalpolitik ist eine umfassende und rationale Analyse der Rahmenbedingungen und Ausgangslage des Personalmanagements. Aktuelle und vorübergehende Engpässe sollten ebenso wenig als Ausgangspunkt für die Entwicklung von personalpolitischen Grundsätzen herangezogen werden wie „...auf Modernität hin ausgerichtete Eitelkeiten"[55)].

Ziele der Personalpolitik im öffentlichen Sektor sind:

- der wirtschaftliche Einsatz der Ressource Personal; hierzu zählt z. B. die Steigerung der Leistungsbereitschaft, -fähigkeit und -möglichkeit des Personals[56)],
- der sozial angemessene Einsatz der Beschäftigten.

Aus Sicht des Arbeitgebers ist der wirtschaftliche, aus Sicht der Beschäftigten der sozial angemessene Einsatz vorrangig. Einer klugen Personalpolitik gelingt ein weitestgehender Ausgleich der Interessen.

Damit personalpolitische Grundsätze akzeptiert und in die Praxis umgesetzt werden, ist die Art und Weise ihrer Erstellung von maßgeblicher Bedeutung. Personalpolitische Grundsätze von „oben" zu setzen ist nicht sinnvoll. Alle von Personalpolitik Betroffenen sollten in die Entwicklung von Grundsätzen einbezogen werden. Praktikabel ist beispielsweise die Mitwirkung von Vertretern einzelner Gruppen in einer zur Formulierung von Grundsätzen bevollmächtigten Projektgruppe. Besser ist jedoch die direkte Mitwirkung aller Betroffenen: Die Stadtverwaltung Kerpen realisierte dies bei der Formulierung ihrer Handlungsleitlinien mit einem schriftlichen „Umlaufverfahren".

Neben der Formulierung von Grundsätzen muss es Aufgabe der Personalpolitik sein, Instrumente zu schaffen, mit denen geprüft werden kann, inwieweit konkrete Maßnahmen des Personalmanagements mit den personalpolitischen Grundsätzen im Einklang sind. So ist beispielsweise zu erfassen, ob ein bestimmtes Auswahlverfahren tatsächlich der Vorgabe der Diskriminierungsfreiheit entspricht. Im öffentlichen Sektor der USA gibt es ein Vorbild hinsichtlich der Überprüfung, ob personalpolitische Vorgaben eingehalten werden: Mit dem Civil Service Reform Act wurden nämlich personalpolitische Richtlinien erlassen, deren Einhaltung durch eine spezielle Institution (Merit System Protection Board) überwacht und ggf. deren Nichteinhaltung sanktioniert wird[57].

Personalpolitik wird in den Behörden und Kommunalverwaltungen durch eine Vielzahl von Akteuren betrieben. Abbildung 2-2 gibt einen Überblick über die Akteure der Personalpolitik und deren Aktivitäten.

Abb. 2-2: Akteure der Personalpolitik[58]

Akteure	Aktivitäten in Bezug auf Personalpolitik
Politik, Presse	Erzeugen von Aufmerksamkeit für personalpolitische Themen, Lösungsvorschläge
Legislative	Verabschiedung von Regelwerken, die die Personalpolitik beeinflussen
Verwaltungsvorstand/Rat	Entscheidung über personalpolitische Maximen, Auswahl Führungspersonal, Vorbildfunktion, Bereitstellung von Ressourcen
Personalwesen	Gestaltung von Instrumenten des Personalmanagements, Mitwirkung bei Entscheidungen im Einzelfall, Beratung/ Betreuung von Beschäftigten
Führungskräfte	Führungsverhalten, Mitwirkung bei Entscheidungen im Einzelfall
Mitarbeiterinnen und Mitarbeiter	Änderungsbereitschaft, Mitwirkung bei der Durchführung von Instrumenten des Personalmanagements
Personalvertretung/Beauftragte	Interessenwahrnehmung für Beschäftigte, Einflussnahme auf Entscheidungen (auch im Einzelfall)

Personalpolitik wirkt sich in allen Bereichen des Personalmanagements aus. In einigen Bereichen und Themenstellungen sind die Einflüsse personalpolitischer Grundsätze besonders prägend, deswegen werden diese Bereiche und Themenstellungen auch als Instrumente der Personalpolitik bezeichnet. Zu diesen zählen:

- die Entlohnungsgestaltung bzw. -politik,
- die Führung der Mitarbeiterinnen und Mitarbeiter,
- Arbeitszeitregelungen,
- die Gestaltung des Arbeitsumfelds,
- die Gestaltung von Beurteilungssystemen.

Das Instrument „Entlohnungsgestaltung" wird im Abschnitt „Personalpolitische Grundsätze" sowie im Kapitel „Entlohnung", die Instrumente „Führung", „Beurteilung", „Arbeitszeitregelungen" in den entsprechenden Kapiteln erläutert. Hinsichtlich des Themengebiets „Gestaltung des Arbeitsumfelds" wird auf Gourmelon, Mroß und Seidel (2011) verwiesen.

2.2 Personalpolitische Grundsätze

In der Praxis und in der Literatur finden sich eine hohe Anzahl personalpolitischer Grundsätze. Im Folgenden sollen einige Grundsätze dargestellt werden, die sich durch ihre praktische Bedeutung und ihre Aktualität auszeichnen.

Grundsatz der Diskriminierungsfreiheit

Artikel 3 des Grundgesetzes schreibt die Gleichheit vor dem Gesetz und den Schutz aller Menschen vor Diskriminierungen fest. Für das Personalmanagement ist das im Jahr 2006 in Kraft getretene Allgemeine Gleichbehandlungsgesetz (AGG) von besonderer Bedeutung, da dieses den Gleichbehandlungsgrundsatz u. a. im Verhältnis Arbeitgeber und Beschäftigte konkretisiert.

Ziel des AGG ist es, „...Benachteiligungen aus Gründen der Rasse oder wegen der ethnischen Herkunft, des Geschlechts, der Religion oder Weltanschauung, einer Behinderung, des Alters oder der sexuellen Identität zu verhindern oder zu beseitigen" (§ 1 AGG). Geschützt werden durch das AGG Beschäftigte wie z. B. Arbeitnehmerinnen und Arbeitnehmer und die zu ihrer Berufsausbildung Beschäftigten (§ 6 Abs. 1 AGG) sowie Beamtinnen und Beamte, Richterinnen und Richter (§ 24 AGG). Bewerberinnen und Bewerber sind den Beschäftigten gleichgestellt (§ 6 Abs. 1). Organmitglieder, insbesondere Geschäftsführer und Vorstände, fallen beim Zugang zur Erwerbstätigkeit sowie beim beruflichen Aufstieg ebenfalls unter den persönlichen Anwendungsbereich des AGG (§ 6 Abs. 3 AGG).

Es sind solche Benachteiligungen verboten, die sich auf eines oder mehrere der in § 1 benannten Merkmale gründen (§ 7 AGG):

- **Rasse:** Hierunter sind vererbte Merkmale des äußerlichen Erscheinungsbildes, wie z. B. Hautfarbe oder Körperbau, zu verstehen[59].

- **Ethnische Herkunft:** Damit ist die Zugehörigkeit zu einer kulturell bestimmten Gemeinschaft gemeint. Kulturell prägende Merkmale können die Sprache, die Geschichte, Werte und Bräuche sein. Ethnische Gruppen sind beispielsweise die Sorben oder die Sinti und Roma. Die Staatsangehörigkeit oder Nationalität wird nicht durch das Merkmal ethnische Herkunft erfasst.
- **Geschlecht:** Der Arbeitgeber darf zwischen Männern und Frauen grundsätzlich keinen Unterschied machen[60)]. Auch andere Formen des Geschlechts sind geschützt. Eine unmittelbare Benachteiligung wegen des Geschlechts liegt auch im Falle einer ungünstigeren Behandlung wegen Schwangerschaft oder Mutterschaft vor (§ 3 Abs. 1 Satz 2 AGG).
- **Religion oder Weltanschauung:** Beide nehmen Stellung zum Sinn des Weltgeschehens und zur Rolle des Einzelnen darin. Es werden Empfehlungen oder Vorgaben für das Handeln des Menschen gegeben. Die Religion nimmt zusätzlich eine den Menschen „...überschreitende und umgreifende (‚transzendente') Wirklichkeit..."[61)] an.
- **Behinderung:** Hierbei ist nicht die Schwerbehinderteneigenschaft maßgebend, vielmehr sind Menschen auch dann behindert, „...wenn ihre körperliche Funktion, geistige Fähigkeit oder seelische Gesundheit mit hoher Wahrscheinlichkeit länger als sechs Monate von dem für das Lebensalter typischen Zustand abweicht und daher ihre Teilhabe am Leben in der Gesellschaft beeinträchtigt ist"[62)].
- **Alter:** Hierunter wird das Lebensalter, unabhängig von dessen Ausprägung verstanden. Somit sind sowohl ältere als auch jüngere Menschen geschützt.
- **Sexuelle Identität:** Umfasst werden mit diesem Begriff z. B. heterosexuelle, homosexuelle und bisexuelle Frauen und Männer.

Im AGG werden fünf Formen der Benachteiligung beschrieben (§ 3):

- Bei der unmittelbaren Benachteiligung erfährt eine Person wegen eines der in § 1 genannten Merkmale eine weniger günstige Behandlung als eine andere Person in einer vergleichbaren Situation. Eine unterschiedliche Behandlung aufgrund anderer Personenmerkmale (wie z. B. Teamfähigkeit, Ausdrucksfähigkeit) ist zulässig.
- Die mittelbare Benachteiligung liegt dann vor, wenn durch angeblich neutrale Kriterien (Vorschriften, Verfahren) eine Person wegen eines der durch § 1 AGG geschützten Merkmale in besonderer Weise benachteiligt wird und das angeblich neutrale Kriterium sachlich nicht gerechtfertigt, unangemessen und nicht erforderlich ist.
- Belästigung (z. B. Mobbing aufgrund eines der mit § 1 AGG geschützten Merkmale),
- sexuelle Belästigung,
- Anweisung zur Benachteiligung einer Person.

Berufliche Anforderungen können zu zulässigen unterschiedlichen Behandlungen führen (§ 8 AGG). Unter bestimmten Bedingungen kann auch eine unterschiedliche Behandlung aufgrund des Alters gerechtfertigt sein (§ 10 AGG).

Im Rahmen seiner gesetzlichen Pflichten hat der Arbeitgeber mögliche Benachteiligungen nicht nur zu beseitigen, sondern auch vorbeugend tätig zu werden (§ 12 Abs. 1 AGG). So soll der Arbeitgeber im Rahmen der beruflichen Aus- und Fortbildung auf die Unzulässigkeit von Benachteiligungen hinweisen (§ 12 Abs. 2). Des Weiteren hat der Arbeitgeber Benachteiligungen, die durch Beschäftigte oder durch Dritte erfolgen, durch geeignete, erforderliche und angemessene Maßnahmen zu unterbinden (z. B. Abmahnung, Kündigung; § 12 Abs. 3 und 4 AGG).

Den Beschäftigten steht das Recht zu, sich bei den zuständigen Stellen innerhalb der Organisation zu beschweren (§ 13 AGG). Bei einer ungerechtfertigten Benachteiligung hat der Arbeitgeber den hierdurch entstandenen Schaden zu ersetzen, sofern er die Benachteiligung zu vertreten hat (§ 15 Abs. 1).

Bewerber, die wegen einer Benachteiligung nicht eingestellt wurden, können eine angemessene Entschädigung in Geld verlangen. Wäre der Beschäftigte auch bei benachteiligungsfreier Auswahl nicht eingestellt worden, darf die Entschädigung drei Monatsgehälter nicht übersteigen (§ 15 Abs. 2 Satz 2). In diesem Zusammenhang ist auf § 22 AGG hinzuweisen – demnach trägt der Arbeitgeber die Beweislast (soweit der Bewerber Indizien vorgelegt hat), dass bei der Personalauswahl kein Verstoß gegen die Bestimmungen zum Schutz vor Benachteiligung vorgelegen hat.

Die Auswirkungen des AGG auf das Personalmanagement im öffentlichen Sektor sind nicht zu unterschätzen. Überprüft wurden Anwerbe- und Auswahlverfahren, Entgelt- und Urlaubsregelungen, Beurteilungssysteme sowie Praktiken des Personaleinsatzes.

Grundsatz des Gender Mainstreamings

„Gender" entspricht nicht dem biologischen Geschlecht, sondern bezeichnet die erlernten Geschlechterrollen von Frauen und Männern: „Man kommt nicht als Frau zur Welt, man wird es"[63)] (Simone de Beauvoir). Unter „Mainstreaming" ist zu verstehen, dass bislang randständige Inhalte oder Themen in das Zentrum von Entscheidungsprozessen gerückt werden. Insgesamt bedeutet Gender Mainstreaming, „…bei allen gesellschaftlichen Vorhaben die unterschiedlichen Lebenssituationen und Interessen von Frauen und Männern von vorherein und regelmäßig zu berücksichtigen…"[64)]. Innerhalb einer Organisation werden durch Gender Mainstreaming Entscheidungsprozesse reorganisiert und verbessert. Gemäß der Definition des Europarates von 1998 ist es Ziel des Gender Mainstreamings, „…in alle Entscheidungsprozesse die Perspektive des Geschlechterverhältnisses einzubeziehen und alle Entscheidungsprozesse für die Gleichstellung der Geschlechter nutzbar zu machen"[65)]. In der Praxis der Behörden und Verwaltungen sollen bei der Planung von Organisationsstrukturen und -prozessen, von Leistungen und Produkten, von Controlling- und Kommunikationsprozessen die unterschiedlichen Interessen und Lebenswirklichkeiten der Geschlechter berücksichtigt werden[66]). Wirkung des Gender Mainstreamings soll letztlich die Gleichstellung von Frauen und Männern sein.

Zahlreiche Normen verpflichten Institutionen des öffentlichen Sektors zu Aktivitäten im Sinne des Gender Mainstreamings:

- „Bei allen ihren Tätigkeiten wirkt die Union darauf hin, Ungleichheiten zu beseitigen und die Gleichstellung von Männern und Frauen zu fördern" (Artikel 8 des Vertrags über die Arbeitsweise der Europäischen Union).
- „Männer und Frauen sind gleichberechtigt. Der Staat fördert die tatsächliche Durchsetzung der Gleichberechtigung von Frauen und Männern und wirkt auf die Beseitigung bestehender Nachteile hin" (Artikel 3, Absatz 2 Grundgesetz).
- „Alle Beschäftigten, insbesondere auch solche mit Vorgesetzten- und Leitungsaufgaben, sind verpflichtet, die Gleichstellung von Frauen und Männern zu fördern" (§ 2 Bundesgleichstellungsgesetz).
- „Die Gleichstellung von Frauen und Männern ist durchgängiges Leitprinzip und soll bei allen politischen, normgebenden und verwaltenden Maßnahmen der Bundesministerien in ihren Bereichen gefördert werden (Gender Mainstreaming)" (§ 2 Gemeinsame Geschäftsordnung der Bundesministerien).

Besondere Bedeutung für das Personalmanagement im öffentlichen Sektor hat die Bestellung von Gleichstellungsbeauftragten (z. B. § 15 Landesgleichstellungsgesetz NRW). Diese haben umfassende Aufgaben und Rechte in Bezug auf die Gleichstellung der Geschlechter in einer Dienststelle. In der Praxis haben die Gleichstellungsbeauftragten einen wesentlichen Einfluss auf die Personalpolitik, aber auch auf viele Einzelentscheidungen im Personalmanagement.

Auch die Aufstellung von Frauenförderplänen ist eine wichtige Maßnahme zur Gleichstellung der Geschlechter. Grundlagen eines Frauenförderplans sind regelmäßig eine Bestandsaufnahme und Analyse der Beschäftigtenstruktur sowie Prognosen zu Vakanzen und Beförderungsmöglichkeiten. Inhalte von Frauenförderplänen sind konkrete Zielvorgaben zum Anteil von Frauen bei der Besetzung von Vakanzen und bei Beförderungen/Höhergruppierungen. Zudem sind neben den Zielvorgaben auch Maßnahmen zur Umsetzung der Ziele zu benennen (z. B. § 6 Landesgleichstellungsgesetz NRW).

Grundsatz der Vielfaltsförderung (Diversity Management)

Beim Grundsatz der Diskriminierungsfreiheit stehen die Gedanken im Vordergrund, Unterschiede zwischen Menschen zu akzeptieren und ungerechtfertigte Benachteiligungen zu unterbinden. Der Grundsatz der Vielfaltsförderung (Diversity Management) baut auf diesen Gedanken auf und weitet sie aus: Die Vielfalt (Diversity) der Beschäftigten ist als Stärke einer Organisation zu begreifen. Diese wertvolle Ressource einer Behörde oder Verwaltung ist in durchdachter und planmäßiger Weise herzustellen, zu mehren und zu nutzen. Vielfalt „...bezieht sich auf all das, worin Menschen sich unterscheiden können“[67]. Diese Unterschiede können sich auf äußere Merkmale wie Alter, Geschlecht, körperliche Behinderungen, „Rasse“ und auf innere Merkmale wie Lebensstil, sexuelle Orientierung, Werthaltungen, religiöse Überzeugungen beziehen. Als Vorteile der Vielfaltsförderung werden genannt[68]:

- Vermeidung von Diskriminierungen und hieraus folgenden Prozesskosten,
- hohe Attraktivität als Arbeitgeber für verschiedene Bewerbergruppen, bessere Chancen im Wettbewerb um Nachwuchskräfte,
- höhere Mitarbeiterzufriedenheit, besseres Betriebsklima, geringere Fluktuation der Beschäftigten,
- öffentliche Institutionen als Vorbild für andere Arbeitgeber, positive Außendarstellung, Selbstverpflichtung von Bund und Ländern, mehr Migranten einzustellen, wird eingehalten,
- Steigerung von Effektivität und Qualität von Verwaltungsleistungen durch höhere Kunden- und Bürgerorientierung,
- mehr Kreativität und Innovationen bei den Beschäftigten.

Ob sich diese Vorteile im öffentlichen Sektor tatsächlich durch Diversity Management erzielen lassen, ist umstritten. In empirischen Untersuchungen, welche in US-Privatunternehmen durchgeführt wurden, ließ sich kein Zusammenhang zwischen Vielfalt und Erfolgsgrößen finden[69]. Wegge[70] berichtet, dass es auf die Art der zu lösenden Aufgabe ankommt: Bei Entscheidungs- oder Innovationsaufgaben erweisen sich vielfältig zusammengesetzte Arbeitsgruppen grundsätzlich als leistungsstärker (d. h., bei Routineaufgaben, die in der öffentlichen Verwaltung häufig vorkommen, stellt sich diese Wirkung eher nicht ein). Allerdings führt ein Mehr an Vielfalt auch zu einem Mehr an Kooperations- und Kommunikationsschwierigkeiten, die die Vorteile der Vielfalt vollständig aufheben können. Eine höhere Vielfalt kann nach diversen Studien zu höherer Fluktuation, geringerer Arbeitszufriedenheit und geringerem Gruppenzusammenhalt führen[71].

Ansatzpunkte für die Vielfaltsförderung sind insbesondere die Personalbeschaffung, die Personalentwicklung und die Personalführung. In Abbildung 2-3 sind Maßnahmen der Bundesagentur für Arbeit wiedergegeben.

Abb. 2-3: Maßnahmen zur Förderung von Beschäftigten mit Migrationshintergrund in der Bundesagentur für Arbeit[72] (BA)

„Jeder hat seine Stärken, jeder hat seine Schwächen. Wenn wir Alter, Geschlecht und Herkunft zusammenbringen und die Kraft aufbringen, eine gemeinsame Sprache zu finden, dann ergibt sich daraus ein sehr, sehr leistungsfähiges Gebilde, das hierarchisch vielleicht nicht immer besonders gut zu organisieren ist, das aber krisenfest und auch fähig ist, auf neue Situationen gut zu reagieren"[73] (Angela Merkel).

Die Stadt Nürnberg ist – um ein Signal an die Beschäftigten und auch an Dritte zu geben – der „Charta der Vielfalt" beigetreten. Das Personalamt der Stadtverwaltung Nürnberg bietet des Weiteren verschiedene Maßnahmen zur Förderung interkultureller Kompetenzen an. Derzeit haben neun Prozent der Beschäftigten einen Migrationshintergrund; bei den Nachwuchskräften konnte – durch spezielle Personalwerbemaßnahmen – ein Anteil von 30 Prozent erreicht werden[74].

Derzeit wird diskutiert, ob zur Förderung der Vielfalt Quoten für bestimmte Gruppen eingeführt werden sollen. Eine Quote bedeutet, dass z. B. die Hälfte der Führungspositionen mit weiblichen Beschäftigten besetzt wird oder ein bestimmter Anteil der Nachwuchskräfte Migrationshintergrund aufweisen müsste. Die Leiterin der Antidiskriminierungsstelle des Bundes[75] hält Quoten für ein „sehr gutes Instrument" und fordert zudem Sanktionen (z. B. Beförderungsstopp für die gesamte Institution), falls Quoten nicht eingehalten werden. Personalmanager von Großunternehmen lehnen mehrheitlich (70 Prozent) Quoten ab[76], da durch Quoten neue Benachteiligungen entstünden und das Leistungsprinzip bei Einstellungen und Beförderungen verletzt würde.

Grundsatz der Leistungsorientierung

Gemäß dem Grundsatz der Leistungsorientierung (synonym: Leistungsprinzip) sollen diejenigen Beschäftigten, die mehr leisten, in höherem Maße materiell entlohnt werden. Zum einen soll mit diesem Grundsatz dem Gerechtigkeitsempfinden vieler Beschäftigter entsprochen, zum anderen damit die Motivation der Beschäftigten gesteigert werden. Dass der Grundsatz der Leistungsorientierung überhaupt immer wieder mit großer Intensität diskutiert wird, ist zum einen Folge eines tief sitzenden Irrglaubens vieler Bürger und Politiker: Die Beschäftigten des Staates und insbesondere die Beamten seien faul und bekämen ihr Geld nur „fürs Rumsitzen". Hinzu kommt, dass sich manche Beschäftigten ungerecht (zu niedrig) bezahlt fühlen, wenn sie ihre Leistungen mit denjenigen von Kollegen vergleichen. Der Grundsatz der Leistungsorientierung ist zum anderen ein hergebrachter Grundsatz des Berufsbeamtentums, nach dem gemäß Artikel 33 Absatz 5 Grundgesetz das Recht des öffentlichen Dienstes zu regeln und fortzuentwickeln ist.

Tatsächlich war es Ende des letzten Jahrhunderts für die Führungskräfte deutlich schwieriger, besondere Leistungen kurzfristig zu honorieren. Auch gab es Regelungen, die dem Grundsatz der Leistungsorientierung widersprachen: So erhielten Angestellte, die nach dem Bundesangestelltentarifvertrag (BAT) vergütet wurden, alle zwei Jahre automatisch eine Gehaltssteigerung. Andererseits gab es auch schon damals eine Vielzahl von Regelungen, die mit dem Grundsatz der Leistungsorientierung übereinstimmten. Beispielsweise wurden (und werden) die Beschäftigten im Hinblick auf die Schwere ihrer Tätigkeiten entlohnt; die Schwere der Tätigkeiten wurde (und wird) im Rahmen von Stellenbewertungen ermittelt. Bei der Besetzung von Beamtenstellen (auch Beförderungsstellen) ist gemäß Artikel 33 Absatz 2 des Grundgesetzes die fachliche Leistung zu berücksichtigen.

In letzter Zeit gab es eine Vielzahl von Ansätzen, im Rahmen der Entgeltpolitik den Grundsatz der Leistungsorientierung zu stärken. Als Beispiele seien hier der Tarifvertrag für den öffentlichen Dienst (TVöD) und die Einführung der Besoldungsordnung W für Professoren angeführt.

Im Jahre 2005 wurde für die Beschäftigten des Bundes und der Kommunen der Tarifvertrag für den öffentlichen Dienst abgeschlossen. Eine wesentliche Neuerung des TVöD gegenüber dem bisherigen Tarifvertrag BAT ist die Einführung leistungsorientierter Bezahlungselemente, mit denen die Motivation der Beschäftigten gesteigert werden soll[77)].

Eines dieser Elemente ist der leistungsabhängige Stufenaufstieg. Die Basis der Vergütung ist im TVöD das Tabellenentgelt, welches in die Entgeltgruppen 1 (niedrig) bis 15 (hoch) gestaffelt ist. Die Zuordnung zu einer Entgeltgruppe orientiert sich an der Wertigkeit bzw. Schwere der Tätigkeit:

- 1 bis 4 gelten für un- und angelernte Tätigkeiten,
- 5 bis 8 für Tätigkeiten auf dem Niveau einer abgeschlossenen anerkannten Berufsausbildung von mindestens drei Jahren,

- 9 bis 12 für Tätigkeiten auf dem Niveau einer abgeschlossenen Fachhochschulausbildung (oder Bachelor-Abschluss),
- 13 bis 15 für Tätigkeiten auf dem Niveau einer abgeschlossenen wissenschaftlichen Hochschulausbildung (oder Master-Abschluss).

Innerhalb der Entgeltgruppen setzt ein Stufensystem mit zwei Grundstufen und vier Entwicklungsstufen ein (siehe Abbildung 2-4). Der Aufstieg in diesen Stufen erfolgt grundsätzlich abhängig von der Beschäftigungszeit (§ 16 Abs. 4 (Bund) bzw. § 16 Abs. 3 (VKA) TVöD). Nach § 17 Abs. 2 TVöD kann bei Leistungen, die erheblich über oder unter dem Durchschnitt liegen, die erforderliche Zeit für den Stufenaufstieg in den Entwicklungsstufen verkürzt oder verlängert werden. Im Falle der Verkürzung erhält der Beschäftigte dann ein höheres Entgelt.

Unabhängig vom leistungsbezogenen Stufenaufstieg wurden mit dem TVöD weitere materielle Leistungsanreize vereinbart (§ 18 TVöD):

- Leistungszulage: Dies ist eine zeitlich befristete, in der Regel monatliche Zahlung. Es wird erwartet, dass die Leistung des Beschäftigten erheblich über dem Durchschnitt der Leistungen liegt, die normalerweise zu erwarten sind.
- Leistungsprämie: Dies ist in der Regel eine jährliche Einmalzahlung, die nach einer besonderen Leistung gezahlt wird.
- Erfolgsprämie: Ihre Zahlung ist vom wirtschaftlichen Unternehmenserfolg abhängig.

Nach § 18 Abs. 5 TVöD hat bei der Gewährung von Prämien und Zulagen die Bewertung von Leistungen durch den Vergleich des tatsächlichen Erreichens von Zielen mit den in einer Zielvereinbarung angestrebten Zielen oder über eine systematische Leistungsbewertung zu erfolgen.

**Abb. 2-4: Beispiel: TVöD-Entgelttabelle kommunaler Bereich[78)]
Monatsentgelt vom 1.8.2013 bis 28.2.2014**

EG	Monatsentgeld in Euro					
	Stufe 1	Stufe 2	Stufe 3	Stufe 4	Stufe 5	Stufe 6
15Ü	–	5.054,60	5.602,76	6.122,07	6.468,29	6.549,06
15	3.962,89	4.396,83	4.558,38	5.135,38	5.573,90	5.862,41
14	3.588,99	3.981,35	4.212,16	4.558,38	5.089,23	5.377,72
13	3.308,57	3.669,78	3.865,97	4.246,76	4.777,62	4.996,90
12	2.965,83	3.288,95	3.750,55	4.154,47	4.673,78	4.904,58
11	2.861,96	3.173,57	3.404,35	3.750,55	4.252,55	4.483,36
10	2.758,09	3.058,14	3.288,95	3.519,77	3.958,28	4.062,14
9	2.436,14	2.700,39	2.746,57	2.838,89	3.208,16	3.727,47
8	2.280,34	2.527,29	2.642,71	2.746,57	2.861,96	2.934,67

EG	Monatsentgeld in Euro					
	Stufe 1	**Stufe 2**	**Stufe 3**	**Stufe 4**	**Stufe 5**	**Stufe 6**
7	2.134,95	2.365,73	2.515,75	2.631,17	2.717,71	2.798,50
6	2.093,38	2.319,57	2.434,97	2.544,61	2.619,63	2.694,64
5	2.005,67	2.221,49	2.331,12	2.440,75	2.521,53	2.579,24
4	1.906,43	2.111,86	2.250,33	2.331,12	2.411,90	2.459,20
3	1.875,29	2.077,22	2.134,95	2.227,26	2.296,51	2.359,97
2	1.729,86	1.915,66	1.973,37	2.031,08	2.157,99	2.290,73
2Ü	1.792,17	1.984,92	2.054,16	2.146,48	2.209,94	2.257,28
1	–	1.541,78	1.569,47	1.604,10	1.636,39	1.719,48

Seit Januar 2005 können Professoren nur noch in ein Amt der Besoldungsordnung W berufen werden. Es stehen die Besoldungsgruppen W 1 (für Juniorprofessoren), W 2 und W 3 zur Verfügung. Seit der Föderalismusreform ist die Besoldung und Versorgung der Beamten Angelegenheit der Länder, sodass die Regelungen und die Besoldungshöhe in den einzelnen Bundesländern unterschiedlich sind. Das Hessische Professorenbesoldungsgesetz (HPBesG) vom 12.12.2012 sieht für die Professoren ein Grundgehalt sowie Leistungsbezüge vor.

Das Grundgehalt ist für die Besoldungsgruppen W 2 und W 3 nach Stufen bemessen (§ 2 HPBesG, siehe Abbildung 2-5). Der Aufstieg in die nächsthöhere Stufe erfolgt nach jeweils fünfjähriger Erfahrungszeit. Wird aufgrund einer Leistungsbewertung festgestellt, dass die Leistung eines Professors nicht den mit dem Amt verbundenen Anforderungen entspricht, wird der Aufstieg in die nächsthöhere Stufe gehemmt (§ 2 Abs. 4 Satz 1 HPBesG).

Abb. 2-5: Besoldung hessischer Professoren (Stand: 1.1.2013)

Besoldungsgruppe	**Stufen mit jeweils fünfjährigen professoralen Erfahrungszeiten**				
	1	2	3	4	5
W 2	4.780	4.960	5.140	5.320	5.500
W 3	5.300	5.500	5.710	5.920	6.128

Die Vergabe von Leistungsbezügen erfolgt nach § 5 HPBesG in Form von:

- Berufungs- und Bleibebezügen – hiermit soll ein Professor angeworben oder zum Verbleib an der Hochschule bewogen werden. Die Höhe dieser Bezüge orientiert sich in der Regel an der Qualifikation, den bisherigen Leistungen, der Bewerberlage und der Arbeitsmarktsituation.
- Besonderen Leistungsbezügen – diese werden für besondere Leistungen in Forschung, Lehre, Kunst, Weiterbildung und Nachwuchsförderung gewährt. Regelmäßig müssen diese Leistungen über einen längeren Zeitraum erbracht worden sein. An den einzelnen Hochschulen gibt es detaillierte Regeln für die Gewährung besonderer Leistungsbezüge.

- Funktionsleistungsbezügen – damit wird die Wahrnehmung von Funktionen oder besonderen Aufgaben z. B. in der Hochschulleitung honoriert.

Berufungs- und Bleibebezüge sowie besondere Leistungsbezüge können befristet oder unbefristet sowie als Einmalzahlung vergeben werden, unter besonderen Bedingungen sind sie ruhegehaltsfähig (§ 5 Absätze 3 und 4 HPBesG).

Sofern Professoren Mittel Dritter (z. B. Unternehmen) für Forschungsvorhaben der Hochschule einwerben, können neben den Leistungsbezügen aus diesen Mitteln Forschungs- und Lehrzulagen gewährt werden (§ 6 HPBesG).

Sowohl der TVöD als auch das HPBesG sehen mit dem Stufenaufstieg, den Leistungszulagen, -prämien und -bezügen sowie Forschungszulagen eine Vielzahl von Elementen vor, die dem Leistungsprinzip Geltung verschaffen sollen. Inwieweit diese Regelungen in der Praxis auch leistungsfördernd umgesetzt werden und wirken, kann derzeit nicht beantwortet werden.

Grundsatz der Vereinbarkeit von Familie und Beruf (Familienbewusste Personalpolitik)

Nach dem Grundsatz der Vereinbarkeit von Familie und Beruf soll das Personalmanagement dazu beitragen, „...das individuelle Arrangement von Familie und Beruf miteinander in Einklang zu bringen“[79]. Es geht darum, familiäre Pflichten trotz Erwerbstätigkeit wahrnehmen zu können. In Anlehnung an das Sächsische Frauenförderungsgesetz (SächsFFG, § 3 Absatz 2) bestehen Familienpflichten dann, wenn eine beschäftigte Person mindestens ein Kind unter 18 Jahren oder einen nach ärztlichem Gutachten pflegebedürftigen sonstigen Angehörigen tatsächlich betreut oder pflegt. Nach dieser Begriffsbestimmung liegen Familienpflichten z. B. in folgenden Lebenslagen vor:

- Erziehung von minderjährigen Kindern in gegen- oder gleichgeschlechtlichen Partnerschaften,
- Erziehung von minderjährigen Kindern durch alleinerziehende Mütter oder Väter,
- Pflege einer betagten und an der Alzheimer-Krankheit leidenden Person durch die Tochter,
- Pflege des schwerbehinderten, volljährigen Sohnes durch den Vater.

Der Grundsatz der Vereinbarkeit von Familie und Beruf ist dem Personalmanagement im öffentlichen Sektor durch eine Vielzahl von gesetzlichen Regelungen vorgeschrieben. So hat beispielsweise das Bundesgleichstellungsgesetz (BGleiG) die Förderung der Vereinbarkeit von Familie und Erwerbstätigkeit zum Ziel (§ 1 Absatz 1 Satz 3). Ähnliche Zielsetzungen finden sich in den Landesgleichstellungsgesetzen z. B. von Baden-Württemberg, Bayern, Brandenburg, Hessen, Nordrhein-Westfalen oder Thüringen. Auch im Bundesbeamtengesetz (BBG, z. B. §§ 92, 92 a) sind Regelungen enthalten, die der besseren Vereinbarkeit von Familie und Erwerbstätigkeit dienen. Auswirkungen auf das Personalmanagement haben u. a. auch die Regelungen des Bundeselterngeld- und Elternzeit-, des Familienpflegezeit- und des Pflegezeitgesetzes.

Hintergründe für die Entstehung und Fortentwicklung des Grundsatzes waren und sind:

- Gleichstellungspolitische Erwägungen: So soll es Frauen erleichtert werden, trotz Mutterpflichten in der Berufswelt gleichberechtigt mitzuwirken. Zunehmend möchten Männer ihrer Vaterrolle besser gerecht werden.
- Arbeitsmarktpolitische Erwägungen: Angesichts der vorausgesagten Engpässe am Arbeitsmarkt sollte es Frauen mit Familienpflichten erleichtert werden, erwerbstätig zu sein. Damit stünde den Arbeitgebern ein größeres Arbeitskräftepotenzial zur Verfügung.
- Veränderungen in der Gesellschaft, wie z. B. die Zunahme von Alleinerziehenden, der zunehmende Druck, dass beide Elternteile erwerbstätig sind, um eine angemessene Lebensweise finanzieren zu können.
- Demografische Entwicklungen: So waren im Jahr 2009 rund zwei Millionen Menschen in Deutschland pflegebedürftig. Bis zum Jahr 2020 wird diese Zahl auf 2,9 Millionen steigen. Ein bedeutender Teil der Pflegeleistung wird auch zukünftig durch Angehörige erbracht, von denen viele zugleich auch erwerbstätig sein müssen[80)].

Aus Befragungen lässt sich schließen, dass rund zwei Drittel der Eltern die Vereinbarkeit von Familie und Beruf nach wie vor als schlecht beurteilen[81)]. Gewünscht werden Maßnahmen des Staates und der Arbeitgeber. Für Arbeitgeber ist eine familienbewusste Personalpolitik nachweislich mit betriebswirtschaftlichen Vorteilen verbunden. Unternehmen mit familienbewusster Personalpolitik haben – im Vergleich zu Unternehmen ohne oder mit geringer familienbewusster Personalpolitik – niedrigere Krankheits- und Fehlzeitenquoten, eine niedrigere Fluktuationsrate, bessere Bewerber und eine höhere Motivation bei den Beschäftigten[82)]. Diese Vorteile führen langfristig zu niedrigeren Personalkosten.

Handlungsfelder familienbewusster Personalpolitik und Beispiele für entsprechende Maßnahmen sind in Abbildung 2-6 veranschaulicht.

Abb. 2-6: Handlungsfelder familienbewusster Personalpolitik[83)]

Handlungsfelder familienbewusster Personalpolitik	Wirkungsmechanismus der Maßnahmen	Beispiele für Maßnahmen
Arbeitszeit	Beschäftigte können Umfang und Lage der Arbeitszeit besser mit Familienpflichten vereinbaren	Gleitzeit, Teilzeit, Sonderurlaub
Arbeitsorganisation	Einsatzmöglichkeiten und Einsatzbereitschaft der Beschäftigten sowie deren Motivation wird erhöht	Teamarbeit, Telearbeit, Rücksichtnahme bei Überstunden und Dienstreisen

Handlungsfelder familienbewusster Personalpolitik	Wirkungsmechanismus der Maßnahmen	Beispiele für Maßnahmen
Informations- und Kommunikation	Wirksamkeit und Nutzung von Maßnahmen wird durch kontinuierliche Information erhöht	Bereitstellung von Informationsmaterialien, Kontaktperson zum Thema, Berichte im Newsletter
Führung	Durch angemessenes Führungsverhalten kann Vereinbarkeit von Familie und Beruf verbessert werden	Führungsleitbild, Vorträge für Führungskräfte
Personalentwicklung	Die Kompetenzentwicklung von Beschäftigten mit Familienpflichten wird erleichtert	Kontakthalte- und Wiedereinstiegsprogramm, Weiterbildung mit Kinderbetreuung
Entgeltbestandteile und geldwerte Leistungen	Beschäftigte mit Familienpflichten werden materiell unterstützt	Arbeitgeberdarlehen, Familienzuschlag
Service für Familien	Direkte Unterstützungsangebote des Arbeitgebers für Beschäftigte mit Familienpflichten	Betriebseigene Kindertagesstätten, Spielzimmer, Ferienbetreuung, Belegplätze in Altenpflegeeinrichtung

Im kommunalen Bereich sind die Städte Aachen und Nürnberg besonders familienbewusst. Aachen hat ein Familienservicebüro eingerichtet, welches Beschäftigte in allen familienbezogenen Angelegenheiten informiert und berät. Des Weiteren gewährt die Stadt Aachen Vätern unmittelbar nach der Geburt ihres Kindes einen zehntägigen, bezahlten Sonderurlaub[84)]. In der Stadtverwaltung Nürnberg hat familienbewusste Personalpolitik Tradition. Mehrfach wurde die Stadt für ihr Engagement in diesem Bereich ausgezeichnet. Neben der Durchführung einer Reihe von Maßnahmen zur Vereinbarkeit von Familie und Beruf legen die Verantwortlichen der Stadt Nürnberg besonderen Wert darauf, Familienfreundlichkeit als festen Bestandteil der Unternehmenskultur zu etablieren[85)].

Behörden und Kommunen können sich bei ihren Bemühungen um eine familienbewusste Personalpolitik durch das Audit berufundfamilie unterstützen lassen. Ihre Leistungen in diesem Bereich können zertifiziert werden.

Als eine Weiterentwicklung des Grundsatzes der familienbewussten Personalpolitik kann die **lebensphasenorientierte Personalpolitik** angesehen werden. Grundidee ist, dass ein Beschäftigter unterschiedliche Lebensphasen durchläuft und dabei mit unterschiedlichen Lebenssituationen konfrontiert ist. Diese Lebensphasen reichen vom Berufseinstieg bis zum Ruhestand (siehe Abbildung 2-7). Ziel des Personalmanagements muss es dann sein, die verschiedenen Maßnahmen des Personalmanagements auf die jeweilige Lebensphase und deren Besonderheiten abzustimmen und damit die Leistungsfähigkeit und -bereitschaft des Personals zu entwickeln und zu erhalten.

Abb. 2-7: Die fünf beruflichen Lebensphasen im personalpolitischen Ansatz des Bundesministeriums für Arbeit und Sozialordnung[86)]

1. Phase	2. Phase	3. Phase	4. Phase	5. Phase
Einführungs-phase (Einarbeitung, Neu-Orientierung)	**Wachstums-/ Professionalisierungsphase**	**Reifephase** (Konsolidierung/Stabilität)	**Vorbereitung auf den Austritt/Austritts-phase**	**„aktiver Ruhestand"**
Bis zu zwei Jahren nach Eintritt/Wechsel	Bis zu 20 Jahren Berufstätigkeit	Ab 20 bis 40 Jahre Berufstätigkeit		Ab Lebensalter 65/67

So geht das Bundesministerium des Innern[87)] beispielsweise davon aus, dass zukünftig die 5. Phase „aktiver Ruhestand" für das Personalmanagement eine neue Herausforderung darstellt. Hier wird es darum gehen, kompetente Pensionäre weiterhin durch Beratungs-, Dozenten- und Mentorentätigkeiten in die Organisation einzubinden.

3. Personalbeschaffung

3.1 Planung des Personalbedarfs

3.1.1 Grundzüge der Personalbedarfsplanung

Ein Ziel des Personalmanagements ist es, dass der Organisation zu jedem Zeitpunkt die erforderlichen Personalressourcen zur Verfügung stehen. So muss jederzeit – heute und zukünftig – gewährleistet sein, dass die Aufgaben der Behörden und Verwaltungen erledigt werden können. Das zur Verfügung stehende Personal sollte in quantitativer und qualitativer Hinsicht in der Lage sein, die Aufgaben und die hieraus resultierende Arbeit zu bewältigen. Da die Beschaffung von Personalressourcen, z. B. die Auswahl und Ausbildung von Nachwuchskräften, aufwendig ist und regelmäßig einen längeren Zeitraum in Anspruch nimmt, ist ein systematisches Vorausdenken – also Planung – erforderlich.

Nach Nicolai kann unter Personalbedarfsplanung „...die zukunftsgerichtete Bestimmung der personellen Kapazitäten"[88] verstanden werden, die zur Erfüllung der betrieblichen Aufgaben notwendig sind. Der Begriff „Personalbedarfsermittlung" wird gleichbedeutend verwendet[89]. Mithilfe der Personalbedarfsplanung sollen vier Fragen beantwortet werden[90]:

- Wie viele Beschäftigte benötigt die Organisation zur Bewältigung ihrer Aufgaben? (quantitativer Aspekt)
- Welche Qualifikationen und Kompetenzen sollten die Beschäftigten aufweisen? (qualitativer Aspekt)
- Wann und für welche Dauer werden die Personalressourcen benötigt?
- Wo – in welcher Organisationseinheit oder an welchem Ort – werden die Beschäftigten benötigt?

Die Personalbedarfsplanung leitet sich im öffentlichen Sektor regelmäßig aus den durch Gesetz oder durch Ratsbeschluss festgelegten Aufgaben ab – es erscheint unrealistisch, dass sich Politiker bei der Formulierung ihrer politischen Vorhaben (die dann in Gesetze münden) von der Personalsituation der Verwaltungen leiten lassen. Für verschiedene Funktionen des Personalmanagements wie z. B. die Personalrekrutierung, die Personalentwicklung und die Personalfreistellung sind die Ergebnisse der Personalbedarfsplanung grundlegend bzw. die informatorische Basis. Erst wenn in der Personalbedarfsplanung beispielsweise festgestellt wurde, dass im Bereich der Grundsicherung in zwei Jahren zusätzliche Personalressourcen erforderlich werden, sind Überlegungen sinnvoll, in welcher Weise Mitarbeiter rekrutiert und qualifiziert werden sollen.

Eine rechtzeitige und gute Planung bietet der Organisation und den Beschäftigten folgende Vorteile[91]:

- Personalengpässe und eine damit verbundene Überforderung der Mitarbeiter können vermieden werden.
- Auf absehbare Personalüberhänge kann frühzeitig reagiert werden; damit ist die Organisation in der Lage, die psychosozialen Folgen eines evtl. Stellen- und Personalabbaus für die Beschäftigten zu minimieren.
- Berufliche Entwicklungsmöglichkeiten können den Beschäftigten frühzeitig aufgezeigt werden – hieraus kann eine höhere Motivation und eine engere Bindung der Beschäftigten an die Organisation folgen.
- Die Organisation optimiert ihr Image als fairer und attraktiver Arbeitgeber.
- Die Behörde oder Kommunalverwaltung kann günstige Bedingungen am Arbeitsmarkt für die Anwerbung von Personal ausnutzen (z. B. gute Bewerberlage aufgrund doppelter Abiturjahrgänge).

Insgesamt sollten diese Vorteile der Personalbedarfsplanung deren Nachteil – den nicht unbeträchtlichen Aufwand – überwiegen.

Organisationen des öffentlichen Sektors sind durch Haushaltsvorschriften gehalten, wirtschaftlich zu handeln. Dies bedeutet in Bezug auf die Ressource Personal, nur so viele Mitarbeiter zu beschäftigen, wie unbedingt erforderlich sind, und zudem darauf zu achten, dass einfache Arbeiten nicht durch höher bezahlte Mitarbeiter durchgeführt werden[92]. Auch diese Überlegung führt dazu, rechtzeitig und in methodisch angemessener Weise den Personalbedarf zu planen.

In Anlehnung an Holtbrügge[93] sind bei der Personalbedarfsplanung mehrere Kriterien zu berücksichtigen, die teilweise miteinander im Widerspruch stehen:

- Das Kriterium der Wirtschaftlichkeit: Die Aufgaben sollen mit möglichst wenigen Mitarbeitern erfüllt werden.
- Das Kriterium der Leistungssicherung: Die Personalressourcen müssen in dem Ausmaß vorhanden sein, dass auch Bedarfsspitzen (z. B. im Winterdienst, Polizeieinsätze bei Großdemonstrationen) bewältigt werden können.
- Das Kriterium der Anpassungsfähigkeit: Das Personal muss sich auf veränderte Umweltbedingungen wie z. B. neue Gesetze, neue Informations- und Kommunikationstechniken einstellen können.
- Das Kriterium einer „angemessenen und gleichmäßigen Arbeitsbelastung“ des Personals: Die Beschäftigten sollen weder unter- noch überfordert sein.

Die Personalbedarfsplanung ist sinnvollerweise vom Personalwesen in enger Zusammenarbeit mit der Organisationsabteilung und den Fachabteilungen durchzuführen. Für die Kommunalverwaltung beschreibt Rau[94] verschiedene Varianten der Feststellung des Personalbedarfs in Abhängigkeit von der in der jeweiligen Kommunalverwaltung vorherrschenden Steuerungsform. In der Praxis sind die Beteiligungsrechte des Personalrats zu beachten[95] – so z. B. § 78 Abs. 3 BPersVG: „Vor der Weiterleitung von Personalanforderungen zum Haushaltsvoranschlag ist der Personalrat anzuhören."

Der Planungszeitraum hängt von verschiedenen Gegebenheiten wie Sachaufgabe, organisatorisch-technische Rahmenbedingungen, Arbeitsmarktsituation, Beschäftigtengruppe ab. Zum Beispiel kann es im Bereich des Gesundheitswesens zweckmäßig sein, den Bedarf an Krankenhausärzten fünf bis zehn Jahre im Voraus zu ermitteln, da Qualifizierungsmaßnahmen für Mediziner große Zeiträume in Anspruch nehmen. Dementsprechend plant das städtische Klinikum in Nürnberg die Einrichtung einer „innerbetrieblichen" Medical School. Bei Servicekräften im Bereich Catering oder Sicherheit (z. B. Theater, Messen) wird der Planungshorizont oftmals nur wenige Wochen betragen.

„Wir verfolgen mit der Medical School das Ziel, die Ausbildungskapazität für Medizinstudenten in der Region zu erhöhen und medizinischen Nachwuchs an unser Haus zu binden" erklärt [Klinikumsvorstand (Ergänzung der Verfasser)] Estelmann. Bereits jetzt sei ein Fachkräftemangel in verschiedenen klinischen Fächern spürbar, der sich in den nächsten Jahren massiv ausweiten wird, so der Vorstand"[96].

Angesichts der sich ändernden Rahmenbedingungen und der Unsicherheit, mit der Prognosen im Bereich des Personalbedarfs naturgemäß behaftet sind, wäre es falsch, zu einem Zeitpunkt einen Personalbedarfsplan zu erstellen und diesen über die Jahre hinweg nicht mehr zu reflektieren und unverändert zu lassen. Pläne sind in regelmäßigen Abständen und bei besonderen Ereignissen (z. B. Arbeitszeiterhöhung, neue Aufgaben) den aktuellen Umständen anzupassen. Die Personalbedarfsplanung ist als rollierende Planung durchzuführen.

Üblicherweise wird zwischen quantitativer und qualitativer Personalbedarfsplanung unterschieden[97]. Bei der quantitativen Personalbedarfsplanung soll die Menge der erforderlichen Personalressourcen, bei der qualitativen Planung sollen „…die künftig notwendigen und die aktuell vorhandenen Qualifikationen"[98] der Mitarbeiter ermittelt und abgeglichen werden. Hentze führt aus: „Quantitative und qualitative Personalbedarfsermittlung sind in der Praxis nicht zu trennen und daher simultan durchzuführen"[99]. Diese simultane bzw. gleichzeitige Durchführung der Personalbedarfsermittlung kann dadurch erfolgen, dass die Menge der benötigten Personalressourcen getrennt für unterschiedliche Personalcluster bzw. -gruppen ermittelt wird. Der qualitative Aspekt der Personalbedarfsplanung kommt dann durch die Bildung der verschiedenen Cluster und deren Planung zum Ausdruck.

Personalcluster zeichnen sich dadurch aus, dass die Mitglieder des jeweiligen Personalclusters ähnliche Qualifikationen und Kompetenzen aufweisen. Zur Folge hat dies, dass im Hinblick auf die Arbeitsleistung Mitglieder des einen

Clusters Mitglieder eines anderen Clusters nicht oder nur in einer unwirtschaftlichen Weise ersetzen können.

Zur Bildung von Personalclustern sollten im öffentlichen Sektor nur wenige Merkmale herangezogen werden[100)] – Beispiele für Cluster-bildende Merkmale sind:

- Berufsgruppe (z. B. Bauingenieure, Ärzte, Erzieher),
- Laufbahn- oder Entgeltgruppen (z. B. gehobener nichttechnischer Verwaltungsdienst, allgemeiner höherer Dienst).

Eine detailliertere qualitative Planung des Personalbedarfs obliegt der Personalrekrutierung und der Personalentwicklung.

Selbstverständlich ist auch für die Zielgruppe der freiwillig Tätigen Personalbedarfsplanung sinnvoll. Vor allem geht es darum festzustellen, in welchen Aufgabenfeldern es die Möglichkeit und den Bedarf für den Einsatz dieser Personen gibt, also Tätigkeitsfelder für Freiwillige zu identifizieren. Danach sollten Aufgabenbeschreibungen formuliert werden (analog zu Stellenbeschreibungen), in denen die Ziele des Engagements, die Tätigkeiten, der Zeitaufwand, die erforderlichen Kompetenzen, unterstützende Maßnahmen u. a. m. beschrieben werden[101)]. Empfehlenswert ist es, die Tätigkeitsfelder und die zugehörigen Aufgabenbeschreibungen unter Mitwirkung der betroffenen Erwerbstätigen zu identifizieren und zu gestalten. Damit kann die Sorge der Erwerbstätigen um den eigenen Arbeitsplatz gemindert werden[102)].

3.1.2 Methodik der Personalbedarfsplanung

Nach der Bildung von Personalclustern und der Festlegung des Planungszeitraums erfolgt die Personalbedarfsplanung nach der Netto-Personalbedarfs-Methode in fünf Schritten (siehe auch Abb. 3-1):

1. Feststellung des Stellenbedarfs (gleichbedeutend: Brutto-Personalbedarf) zum aktuellen Zeitpunkt (t = 0)
2. Feststellung des Personalbestands zum aktuellen Zeitpunkt (t = 0)
3. Prognose des Stellenbedarfs für den zukünftigen Zeitpunkt (t = 1)
4. Prognose des Personalbestands für den zukünftigen Zeitpunkt (t = 1)
5. Berechnung des Netto-Personalbedarfs als Differenz zwischen Stellenbedarf zu t = 1 und Personalbestand zu t = 1

Abb. 3-1: Schema der Netto-Personalbedarfs-Methode

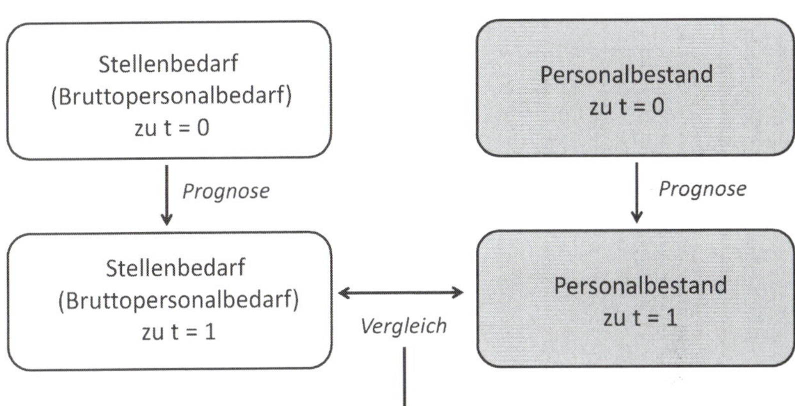

Zu 1. Feststellung des Stellenbedarfs zum aktuellen Zeitpunkt

Der aktuelle Stellenbedarf lässt sich im öffentlichen Sektor regelmäßig aus dem Stellenplan ablesen. Dieser ist Teil oder Anlage des Haushaltsplans und weist die im Haushaltsjahr erforderlichen Stellen aus[103]. Eine Stelle ist die kleinste Organisationseinheit eines Betriebs; sie umfasst sämtliche von einem gedachten Aufgabenträger, aber unabhängig von einer bestimmten Person, dauerhaft wahrzunehmenden Arbeiten und Befugnisse[104]. Die Anzahl der ausgewiesenen Stellen spiegelt idealerweise den Umfang der in einer Organisation anfallenden Arbeit wider. Im Rahmen der Stellenbemessung wird der quantitative Stellenbedarf ermittelt. Hierfür stehen im öffentlichen Sektor verschiedene Methoden zur Verfügung: Bei der analytischen Stellenbemessung ergibt sich die Stellenanzahl aus der Gegenüberstellung (Division) des Arbeitsvolumens und der Arbeitskapazität einer Normalarbeitskraft. Bei der empirischen Stellenbemessung wird auf Erfahrungen der eigenen oder einer anderen Organisation zurückgegriffen – es wird also z. B. erhoben, wie viele Stellen eine vergleichbare Kommune für die Aufgabe „Grundsicherung" eingerichtet hat. Kern des konzeptionellen Verfahrens sind letztlich politische Festlegungen, wie viele Stellen in Bezug auf bestimmte Kennzahlen einzurichten sind. Beispielsweise wird festgelegt, dass eine Lehrkraft in einer Klasse nicht mehr als 35 Schüler unterrichten soll. Für eine ausführliche Beschreibung dieser Methoden wird auf Gourmelon, Mroß und Seidel[105] verwiesen. Die Stellenbemessung wird üblicherweise durch das Organisationsamt oder -referat durchgeführt.

Zu 2. Feststellung des Personalbestands zum aktuellen Zeitpunkt

Es ist die Anzahl der „Köpfe" zu ermitteln, die aktuell für die Organisation tätig sind. Damit eine einheitliche Rechengröße vorliegt, werden alle „Köpfe" in Vollzeitäquivalente (full-time equivalents) umgerechnet. Das heißt, dass z. B. zwei Halbtagskräfte in eine Vollzeitäquivalente umgerechnet werden. Bei der Ermittlung des Personalbestands zum Zeitpunkt t = 0 sollte vorab festgelegt werden, wie Mitarbeiter zu zählen sind, die dauerhaft nicht für den Arbeitsprozess zur Verfügung stehen (z. B. Väter in Elternzeit, Langzeiterkrankte). Informationen zum Personalbestand können z. B. Personalstatistiken, dem Stellenbesetzungsplan oder Personalinformationssystemen entnommen werden.

Zu 3. Prognose des Stellenbedarfs für den zukünftigen Zeitpunkt

Ausgehend vom aktuellen Stellenbedarf ist vorherzusagen, wie dieser in der Zukunft sein wird. Ursachen für Veränderungen im Stellenbedarf können unter anderem sein[106]:

- Zuweisung neuer Aufgaben oder Entfall bisheriger Aufgaben,
- Änderung der Komplexität der Rechtsanwendung und von Verfahrensvorschriften,
- Änderung der Anzahl von Einwohnern, Arbeitslosen, Pflegebedürftigen etc.
- Änderung der Nachfrage nach bestimmten Produkten (z. B. Kinderbetreuung) aufgrund gesellschaftlicher und individueller Präferenzen,
- Einsatz neuer Techniken, Optimierung des Prozessmanagements,
- Änderung der Arbeitskapazität einer Normalarbeitskraft (z. B. Senkung der Wochenarbeitszeit, Entfall von Feiertagen).

Bei der Prognose von Veränderungen hat das Personalwesen eng mit den Fachabteilungen zusammenzuarbeiten. Auf Grundlage der prognostizierten Veränderungen wird eine Stellenbemessung für die interessierenden zukünftigen Zeitpunkte vorgenommen. Dabei ist dieselbe Methode der Stellenbemessung zu verwenden, die bei der Stellenbemessung zum Zeitpunkt t = 0 verwandt wurde.

Zu 4. Prognose des Personalbestands für den zukünftigen Zeitpunkt

Der Personalbestand unterliegt im Zeitverlauf Veränderungen. Einerseits verlassen Beschäftigte die Organisation, andererseits kommen neue (oder ehemalige Beschäftigte) hinzu. Die Ursachen dieser Veränderungen können durch die Organisation beeinflussbar (initiierte Personalbestandsveränderungen) oder nicht beeinflussbar sein (autonome Personalbestandsveränderungen[107]). Beispiele für Personalbestandsveränderungen enthält Abbildung 3-2.

Abb. 3-2: Beispiele für Personalbestandsänderungen

Beispiele für Abgänge	• Ausscheiden aufgrund des Erreichens von Altersgrenzen hinsichtlich Pensionierung/Verrentung • krankheitsbedingtes Ausscheiden, Frühverrentung • Tod • Beendigung des Beschäftigungsverhältnisses aufgrund einer Kündigung (seitens des Arbeitnehmers oder Arbeitgebers) • Versetzung zu einem anderen Dienstherrn • längerfristige Beurlaubung • Inanspruchnahme von Elternzeit, Pflegezeit • längerfristige Fort- und Weiterbildungen • ...
Beispiele für Zugänge	• Rückkehr aus Beurlaubungen, Elternzeit, Pflegezeit • Rückkehr aus langfristiger Erkrankung • Rückkehr aus längerfristigen Fort- und Weiterbildungen • Erfüllung von Einstellungszusagen • ...

Der Personalbestand zum Zeitpunkt t = 1 ergibt sich aus der Fortschreibung des Personalbestands zum Zeitpunkt t = 0.

$$\text{Personalbestand}_{t=1} = \text{Personalbestand}_{t=0} + \text{Zugänge} - \text{Abgänge}$$

Die Zu- und Abgänge lassen sich unterschiedlich präzise vorhersagen[108]. Weniger präzise lassen sich beispielsweise die Fluktuationsrate, die Inanspruchnahme von Elternzeiten oder die Anzahl von Todesfällen voraussagen. Hier sind erfahrungsgeleitete Schätzungen vorzunehmen. Mit größerer Präzision – aber auch wegen individueller Wahlmöglichkeiten nicht exakt – kann z. B. der Eintritt in den Ruhestand prognostiziert werden. Eine Grundlage für die Prognose der Eintritte in den Ruhestand sind die Ergebnisse von Altersstrukturanalysen. Das Ergebnis einer Altersstrukturanalyse ist die Darstellung der Altersverteilung einer Belegschaft oder eines Personalclusters zu einem bestimmten Zeitpunkt (siehe Abbildung 3-3). Die Vorhersage der Eintritte in den Ruhestand kann dann durch Ablesen aus den Informationsgrafiken erfolgen – so kann der Abbildung 3-3 entnommen werden, dass innerhalb der nächsten zehn Jahre rund 1.350 Lehrerinnen und Lehrer pensioniert oder verrentet werden (bei einem Pensionierungs-/Verrentungsalter von 65 Jahren). Altersstrukturanalysen können auch IT-gestützt durchgeführt werden, Beispiele für entsprechende Software-Werkzeuge sind „Demografie-Kompass“ (www.demobib.de) und „ASA-T“[109].

Zu 5. Berechnung des Netto-Personalbedarfs

Der Netto-Personalbedarf ergibt sich aus dem Stellenbedarf (bzw. Brutto-Personalbedarf) zum Zeitpunkt t = 1 abzüglich dem Personalbestand zum Zeitpunkt t = 1.

$$\text{Netto-Personalbedarf}_{t=1} = \text{Stellenbedarf}_{t=1} - \text{Personalbestand}_{t=1}$$

Bei einem positiven Saldo liegt ein Bedarf an Personalressourcen vor. Weist der Netto-Personalbedarf ein negatives Vorzeichen auf, liegt ein Personalüberhang vor.

Abb. 3-3: Beispiel für das Ergebnis einer Altersstrukturanalyse. Dargestellt ist die Altersverteilung der für die Landeshauptstadt München tätigen Lehrerinnen und Lehrer im Jahr 2009[110)]

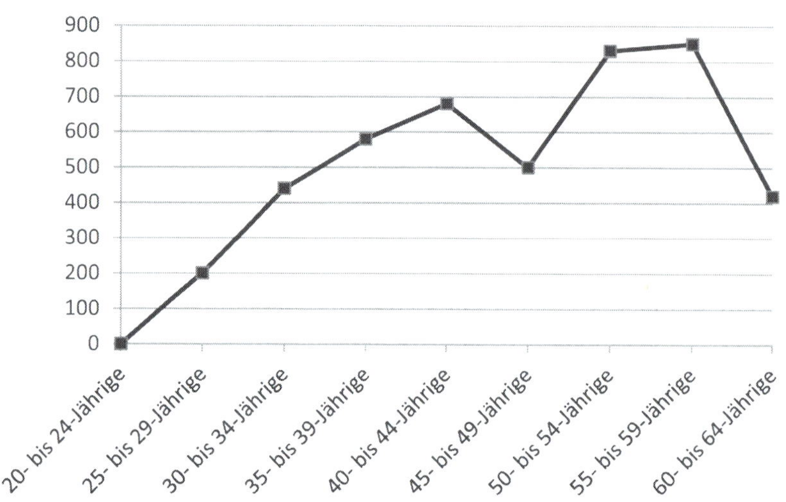

Beispiel:

In einer kreisangehörigen Stadt soll eine Personalbedarfsplanung für das Personalcluster „Erzieherinnen und Erzieher in Kindertagesstätten" erfolgen. Damit ggf. noch rechtzeitig Anwerbe- und Qualifizierungsmaßnahmen erfolgen können, beträgt der Prognosezeitraum fünf Jahre.

Hinsichtlich des aktuellen Stellenbedarfs (t = 0) geht aus dem Stellenplan hervor, dass derzeit 120 Stellen für Erzieherinnen und Erzieher eingerichtet sind. Die Stellenbemessung erfolgte mit der konzeptionellen Methode. Dabei ist festgelegt, dass eine Erzieherin/ein Erzieher für die Betreuung von 25 Kindern zuständig ist. Derzeit nehmen im Stadtgebiet 2.750 Kinder die Kindertagesstätten in Anspruch – dies ergibt 110 Stellen. Zusätzlich wurden zehn Stellen für Springerinnen und Springer eingerichtet.

Der aktuelle Personalbestand (t = 0) beträgt gemäß dem Personalinformationssystem 150 aktive Personen (weitere Personen sind langfristig erkrankt oder in Elternzeit und werden nicht mitgerechnet). Neunzig Personen gehen einer Vollzeitbeschäftigung, sechzig Personen einer Beschäftigung mit der Hälfte der regelmäßigen Arbeitszeit nach. Insgesamt sind derzeit also 120 Vollzeitäquivalente als Erzieherinnen und Erzieher für die Stadt tätig.

Der Stellenbedarf in fünf Jahren (t = 1) wird durch folgende Faktoren beeinflusst:

- Es wird ein Zuzug von jungen Familien prognostiziert. Dies wird die Anzahl der Kinder in Kindertagesstätten um 50 Kinder erhöhen.
- Zudem werden mehr Eltern als bisher Kindertagesstätten in Anspruch nehmen. Dies führt zu einem Plus von 200 Kindern.
- Das Betreuungsverhältnis wird aus pädagogischen Gründen auf 1 : 20 geändert.
- Die Anzahl der Springerstellen soll gleich bleiben.

Insgesamt ergibt dies einen Stellenbedarf im Zeitpunkt t = 1 von ((2.750 + 50 + 200) / 20) + 10 = 160 Stellen.

Beim Personalbestand ergeben sich innerhalb der nächsten fünf Jahre vermutlich folgende Abgänge:

- Fünf Erzieherinnen und Erzieher gehen in Altersrente (jeweils Vollzeit).
- Drei Erzieherinnen und Erzieher werden aus gesundheitlichen Gründen die Tätigkeit beenden (Vollzeitkräfte).
- Fünf Erzieherinnen und Erzieher werden erfahrungsgemäß kündigen (jeweils Vollzeitkräfte).
- Zwanzig Erzieherinnen und Erzieher werden Elternzeit in Anspruch nehmen (jeweils Halbtagskräfte).
- Es wird innerhalb von fünf Jahren mit einem Todesfall gerechnet (Vollzeitkraft).

Bei den Zugängen werden folgende Prognosen getroffen:

- Mit zwei Erzieherinnen wurden bereits Arbeitsverträge vereinbart (Vollzeit), ihr Dienstantritt steht unmittelbar bevor.
- Ein Erzieher hat die Rückkehr aus einer längerfristigen Erkrankung angekündigt (Halbtagskraft).
- Zehn Erzieherinnen und Erzieher werden erfahrungsgemäß aus der Elternzeit zurückkehren (Halbtagskräfte).

Der Personalbestand zum Zeitpunkt t = 0 ergibt sich gemäß obiger Formel aus 120 (Vollzeitäquivalente zu t = 0) + 7,5 (Zugänge in Vollzeitäquivalenten) – 24 (Abgänge in Vollzeitäquivalenten) = 103,5 Vollzeitäquivalente.

Zur Berechnung des Netto-Personalbedarfs ist die Differenz zwischen dem Stellenbedarf zum Zeitpunkt t = 1 und dem Personalbestand zu t = 1 zu bilden:

Netto-Personalbedarf = 160 – 103,5 = **56,5**

3.2 Maßnahmen der Personalbedarfsdeckung

Im Rahmen der Personalbedarfsplanung wird festgestellt, welche Personalressourcen in quantitativer und qualitativer Hinsicht benötigt werden. Liegt ein Personalüberhang vor, ist Personal freizustellen. Zur Deckung eines Personalbedarfs gibt es verschiedene Möglichkeiten – Abbildung 3-4 gewährt einen Überblick.

Abb. 3-4: Beispiele für Maßnahmen der Personalbedarfsdeckung

Nutzung vorhandener Personalressourcen (bzw. interne Personalbeschaffung)	Nutzung neuer Personalressourcen (bzw. externe Personalbeschaffung)
• Mehrarbeit/Überstunden • Erhöhung der Normalarbeitszeit • Arbeitsverdichtung • Personalentwicklung • innerbetriebliche Stellenausschreibung und Versetzung • interne Personalvermittlung	• Arbeitnehmerüberlassung/Personal-Leasing/Zeitarbeit • Einbindung von Praktikanten • Werk- und Dienstverträge • Förderung des Ehrenamts • befristete und unbefristete Einstellung von neuen Mitarbeitern

Bei den nachfolgenden Maßnahmen erfolgt die Bedarfsdeckung ausschließlich über die Nutzung bereits vorhandener Personalressourcen:

Die Deckung des Personalbedarfs durch **Mehrarbeit und Überstunden** des vorhandenen Personals ist einfach, unkompliziert und kurzfristig zu realisieren. Allerdings sind dieser Maßnahme arbeitszeitrechtliche Grenzen gesetzt. Zudem können sie mittel- und langfristig zu einer Überforderung der Mitarbeiter mit entsprechenden gesundheitlichen Folgen führen[111)]. Urlaubssperren führen nur zu einer kurzfristigen zeitlichen Verlagerung von Personalressourcen.

Durch die **Erhöhung der Normalarbeitszeit** wird beispielsweise die Wochenarbeitszeit eines Beamten von 41 auf 42 Stunden erhöht. Grundlage für die Erhöhung der Normalarbeitszeit sind Aktivitäten des Gesetzgebers (für Beamte) oder Vereinbarungen der Tarifvertragsparteien (für Tarifbeschäftigte). Angesichts der sehr niedrigen Kosten ist diese Maßnahme für den Dienstherrn/Arbeitgeber sehr verlockend. Es ist jedoch zu bedenken, dass diese Maßnahmen „...sich in der Regel sehr negativ auf die Motivationen der Beschäftigten auswirken"[112)].

Arbeitsverdichtung bedeutet, dass der einzelne Mitarbeiter in derselben Zeit mehr leisten soll. Die Führungskraft kann dies z. B. durch intensivere Kontrollen, Reduzierung von persönlichen Erholungszeiten (z. B. Kaffeepausen) oder Leistungsanreize erreichen. Es ist davon auszugehen, dass in vielen Bereichen des öffentlichen Sektors eine weitere Arbeitsverdichtung nicht mehr möglich ist, ohne die Gesundheit der Betroffenen zu gefährden.

Mit Maßnahmen der **Personalentwicklung** können die Kompetenzen der Mitarbeiter an die Stellenanforderungen angepasst werden. Maßnahmen der Personalentwicklung sind in der Regel mittel- bis langfristig wirksam und mit nicht unbeträchtlichen Kosten verbunden. Neben der Deckung des (qualitativen) Personalbedarfs steigern Maßnahmen der Personalentwicklung die Motivation der Mitarbeiter und erhöhen deren Flexibilität.

Mit **innerbetrieblichen Stellenausschreibungen** wird versucht, freie Stellen mit bereits vorhandenen Beschäftigten (gleichbedeutend: internen Bewerbern) zu besetzen. Vorteile dieser Form der internen Personalbeschaffung sind[113)]:

- Vorhandenen Beschäftigten bieten sich Aufstiegs- und Karrieremöglichkeiten. Dies kann die Motivation und die Bindung an die Organisation steigern, die Fluktuation senken.
- Bei internen Bewerbern liegen oftmals mehr und bessere Informationen hinsichtlich der Eignung vor als bei externen Bewerbern. Zudem kennen die Bewerber bereits die Organisation und deren Besonderheiten. Damit ist das Risiko von Fehlbesetzungen niedriger.
- Die Kosten für die Anwerbung, Auswahl und Einarbeitung sind regelmäßig niedriger als bei externen Ausschreibungen.
- Die Besetzung von Stellen mit bereits vorhandenen Beschäftigten lässt sich oftmals schneller realisieren als mit externen Bewerbern.

Besonderheiten und Nachteile der innerbetrieblichen Stellenausschreibungen sind[114)]:

- hohe Anforderungen an die Fairness, Objektivität und Transparenz der Auswahlverfahren,
- hohes Risiko, dass unterlegene interne Bewerber enttäuscht und demotiviert werden,
- übermäßige Ausprägung einer Wettbewerbskultur/von Konkurrenzdenken im Vorfeld von Stellenausschreibungen – daraus resultierend: Störungen des Betriebsklimas,
- keine neuen Impulse durch Externe, Betriebsblindheit,
- bei internen Bewerbern oftmals Personalentwicklung erforderlich,
- bei internen Stellenausschreibungen entstehen an anderen Stellen Lücken, die wiederum Maßnahmen der Personalbedarfsdeckung erfordern.

Bei der **internen Personalvermittlung** handelt es sich um Organisationseinheiten innerhalb von Kommunal-, Landes- oder Bundesverwaltungen, deren Aufgabe die organisationsinterne Vermittlung von Beschäftigten ist[115)]. Überwiegend werden durch interne Personalvermittlungen Beschäftigte betreut, deren Stelle „…weggefallen ist oder wegzufallen droht, aber auch Gesundheitsgeminderte, BEM-Fälle, Wiedereinsteiger (z. B. nach Beurlaubung), sowie ggf. auch Beschäftigte mit befristeten Arbeitsverhältnissen und Auszubildende, die eine Anschlussbeschäftigung suchen"[116)]. Daneben werden auch Beschäftigte vermittelt (ca. 24 Prozent), die auf eigenen Wunsch die Stelle wechseln möchten. Das Arbeits- oder Dienstverhältnis bleibt während der Vermittlung bestehen. Der zu vermittelnde Beschäftigte ist weiterhin seiner alten Organisationseinheit („Agenturmodell") oder der internen Personalvermittlung („Poolmodell") zugeordnet[117]. Im Rahmen der internen Personalvermittlung werden die Beschäftigten oftmals auch fortgebildet und weiterqualifiziert. Beispiele für interne Personalvermittlung finden sich bei der Stadt Dortmund (Personalagentur), der Stadt Halle[118] (Personaltransferkonzept) oder im Land Nordrhein-Westfalen[119] (Personaleinsatzmanagement). Ein grundsätzliches Problem ist das der Etikettierung – die zu vermittelnden Beschäftigten gelten als wenig leistungsbereit und -fähig.

Die Organisation hat auch die Möglichkeit, den Personalbedarf durch Erschließung und Nutzung neuer Personalressourcen zu decken. Ob die Organisation interne oder externe Formen der Personalbedarfsdeckung wählt, hängt von der Art des Personalbedarfs in quantitativer, qualitativer und zeitlicher Hinsicht, strategischen Überlegungen, den Haushaltszwängen, Wirtschaftlichkeitserwägungen sowie den Gegebenheiten am Arbeitsmarkt ab.

Bei der **Arbeitnehmerüberlassung** (Personal-Leasing, Zeitarbeit) geht die Organisation einen Arbeitnehmerüberlassungsvertrag mit einem Zeitarbeitsunternehmen ein[120]. Dieses Unternehmen stellt der Organisation gewerbsmäßig Arbeitnehmer zur Verfügung und erhält dafür das vereinbarte Entgelt. Der Arbeitnehmer arbeitet während der vereinbarten Überlassungszeit für die Organisation, erhält seinen Lohn jedoch vom Zeitarbeitsunternehmen. Zwischen dem Arbeitnehmer und der ausleihenden Organisation gibt es keine vertragliche Beziehung (Abb. 3-5).

Abb. 3-5: Dreiecksverhältnis der Zeitarbeit

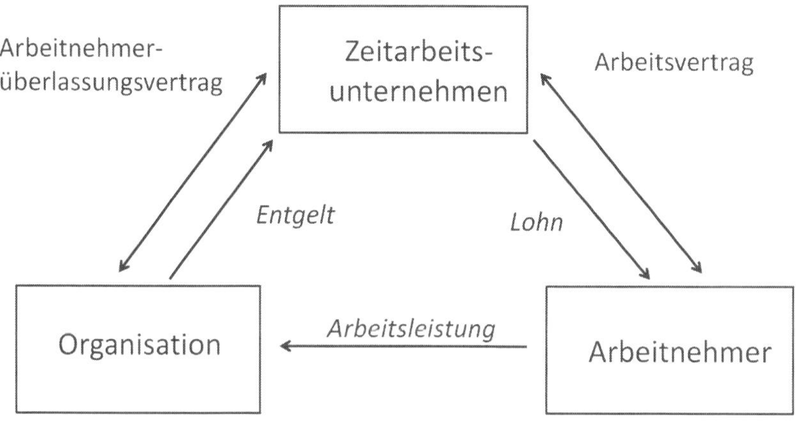

Mit der Arbeitnehmerüberlassung können Organisationen Personalbedarf flexibel, kurzfristig und weitgehend risikolos decken – bei sinkendem Personalbedarf können die Arbeitnehmer in einfacher Weise freigesetzt werden.

Inwieweit die Arbeitnehmerüberlassung wirtschaftlicher als alternative Formen der Personalbedarfsdeckung ist, hängt von der Summe aus Leihentgelten und Transaktionskosten (z. B. für Personalanwerbung, Kündigungsverfahren) ab. Die Anzahl der Zeitarbeitnehmer hat sich im Zeitraum 2002 bis 2012 auf 908.000 verdreifacht (Stand: Juni 2012)[121)]. Nachteilig an der Arbeitnehmerüberlassung ist, dass die Zeitarbeitnehmer mit hohem Aufwand in ihre Aufgaben eingewiesen werden müssen. Zudem fühlen sich viele als „Mitarbeiter zweiter Klasse"[122)].

Hospitanten oder Praktikanten sind Personen, die im Rahmen ihrer Ausbildung oder ihres Studiums Erfahrungen in der Berufspraxis erwerben möchten. Sie stellen ihre Arbeitsleistung dem Arbeitgeber meist kostenfrei oder für ein geringes Entgelt für einige Wochen oder Monate zur Verfügung. Zumeist können diese Personen für Hilfs- und Assistenztätigkeiten eingesetzt werden. Hospitationen und Praktika können ein wichtiges Instrument der Personalrekrutierung sein.

Bei einem **Werkvertrag** gemäß den §§ 631 ff BGB verpflichtet sich der Vertragspartner, ein bestimmtes Werk zu erbringen. Beispielsweise verpflichtet sich ein Reinigungsunternehmen, die Büroräume einer Behörde zu reinigen. Die Organisation der für den wirtschaftlichen Erfolg notwendigen Handlungen obliegt – im Gegensatz zum Arbeitsvertrag – dem Werkvertragspartner, im Beispiel dem Reinigungsunternehmen. Mithilfe von **Dienstverträgen** können Vertragspartner zur Erbringung von selbstständigen Leistungen verpflichtet werden. Ein Unterschied zum Werkvertrag ist, dass der Vertragspartner beim Dienstleistungsvertrag nur zur Leistung, nicht zum Erfolg verpflichtet ist. Beispiel für eine Leistung, die durch Dienstvertrag geregelt werden kann, ist die Beratungsleistung eines Rechtsanwalts. Vorteil von Werk- und Dienstverträgen ist, dass der Personalbedarf in quantitativer und qualitativer Hinsicht sehr passgenau gedeckt werden kann. Beispielsweise können damit die Kompetenzen eines Fachexperten auch nur stunden- oder tageweise genutzt werden. Zunehmend wird die Anbahnung und der Einsatz von Werk- und Dienstverträgen professionalisiert. Manche Unternehmen setzen darauf, eine kleine Kernbelegschaft mit einer großen Anzahl von freiberuflichen Spezialisten zu ergänzen, die mit virtuellen Netzwerken verwaltet und je nach Arbeitsanfall eingesetzt werden[123)]. Kritisiert wird, dass sich viele dieser Freiberufler/Freelancer zu Tagelöhnern mit prekären Arbeitsbedingungen entwickeln.

Vielen Organisationen des öffentlichen Sektors bietet sich die Möglichkeit, Personalbedarf auch durch den **Einsatz von freiwillig Tätigen** (ehrenamtliches/bürgerschaftliches Engagement) zu decken. Freiwillig Tätige zeichnen sich dadurch aus, dass sie eine Arbeitsleistung erbringen, ohne eine Gegenleistung in Form einer marktadäquaten Entlohnung zu erwarten. Schon heutzutage haben die freiwillig Tätigen eine große Bedeutung z. B. in Kommunalverwaltungen. Mook[124)] gibt einen interessanten Einblick in die Stadtverwaltung Hagen: Rund 2.600 Beschäftigten stehen knapp 700 ehrenamtlich

Tätige zur Seite. In dieser Zählung sind nicht jene 220 Bürgerinnen und Bürger berücksichtigt, die als politische Mandatsträger (Ratsmitglieder, sachkundige Bürger, Bezirksvertretungen etc.) aktiv sind. Einsatzfelder der ehrenamtlich Tätigen sind die Feuerwehr, die Stadtbücherei, Museen und Theater, das Umweltamt, Senioren- und Jugendeinrichtungen. Dabei verzeichnet Mook einen Trend der freiwillig Tätigen zu höherwertigen Tätigkeiten mit größerer Eigenverantwortung. Beispiele für Vor- und Nachteile des Einsatzes freiwillig Tätiger sind in Abbildung 3-6 aufgelistet.

Abb. 3-6: Beispiele für Vor- und Nachteile des Einsatzes freiwillig Tätiger

Vorteile	Nachteile
• Arbeitsleistung wird weitgehend ohne Entgelt erbracht • hohe Leistungsbereitschaft der freiwillig Tätigen • teilweise hohes Kompetenzniveau der freiwillig Tätigen	• Einsatz bei hoheitlichen Aufgaben kaum möglich • Stetigkeit der Arbeitsleistung teilweise problematisch • Anleitung und Führung von freiwillig Tätigen teilweise schwierig und aufwendig • Sorge mancher Erwerbstätiger, durch freiwillig Tätige ersetzt zu werden

Bei der **befristeten Einstellung** von Mitarbeitern erhält der Beschäftigte einen Arbeitsvertrag, der durch Zeitablauf oder nach Zweckerreichung endet[125)]. Auf einen befristeten Arbeitsvertrag kann ein unbefristeter folgen. Die Vorteile der befristeten Einstellung liegen vordergründig zumeist aufseiten des Arbeitgebers: Es kann ein kurz- und mittelfristiger Personalbedarf gedeckt werden, der Arbeitgeber muss dem Arbeitnehmer zudem bei schlechter Leistung oder nachlassendem Personalbedarf nicht kündigen, da das Vertragsverhältnis automatisch endet. Durch diese Situation kann beim Arbeitnehmer eine hohe Leistungsbereitschaft und Wohlverhalten erzeugt werden. Jedoch ist auch zu beobachten, dass befristet eingestellte Mitarbeiter sich emotional nicht an die Organisation binden, sich während der Vertragslaufzeit bei anderen Arbeitgebern bewerben und bei Erfolg schon nach kurzer Zeit um eine Auflösung des Vertrags bitten. Damit können – insbesondere bei gut qualifizierten Bewerbern – für den Arbeitgeber hohe Fluktuationskosten entstehen. Für Arbeitnehmer stellen befristete Arbeitsverträge eine erhebliche Einschränkung der persönlichen Lebensplanung dar. Im öffentlichen Sektor sind befristete Arbeitsverträge weit verbreitet.

Die **unbefristete Einstellung** eines Mitarbeiters setzt regelmäßig die Existenz einer freien Stelle voraus. Stellen werden letztlich durch die Legislative eingerichtet. Der öffentliche Sektor zeichnet sich dadurch aus, dass den Beschäftigten einerseits nur selten gekündigt wird und andererseits die Beschäftigten von sich aus selten den Arbeitgeber oder Dienstherrn wechseln. Ein Bewerber, der unbefristet eingestellt wird, verbleibt häufig für Jahrzehnte in der Organisation. Aus betriebswirtschaftlicher Perspektive kann die unbefristete Einstellung eines Beschäftigten als Investitionsentscheidung angesehen werden, die mit einer hohen Investitionssumme verbunden ist. So ist die Einstellung einer 25-jährigen Akademikerin, die vierzig Jahre berufstätig ist und anschließend 25 Jahre Pension erhält, mit Auszahlungen von rund 2,75 Millionen Euro (oder einem Ausgabebarwert von 1,4 Millionen Euro) verbunden[126)]. Da das Eingehen eines unbefristeten Beschäftigungsverhältnisses kaum reversibel und deshalb sowohl für die Organisation als auch für den Beschäftigten (nicht nur aus monetären Gründen) eine überaus bedeutsame Entscheidung ist, muss die Anbahnung des Beschäftigungsverhältnisses sorgsam vorbereitet werden. Zudem ist auf die Entwicklung und den Erhalt der Leistungsfähigkeit und -bereitschaft des eingestellten Personals großer Wert zu legen. Unbefristete Beschäftigungsverhältnisse sind für Organisationen des öffentlichen Sektors mit nicht unbeträchtlichen Kosten und einem hohen Risiko behaftet – allerdings steht diesen Nachteilen die Chance gegenüber, dass sich die Tarifbeschäftigten und Beamten über Jahrzehnte mit großem Engagement und mit über die Zeit akkumulierten Kompetenzen ihren Aufgaben hingeben.

3.3 Personalmarketing und Personalwerbung

Die befristete und unbefristete Einstellung von neuen Mitarbeitern als Maßnahmen der Personalbedarfsdeckung haben zur Folge, dass sich die Organisation auf dem Arbeitsmarkt zur Deckung ihres Bedarfs bedienen muss. Ähnliches gilt für die Maßnahme „Förderung des Ehrenamtes" – wobei hier die Verwendung des Begriffs „Ehrenamtsmarkt" zwar zweckmäßig, aber noch nicht üblich ist. Während es in den vergangenen Jahrzehnten für Verwaltungen und Behörden in der Regel einfach war, eine genügend große Zahl von Bewerbern für ihre Stellen zu interessieren und diese dann auch mit geeigneten Kandidaten zu besetzen, zeichnen sich seit einigen Jahren in bestimmten Regionen (z. B. Stuttgart, München), Berufen (z. B. Ärzte, Ingenieure, Informatiker) und Funktionen (z. B. Professoren, Führungskräfte) Entwicklungen ab, die für die Arbeitgeber des öffentlichen Sektors besorgniserregend sind. Freie Stellen können nämlich nicht mehr oder nur mit Abstrichen in den Anforderungen an die Kandidaten besetzt werden. Diese Entwicklungen könnten Vorboten eines grundlegenden Wandels am Arbeitsmarkt sein: Dieser wird – so der Volkswirt Paqué – zukünftig in Deutschland statt durch Arbeitslosigkeit durch Vollbeschäftigung gekennzeichnet sein[127)]. Eine Ursache dieses Wandels hin zur Vollbeschäftigung ist der demografische Wandel und die hieraus resultierende Schrumpfung des Erwerbspersonenpotenzials. So ist davon auszugehen, dass sich die Anzahl der Erwerbspersonen bis 2030 jährlich um rund 430.000 mindert[128)]. Auch die Anzahl potenzieller Nachwuchskräfte wird in naher Zukunft deutlich sinken[129)]. Insbesondere die jüngeren Erwerbspersonen werden zukünftig einen Arbeitsmarkt vorfinden, in dem sie sich nicht mehr um Jobs, „...sondern umgekehrt sich die Arbeitgeber um hinreichend qualifizierte Mitarbeiter bemühen müssen"[130)]. Für den öffentlichen Sektor kommt erschwerend hinzu, dass er hinsichtlich der Entlohnungskonditionen kaum mit Wirtschaftsunternehmen um qualifiziertes Personal konkurrieren kann. Zugespitzt kann die Entwicklung wie folgt skizziert werden: Während es bislang nicht einfach war, hochqualifizierte Nachwuchskräfte zu gewinnen („war for talents"), wird es zukünftig im Wettbewerb mit dem privaten Sektor schwierig werden, überhaupt genügend Personal zu bekommen („war for personnel").

Personalmarketing ist eine Denk- und Vorgehensweise, mit der langfristig-systematisch und auf einer guten Informationslage fundierend neue Mitarbeiter gewonnen und an die Organisation gebunden werden sollen[131]. Der Ansatz des Personalmarketings eignet sich sowohl für Erwerbstätige als auch für freiwillig Tätige. Eine aufmerksamkeitserregende, emotionsinduzierende und aktivierende Kommunikation und Präsentation von freien Stellen (Personalwerbung) ist dabei nur ein Teil des Personalmarketings. Zusätzlich sind die angebotenen „Jobs" so zu gestalten (z. B. Arbeitszeitregelungen, Fortbildungsmöglichkeiten, aber auch Arbeitsinhalte/Gestaltungsmöglichkeiten), dass sie im Einklang mit den Bedürfnissen der gewünschten Bewerberinnen und Bewerber stehen und somit für diese attraktiv sind.

Die Situation jeder Verwaltung und Behörde ist sehr unterschiedlich, deshalb kann es kein allgemeingültiges Personalmarketing-Konzept geben[132]. Entsprechende Konzepte sind individuell zu planen, umzusetzen und ihr Erfolg ist zu kontrollieren. In Anlehnung an Behrens und Zempel[133] sind bei der Entwicklung und Umsetzung eines Personalmarketing-Konzepts vier Schritte erforderlich:

1. Schritt: Analyse der inneren und äußeren Faktoren

Bei diesem Schritt steht die Erhebung von entscheidungsrelevanten Informationen im Vordergrund. Der Blick richtet sich dabei in die Organisation (innere Faktoren) und in deren Umwelt (äußere Faktoren). In Abbildung 3-7 sind Beispiele für innere und äußere Faktoren aufgelistet, zu denen Informationen erhoben werden sollten.

Abb. 3-7: Innere und äußere Faktoren, die bei der Entwicklung eines Personalmarketing-Konzepts beachtet werden sollten

innere Faktoren	äußere Faktoren
• quantitativer und qualitativer Personalbedarf (siehe Abschnitt 3.1) • Werte und Leitbild der Organisation (z. B. Orientierung am Gemeinwohl oder Gewinnorientierung) • aktuelle und zukünftige Personalpolitik (z. B. Vereinbarkeit Familie und Beruf), Eckpunkte des Personalmanagements (z. B. Karrierepfade) • aktuelle und zukünftige Arbeitsinhalte und -bedingungen • Arbeitszufriedenheit und Fluktuationsverhalten des Personals • …	• Arbeitsmarktlage insgesamt, Entwicklung des Erwerbspersonenpotenzials • Lage auf Teilarbeitsmärkten, z. B. bezogen auf Berufe oder Regionen • Image von Berufen • Bekanntheitsgrad der Organisation am Arbeitsmarkt • Arbeitgeberimage • Bedürfnisse und Wünsche von Bewerbern an den zukünftigen Beruf/Job • …

Beispiel[134]**:**

Die Stadt Dortmund beschloss im Jahre 2001 ein Personalmarketing-Konzept zu erstellen. Der Stadtverwaltung fiel es schwer, die angebotenen Ausbildungsplätze in bis zu 30 verschiedenen Ausbildungsberufen mit qualifizierten Nachwuchskräften zu besetzen. Die Qualifikationen und Kompetenzen der Bewerberinnen und Bewerber erfüllten nicht die Erwartungen. Im Rahmen der Analyse wurde erkannt, dass die potenziellen Bewerberinnen und Bewerber nicht ausreichend über die Ausbildungsmöglichkeiten bei der Stadt Dortmund informiert waren. Zudem war das Arbeitgeberimage der Stadtverwaltung Dortmund schlechter als dasjenige von konkurrierenden Privatunternehmen. Auch das Image einzelner Berufe war negativ (Beispiele für Ergebnisse siehe Abbildung 3-8).

Abb. 3-8: Freie Assoziationen von 149 Dortmunder Gymnasiasten (Jahrgangsstufe 12 und 13) zum Stichwort „Beamte" (Mehrfachnennungen möglich. Nach Daten von Costas, Klasa und Stranz[135]**)**

Bethke und Gourmelon[136] stellen die Ergebnisse einer empirischen Studie dar, in der das Entscheidungs- und Informationsverhalten von 338 Abiturienten bei der Berufswahl untersucht wurde. Es konnten repräsentative Daten zu den beruflichen Interessen, den Entscheidungskriterien, dem Stand des

Entscheidungsprozesses kurz vor dem Abitur sowie zur Bedeutsamkeit einzelner Medien im Rahmen des Berufswahlentscheidungsprozesses erhoben werden. Diese Daten bilden eine wichtige Grundlage für die Planung von Marketingmaßnahmen.

Beispiel:

Aus dem Hauptbericht des Freiwilligensurveys 2009 ergibt sich, dass von der deutschen Bevölkerung rund 36 Prozent freiwillig engagiert sind. Weitere 11 Prozent wären bestimmt bereit, 26 Prozent eventuell bereit, sich zu engagieren, wenn sie nur eine Gelegenheit dazu hätten[137)].

2. Schritt: strategische Planung

Unter Berücksichtigung der im ersten Schritt gewonnenen Informationen müssen Festlegungen getroffen werden, welche die Grundzüge einer zukünftigen Personalpolitik sind und wie sich die Organisation nach außen darstellen will. Hier geht es weniger um die konkrete Ausgestaltung von einzelnen Werbemitteln, sondern um die Festlegung eines „roten Fadens". Es soll eine Antwort auf die Frage gegeben werden, weshalb sich die Bewerber gerade für die eigene Organisation interessieren sollten. Die Organisation positioniert sich – durchaus in Abgrenzung zu anderen Arbeitgebern – als Marke auf dem Arbeitgebermarkt („employer branding")[138)].

„Markenzeichen des öffentlichen Dienstes ist das Dienen und erst dann kommt das Verdienen"[139)].

Dabei zeichnet sich eine gute Marke durch Klarheit der Botschaft, Unverwechselbarkeit, Stetigkeit und Verlässlichkeit aus; eine attraktive Arbeitgeber-Marke hilft, geeignete Bewerber anzulocken und das Bestandspersonal an die Organisation zu binden[140)]. Im Rahmen der strategischen Planung sollten auch Kennzahlen festgelegt werden, mit deren Hilfe die Wirksamkeit der Maßnahmen ermittelt werden kann.

Beispiele:

Die Stadtverwaltung Dortmund entschied sich 2002 dazu, sich als moderne Verwaltung zu präsentieren, die eine breite Palette von Produkten für die Bürgerinnen und Bürger erstellt. Die aktuelle Aussage lautet: „Die Stadtverwaltung Dortmund ist ein modernes, kommunales Dienstleistungsunternehmen. Unsere tägliche Arbeit besteht darin, jegliche Belange und Bedürfnisse der Bürger, Einwohner und Besucher Dortmunds zu befriedigen. Dadurch können wir ein breit gefächertes Angebot an Dienstleistungen abdecken, welches in seiner Vielfältigkeit schwer zu überbieten ist"[141)].

Kernaussagen der bayerischen Polizei für Bewerberinnen und Bewerber: „Als Polizist ist kein Tag wie der andere. Ständig erleben Sie Neues und helfen anderen Menschen in vielen verschiedenen Situationen. Ganz gleich, für welchen fachlichen Schwerpunkt Sie sich innerhalb der polizeilichen

Laufbahn entscheiden, bei uns erwarten Sie: ein Beruf mit verschiedenen Facetten und viel Abwechslung, die garantierte Übernahme nach der Ausbildung, ein krisensicherer Arbeitsplatz, ein sicheres, geregeltes Einkommen, der direkte Umgang mit anderen Menschen, ein Beruf mit sehr guten Aufstiegschancen, ein breites Aufgabenspektrum mit verschiedenen Möglichkeiten der Spezialisierung"[142].

Informationen zur Arbeitgebermarke der Landeshauptstadt München finden sich unter: www.muenchen.de/arbeitgebermarke

3. Schritt: Umsetzung

Im dritten Schritt sind die Maßnahmen zur Umsetzung des Plans durchzuführen. Ein Schwerpunkt der Maßnahmen ist die Personalwerbung. Ziele der Personalwerbung sind:

- den Bekanntheitsgrad des Arbeitgebers zu erhöhen,
- das Image des Arbeitgebers an die Markenbotschaft anzugleichen,
- die Anzahl der Bewerbungen zu erhöhen,
- Selbstselektionsprozesse beim Bewerber auszulösen und damit die Anzahl ungeeigneter Bewerber zu senken.

Dreh- und Angelpunkt aller werberischen Maßnahmen ist die Kommunikation der Arbeitgeber-Marke sowie der zu besetzenden Stellen. Letzteres setzt die Gestaltung einer Stellenausschreibung voraus. Abbildung 3-9 gibt wieder, was Inhalt einer Stellenanzeige sein sollte.

Abb. 3-9: Inhalte einer Stellenausschreibung (nach einer Idee von Jung[143])

Wir sind	Angaben zur ausschreibenden Organisation, z. B. Aufgaben, Standort, Größe
Wir haben	Angaben zur Vakanz, z. B. Aufgaben- und Tätigkeitsbeschreibung, Arbeitsort und -zeit, Einbindung in Hierarchie, Verantwortungsumfang, ggf. Befristung und Befristungsgrund, Art des Beschäftigungsverhältnisses
Wir suchen	Angaben zu den Anforderungen, z. B. erforderliche Qualifikationen, fachliche, methodische und soziale Kompetenzen
Wir bieten	Angaben zu den materiellen und immateriellen Anreizen, z. B. Vergütungshöhe, Fortbildungsmöglichkeiten
Wir bitten um	Angaben zu den vom Bewerber zu liefernden Daten, z. B. Lebenslauf, Abschlusszeugnisse

Wir sind erreichbar	Angaben zur Erreichbarkeit der ausschreibenden Stelle, z. B. Telefonnummer
Wir berücksichtigen	Angaben für besondere Personengruppen, z. B. schwerbehinderte Bewerber, Migranten, Frauen

Beim Verfassen von Stellenausschreibungen sind insbesondere im öffentlichen Sektor diverse Normen und Vorschriften zu beachten – Beispiele sind:

- §6 Abs. 1 Satz 3 Bundesgleichstellungsgesetz: Aus dieser Norm ergibt sich die Verpflichtung des Dienstherrn, Arbeitsplätze auch dann zur Besetzung in Teilzeit auszuschreiben, wenn die zu besetzende Stelle Vorgesetzten- und Leitungsaufgaben beinhaltet[144)].
- §8 Landesgleichstellungsgesetz NRW enthält Vorgaben für die Gestaltung von Ausschreibungen, die der Verwirklichung der Gleichberechtigung von Frauen und Männern dienen sollen.
- § 73 Nr. 2 Landespersonalvertretungsgesetz NRW bezieht sich auf die Rechte der Personalvertretung in Bezug auf Ausschreibungen.
- §11 AGG sieht die benachteiligungsfreie Ausschreibung von Stellen vor.

Der Dienstherr/Arbeitgeber des öffentlichen Sektors hat zu prüfen, ob eine freie Stelle auszuschreiben ist. Ein Verpflichtungsgrund kann sich aus einer gesetzlichen Regelung, Verwaltungsvorschriften oder aus einer sich ständig wiederholenden Verwaltungspraxis ergeben[145)]. Regelmäßig erhöht eine öffentliche Stellenausschreibung die Anzahl der Bewerbungen (Beispiel für eine Stellenausschreibung siehe Abbildung 3-10).

Abb. 3-10: Beispiel für eine Stellenausschreibung (Nürnberger Nachrichten vom 2.3.2013)

Die **Stadt Nürnberg** sucht für ihre Friedhofsverwaltung

Friedhofschaffner/innen

Entgeltgruppe 4 TVöD

Ihre Aufgaben
beinhalten das Öffnen, Schließen und Absichern von Gräbern auf den Friedhöfen im gesamten Stadtgebiet, das selbstständige Durchführen von Urnenbeisetzungen sowie die Mithilfe bei den Trauerfeierlichkeiten von Erd- und Feuerbestattungen, Überführungen sowie den Leichentransportdienst von Wohnungen, Unfallorten, Krankenhäusern, Altenheimen zu den Friedhöfen im Stadtgebiet, einschließlich dem Waschen, Ankleiden und Einbetten von Verstorbenen sowie bei Bedarf die Mithilfe im gärtnerischen Bereich.

Wir erwarten
psychische Stabilität und volle körperliche Belastbarkeit für die Tätigkeit, Zuverlässigkeit, Verantwortungsbewusstsein, verbindliche Umgangsformen und pietätvolles Auftreten gegenüber Verstorbenen, Hinterbliebenen sowie den Friedhofsbesucherinnen und -besuchern, die Bereitschaft, Dienstuniform zu tragen, den Privat-Pkw für Dienstfahrten einzusetzen sowie am Rufbereitschaftsdienst teilzunehmen und den Führerschein der Klasse B.

Wir bieten
unbefristete und befristete Beschäftigungen nach den Bedingungen des TVöD.

Ihre Bewerbung
senden Sie bitte mit aussagefähigen Bewerbungsunterlagen bis 22.03.2013 an die Stadt Nürnberg, Personalamt, z. H. Frau Stähler, Fünferplatz 2, 90403 Nürnberg. Telefonisch erreichen Sie uns unter 09 11 / 2 31-22 61. Bitte verwenden Sie nur Kopien, weil eine Rücksendung der Unterlagen nicht erfolgen kann.
Die Informationen im Internet unter stellenmarkt.nuernberg.de sind Bestandteil dieser Stellenausschreibung.

Chancengleichheit ist die Grundlage unserer Personalarbeit.

Die sprachliche und optische Gestaltung von Stellenausschreibungen hat der Arbeitgeber-Marke sowie den Besonderheiten der jeweiligen Zielgruppe zu entsprechen. Stellenausschreibungen können mithilfe verschiedener Medien veröffentlicht werden, üblich sind Anzeigen in der Tages- oder Fachpresse sowie das Internet. Zur Kostenersparnis werden derzeit in Zeitungen oftmals nur Kurzanzeigen geschaltet, über die Website der ausschreibenden Institution ist dann der gesamte Text der Stellenausschreibung zugänglich.

Für das Personalmarketing stehen weitere Kommunikationskanäle zur Verfügung. Über diese Kommunikationskanäle können Informationen vermittelt oder das Image des Arbeitgebers beeinflusst werden. Die Kommunikationskanäle können in drei Gruppen unterteilt werden: persönliche Kommunikation, durch Medien vermittelte Kommunikation, Kommunikation über dritte Personen (siehe auch Abb. 3-11).

Abb. 3-11: Beispiele für Kommunikationskanäle im Personalmarketing

Persönliche Kommunikation	• Ausbildungsmessen • College Recruiting, wie z. B. Bereitstellen von Praktikumsstellen, Stipendien, Unterstützung von Thesis-Arbeiten • Tag der offenen Tür, Werksbesichtigungen • Schulbesuche • telefonische Hotlines • Direktansprache
Durch Medien vermittelte Kommunikation	• Nutzung von Stellenportalen im Internet, z. B. www.bund.de, www.stepstone.de/jobs • Webauftritt der Organisation, z. B. www.bundeswehr-karriere.de, www.berlin-braucht-dich.de • Onlinetests in Verbindung mit Berufsinformationen, z. B. www.cyou-startlearning.hamburg.de, Unternehmenssimulationsspiele • Blogs/Chats • Podcasts und Videos mit Stellenbeschreibungen • TV- und Radiospots • Plakate, Broschüren • Give-aways, wie z. B. Kugelschreiber, Schreibblöcke, USB-Sticks • Nutzung sozialer Netzwerke, z. B. Facebook, Xing, Twitter • Stellenanzeigen in der Tages- oder Fachpresse
Kommunikation über Dritte	• Anwerbung durch Organisationsangehörige • Headhunter, Personalberater, Executive Search • Arbeitsvermittler, Berufsberater • Lehrer, Eltern

Bei der Wahl der Kommunikationskanäle für eine spezielle Kampagne kann die Beantwortung der folgenden Fragen helfen:

- Wie hoch sind die Ausgaben pro kontaktierten Bewerber? Diese sind z. B. bei Online-Tests oder bei Stellenanzeigen in der Tagespresse relativ hoch.
- Welcher Personalaufwand ist mit den jeweiligen Kommunikationskanälen verbunden?
- Wie viele potenzielle Bewerberinnen und Bewerber werden über den Kommunikationskanal erreicht? Bei den mediengestützten Kanälen wird dies in der Regel eine hohe Anzahl sein.
- Werden ausschließlich Bewerber angesprochen, die aktiv nach einer freien Stelle suchen? Dies trifft z. B. auf die Schaltung von Anzeigen in Internet-Stellenportalen zu. Bei Stellenanzeigen in der Tageszeitung/der Fachpresse oder bei der Nutzung von Personalberatern werden auch solche Personen erreicht, die nicht aktiv auf der Suche nach einem neuen Job sind.
- Wie authentisch kann die Markenbotschaft vermittelt werden? Wie intensiv ist die Kommunikation mit dem potenziellen Bewerber?
- Inwieweit ergänzen sich die Kommunikationskanäle?

> Gemäß § 82 Satz 1 Sozialgesetzbuch IX melden die Dienststellen öffentlicher Arbeitgeber den Agenturen für Arbeit frühzeitig frei werdende und neu zu besetzende sowie neue Arbeitsplätze.
> Die Stellenvorbehaltsverordnung (§ 3 Abs. 1 Satz 1 StVorV) schreibt die Meldung einzelner freier Stellen an die Vormerkstellen (beim Bund das Bundesverwaltungsamt) vor. Diese können mit ehemaligen Zeitsoldaten der Bundeswehr besetzt werden.

Empfehlenswert ist grundsätzlich die Zusammenarbeit mit anderen Behörden oder Verwaltungen. Ein gelungenes Beispiel hierfür ist www.berufe-sh.de: Hier haben kommunale Arbeitgeber aus Schleswig-Holstein kooperiert und ein gemeinsames Internet-Portal entwickelt. Über dieses Portal erhalten potenzielle Bewerber Informationen zu 100 Berufen, zu freien Stellen und zu den verschiedenen Arbeitgebern[146)]. Weitere Hinweise zur Gestaltung von Maßnahmen des Personalmarketings, insbesondere mit Internet-gestützten Medien, finden sich bei Gourmelon[147)] und Fischer[148)].

4. Schritt: Kontrolle der Maßnahmen

„Ich weiß, die Hälfte meiner Werbung ist hinausgeworfenes Geld. Ich weiß nur nicht, welche Hälfte" – dieses dem Industriellen Henry Ford zugesprochene Zitat weist darauf hin, dass die Wirkung von Personalmarketing-Maßnahmen nicht selbstverständlich ist und diese Wirkung immer wieder überprüft werden muss, um unnötigen Aufwand zu vermeiden. Zur Überprüfung der Maßnahmen des Personalmarketings sollten diejenigen Kennzahlen verwendet werden, mit denen die in der Planung festgelegten Ziele operationalisiert wurden. Nach der Kontrolle der Maßnahmen werden diese ggf. verändert oder die Ziele des Personalmarketings neu festgesetzt.

Beispiel:

Ein Ziel der Personalmarketing-Kampagne der Stadt Dortmund war es, die Attraktivität der Stadtverwaltung als Arbeitgeber zu erhöhen. Die Erreichung des Ziels kann unter anderem durch die Kennzahl „Anzahl der Bewerber/-innen" erfasst werden. Im Zeitraum 2003 bis 2009 war es der Stadtverwaltung Dortmund möglich, mittels Maßnahmen des Personalmarketings die Anzahl der Bewerber von 1.723 um 84 Prozent auf 3.165 zu steigern[149)].

3.4 Personalauswahl

3.4.1 Ziele und Rahmenbedingungen der Personalauswahl

Mit Maßnahmen des Personalmarketings sollte es gelingen, für eine freie Stelle (gleichbedeutend: Vakanz) Bewerbungen zu erhalten. Im Anschluss setzt der Prozess der Personalauswahl ein, welcher mit dem Vertragsabschluss oder der Ernennung eines Kandidaten endet. Ziele der Personalauswahl sind[150)]:

- Feststellung der Mindesteignung jedes einzelnen Bewerbers,
- Reihung der geeigneten Kandidaten nach dem Prinzip der Bestenauslese.

Wesentliche Grundlage der Personalauswahl im öffentlichen Sektor ist Art. 33 Abs. 2 Grundgesetz. Hiernach hat jeder Deutsche nach seiner Eignung, Befähigung und fachlichen Leistung gleichen Zugang zu jedem öffentlichen Amt. Der Grundgesetzgeber hat hiermit das Leistungsprinzip zum Ausdruck gebracht, welches sowohl für Beamte als auch für Tarifbeschäftigte bindend ist. Durch Art. 33 Abs. 2 Grundgesetz soll zum Beispiel ausgeschlossen werden, dass Ämter an Verwandte, an Mitglieder einer bestimmten Partei oder an den Meistbietenden vergeben werden.

Die Gestaltung eines konkreten Auswahlprozesses ist von einer Reihe von Faktoren abhängig, hierzu zählen beispielsweise die Art der zu besetzenden Stelle oder die Anzahl der Bewerbungen (Näheres hierzu im Abschnitt „Planung und Organisation der Personalauswahl").

Kriterien[151)] für die Bewertung der Qualität eines Auswahlverfahrens sind:

- Treffsicherheit der eignungsdiagnostischen Vorhersagen (Wie viele der eingestellten Bewerber erweisen sich auf Dauer als geeignet und wie viele als ungeeignet?),
- Rechtssicherheit des Auswahlverfahrens,
- Dauer und Kosten des Auswahlverfahrens,
- Akzeptanz des Auswahlverfahrens durch die Bewerber und andere Interessengruppen, Werbewirkung.

Personalauswahlentscheidungen haben für die Organisation eine hohe Bedeutung. So kann die Einstellung einer jungen Nachwuchskraft als eine Investition in Höhe von rund 2,75 Millionen Euro aufgefasst werden. Neben dieser monetären Sichtweise sind aber auch andere Aspekte von Fehlentscheidungen zu berücksichtigen: mangelnde Leistungsfähigkeit der Organisation, Störungen des Betriebsklimas und Konflikte, Mehraufwand für Vorgesetzte und die Personalabteilung, Unzufriedenheit des neuen Mitarbeiters.

Trotz der hohen Bedeutung weist die Qualität von Personalauswahlprozessen sowohl in der Privatwirtschaft[152)] als auch im öffentlichen Sektor[153)] nicht selten erhebliche Mängel auf. Gründe für diese Mängel sind mangelnde Ressourcen für die Personalauswahl und tradierte, unreflektierte Arbeitsweisen in der Personalauswahl. Weiters führt Kanning[154)] aus: „Das größte Problem aber liegt in der mangelnden Fachkompetenz des [in der Personalauswahl, d. V.] eingesetzten Personals. …Das mangelnde Fachwissen ist dabei viel zu oft mit einem ebenso unerschütterlichen wie naiven Selbstvertrauen in die eigene Urteilsbildung gepaart".

Bedauernswerte Bewerber!

„Ein Bankbetriebswirt bildete sich in ‚Psycho- und Pathophysiognomik' weiter: Er wollte dabei angeblich lernen, von Merkmalen wie der Schädelform auf die Charakterzüge eines Menschen zu schließen. Bei seiner Einkommenssteuererklärung machte er 1.800 Euro Seminarkosten als Werbungskosten geltend. Er sei beruflich für die Auswahl von Auszubildenden zuständig, dies würde ihm helfen. Das Finanzgericht Rheinland-Pfalz (Az.: 5 K 1261/12) wies dies zurück: Es handle sich um eine Pseudowissenschaft"[155)].

Eine Reaktion auf die mangelnde Qualität war die Veröffentlichung der DIN 33430[156)]. Sie dient dazu, die Qualität von Eignungsbeurteilungen bei der Berufswahl sowie bei der internen und externen Personalauswahl zu steigern[157)]. Entwickelt wurde die Norm mit dem Titel „Anforderungen an Verfahren und deren Einsatz bei berufsbezogenen Eignungsbeurteilungen" unter der Moderation des Deutschen Instituts für Normung u. a. durch den Berufsverband deutscher Psychologen, Testverlage, Unternehmensberatungen sowie Organisationen des öffentlichen Sektors (z. B. Bundeswehr, Bundesagentur für Arbeit)[158)]. Die Norm enthält Regelungen und Hinweise u. a. zu

- den in der Eignungsdiagnostik/Personalauswahl eingesetzten Verfahren und Instrumenten,
- den Verantwortlichkeiten und erforderlichen Kompetenzen der an der Eignungsdiagnostik beteiligten Personen,
- der Vorgehensweise bei berufsbezogenen Eignungsbeurteilungen/Personalauswahl.

Mit der DIN 33430 liegt erstmals ein allgemein anerkannter Minimalstandard für die Eignungsdiagnostik und damit auch für die Personalauswahl vor (seit

2011 gibt es auch die international gültige Norm zur Personalauswahl ISO 10667). Die Anwendung der DIN 33430 ist nicht rechtsverbindlich. Allerdings empfiehlt sich deren Anwendung, da „...im behördlichen und gerichtlichen Alltag die neue DIN-Vorschrift trotz ihrer nachrangigen Rechtsqualität faktisch den Verwaltungsvorschriften gleichgestellt wird"[159]. Dies kann z. B. bei Konkurrentenklagen von unterlegenen Bewerbern bedeutsam werden. Die KGSt[160] spricht sich dafür aus, dass die Kommunen die wesentlichen Inhalte der Norm beachten sollten.

Für den Erfolg der Personalauswahl – gemessen an dem Verhältnis „eingestellte geeignete Bewerber" zu „eingestellte ungeeignete Bewerber" – sind neben der Qualität des Personalauswahlverfahrens auch die Faktoren Selektions- und Grundquote entscheidend, die durch den Personalauswählenden nur in geringem Maß zu beeinflussen sind[161]. Die Selektionsquote ist definiert als das Verhältnis zwischen „Anzahl der Eingestellten" zu „Anzahl der Bewerber". Je niedriger die Selektionsquote ist, desto wahrscheinlicher ist es nach den Statistikern Taylor und Russell, dass nur geeignete Bewerber eingestellt werden (bei einer niedrigen Selektionsquote kann sich der Personalauswählende zwischen den „Besten der Besten" entscheiden, bei einer hohen Quote muss er fast jeden nehmen). Die Selektionsquote sinkt, wenn es weniger Vakanzen gibt oder sich mehr Personen um diese Vakanzen bewerben. Niedrige Selektionsquoten gibt es in Zeiten hoher Arbeitslosigkeit oder wenn wirksame Personalwerbung betrieben wird. Als Grundquote wird das Verhältnis „Anzahl Geeigneter in der unausgelesenen Bewerbergruppe" zu „Anzahl der Bewerber" verstanden. Hier gilt der Zusammenhang: Je höher die Grundquote desto wahrscheinlicher ist es, dass nur geeignete Bewerber eingestellt werden (greift man blind in eine Urne mit vielen weißen und wenigen schwarzen Murmeln, hält man nach dem Greifen höchstwahrscheinlich eine weiße Murmel in der Hand). Grundquoten hängen u. a. von Personalmarketingmaßnahmen als auch vom schulischen und beruflichen Ausbildungsniveau der Bewerber ab.

3.4.2 Anforderungsprofile

Anforderungsprofile sind Grundlage einer qualitativ hochwertigen Personalauswahl und auch Basis von wirksamen Maßnahmen des Personalmarketings sowie der Personalentwicklung. In einem Anforderungsprofil werden diejenigen Personenmerkmale aufgelistet, die ein idealer Bewerber in Bezug auf eine bestimmte Stelle aufweisen sollte[162]. Beispiele für Personenmerkmale sind:

- Qualifikationen: z. B. Abitur, Befähigung zum Richteramt,
- Kenntnisse und Fertigkeiten: z. B. Excel-Fertigkeiten, Kenntnisse im Sozialrecht,
- körperliche Fähigkeiten: z. B. Sehvermögen, Schwindelfreiheit,
- geistige Fähigkeiten: z. B. Intelligenz, Wahrnehmungsgeschwindigkeit, Fähigkeit zur Daueraufmerksamkeit,

- Persönlichkeitsmerkmale: z. B. Einfühlungsvermögen, emotionale Stabilität, Gewissenhaftigkeit, Verträglichkeit,
- Werthaltungen, Einstellungen, Interessen: z. B. Bereitschaft zur Schichtarbeit, Interesse an der Arbeit mit geistig behinderten Menschen, aktives Eintreten für die freiheitlich-demokratische Grundordnung.

Beispiel:

Für die Stellen „Bundesbetriebsprüfer im Bundeszentralamt für Steuern" wurden unter anderem folgende Fähigkeiten und Persönlichkeitsmerkmale in das Anforderungsprofil aufgenommen[163)]: Fähigkeit und Bereitschaft zu konzeptioneller und strategischer Planung, Belastbarkeit, Eigeninitiative und Kreativität, Konfliktfähigkeit und Durchsetzungsvermögen, aktive und passive Kritikfähigkeit.

Es wird davon ausgegangen, dass ein Bewerber, der dem Anforderungsprofil (Beispiel siehe Abbildung 3-12) entspricht, die mit der Stelle verbundenen Tätigkeiten erfolgreich ausübt und dabei zufrieden ist. Die Personenmerkmale sollten danach klassifiziert werden, ob sie notwendig oder förderlich sind. Des Weiteren ist anzugeben, wie die entsprechenden Personenmerkmale ausgeprägt sein sollten. Beispielsweise ist bei Anwärtern für den gehobenen nichttechnischen Dienst (bzw. Qualifikationsebene 3) ein Mindestmaß an Intelligenz erforderlich, bei Mitarbeitern in der Stadtkasse wäre eine hohe Ausprägung von Kreativität eher hinderlich. Zudem kann mit Gewichtungen gekennzeichnet werden, welche Personenmerkmale für eine bestimmte Stelle besonders bedeutsam sind.

Abb. 3-12: Beispiel für ein Anforderungsprofil (Ausschnitt) mit Minimal- und Maximalgrenzen für einige Personenmerkmale

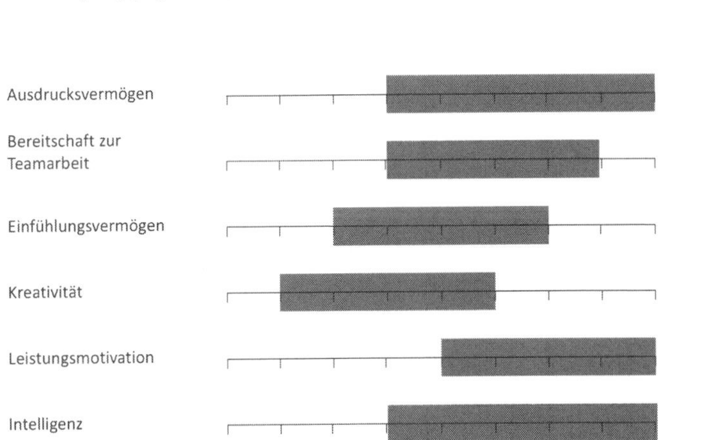

Die aufgelisteten Personenmerkmale müssen sich aus den beruflichen Anforderungen ableiten lassen, also Ergebnis einer Anforderungs- und Arbeitsanalyse sein. Es lassen sich drei Zugänge zur Anforderungsbestimmung[164] unterscheiden:

Bei der **erfahrungsgeleiteten-empirischen Methode** informiert sich der Personalauswählende bei Experten über die Anforderungen einer Stelle. Informationsquellen können beispielsweise sein: ehemalige und aktuelle Stelleninhaber, Vorgesetzte und Kollegen des Stelleninhabers, Inhaber ähnlicher Stellen aus anderen Behörden, Organisatoren. Weitere wichtige Informationsquellen sind Stellenbeschreibungen und das „berufenet" der Bundesagentur für Arbeit (www.berufenet/arbeitsagentur.de/). In Abbildung 3-13 ist das Ergebnis einer systematischen Befragung dargestellt.

Abb. 3-13: Auflistung[165] derjenigen Persönlichkeitsmerkmale, welche nach einer Befragung von 181 Ausbildungsleitern und 42 Lehrenden der Fachhochschule für öffentliche Verwaltung NRW am stärksten ausgeprägt sein sollten, um Anforderungen im Beruf (hier: gehobener nichttechnischer Dienst der Kommunen) erfolgreich bewältigen zu können

Die „Top 5"-Persönlichkeitsmerkmale für Kommunalbeamte					
Ausbildungsleiter und Lehrende		nur Ausbildungsleiter		Nur Lehrende	
Merkmal	*M*	*Merkmal*	*M*	*Merkmal*	*M*
1. überlegtes Handeln	8,12	1. überlegtes Handeln	8,14	1. überlegtes Handeln	8,03
2. Problemlösungsfähigkeit	7,94	2. Problemlösungsfähigkeit	7,93	2. Sprachgefühl	8,03
3. Sprachgefühl	7,88	3. Leistungsmotiv	7,90	3. Problemlösungsfähigkeit	8,00
4. Leistungsmotiv	7,87	4. Sprachgefühl	7,84	4. Dienstleistungsbereitschaft	7,85
5. Dienstleistungsbereitschaft	7,79	5. Dienstleistungsbereitschaft	7,78	5. Leistungsmotiv	7,76
M ist die Abkürzung für das arithmetische Mittel (bzw. Mittelwert) der Merkmalsausprägungen (Skala: 1 = sehr schwach ausgeprägt bis 9 = sehr stark ausgeprägt).					

Die **arbeitsplatzanalytisch-empirische Methode** ist durch die Anwendung von voll- oder teilstandardisierten Verfahren zur Anforderungsanalyse gekennzeichnet. Bei den vollstandardisierten Verfahren handelt es sich um von Wissenschaftlern entwickelte Fragebogen oder Checklisten, mit denen die wesentlichen Anforderungen einer Stelle erfasst werden können. Beispiele sind der Fragebogen zur Arbeitsanalyse[166] oder das Tätigkeitsbewertungssystem[167]. Eine Auflistung und Beschreibung verschiedener vollstandardisierter Verfahren bietet die Bundesanstalt für Arbeitsschutz und Arbeitsmedizin an. Beispiel eines teilstandardisierten Verfahrens ist die Methode der kritischen Ereignisse (critical incident technique, CIT)[168]. Der Kern der CIT besteht darin, durch die Befragung von Experten besondere kritische Ereignisse bzw. Situationen in einem Job festzustellen und zu bestimmen, wie erfolgreiche Stelleninhaber in diesen kritischen Situationen gehandelt haben. Aus den Handlungsweisen der erfolgreichen Stelleninhaber werden Merkmale für das Anforderungsprofil abgeleitet.

Beispiel:

Während einer Expertenbefragung wird festgestellt, dass Mitarbeiter in den Jobcentern gelegentlich mit emotional aufgebrachten Kunden konfrontiert sind (kritisches Ereignis). Erfolgreiche Mitarbeiter handeln in dieser Situation deeskalierend und lassen sich nicht provozieren, weniger erfolgreiche machen schnippische Bemerkungen, werden pampig oder arbeiten aufreizend langsam. Aus diesen Beobachtungen wird abgeleitet, dass Mitarbeiter mit Kundenkontakt das Persönlichkeitsmerkmal „emotionale Stabilität" und die Fertigkeit „deeskalierende Kommunikation" zumindest in mittlerer Ausprägung aufweisen sollten.

Bei der **personenbezogenen-empirischen Methode** werden die Ausprägungen von Personenmerkmalen aktueller Stelleninhaber erhoben und deren Einfluss auf die beruflichen Leistungen mit mathematisch-statistischen Verfahren ermittelt.

Beispiel:

Es soll geprüft werden, ob Intelligenz ein bedeutsames Personenmerkmal für Polizisten des gehobenen Dienstes ist. Hierzu wird eine große Anzahl von Polizeibeamten danach unterteilt, ob sie zu den erfolgreicheren oder weniger erfolgreichen Polizisten zu zählen sind. Dann wird bei diesen beiden Teilgruppen der durchschnittliche IQ zum Zeitpunkt der Einstellung ermittelt (bei der Auswahl wurden Intelligenztests durchgeführt). Während bei der Teilgruppe der erfolgreichen Polizisten der durchschnittliche IQ = 115 beträgt, liegt der IQ bei den weniger erfolgreichen Polizisten bei IQ = 105. Hieraus wird geschlossen, dass die Intelligenz für die Bewältigung der Aufgaben bei der Polizei bedeutsam ist; die Aufnahme in das Anforderungsprofil wird bestätigt.

Kritisch ist stets zu hinterfragen, ob durch das AGG geschützte Personenmerkmale – Geschlecht, Alter, Religion oder Weltanschauung, Rasse, ethnische Herkunft, Behinderung, sexuelle Identität – in Anforderungsprofilen gelistet sein sollten. Auch Merkmale, die in einem engen Zusammenhang mit diesen geschützten Merkmalen stehen können (wie z. B. „Berufserfahrung" und „gereifte Persönlichkeit" zu „Alter") sollten umfassend geprüft werden[169]. Schnell entsteht hier der Verdacht, hier würden Bewerber mittel- oder unmittelbar benachteiligt. § 8 Abs. 1 AGG eröffnet die Möglichkeit, Bewerber unterschiedlich zu behandeln, allerdings setzt diese Ungleichbehandlung eine „wesentliche und entscheidende berufliche Anforderung“ voraus[VI]).

Bei der Erstellung von Anforderungsprofilen ist weiter zu beachten:

- Der Dienstherr ist für die gesamte Dauer des Stellenbesetzungsverfahrens aus rechtlichen Gründen an das von ihm entwickelte Anforderungsprofil gebunden[170]), so kann es beispielsweise nicht im laufenden Verfahren verändert werden.
- Das Anforderungsprofil ist realistisch zu formulieren, zu hohe Anforderungen schrecken Bewerber ab und engen den Bewerberkreis stark ein.
- Bei unbefristeten Stellen sollte im Rahmen der Personalauswahl weniger auf schnell erlernbare Kenntnisse und Fertigkeiten, sondern auf grundlegende, durch Vererbung und frühkindliche Entwicklung geprägte Fähigkeiten und Persönlichkeitsmerkmale Wert gelegt werden. Bei zeitlich befristeten Stellen wird tendenziell das Gegenteil empfehlenswert sein.
- Bei herausgehobenen Positionen können sich bedeutsame Anforderungen nicht nur aus aktuellen, sondern auch aus zukünftigen Aufgaben ergeben. Zu denken ist beispielsweise an eine Führungsposition, von deren Inhaber erwartet wird, sich in naher Zukunft mit den Rückmeldungen einer erstmalig durchgeführten Mitarbeiterbefragung auseinanderzusetzen.

Das Vorgehen bei und die Ergebnisse der Anforderungs- und Arbeitsanalyse sind gemäß der DIN 33430 zu dokumentieren.

3.4.3 Verfahren der Personalauswahl

Mittels Personalauswahl-Verfahren soll das Befähigungsprofil der Bewerber ermittelt werden. Mit dem Befähigungsprofil werden die Ausprägungen der Personenmerkmale eines Bewerbers beschrieben. Dabei werden diejenigen Personenmerkmale berücksichtigt, die im Anforderungsprofil aufgelistet sind.

> *„Es soll niemanden ein Amt aufgetragen werden, der sich dazu nicht hinlänglich qualificirt, und Proben seiner Geschicklichkeit abgelegt hat.“*
>
> *Allgemeines Preußisches Landrecht von 1794, § 70, 10. Titel*

Wichtige Gütekriterien von eignungsdiagnostischen Verfahren sind die Objektivität, Reliabilität, Validität, Kosten und die Akzeptanz durch die Bewerber:

- Mit Objektivität wird der Umstand bezeichnet, dass das Ergebnis eines Verfahrens unabhängig von demjenigen sein soll, der das Verfahren durchführt. Negativ-Beispiel: Falls drei Personalauswählende bei der Bewertung eines Deutsch-Aufsatzes zu drei verschiedenen Ergebnissen gelangen, wäre dies ein Beleg für die mangelnde Objektivität des Verfahrens „Deutsch-Aufsatz“.

VI) Auf die §§ 9 und 10 des AGG wird hingewiesen (zulässige unterschiedliche Behandlung bei Tendenzbetrieben und in Bezug auf das Alter).

- Die Reliabilität gibt an, wie zuverlässig mit einem Verfahren gemessen werden kann. Im optimalen Fall gelangt man bei der mehrmaligen Anwendung eines Verfahrens bei einem Bewerber immer wieder zum selben Ergebnis. Negativ-Beispiel: Ein Amtsarzt ermittelt mit einer Waage das Körpergewicht eines Bewerbers. Dabei schwankt das Ergebnis bei wiederholter Messung um bis zu zwei Kilogramm.
- Ein valides Verfahren misst exakt das, was es zu messen vorgibt. Negativ-Beispiel: Mit einer Lehrprobe bei Bewerbern um eine Dozenten-Stelle soll geprüft werden, ob sie eine die Studierenden aktivierende Veranstaltung halten können – bei der Lehrprobe sind allerdings keine Studierenden anwesend, sondern nur Fachkollegen. Eine besondere Bedeutung hat eine Unterform der Validität, die sogenannte prognostische Validität. Sie gibt Auskunft darüber, in welchem Ausmaß durch das Verfahren nur geeignete Kandidaten ausgewählt werden, also über die Treffsicherheit des Verfahrens (siehe Exkurs „Ermittlung der prognostischen Validität").
- Beim Kriterium Kosten geht es um die Entwicklungs- und Beschaffungskosten sowie die Kosten der Durchführung eines Verfahrens.
- Inwieweit einzelne Verfahren von den Bewerbern akzeptiert werden, wurde mit empirischen Studien ermittelt. Die Akzeptanz von Auswahlverfahren durch Bewerber beeinflusst das Arbeitgeber-Image. Besonders bedeutsam ist dieses Kriterium bei der Auswahl von freiwillig Tätigen. Maßgeblich für die Akzeptanz von Auswahlverfahren ist deren Einbindung in das Auswahlverfahren insgesamt. Hierauf wird im Abschnitt „Planung und Organisation der Personalauswahl" eingegangen.

Exkurs: Ermittlung der prognostischen Validität oder Treffsicherheit eines Verfahrens

Abb. 3-14: Grafische Darstellung der prognostischen Validität

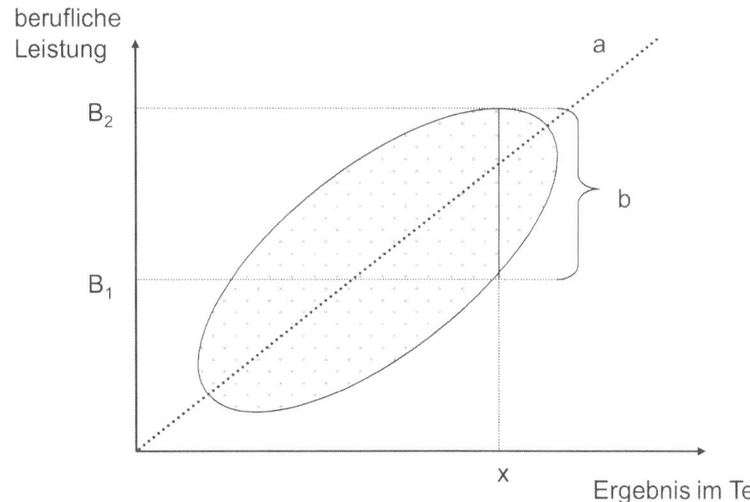

Bei einem Auswahlverfahren wurde bei jedem Bewerber ein Test durchgeführt. Einige Jahre später wird von den eingestellten Bewerbern die berufliche Leistung erhoben. In der Abbildung 3-14 wird der statistische Zusammenhang zwischen Testergebnis und beruflicher Leistung dargestellt; dieser statistische Zusammenhang ist Ausdruck der prognostischen Validität des Tests. Jeder Punkt in der Ellipse der Grafik stellt dabei eine einzelne Person mit ihrem Ergebnis im Test und ihrer beruflichen Leistung dar. Ausgehend von der Annahme, dass dieser ermittelte Zusammenhang auch in Zukunft gültig sein wird, kann für einen zukünftigen Bewerber auf der Grundlage des individuellen Testergebnisses *X* die berufliche Leistung *B* geschätzt werden. Dabei stellt die Strecke *b* die Schwankungsbreite der Prognose dar. Ein Bewerber mit dem Testergebnis *X* wird eine berufliche Leistung zwischen dem Minimalwert B_1 und dem Maximalwert B_2 aufweisen. Je enger der statistische Zusammenhang zwischen Test und beruflicher Leistung ist (je höher die prognostische Validität ist), desto enger schmiegt sich die ellipsenförmige Punktewolke um die Regressionsgerade *a*. Als Folge wird die Schwankungsbreite *b* kleiner und die Prognose für die berufliche Leistung genauer. Die Korrelation *r* als Kennziffer für den statistischen Zusammenhang kann Werte zwischen –1 und +1 annehmen, wobei $r = +1$ für einen perfekt positiven (die Punktewolke hat sich der Regressionsgerade komplett angeschmiegt), r = –1 für einen perfekt negativen und $r = 0$ für keinerlei Zusammenhang zwischen zwei Variablen steht.

Die für die Praxis bedeutsamsten Verfahren der Personalauswahl werden nachfolgend dargestellt. Einige dieser Verfahren werden auch für Zwecke der Personalentwicklung, insbesondere der Potenzialermittlung, verwendet.

Bewerbungsunterlagen bestehen in der Regel aus dem Anschreiben, einem Lebenslauf sowie Schul-, Ausbildungs- und Arbeitszeugnissen. Diese können in Papier- oder elektronischer Form vorliegen. Lichtbilder der Bewerber sollten aus eignungsdiagnostischen Gründen (attraktiv erscheinenden Personen werden positivere Merkmale zugeschrieben[171)]) als auch aus rechtlichen Gründen (es könnten sich AGG-relevante Benachteiligungen aus Gründen z. B. der Religionszugehörigkeit oder der Rasse ergeben) nicht für Zwecke der Personalauswahl verwendet werden. Aus dem Anschreiben lassen sich nur selten entscheidungsrelevante Informationen entnehmen. Es ist zu bedenken, dass das Anschreiben im Regelfall nicht alleine durch den Bewerber erstellt wurde. Oftmals lassen sich Bewerber durch Freunde oder Familienangehörige unterstützen oder verwenden Vorlagen aus Bewerbungsratgebern. Falls das Anschreiben (oder andere Elemente der Bewerbungsunterlagen) deutlich nicht den üblichen Anforderungen an die Form entsprechen (z. B. viele Rechtschreibfehler, unansehnliche Unterlagen) lässt sich eine Aussonderung des Bewerbers begründen. Beim Lebenslauf ist auf die Vollständigkeit und Genauigkeit der Angaben sowie auf entsprechende Belege in den Bewerbungsunterlagen zu achten. Er ist auch eine interessante Grundlage für die Vorbereitung von Interviews. Aus Schulzeugnissen kann die Durchschnittsnote entnommen werden. Diese weist eine relativ hohe Treffsicherheit in Bezug auf Ausbildungs- und Studiensituationen auf[172)], eine geringere auf berufliche Situationen im engeren Sinne. Hochschulnoten weisen eine befriedigend hohe prognostische Validität auf[173)]. Aus den Ausbildungs-, Studien- und Arbeitszeugnissen können Angaben zu formalen Qualifikationen, Fertigkeiten und beruflichen Erfahrungen entnommen werden. Der Personalauswählende im öffentlichen Sektor sollte die Echtheit dieser Dokumente prüfen. Aus Arbeits- und Dienstzeugnissen können des Weiteren Angaben zur bisherigen beruflichen Leistung der Bewerber entnommen werden. Diese sind jedoch aus vielerlei Gründen vorsichtig zu interpretieren:

- Arbeitszeugnisse dürfen aus rechtlichen Gründen keine negativen Wertungen enthalten.
- Wertungen sind oftmals – aber nicht immer – verklausuliert ausgedrückt (Beispiel siehe Abbildung 3-15).
- An der Erstellung von Arbeitszeugnissen wirken die Beurteilten nicht selten aktiv mit.
- Bei der Formulierung von Arbeitszeugnissen wird oftmals berücksichtigt, dass eine bevorstehende Trennung vom Mitarbeiter möglichst konfliktfrei erfolgen soll.

Hinweise zur Interpretation von Lebensläufen und Arbeitszeugnissen enthalten Gourmelon, Weuster und Kolb[174)].

Abb. 3-15: Beispiele für Standardformulierungen in Arbeits-/ Dienstzeugnissen und deren Bedeutung[175)]

Formulierung	Bedeutung
„...stets zu meiner vollsten Zufriedenheit..."	1
„...zu unserer vollsten Zufriedenheit..."	1–2
„...stets zu unserer vollen Zufriedenheit..."	2
„...zu unserer vollen Zufriedenheit..."	3
„...stets zu unserer Zufriedenheit..."	3–4
„...zu unserer Zufriedenheit..."	4
„...im Großen und Ganzen zu unserer Zufriedenheit..."	5
„...hat versucht, uns zufrieden zu stellen..."	5–6
„...hat sich bemüht, den Anforderungen gerecht zu werden..."	

Personalauswählende versuchen gelegentlich, durch die Nutzung von **sozialen Netzwerken** (z. B. Facebook) an weitere Informationen über den Bewerber zu gelangen. In Einzelfällen können diese Informationen für die Personalauswahl interessant sein, im Regelfall ist es fraglich, wie diese Informationen in Bezug auf die berufliche Eignung interpretiert werden sollen (Wie soll man z. B. ein sieben Jahre altes Foto interpretieren, welches einen Bewerber auf einer privaten Party zeigt?).

Zur Überprüfung von einzelnen Fertigkeiten und Kenntnissen, wie z. B. Rechtschreibung, Rechnen, EDV-Kenntnisse, können **Fertigkeitstests** eingesetzt werden. Während der Testdurchführung müssen die Bewerber eine größere Anzahl von Aufgaben bearbeiten. Diese werden nach einem vorgegebenen Lösungsschlüssel ausgewertet. Anschließend können die Ergebnisse eines Bewerbers mit denen einer Vergleichsgruppe oder einem absoluten Maßstab in Beziehung gesetzt werden. Dadurch wird festgestellt, in welchem Ausmaß der Bewerber über die erforderlichen Fertigkeiten oder Kenntnisse verfügt. Fertigkeitstests lassen sich einfach vorgeben und auswerten, teilweise liegen computergestützte Versionen vor.

Unter Fähigkeiten werden in der Personalpsychologie alle jene psychischen Personenmerkmale verstanden, die relativ stabil, d. h., durch Erfahrung oder Lernen nur schwer beeinflussbar sind. Hierzu zählen beispielsweise die Merkmale Intelligenz[VII)], Gedächtnisspanne, Daueraufmerksamkeit. Zur Messung dieser Merkmale wurden spezielle **Fähigkeitstests** entwickelt. Vorgabe (auch am Computer), Auswertung und Interpretation funktionieren ähnlich wie bei Fertigkeitstests (Abbildung 3-16). Fähigkeitstests sind objektiv und messen die interessierenden Merkmale zuverlässig. In vielen Studien konnte belegt werden[176)], dass die Ergebnisse z. B. von Intelligenztests eine

VII) Zum Konzept der Intelligenz und deren Wirkungsweise siehe Gourmelon (2003).

gute Grundlage für die Vorhersage des späteren beruflichen Erfolges liefern. Deshalb kann auf die Anwendung von Fähigkeitstests in modernen Auswahlverfahren nicht verzichtet werden, insbesondere dann nicht, wenn intellektuell anspruchsvolle Stellen zu besetzen sind. Der Bewerber kann die Ergebnisse von Fähigkeits- und Fertigkeitstests kaum verfälschen, es sei denn, die Aufgaben sind ihm aus Testknacker-Büchern oder aus einschlägigen Internetforen bekannt. Bei jungen Nachwuchskräften mit Migrationshintergrund ist nicht selten deren suboptimale Beherrschung der deutschen Sprache ein Hindernis für die erfolgreiche Bewältigung von Auswahlverfahren. Culture-Fair-Tests bieten hier die Möglichkeit, das intellektuelle Potenzial von Bewerbern anhand von sprachfreiem Material zu erfassen. Die Akzeptanz von Fähigkeitstests ist bei Bewerbern in der Regel mäßig – dies liegt wohl auch daran, dass die Ergebnisse nicht schön geredet oder als persönliche Besonderheiten abgetan werden können.

Abb. 3-16: Beispiel für eine Aufgabe aus einem computergestützten Intelligenztest (Abdruck mit freundlicher Genehmigung der ELIGO GmbH, Bochum)

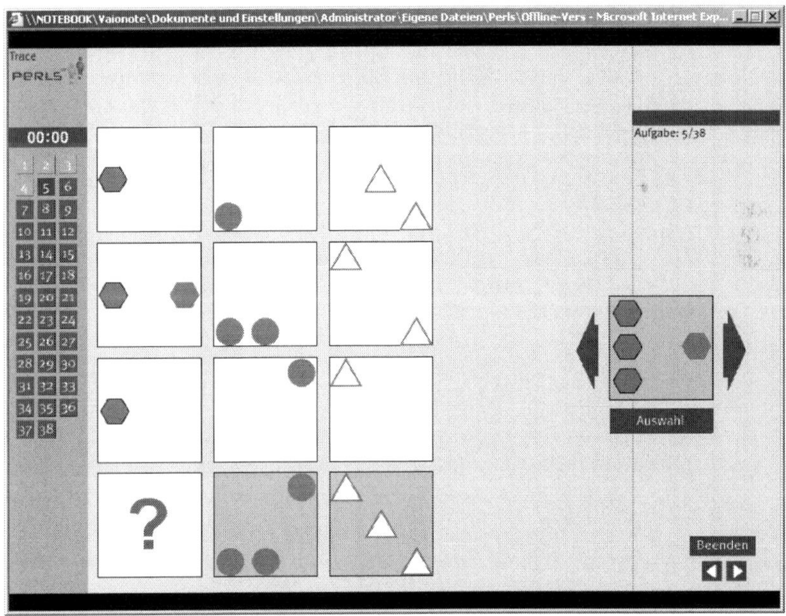

Mit Fertigkeits- und Fähigkeitstests wird die maximal mögliche Leistung eines Bewerbers erfasst. Ob er dieses Potenzial in der beruflichen Praxis auch einsetzt, ist unter anderem eine Frage der Personalführung.

Zur Erfassung von Persönlichkeitsmerkmalen wie Extraversion, emotionale Stabilität, Verträglichkeit, Gewissenhaftigkeit, Leistungsmotivation, Dienstleistungsorientierung usw. stehen dem Personalauswählenden eine Reihe von **Persönlichkeitstests oder Persönlichkeitsinventaren** zur Verfügung (siehe Abbildung 3-17). Im Gegensatz zu Fertigkeits- und Fähigkeitstests werden diese Merkmale jedoch meist nicht aus dem Leistungsverhalten, sondern aus den Selbstbeschreibungen der Bewerber erschlossen. Hierzu werden dem Bewerber im Test eine Reihe von Situationen oder Aussagen vorgegeben. Er hat – durch Ankreuzen – anzugeben, wie er typischerweise in diesen Situationen agiert oder wie er zu diesen Aussagen steht. Kritisch wird diskutiert, ob durch Selbstdarstellungstendenzen der Bewerber die Aussagekraft von Persönlichkeitstests gemindert wird. Hierzu ist anzumerken, dass durch Maßnahmen der Testkonstrukteure und -anwender stark verzerrende Selbstdarstellungen vermieden werden und geringfügige Beschönigungen die prognostische Validität nicht beeinträchtigen[177)].

„...we hire people because of their knowledge and experience, but we fire them because of their personality“[178)].

Die Zuverlässigkeit der Messung ist bei diesen Tests etwas geringer als bei Fertigkeits- und Fähigkeitstests. Zudem kann mit Persönlichkeitstests die Bewährung im Beruf nicht ähnlich gut vorhergesagt werden wie mit Fähigkeitstests. Dennoch ist die Anwendung von Persönlichkeitstests in der Personalauswahl empfehlenswert, vor allem als ergänzendes Element zu anderen Verfahren, insbesondere dem Interview oder dem Assessment-Center[179)]. Im Gegensatz zu Fähigkeitstests wird mit Persönlichkeitstests nicht die maximal mögliche, sondern die im späteren Berufsleben typische Leistung vorhergesagt[180)].

Abb. 3-17: Frage aus einem computergestützten Persönlichkeitstest (Abdruck mit freundlicher Genehmigung der ELIGO GmbH, Bochum)

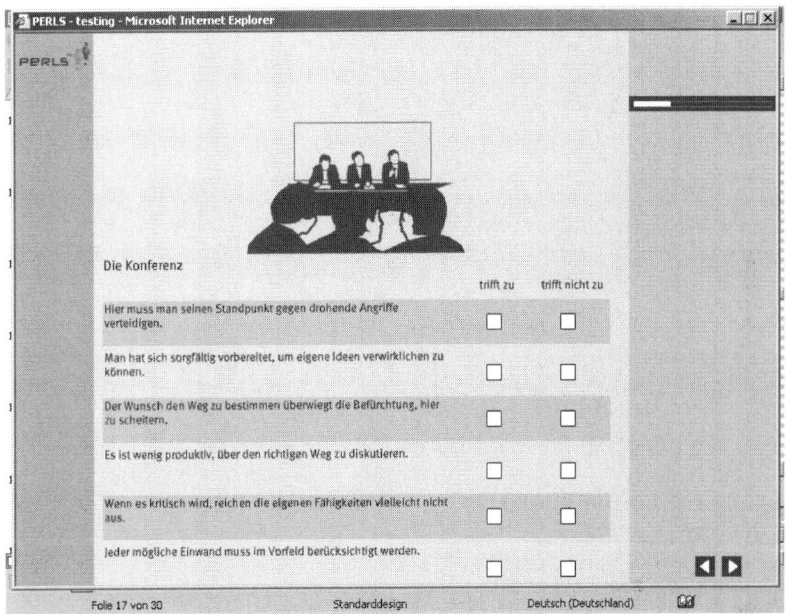

Eine relativ neue Variante von Tests stellen die sogenannten **Integritätstests** dar. Mit diesen soll die Wahrscheinlichkeit zukünftigen kontraproduktiven Verhaltens ermittelt werden. Unter kontraproduktivem Verhalten wird jedes Handeln verstanden, welches die Organisation oder die Kollegen schädigt. Hierunter fällt z. B. Korruption, aber auch Diebstahl am Arbeitsplatz, „Blau-Machen", Mobbing. Neben einer hohen Objektivität und Reliabilität scheinen sich Integritätstests auch durch eine überraschend hohe Validität auszuzeichnen[181)]. Ob Letzteres auch unter den Bedingungen des öffentlichen Sektors in Deutschland gilt und wie die Akzeptanz dieser Verfahren einzuschätzen ist, wird derzeit durch ein Forschungsprojekt an der FHöV NRW geprüft.

Die Freie und Hansestadt Hamburg stellt fest:

„Bei der Rekrutierung von Personal sind Fragen des ‚moralischen Bewusstseins' und der charakterlichen Eignung stärker zu berücksichtigen. Das gilt sowohl im Hinblick auf den Eintritt in den öffentlichen Dienst als auch für bestimmte (korruptionsgefährdete) Tätigkeitsbereiche oder Führungsfunktionen. Zur besseren Beurteilung der Integrität einer Person sollen entsprechend geeignete Instrumente entwickelt werden"[182)].

Für die meisten Tests gilt, dass sie ein sehr günstiges Preis-Leistungs-Verhältnis aufweisen. Bei der Beschaffung von Tests sollte darauf geachtet werden, dass sie den Vorgaben der DIN 33430 entsprechen.

Im Rahmen eines Auswahlverfahrens kann ein Bewerber gebeten werden, eine Aufgabe aus der Praxis zu bearbeiten (**Arbeitsprobe**). Beispielsweise wird ein Bewerber um eine Sachbearbeiter-Stelle aufgefordert, einen Bescheid zu formulieren oder eine Wirtschaftlichkeitsberechnung durchzuführen. Auch im gewerblich-technischen Bereich können Arbeitsproben sinnvoll angewendet werden. Die Aufgabenstellung muss jedoch eindeutig formuliert sein und vorab ist ein Bewertungsschlüssel festzulegen. Mit Arbeitsproben können komplexe Fertigkeiten, Kenntnisse und Erfahrungen erfasst werden.

Mit **Postkörben** werden das Organisations- und Planungsvermögen, das Analysevermögen und das Entscheidungsverhalten von Bewerbern geprüft. Dazu erhält ein Bewerber eine größere Anzahl von Schriftstücken und Vorgängen, die oftmals miteinander inhaltlich verknüpft sind. Aufgabe des Bewerbers ist es, die Schriftstücke und Vorgänge innerhalb einer beschränkten Zeit zu bearbeiten und dabei auch unvorhergesehene Ereignisse zu meistern. Bei der Auswertung werden oftmals Auswerteschlüssel verwendet, um die Objektivität zu gewährleisten. Im Gegensatz zu Intelligenztests erfahren Postkörbe eine hohe Akzeptanz, die anderen Gütekriterien werden kritisch diskutiert[183)].

Zur Überprüfung von Managementkompetenzen werden gelegentlich **Fallstudien** verwendet. Der Bewerber erhält eine schriftliche Beschreibung (teilweise auch am PC), in welcher Situation sich derzeit eine Behörde befindet. Die Beschreibung ist oftmals sehr umfangreich und enthält z. B. Organigramme, Controlling-Daten, Dienstvereinbarungen u. Ä. m. Nachdem sich der Bewerber eingelesen hat, soll er ein Konzept zur Lösung eines Problems – zumeist aus den Bereichen strategische Planung, Marketing, Personalführung – erarbeiten. Das schriftliche oder mündlich vorgetragene Konzept wird von den Personalauswählenden nach vorab festgelegten Kriterien bewertet. Die Fallstudie kann als Arbeitsprobe für das mittlere und obere Management aufgefasst werden.

Grafologen versuchen, anhand der Handschrift eines Bewerbers dessen Persönlichkeit zu ergründen. In geringem Umfang werden **grafologische Gutachten** bei der Besetzung von herausgehobenen Führungspositionen verwendet. Es gibt derzeit keine hinreichenden Belege, dass mittels Schriftproben tatsächlich die Persönlichkeit eines Bewerbers zutreffend erfasst werden könnte[184)].

In einigen Bereichen des öffentlichen Sektors werden hohe Anforderungen an die körperliche Leistungsfähigkeit der Beschäftigten gestellt. Beispiele für derartige Anforderungen finden sich bei der Feuerwehr, der Polizei, der Bundeswehr oder bei Entsorgungsbetrieben. Mit **Sporttests** und medizinischer Diagnostik können u. a. die körperliche Leistungsfähigkeit und Belastbarkeit sowie die Funktionstüchtigkeit der Wahrnehmungsorgane untersucht werden. Sofern ein Probebeamtenverhältnis oder ein Beamtenverhältnis auf Lebenszeit begründet werden soll, ist eine Beurteilung der gesundheitlichen Eignung erforderlich[185]. Dabei bedienen sich die Dienstherrn regelmäßig des **Amtsarztes**. Mit hoher Wahrscheinlichkeit soll ausgeschlossen werden, dass der Bewerber häufig körperlich oder psychisch erkrankt oder eine dauernde vorzeitige Dienstunfähigkeit eintreten könnte. Bei behinderten Menschen ist ein weniger strenger Maßstab zugrunde zu legen[186].

Ergebnisse dienstlicher Beurteilungen können im Einzelfall bedeutsame Hinweise auf die Eignung von Bewerbern liefern. Im Regelfall sind diese Ergebnisse für Zwecke der Personalauswahl kritisch zu hinterfragen. Zum einen spiegeln nämlich die Beurteilungen die wirklichen Leistungen und Fähigkeiten kaum wider. Dies liegt an den hinlänglich bekannten Schwierigkeiten von Beurteilungsprozessen, wie z. B. Beurteilungsfehler, vorab festgelegte Häufigkeitsverteilungen für Beurteilungsnoten, mikropolitische Erwägungen des Beurteilers. Zum anderen werden ein Leistungsverhalten und/ oder Fähigkeiten beurteilt, das/die unter sehr speziellen Bedingungen erbracht und von diesen beeinflusst wurde/-n. Dass auch die neue, zu besetzende Stelle diese Bedingungen (z. B. Vorgesetzter, Aufgabe, Kollegen) aufweist, ist bei den meisten Stellenbesetzungsverfahren äußerst unwahrscheinlich. Trotzdem ist angesichts der Rechtssprechung bei „...internen Stellenbesetzungsverfahren die dienstliche Beurteilung das erste Instrument zur Ermittlung des Leistungsbesten"[187]. Dies bedeutet, dass nur bei einem Gleichstand der dienstlichen Beurteilungen interner Bewerber die Erkenntnisse aus anderen eignungsdiagnostischen Verfahren entscheidungsrelevant sind.

Mit **situativen Verfahren** werden Sozial-, Kommunikations- und Managementkompetenzen von Bewerbern erfasst. Bei diesen Verfahren werden Aufgabenstellungen der Vakanz simuliert und es wird beobachtet, wie der Bewerber diese meistert. Beispielsweise wird beobachtet, wie der Bewerber in einer Gesprächssimulation einen schwer vermittelbaren Arbeitslosen berät. Weitere situative Verfahren sind neben der Gesprächssimulation Präsentationen, Gruppendiskussionen, Wettbewerbs- und Kooperationsaufgaben. Beispiel für eine typische Kooperationsaufgabe ist, dass eine Gruppe von Bewerbern innerhalb eines vorgegebenen, kurzen Zeitraums ein Konzept für das betriebliche Gesundheitsmanagement entwickeln soll. Bei ihrer Tätigkeit werden die Bewerber beobachtet und hinsichtlich z. B. ihrer Teamorientierung beurteilt. Werden mehrere situative Verfahren in einem Auswahlverfahren durchgeführt, wird oftmals der Begriff Assessment-Center benutzt. Situative Verfahren wie Gesprächssimulationen und Präsentationen können aber auch im Rahmen von Interviews eingesetzt werden. Situative Verfahren erfordern die Operationalisierung der zu erfassenden Merkmale. Das heißt, es ist vorab genau festzulegen, welche beobachtbaren Verhaltensweisen einem bestimmten Merkmal zuzuordnen sind (siehe Abbildung 3-18).

Abb. 3-18: Operationalisierung des Merkmals „rhetorische Kompetenz", welches im Rahmen einer Präsentation erfasst werden soll. Die Auflistung der Verhaltensweisen ist nicht abschließend

hohe Ausprägung rhetorischer Kompetenz	niedrige Ausprägung rhetorischer Kompetenz
• spricht laut und deutlich • angemessenes Sprechtempo • hält Blickkontakt zum Publikum • drückt sich anschaulich aus • benutzt einfache Wörter • roter Faden ist erkennbar • fasst zusammen/akzentuiert • lockert Atmosphäre – z. B. durch Scherze – auf • setzt Mimik und Gestik ein • hält sich an die vorgegebene Redezeit • spricht frei • ...	• spricht leise oder undeutlich • spricht zu schnell/zu langsam • monotone Stimme • drückt sich umständlich aus • benutzt viele Fremdwörter • sprunghaft • wenig Blickkontakt zum Publikum • nestelt/fuchtelt/wackelt in starkem Maße • unter- oder überschreitet die vorgegebene Redezeit in starkem Maße • liest überwiegend vom Stichwortzettel ab • ...

Situative Verfahren können auch bei der Besetzung von hoch dotierten Vakanzen, wie z. B. Beigeordneten-Stellen, erfolgreich eingesetzt werden[188)]. Die Gütekriterien und Wirtschaftlichkeit situativer Verfahren sind stark von ihrer jeweiligen Gestaltung abhängig. Entscheidend sind dabei die Anforderungsorientierung der Aufgaben, die Operationalisierung sowie die Beobachterschulung.

Eine neuere, erfolgsversprechende Entwicklung bei der Erfassung sozialer Kompetenzen sind situative Tests[189)] (situational judgement tests): Dabei werden den Bewerbern mündlich, schriftlich oder per Video berufliche Situationen geschildert – anschließend müssen die Bewerber angeben, wie sie sich in einer entsprechenden Situation verhalten würden oder wie man sich in dieser verhalten sollte. Bei mündlich vorgetragenen Schilderungen ist der Übergang zu situativen Fragen (siehe Interview), aber auch zu Gesprächssimulationen fließend.

Das **Interview** ist das am häufigsten in der Personalauswahl eingesetzte Verfahren. Für die Eignungsdiagnostik bedeutsame Informationen können vor allem mit einer strukturierten Vorgehensweise gewonnen werden. Strukturierung bedeutet erstens die Verwendung gleicher oder sehr ähnlicher Fragen für alle Bewerber. Zur Überprüfung eines Merkmals sind mehrere Fragen zu stellen. Sinnvollerweise werden die Fragen mithilfe eines Leitfadens vorgegeben, der auch Formulierungen für den Gesprächsbeginn, Überleitungen und den Gesprächsabschluss enthält. Strukturierung bedeutet zweitens, dass die Antworten der Bewerber mit einem einheitlichen Maßstab in gleicher Weise ausgewertet werden (siehe Beispiel).

Beispiel für eine situative Frage zur Überprüfung der Führungskompetenz mit dazugehörigen Wertungen möglicher Antworten

Eine Mitarbeiterin Ihrer Abteilung fällt Ihnen durch hohe Fehlzeiten auf (in den letzten sechs Monaten insgesamt 25 Tage). Die Fehlzeiten verteilen sich gleichmäßig über den betroffenen Zeitraum, die Mitarbeiterin fehlt jeweils einen bis fünf Tage. Krankheitsbescheinigungen hat die Mitarbeiterin dann vorgelegt, wenn sie mehr als zwei Tage abwesend war. Wie reagieren Sie als Vorgesetzte/-r?

Folgende als positiv/negativ zu bewertende Antwortmöglichkeiten wurden vorab festgelegt:

positiv zu wertende Antworten	negativ zu wertende Antworten
• führt mit der Mitarbeiterin ein Gespräch • stellt Mitarbeiterin im Gespräch Fakten dar • kritisiert Fehlzeiten, drückt aber auch Wertschätzung für Mitarbeiterin aus • lässt sich Situation durch Mitarbeiterin kommentieren • erläutert Konsequenzen weiterer Fehlzeiten • fordert Mitarbeiterin auf, Fehlzeiten zu reduzieren • verpflichtet Mitarbeiterin zu Handlungen, wie z. B. Krankheitsmeldung am ersten Tag • unterstützt Mitarbeiterin bei der Lösung von beruflichen Problemen	• trifft Veranlassungen, ohne Gespräch zu führen • lässt Mitarbeiterin nicht zu Wort kommen • drückt Verachtung aus, macht fertig, stellt bloß • lässt sich vertrösten • trifft keine Vereinbarung mit Mitarbeiterin

Interviews eignen sich zur Überprüfung einer Vielzahl von Personenmerkmalen. Werden jedoch intellektuelle Merkmale oder Sozialkompetenzen geprüft, ist das Interview durch weitere Verfahren zu ergänzen (z. B. Tests oder situative Verfahren). Neben der Beurteilung einzelner Personenmerkmale werden mit dem Interview auch andere Zwecke verfolgt:

- Unterstützung der Selbstselektion: Der Bewerber erhält realistische Informationen über die Stelle und kann dann selbst eine fundierte Entscheidung treffen, ob er die Stelle antreten möchte oder nicht.
- Personalwerbung: Der Interviewer kann die positiven Aspekte der Stelle hervorheben.
- Feststellen von Fakten, z. B. wann der Bewerber die Stelle antreten könnte?

Häufig genutzte Fragetechniken sind:

- Biografische Fragen, z. B. „Wie haben Sie reagiert, als Ihr Mitarbeiter Sie kritisiert hat?"
- Situative Fragen, z. B. „Stellen Sie sich vor, die Studierenden würden sich in Ihrer Veranstaltung ständig mit anderen Dingen beschäftigen und nicht mehr auf Ihre Ausführungen achten. Was würden Sie machen?"
- Belegfragen, z. B. „Woran können wir erkennen, dass Sie in hohem Maße stressresistent sind? Können Sie uns Beispiele für Situationen schildern, in denen diese Eigenart zutage trat?"
- Projektive Frage: „Was denken Ihre Freunde darüber, dass Sie Beamter werden wollen?"

Eine Reihe von Fragen sind unzulässig[190)]: so z. B. nach einer Gewerkschaftszugehörigkeit, einer geplanten oder bestehenden Schwangerschaft, der Abstammung oder Herkunft, der sexuellen Orientierung sowie der Betreuung von Kindern neben der Berufstätigkeit (§ 9 Abs. 3 Landesgleichstellungsgesetz NRW). Konzepte für den Ablauf von Interviews bieten Schuler, Bäcker, Gourmelon[191)]. Grundsätzlich gilt es, während des Interviews eine für den Bewerber angenehme Atmosphäre zu schaffen und ihm einen hohen Redeanteil zuzubilligen. Interviews werden – insbesondere für Zwecke der Vorauswahl – auch per Telefon[192)] geführt. Am Telefon können z. B. Fakten geklärt oder rhetorische und Fremdsprachenkompetenzen geprüft werden.

Mit **Assessment-Centern** (AC) werden oftmals Auswahlverfahren bezeichnet[193)], die folgende Merkmale aufweisen:

- Es kommen mehrere situative Verfahren, Arbeitsproben, Fallstudien zum Einsatz. Daneben können auch Tests oder Interviews angewendet werden.
- Mehrere Bewerber nehmen an dem Auswahlverfahren teil (an sogenannten Einzel-ACs nimmt nur ein Bewerber teil).
- Die Bewerber werden von mehreren Beobachtern beobachtet und anschließend beurteilt. Die Beobachter sind dabei oftmals Führungskräfte aus der auswählenden Organisation. Sie werden für ihre Beobachtungsaufgabe intensiv geschult, um objektive Beobachtungen zu gewährleisten und Beurteilungsfehler zu vermeiden. Ihr Einsatz während des ACs wird derart gestaltet, dass jeder Beobachter im Laufe des ACs jeden Bewerber beurteilt und jeder Bewerber in jeder Aufgabe mindestens von zwei Beobachtern beurteilt wird.
- Die Dauer des Assessment-Centers beträgt ein bis drei Tage.

Die Entwicklung und Durchführung von ACs sind aufwendig und anspruchsvoll. Angesichts der Komplexität ist es empfehlenswert, sowohl die Entwicklung als auch die Durchführung durch einen mit ACs vertrauten Psychologen begleiten zu lassen[194)]. Je nach Qualität der Entwicklung und Durchführung lassen sich befriedigende Gütekriterien erzielen.

Hinsichtlich der prognostischen Validität, Kosten und Akzeptanz der eignungsdiagnostischen Verfahren siehe Abbildung 3-19.

Abb 3-19: Eignungsdiagnostische Verfahren – Validität, Kosten und Akzeptanz durch die Bewerber

Eignungs-diagnostisches Verfahren	Prognostische Validität (r)[195]	Kosten* (bei einer größeren Anzahl von Bewerbern)	Akzeptanz durch die Bewerber[196]
Fähigkeitstests	0,48	ca. 10 bis 100 € pro Bewerber	mittel
Fertigkeitstests	0,51	s.o.	mittel*
Integritätstests	0,41	s.o.	niedrig bis mittel
Arbeitsproben	0,33[197]	bis ca. 100 €	hoch
Persönlichkeitstests	0,07 bis 0,34 je nach Persönlichkeitsmerkmal und Leistungsbereich[198]	ca. 20 bis 100 €	mittel
Postkorb	k. A.	ca. 50 bis 200 €	hoch*
Grafologie	0,02	k. A.	niedrig
Strukturiertes Interview	0,51	ca. 100 bis 1.000 € pro Bewerber, abhängig von der Größe der Auswahlkommission und der Interviewdauer	hoch
Assessment-Center	0,37 (je nach Qualität stark schwankend)	ca. 1.000 bis 3.000 € pro Bewerber	hoch*
Der Stern* bedeutet: Schätzungen durch die Verfasser.			

Gemäß der DIN 33430 dürfen in der Eignungsbeurteilung nur solche Verfahren eingeplant werden, die nachweislich einen Bezug zu den Anforderungen der Stelle haben. Die Treffsicherheit eines Auswahlverfahrens steigt, wenn mehrere unterschiedliche Verfahren miteinander kombiniert werden. Dabei ist eine Kombination von simulationsorientierten (z. B. Gesprächssimulation), eigenschaftsorientierten (z. B. Fähigkeitstests) und biografieorientierten (z. B. biografische Fragen im Interview) Verfahren sowie von Verfahren mit unterschiedlichen Vorgabe- und Antwortmodalitäten (schriftlich, mündlich, verhaltensorientiert) zweckmäßig (Prinzip der Multimethodalität)[199].

Eine Anforderungs-Verfahrens-Matrix (Abbildung 3-20) stellt in anschaulicher Weise dar, welche Anforderungen oder Personenmerkmale mit welchen Verfahren erfasst werden sollen. Grundsätzlich gilt: Ein Personenmerkmal sollte mit mindestens zwei Verfahren gemessen werden.

Abb. 3-20: Beispiel für eine Anforderungs-Verfahrens-Matrix

	Präsentation	Gesprächssimulation	Gruppendiskussion	Interview	Schriftliche Arbeitsprobe
Ausdrucksfähigkeit	X		X	X	X
Durchsetzungsvermögen		X	X	X	
Einfühlungsvermögen		X		X	
Das Kreuz x bedeutet, dass das jeweilige Verfahren zur Messung des Personenmerkmals eingesetzt wird.					

3.4.4 Eignungsdiagnostische Entscheidungen in der Personalauswahl

Liegt das Befähigungsprofil der Bewerber vor, kann entschieden werden, ob der jeweilige Bewerber über die Mindesteignung verfügt und welcher der Bewerber der beste ist. Diese Entscheidungen sind jedoch nicht auf Grundlage von subjektiven Überzeugungen oder dem „Bauchgefühl" der Personalauswählenden zu treffen, sondern mittels vorab festgelegter Entscheidungsregeln[200)]. Der Grund hierfür ist, dass „Bauch"-Entscheidungen sehr leicht durch Vorurteile, Stereotypien und Sympathien/Antipathien beeinflusst werden können, die dann zu Benachteiligungen bzw. Diskriminierungen einzelner Personengruppen (wie z. B. Frauen, Migranten) führen. Die Entscheidungsregeln sind festzulegen, bevor der Personalauswählende die Bewerber kennenlernt, weil ansonsten diese Festlegung wiederum durch die Sympathie/Antipathie für bestimmte Personen beeinflusst sein könnte. Ob die Entscheidungsregeln verbal oder mathematisch ausgedrückt werden, ist unbedeutend.

Ausgangspunkt für die Festlegung der Entscheidungsregeln ist das Anforderungsprofil. Hier wurden ggf. bereits folgende Festlegungen getroffen:

- Notwendigkeit oder Förderlichkeit einzelner Personenmerkmale,
- Minimal- und Maximalausprägungen von Personenmerkmalen,
- Gewichtung einzelner Personenmerkmale.

Sofern einzelne Merkmale notwendig sind oder Minimal- oder Maximalausprägungen aufweisen müssen, kann das **Hürden-Modell** zum Einsatz kommen: Werden eine oder mehrere Hürden gerissen, liegt keine Mindesteignung vor und der Bewerber nimmt nicht mehr am Stellenbesetzungsverfahren teil.

Beispiele:

- In der Anforderungsanalyse wurde festgestellt, dass ein zukünftiger Mitarbeiter häufig Dienstreisen in ländliche Regionen tätigen und das Dienst-Kraftfahrzeug nutzen muss. Daher ist ein Führerschein der Klasse B notwendig. Bewerber A verfügt über keine Fahrerlaubnis. Es liegt keine Minimaleignung vor.

- Der/die zukünftige Mitarbeiter/-in in einer Touristeninformation soll Touristen in englischer Sprache Auskünfte über Sehenswürdigkeiten, Übernachtungsmöglichkeiten und Ähnliches mehr geben. Dazu sind Englisch-Fertigkeiten mindestens auf dem Niveau B1 des Gemeinsamen europäischen Rahmens für Sprachen erforderlich. Bewerberin B konnte mit einem Sprachtest nur Englisch-Fertigkeiten entsprechend dem niedrigeren Kompetenzniveaus A2 nachweisen. Mindesteignung liegt nicht vor.
- Für Mitarbeiter im Jobcenter ist ein sehr hohes Ausmaß an Einfühlungsvermögen unangebracht, da sie dann emotional überlastet sind und zu viel Zeit für die Beratung des Einzelfalls verwenden. Bewerber C demonstriert in zwei Gesprächssimulationen ein extrem hohes Maß an Einfühlungsvermögen. Mindesteignung liegt nicht vor.

Abbildung 3-21 gibt die Vor- und Nachteile des Hürdenmodells wieder.

Abb. 3-21: Vor- und Nachteile des Hürdenmodells

Hürdenmodell	
Vorteile	**Nachteile**
• sehr einfache Anwendung • niedrige Anforderungen an das Messniveau der verwendeten Daten • transparente und überzeugende Ergebnisse	• Eine Rangreihe kann in der Regel nicht gebildet werden. • Das Hürdenmodell muss regelmäßig durch andere Entscheidungsmodelle ergänzt werden. • Im Hürdenmodell wird nur ein kleiner Teil der in den Befähigungsprofilen vorliegenden Informationen verwendet.

Bei denjenigen Bewerbern, die alle Hürden erfolgreich bewältigt haben, liegt Minimaleignung vor. Diese Bewerber müssen dann in eine Rangreihe gebracht werden. Hierfür gibt es im Wesentlichen zwei Modelle:

In den Gewichtungen einzelner Personenmerkmale im Anforderungsprofil drückt sich deren Bedeutung für die erfolgreiche Bewältigung beruflicher Anforderungen aus. Beim **Kaskadenmodell** wird die Rangreihe in einem ersten Schritt auf Grundlage des am höchsten gewichteten Personenmerkmals gebildet. Platz 1 erhält dabei derjenige Bewerber, dessen Abstand zum Idealwert am geringsten ist. Sollten dabei mehrere Bewerber auf demselben Rangplatz gelistet werden, wird zwischen diesen Bewerbern auf Grundlage des zweitwichtigsten Personenmerkmals unterschieden usw.

Beispiel:

In einem Auswahlverfahren werden die Personenmerkmale Intelligenz, Einfühlungsvermögen und weitere Merkmale berücksichtigt. Die Intelligenz ist mit dem Faktor 3, das Einfühlungsvermögen mit dem Faktor 2, die weiteren Personenmerkmale sind einfach gewichtet. Die Ausprägung der

Personenmerkmale wird auf einer Skala von eins (sehr niedrig) bis neun (sehr hoch) ausgedrückt. Der Idealwert für die Intelligenz liegt bei neun (je mehr Intelligenz, desto besser), derjenige für das Einfühlungsvermögen bei fünf (Es wird eine mittlere Ausprägung des Einfühlungsvermögens gewünscht.). In der Abbildung 3-22 sind die Ausprägungen der Personenmerkmale und die Rangplätze von fünf Bewerbern wiedergegeben. Bei allen Bewerbern liegt Minimaleignung vor.

Abb. 3-22: Kaskadenmodell – Ausprägung von Personenmerkmalen und Rangplätze

Bewerber/Personenmerkmal	D	E	F	G	H
Intelligenz	8	8	7	5	4
Zwischenrang	1	1	3	4	5
Einfühlungsvermögen	4	3	5	7	6
Endrang	1	2	3	4	5

Hinsichtlich des wichtigsten Personenmerkmals, der Intelligenz, herrscht Gleichstand zwischen D und E. Sie nehmen beide den Zwischenrangplatz 1 ein, weil der Abstand zum Idealwert bei beiden 1 (9 – 8) ist. Zwischen D und E muss mittels des Einfühlungsvermögens weiter differenziert werden. Bei D beträgt die Differenz zum Idealwert des Einfühlungsvermögens 5 – 4 = 1, bei E 5 – 3 = 2. Deswegen erhält D den Endrang 1 und E den Endrang 2.

Vor- und Nachteile des Kaskadenmodells sind in Abbildung 3-23 aufgelistet.

Abb. 3-23: Vor- und Nachteile des Kaskadenmodells

Kaskadenmodell	
Vorteile	**Nachteile**
• einfache Anwendung • niedrige Anforderungen an das Messniveau der verwendeten Daten	• Personenmerkmale müssen gewichtet werden. • Sofern gleichgewichtete Personenmerkmale entscheidungsrelevant werden, muss das Modell ergänzt werden. • Bei der Entscheidung über den Rangplatz fließt nur ein Teil der Informationen des Befähigungsprofils ein.

Grundidee der **Kompensationsmodelle** ist, dass Schwächen in einem Personenmerkmal durch Stärken in einem anderen Personenmerkmal ausgeglichen werden können. Beispielsweise ist es im Kompensationsmodell möglich, dass ein Bewerber niedrige Fachkenntnisse durch ein hohes Lernvermögen ausgleichen kann. Kompensationsmodelle sind durch Hürdenmodelle zu ergänzen, da sonst beispielsweise der Fall auftreten könnte, dass ein Bewerber für den Polizeiberuf sehr niedrige Intelligenzwerte durch eine extrem hohe sportliche Fitness kompensieren und damit noch eingestellt werden könnte.

Beispiel

In Abbildung 3-24 sind das Idealprofil für eine Vakanz sowie die Befähigungsprofile der Bewerber I und J dargestellt. Beide weisen Minimaleignung auf. Zur Herbeiführung der Entscheidung, welcher der beiden Bewerber den Rangplatz 1 erhalten soll, wird bestimmt, welches Befähigungsprofil die höchste Übereinstimmung mit dem Idealprofil aufweist. Diese Bestimmung erfolgt z. B. mit der Berechnung von Korrelationskoeffizienten für Daten auf Ordinalniveau. Der Bewerber mit dem höchsten Korrelationskoeffizienten erhält den Rangplatz 1.

In einer Annäherung (die dem Verständnis der Methode dienen soll) kann folgende vereinfachte[VIII]) Berechnungsmethode verwandt werden: Für einen einzelnen Bewerber wird für jedes Personenmerkmal die absolute Differenz zwischen Ideal- und Befähigungsprofil berechnet und anschließend summiert.

Bewerber I: (9 – 6) + (6 – 4) + (5 – 4) + (3 – 2) + (9 - 7) + (9 – 7) = 11

Bewerber J: (9 – 9) + (7 - 6) + (7 - 5) + (6 – 2) + (9 - 5) + (9 – 9) = 12

Bewerber I würde den Rangplatz 1 erhalten, weil seine Summe der absoluten Differenzen kleiner ist. Diese vereinfachte Berechnungsmethode lässt sich auch mit Gewichtungen der Personenmerkmale kombinieren; dabei werden die absoluten Differenzen mit den jeweiligen Gewichtungen der Personenmerkmale multipliziert.

Abb. 3-24: Idealprofil einer Vakanz und Befähigungsprofile von Bewerbern

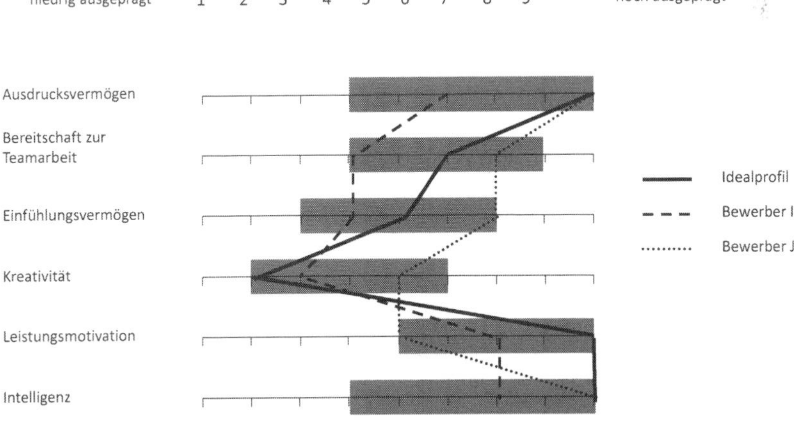

VIII) Diese Berechnungsmethode setzt bei den Daten Intervallniveau voraus. Dies ist bei Daten im Bereich der Personalauswahl üblicherweise nicht der Fall.

Beispiel für ein Kompensationsmodell: Nutzwertanalyse

Gelegentlich wird für die Entscheidungsfindung bei der Personalauswahl die Nutzwertanalyse (NWA) verwendet und vorgeschlagen[IX]). Die **Nutzwertanalyse** dient zur Herbeiführung von Entscheidungen zwischen komplexen Handlungsalternativen. Eine ausführliche Beschreibung der Nutzwertanalyse mit deren Vor- und Nachteilen findet sich bei Gourmelon, Mroß und Seidel[201]).

Berechnungsbeispiel:

In einem Auswahlverfahren soll eine Rangfolge zwischen den Bewerbern K und L bestimmt werden, die beide die Mindesteignung aufweisen. Das Anforderungsprofil enthält die Personenmerkmale Leistungsmotivation, Teamorientierung und Ausdrucksvermögen. Das Ausdrucksvermögen ist einfach, die Teamorientierung doppelt und die Leistungsmotivation dreifach gewichtet. Die Ausprägung der Personenmerkmale wird mit einer Skala von 1 (sehr niedrig) bis 9 (sehr hoch) gemessen. Beim Ausdrucksvermögen und bei der Leistungsmotivation gilt: Je höher das Merkmal ausgeprägt ist, desto geeigneter ist der Kandidat (Idealwert = 9), bei der Teamorientierung wird ein mittlerer Wert als optimal für die Eignung angesehen (Idealwert = 5).

Schritt 1 der NWA: Bestimmung der Handlungsalternativen
Die Handlungsalternativen sind die Bewerber K und L.

Schritt 2 der NWA: Bestimmung der Zielkriterien
Zielkriterien sind die Personenmerkmale Leistungsmotivation, Teamorientierung und Ausdrucksvermögen.

Schritt 3 der NWA: Gewichtung der Zielkriterien
Leistungsmotivation: 3, Ausdrucksvermögen: 1, Teamorientierung: 2

Schritt 4 der NWA: Ermittlung der Zielerträge
Hierzu werden die Abbildungen 3-25 und 3-26 verwendet:

Abb. 3-25: Zuordnung von Ausprägungen von Personenmerkmalen zu Zielerträgen. Ist z. B. das Personalmerkmal Teamorientierung mit „7" ausgeprägt, erzielt der Bewerber bei diesem Merkmal einen Zielertrag von „5"

Ausprägung des Personenmerkmals	1	2	3	4	5	6	7	8	9	
Leistungsmotivation	1	2	3	4	5	6	7	8	9	Zielerträge
Ausdrucksvermögen	1	2	3	4	5	6	7	8	9	
Teamorientierung	1	3	5	7	9	7	5	3	1	

Mithilfe der Abbildung 3-25 und den Befähigungsprofilen von K und L lassen sich deren Zielerträge bestimmen (Abbildung 3-26).

IX) Die Nutzwertanalyse setzt aufgrund der erforderlichen Rechenoperationen Intervallniveau bei den zugrunde liegenden Informationen voraus. Dies ist im Kontext der Personalauswahl üblicherweise nicht der Fall.

Abb. 3-26: Befähigungsprofile und Zielerträge der Bewerber K und L

	Befähigungsprofil von K	Zielerträge von K	Befähigungsprofil von L	Zielerträge von L
Leistungsmotivation	6	6	4	4
Ausdrucksvermögen	4	4	7	7
Teamorientierung	5	9	8	3

Schritt 5 der NWA: Berechnung der Teilnutzwerte und des Gesamtnutzwertes jeder Alternative

Diese Werte werden unter Verwendung der Abbildung 3-27 berechnet.

Abb. 3-27: Berechnung der Teil- und Gesamtnutzwerte bei der Nutzwertanalyse

		Bewerber K		Bewerber L	
Zielkriterien	Gewichtung	Zielertrag	Teilnutzwert	Zielertrag	Teilnutzwert
Leistungsmotivation	3	6	18	4	12
Ausdrucksvermögen	1	4	4	7	7
Teamorientierung	2	9	18	3	6
Gesamtnutzwert			40		25
Rangplatz			1		2

Der Teilnutzwert ergibt sich aus der Multiplikation von Gewichtung und Zielertrag. Durch Summierung der Teilnutzwerte eines Bewerbers folgt dessen Gesamtnutzwert. Die Rangreihe wird nach der Höhe des Gesamtnutzwertes gebildet.

Vor- und Nachteile von Kompensationsmodellen sind in Abbildung 3-28 aufgelistet.

Abb. 3-28: Vor- und Nachteile von Kompensationsmodellen

Kompensationsmodelle	
Vorteile	**Nachteile**
• Ein großer Teil der Informationen des Befähigungsprofils wird bei der Entscheidungsfindung berücksichtigt. • Gewichtungen von Personenmerkmalen können berücksichtigt werden. • Individuelle Schwächen können durch individuelle Stärken ausgeglichen werden, dies kommt den Vorstellungen der Personalauswählenden entgegen.	• aufwendige Berechnungsverfahren, die hohe Vorkenntnisse erfordern • hohe Anforderungen an das Datenniveau • Bei ausschließlicher Anwendung sind absurde Ergebnisse möglich.

Für die Praxis ist die Formulierung von Entscheidungsregeln empfehlenswert, bei der Entscheidungsmodelle miteinander kombiniert werden.

Sind Frauen in einer Organisation unterrepräsentiert, hat die Dienststelle sie bei diversen Auswahlentscheidungen bei Vorliegen von gleicher Eignung, Befähigung und fachlicher Leistung (Qualifikation) bevorzugt zu berücksichtigen, sofern nicht in der Person eines Mitbewerbers liegende Gründe überwiegen (§ 8 Satz 1 Bundesgleichstellungsgesetz; ähnlich § 7 Abs. 2 Satz 1 Landesgleichstellungsgesetz NRW).

Entscheidungen über die Eignung eines Bewerbers können mittels der Strategie der **Fremd- oder der Selbstselektion** getroffen werden. Bei der Fremdselektion wird davon ausgegangen, dass der Bewerber den Job unbedingt möchte und auch bereit ist, sich dafür zu verstellen und opportunistisch zu agieren. Deshalb muss der Personalauswählende in geschickter Weise die Wahrheit über den Bewerber herausfinden und wie ein Gutachter ein Urteil über dessen Eignung fällen. Der Bewerber wird damit zum Objekt des Erkenntnisinteresses des Auswählenden (und dies spürt der Bewerber auch). Bei der Strategie der Selbstselektion besteht der Grundgedanke darin, dass der Bewerber selbst ein hohes Interesse daran hat, die Eignung für eine bestimmte Tätigkeit festzustellen. Der Auswählende ist ihm dabei Partner, mehr über die Tätigkeit und sich selbst herauszufinden und dann gemeinsam gültige Schlüsse hinsichtlich der Eignung zu ziehen. Der Bewerber ist nicht mehr Objekt des Erkenntnisinteresses, sondern Partner im Erkenntnisprozess. Die Selbstselektion kann durch folgende Maßnahmen gefördert werden:

- Dem Bewerber werden vorab ausführliche Informationen über die Organisation und die Stelle zur Verfügung gestellt (siehe auch DIN 33430).
- Der Bewerber erhält im Vorfeld der Bewerbung die Möglichkeit, z. B. mit über das Internet zugänglichen Tests, seine Eignung anonym zu prüfen.
- Die eignungsdiagnostischen Verfahren weisen einen engen Bezug zu den Anforderungen auf. Zum Beispiel werden realitätsnahe Arbeitsproben oder Gesprächssimulationen eingesetzt.
- Während des Interviews werden die mit der Stelle verbundenen Tätigkeiten sachgerecht dargestellt.
- Durch ihr Gesprächsverhalten unterstützen die Interviewer den Bewerber in seinen Reflexionen hinsichtlich der eigenen beruflichen Eignung.

Bei der Strategie der Selbstselektion gelangen sowohl der Personalauswählende als auch der Bewerber vor der Einstellung zu der begründeten Überzeugung, dass beim Bewerber Eignung vorliegt. Die Strategie der Selbstselektion führt zu hoher Akzeptanz bei den Bewerbern, insbesondere auch bei freiwillig Tätigen.

3.4.5 Planung und Organisation des Auswahlprozesses

Die Erstellung von fundierten Anforderungsprofilen, die Wahl valider Auswahlverfahren und die Formulierung objektiver Entscheidungsregeln steigert die Treffsicherheit der eignungsdiagnostischen Vorhersagen als Kriterium für die Qualität von Auswahlverfahren. Die Kosten und Dauer des Verfahrens sowie die Akzeptanz als weitere Qualitätskriterien werden wesentlich durch die Planung und Organisation des Auswahlprozesses beeinflusst. Die folgende Darstellung bezieht sich überwiegend auf Auswahlprozesse, bei denen mit einer größeren Anzahl von Bewerbern zu rechnen ist.

Es bietet sich ein gestufter Prozess an, bei dem schrittweise die Anzahl der infrage kommenden Bewerber reduziert wird. Dabei kommen zu Beginn des Prozesses Auswahlverfahren zum Einsatz, die mit geringeren Kosten pro Bewerber, später diejenigen, die mit höheren Kosten pro Bewerber verbunden sind (**Trichtermodell der Personalauswahl**, siehe Abbildung 3-29).

Abb. 3-29: Trichtermodell der Personalauswahl

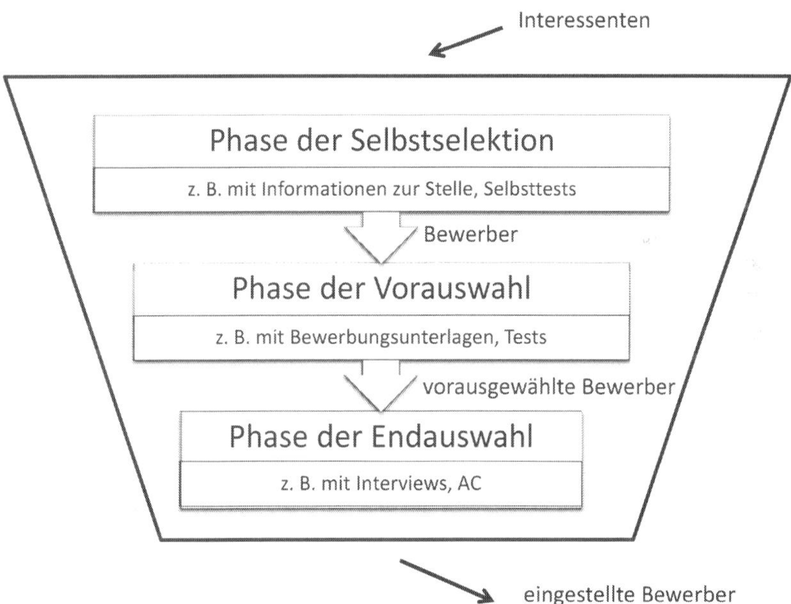

Phase der Selbstselektion: Durch Maßnahmen des Personalmarketings angeregt, beginnen Interessenten, sich mit der Möglichkeit einer Bewerbung auseinanderzusetzen. Während dieser Phase kann die Personalauswahl schon dadurch beginnen, dass sich durch Maßnahmen zur Förderung der Selbstselektion (z. B. Darstellung der Anforderungen der Stelle, anonyme Selbsttests) ungeeignete Interessenten erst gar nicht bewerben.

Beispiel:

Einen anonymen Selbsttest bietet das Institut für Personalentwicklung und Eignungsdiagnostik der Stadt Köln (www.verwaltungstests.de – Vorabtest der Stadt Köln) an. Gros[202] berichtet, dass von denjenigen Interessenten, die ein negatives Testergebnis rückgemeldet bekamen, 54 Prozent auf eine Bewerbung verzichteten. Somit fielen für diese (ungeeigneten) Interessenten keine Kosten im Auswahlverfahren an.

Phase der Vorauswahl: Nachdem sich die Interessenten beworben haben, beginnt die Phase der Vorauswahl. Während dieser Phase gilt es, die offensichtlich ungeeigneten Bewerber vom weiteren Verfahren auszuschließen und eine Entscheidung zu treffen, wer zur Endauswahl zugelassen wird. Da es sich zumeist um eine große Anzahl von Bewerbern handelt, sind kostengünstige Auswahlverfahren einzusetzen. Hier werden oftmals Bewerbungsunterlagen analysiert (vor allem im Hinblick auf Qualifikationen und Noten) und Tests durchgeführt. Die Angaben aus Bewerbungsunterlagen lassen sich – falls sie in elektronischer Form vorliegen – auch automatisiert bearbeiten. Für diesen Zweck werden häufig standardisierte Bewerbungsformulare verwendet.

Ein Personalverantwortlicher zur Praktikabilität von standardisierten Bewerbungsformularen:

„Ich spare durch das neue Verfahren eine Menge Zeit. Wenn man alle personenbezogenen Angaben der Bewerbenden hat, geht im Kopf schon eine Menge ab. Nun konzentriere ich mich auf das Wesentliche – die Qualifikationen – und kann die Bewerbungen durch die Standardisierung besser und schneller miteinander vergleichen“[203].

Tests können vor Ort durchgeführt oder via Internet vorgegeben werden. Bei Internet-gestützten Testverfahren besteht das Problem, die Identität der Testbearbeiter zweifelsfrei festzustellen (Bearbeitet der Bewerber oder dessen schlaue Freundin den Test?). Eine Lösung des Problems besteht darin, in der Phase der Endauswahl einen sehr ähnlichen Test vorzugeben. Weichen die Ergebnisse des zweiten Tests deutlich nach unten ab, wird der Bewerber von der Endauswahl ausgeschlossen.

Auch in der Phase der Vorauswahl müssen Entscheidungen nicht „aus dem Bauch heraus“, sondern auf Grundlage von vorab festgelegten Entscheidungsregeln getroffen werden.

Exkurs „Anonymisierte Bewerbungen"

Etwa seit dem Jahr 2010 wird das Thema „Anonymisierte Bewerbungen" intensiver diskutiert und immer noch gibt es einige Missverständnisse:

- Die Arbeitgeber sollen nicht dazu genötigt werden, Bewerberinnen und Bewerber quasi blind einzustellen.
- Mit anonymisierten Bewerbungsverfahren ist nicht der Zwang zur Einhaltung von Quoten verbunden.
- Anonymisierte Bewerbungsverfahren müssen nicht zwangsläufig teurer und aufwendiger als bisherige Auswahlverfahren sein.

Was also sind anonymisierte Bewerbungen?

Das Thema „Anonymisierte Bewerbungen" bezieht sich ausschließlich auf die Vorauswahl von Bewerberinnen und Bewerbern. Es geht darum, wie auf der Grundlage von Bewerbungsunterlagen die Entscheidung gefällt wird, ob jemand zur Endauswahl eingeladen wird oder nicht. Die Verfechter der „anonymisierten Bewerbungen" (z. B. Antidiskriminierungsstelle des Bundes) vertreten die Ansicht, dass diese Entscheidung nicht auf Grundlage von Daten z. B. hinsichtlich des Geschlechts, des Alters oder der ethnischen Herkunft der Bewerberinnen und Bewerber gefällt werden sollte. Positiv ausgedrückt: Die Vorauswahlentscheidung soll auf Informationen wie Ausbildung und Qualifikationen, berufliche Erfolge und Referenzen, Motivation für die Arbeitsstelle u. Ä. m. gründen.

Was soll mit anonymisierten Bewerbungen vermieden werden?

Mit anonymisierten Bewerbungen sollen Benachteiligungen (im Sinne des AGG) verschiedener Personengruppen vermieden werden. Beispielsweise ist durch eine Studie der Universität Konstanz bekannt, dass Bewerber mit türkisch klingendem Namen geringere Chancen auf eine Einladung zu einem Vorstellungsgespräch haben[204]. Diese Benachteiligungen erfolgen oftmals nicht bewusst. Eine hohe Anzahl von Bewerbungen, umfangreiche Bewerbungsunterlagen und Zeitdruck können bei den Personalauswählenden dazu führen, dass eine genaue Analyse der Unterlagen unterbleibt und man sich vermehrt auf sein Bauchgefühl verlässt. Dann jedoch ist die Gefahr groß, Opfer seiner Stereotype/Klischees bzw. des eigenen „Schubladendenkens" zu werden und z. B. die Bewerbung eines älteren Bewerbers auszusortieren, weil Ältere ja angeblich weniger innovativ und ehrgeizig seien.

Wird die Personalauswahl aufwendiger?

Zur Realisierung anonymisierter Bewerbungen gibt es inzwischen eine Reihe von praxiserprobten Vorschlägen. Die Spannweite reicht von der Schwärzung bestimmter Angaben in den Bewerbungsunterlagen bis dahin, dass Bewerbungen nur noch mittels im Internet hinterlegter Bewerbungsformulare erfolgen[205]. Dabei muss die Vorauswahl nicht aufwendiger oder teurer werden. Allerdings muss einiges an „Hirnschmalz" investiert werden: So müssen sich die Auswählenden darüber im Klaren werden, nach welchen Bewerbermerkmalen die Vorauswahl erfolgen soll und wie diese Merkmale weitgehend objektiv erhoben werden können. In einigen Fällen wird diese Rationalisierung zu einer effizienteren Vorauswahl führen. Übrigens: Falls eine Organisation angesichts der Bewerberlage sowieso jeden Bewerber oder jede Bewerberin zu einem Auswahlgespräch einlädt, braucht sie sich um „anonymisierte Bewerbungen" nicht zu kümmern.

Wirkungen von anonymisierten Bewerbungen

Können mit einem derartigen Vorauswahlverfahren tatsächlich Benachteiligungen vermieden werden? Die Ergebnisse eines Modellprojekts der Antidiskriminierungsstelle des Bundes hinterlassen diesbezüglich einen positiven Eindruck: So hatten im Rahmen entsprechender Vorauswahlverfahren Frauen und Migranten dieselbe Chance, zum Vorstellungsgespräch eingeladen zu werden, wie Vertreter anderer Gruppen[206)]. Allerdings muss man sich vergegenwärtigen, dass positive Effekte anonymisierter Bewerbungen nur dann auftreten können, wenn die Vorauswahl bislang in wenig strukturierter und subjektiver Weise erfolgt ist – die Medizin zeigt ihre Wirkung nur beim Kranken, nicht beim Gesunden!

Phase der Endauswahl: Die besten Bewerber der Vorauswahl werden zur Endauswahl zugelassen. Bei der Zulassung sind im öffentlichen Sektor Regelungen für bestimmte Personengruppen zu beachten, z. B.:

- Haben sich schwerbehinderte Menschen beworben oder sind sie von der Bundesagentur für Arbeit oder einem von dieser beauftragten Integrationsfachdienst vorgeschlagen worden, werden sie gemäß § 82 Satz 2 Sozialgesetzbuch IX vom öffentlichen Arbeitgeber zu einem Vorstellungsgespräch eingeladen. Eine Einladung ist entbehrlich, wenn die fachliche Eignung offensichtlich fehlt.
- In Organisationen, in denen Frauen unterrepräsentiert sind, sind nach § 9 Abs. 1 Landesgleichstellungsgesetz NRW mindestens ebenso viele Frauen wie Männer oder alle Bewerberinnen zum Vorstellungsgespräch einzuladen, wenn sie die geforderte Qualifikation für die Besetzung des Arbeitsplatzes oder des zu übertragenden Amtes erfüllen (ähnlich: § 7 Abs. 1 Bundesgleichstellungsgesetz).

Bei der Gestaltung der Endauswahl ist aus organisatorischer Sicht zu berücksichtigen, dass in der zur Verfügung stehenden Zeit ein Maximum eignungsdiagnostischer Informationen erhoben wird. Des Weiteren ist auf die Akzeptanz des Auswahlprozesses durch die Bewerber zu achten. Gestaltungsfelder[207)], um die Akzeptanz der Bewerber (gleichbedeutend: soziale Validität) zu gewährleisten, sind neben der Wahl einzelner Auswahlverfahren:

- Information über erfolgskritische Anforderungen und Organisation,
- Transparenz in Bezug auf den Bewertungsprozess, beteiligte Personen, Nutzung von Daten,
- Partizipation: Kontrolle über die Situation, Beteiligung am Prozess,
- Urteilskommunikation: Diese sollte offen, nachvollziehbar und verständlich erfolgen.

Um die Akzeptanz anderer Interessengruppen (z. B. Personalrat, Gleichstellungsbeauftragte, Vertrauensperson der schwerbehinderten Menschen, Führungskräfte aus der Linie) zu erlangen, sollten diese frühzeitig in die Entwicklung von Auswahlverfahren eingebunden werden.

Oftmals werden in den Behörden und Kommunalverwaltungen Auswahlkommissionen gebildet, die die Aufgabe haben, das Urteil über die Eignung von Bewerbern zu fällen und die Rangfolge der geeigneten Bewerber zu bilden. Urteilsberechtigte Mitglieder von Auswahlkommissionen sollten zumindest Mitarbeiter des Personalmanagements sowie die von der Stellenbesetzung betroffenen Führungskräfte sein. Nach § 9 Abs. 2 des Landesgleichstellungsgesetzes NRW sollte die Hälfte der Mitglieder Frauen sein (siehe auch § 7 Abs. 3 Bundesgleichstellungsgesetz). Es sind die Rechte der Gleichstellungsbeauftragten, der Vertrauensperson für schwerbehinderte Menschen und des Personalrats zu wahren, siehe hierzu die Ausführungen von Hoffmann[208]. Die Mitglieder der Auswahlkommissionen sind angesichts der Regelungen der DIN 33430 für ihre Aufgabe zu schulen.

Personalauswahlprozesse können in vielfältiger Weise durch den **Einsatz von Informations- und Kommunikationstechnik** unterstützt werden[209], der Fachbegriff für den Einsatz dieser Technik im Bereich der Personalanwerbung und -auswahl lautet „E-Recruitment“. Beispiele für E-Recruitment in einzelnen Prozesselementen der Personalanwerbung und -auswahl sind in Abbildung 3-30 aufgelistet.

Abb. 3-30: Beispiele für IT-Unterstützung in einzelnen Prozesselementen der Personalanwerbung und -auswahl

Element der Personalanwerbung und -auswahl	Beispiele für IT-Unterstützung
Personalmarketing	Nutzung von Audio- und Videomedien zur Darstellung von Stellen und Organisationen, Informationen auf der Website der Behörde, Blogs, Chats
Stellenanzeigen/Ausschreibungen	Nutzung von Internetjobbörsen wie meinestadt.de, monster.de, laufbahner.sueddeutsche.de, Interamt.de
Selbstselektion von Interessenten, Vorauswahl	Online-Tests, Bewerbungsformulare im Internet, automatisierte Vorauswahlentscheidungen
Übermittlung von Bewerbungen	Bewerbung per E-Mail, automatisierte Bestätigungsschreiben per E-Mail, Online-Bewerbungen
Einladung/Absage von Bewerbern	Bewerbermanagementsysteme

Element der Personalanwerbung und -auswahl	Beispiele für IT-Unterstützung
Auswahlverfahren	IT-gestützte Tests, IT-gestützte Postkörbe, Software zur optimierten Planung und Organisation von AC (z. B. „AC-pilot")
Entscheidungsfindung	IT-gestützte Erstellung von Bewerber-Ranglisten aufgrund der Ergebnisse eignungsdiagnostischer Verfahren

Neben der Unterstützung einzelner Prozesselemente gibt es des Weiteren Produkte, die den Gesamtprozess softwaretechnisch optimieren. Beispielsweise verwenden die Stadt Magdeburg[210)] und einzelne Organisationseinheiten der Bundeshauptstadt Berlin[211)] das Produkt interamt.de von Vivento/Deutsche Telekom AG. Mit interamt.de können unter anderem Stellenangebote online ausgeschrieben, Bewerbungsbogen vorgegeben, papierlose Bewerbungen empfangen und bestätigt, psychologische Tests online durchgeführt, Serien-E-Mails und -Briefe versandt und alle Verfahrensschritte dokumentiert werden.

Personalauswahlfahren sind zu dokumentieren, um z. B. in einem Gerichtsverfahren belegen zu können, dass einzelne Bewerber nicht benachteiligt wurden.

In regelmäßigen Abständen sind Auswahlverfahren zu evaluieren. Dabei kann z. B. die Treffsicherheit, die Fairness (Benachteiligungsfreiheit) gegenüber bestimmten Personengruppen oder die Wirtschaftlichkeit des Verfahrens geprüft werden.

Beispiel:

Kersting[212)] hat den Nutzen eines Assessement-Centers überprüft, mit dem Polizeibeamte für den Aufstieg vom gehobenen in den höheren Dienst ausgewählt wurden. Insgesamt 560 Bewerber wurden mit dem AC geprüft, 112 Bewerber ließ man zum Studium an der Polizei-Führungsakademie in Münster zu. Die Ergebnisse des AC wurden mit den Abschlussnoten des Studiums statistisch verrechnet, dabei ergab sich eine prognostische Validität von r = 0,46. Unter Berücksichtigung dieser Validität, der Kosten des AC (1.500 Euro pro Bewerber) und weiterer Größen konnte ermittelt werden, dass das AC gegenüber einem unstrukturierten Interview einen Nutzenzuwachs von rund 19 Millionen Euro aufwies.

3.5 Personaleinführung

Unter dem Begriff Personaleinführung werden alle Bemühungen gefasst, neue Mitarbeiter in die Lage zu versetzen, sich in die stellenbezogenen Aufgaben erfolgreich einzuarbeiten sowie die neuen Mitarbeiter in sozialer Hinsicht in die Organisationseinheit einzubinden. Begriffe, mit denen Ähnliches bezeichnet wird, sind „Induktionsprogramme", „Inplacement-Training",

„Training into-the-job", „Integration neuer Mitarbeiter"[213]. Die Art und Weise der Einführung eines neuen Mitarbeiters ist „...entscheidend für seine spätere Einstellung zu seiner Arbeit, seinen Mitarbeitern, seinen Kollegen, seinen Vorgesetzten und seinem Arbeitgeber sowie für seine Einsatz- und Leistungsbereitschaft"[214]. Durch eine erfolgreiche Personaleinführung können Fluktuationskosten (Kosten, die durch das Ausscheiden eines Mitarbeiters und die Anwerbung eines neuen Mitarbeiters entstehen) sowie im extremen Fall „Innere Kündigungen" vermieden werden. Ziele aller Maßnahmen der Personaleinführung sind:

- Der neue Mitarbeiter arbeitet gut für die Organisation.
- Die Arbeit und das Arbeitsumfeld sind für den Mitarbeiter befriedigend.
- Der neue Mitarbeiter ist in sozialer Hinsicht in die Organisationseinheit eingebunden.

Bei der Personaleinführung können fünf Phasen unterschieden werden (siehe auch Abbildung 3-31).

Abb. 3-31: Fünf-Phasen-Modell der Personaleinführung[215]

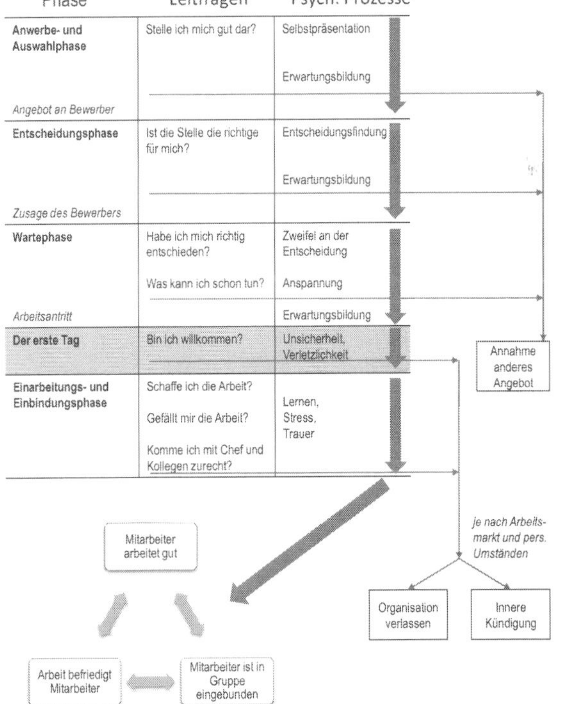

Die **Anwerbe- und Auswahlphase** beginnt mit Werbeaktivitäten der Behörde oder der Kommunalverwaltung oder der Veröffentlichung einer Stellenanzeige. Ein Interessent wird sich auch aufgrund der durch die Werbeaktivitäten bei ihm hervorgerufenen Erwartungen auf eine freie Stelle bewerben. Im Rahmen der Bewerbung steht beim Bewerber die Leitfrage im Vordergrund, wie er sich so darstellen kann, dass sich der Arbeitgeber/Dienstherr für ihn entscheidet. Vom psychologischen Gesichtspunkt aus stehen in dieser Phase die Erwartungsbildung und die Selbstpräsentation im Vordergrund. Durch das Beschäftigungsangebot des Arbeitgebers/Dienstherrn an den Bewerber endet diese erste Phase.

Es schließt sich die **Entscheidungsphase** an, die mit der Zusage des Bewerbers endet. Nach dem Beschäftigungsangebot des Arbeitgebers steht für den Bewerber die Frage im Vordergrund, ob er für die Stelle geeignet ist und ob er mit ihr seine persönlichen Ziele erreichen kann. Der Bewerber wird zum einen in verstärktem Maße Informationen zur Stelle und zum Arbeitgeber suchen sowie diese Informationen bewerten. Je nach persönlichem Entscheidungsverhalten wird er darum ringen, in welcher Weise er eine Entscheidung treffen soll. So kann sich der Bewerber beispielsweise daran orientieren, was Personen, die ihm nahestehen, in einer ähnlichen Entscheidungssituation getan haben, er kann auf sein „Bauchgefühl" hören oder rational die Vor- und Nachteile abwägen. Zum anderen bilden sich aufgrund der erhobenen Informationen beim Bewerber weiterhin Erwartungen hinsichtlich der Stelle.

Auf die Entscheidungsphase folgt die **Wartephase**. Der dann neue Mitarbeiter hat das Beschäftigungsangebot des Arbeitgebers/Dienstherrn angenommen. Aus psychologischer Sicht ist nun bei vielen Bewerbern zu erwarten, dass sie unsicher werden, ob sie die richtige Entscheidung getroffen haben, sie zweifeln an ihrer Entscheidung (Leitfrage: „Habe ich mich richtig entschieden?"). Alternative Beschäftigungsmöglichkeiten oder Lebenswege werden plötzlich positiver beurteilt. Mit dem Näherrücken des Arbeitsantritts wird auch die Anspannung beim neuen Mitarbeiter steigen. Dies kann sich in Form von Vorfreude oder in Sorge, den gestellten Anforderungen nicht gerecht werden zu können, ausdrücken. Häufig wird beim neuen Mitarbeiter die Bereitschaft vorhanden sein, schon vor dem offiziellen Arbeitsantritt vorbereitende Tätigkeiten zu übernehmen, um die Anspannung abzubauen.

Der erste Tag ist eine besonders kritische Phase der Personaleinführung. Die neuen Mitarbeiter erleben erstmals die Kollegen und den Vorgesetzten, sie werden mit ihrem Arbeitsplatz und der Organisationskultur konfrontiert. Wald[216)] behauptet, dass 70 bis 80 Prozent der Mitarbeiter, die während oder kurz nach der Probezeit kündigen, diesen Entschluss bereits am ersten Tag gefasst haben. Dem Mitarbeiter ist mehr oder weniger bewusst, dass er unter besonderer Beobachtung steht, der „Neue" ist und jede einzelne Handlung ständig beurteilt wird. In dieser Situation fehlt ihm der soziale Rückhalt; der neue Mitarbeiter ist einer Situation alleine ausgesetzt, die er kaum richtig einzuschätzen vermag und in der er die Handlungsmöglichkeiten nicht adäquat bewerten kann („Darf man hier auch mal eine flapsige Bemerkung machen?"). Unsicherheit und Verletzlichkeit sind die vorherrschenden psychischen Zustände, die Leitfrage am ersten Arbeitstag lautet: „Bin ich hier willkommen?"

Während der **Einarbeitungs- und Einbindungsphase** hat der neue Mitarbeiter zwei Herausforderungen zu meistern. Zum einen muss er lernen, die mit der Stelle verbundenen Aufgaben zu bewältigen (Einarbeitung). Hierzu kann es erforderlich sein, sich z. B. neues Fachwissen oder Fertigkeiten anzueignen. Auch muss sich der Mitarbeiter an eine für ihn ggf. neuartige Ablauforganisation gewöhnen. Weiterhin kann die Übernahme neuer Aufgaben für den Mitarbeiter mit der Notwendigkeit verbunden sein, Ansichten, Einstellungen und Stereotypen kritisch zu hinterfragen und ggf. zu ändern (Beispiel: Ein Mitarbeiter wird im Ausländeramt mit der ihm bis dahin fremden Lebenslage von Migranten konfrontiert.). Zum anderen sieht sich der Mitarbeiter der Herausforderung gegenübergestellt, sich in eine neue Arbeitsgruppe einzufinden und mit einem neuen Vorgesetzten zurechtzukommen (Einbindung). Dem neuen Mitarbeiter sind die gruppendynamischen Strukturen, die Persönlichkeit und Gewohnheiten der neuen Kollegen, die Normen und Werte der Organisationseinheit nicht bekannt. Er muss lernen, auf welche Art und Weise in der Arbeitsgruppe Konflikte ausgetragen werden, und hat die an ihn gerichteten Erwartungen zu erkennen und sich in eine Rolle einzufügen oder eine solche auszugestalten. Schließlich wird der neue Mitarbeiter prüfen, ob seine Entscheidung, die Stelle anzunehmen, die richtige war. Die Leitfragen des Mitarbeiters in dieser Phase lauten: „Schaffe ich die Arbeit?", „Gefällt mir die Arbeit?" und „Komme ich mit den Kollegen und dem Vorgesetzten zurecht?" Die bedeutendsten psychischen Prozesse in der Einarbeitungs- und Einbindungsphase sind Lernen und Stress. Lernen setzt beim Mitarbeiter die Fähigkeit und Bereitschaft hierzu voraus; zudem kann die Organisation Lernen durch die angemessene Präsentation von Informationen, durch das Setzen von Lernzielen, die Strukturierung von Lernprozessen und die Anerkennung von Lernerfolgen wirksam unterstützen. Stress entsteht durch das Zusammenspiel zwischen Anforderungen der Situation und der individuellen Beurteilung der eigenen Ressourcen und Fähigkeiten, mit diesen Anforderungen klarzukommen. Da ein neuer Mitarbeiter die Anforderungen als hoch, die ihm zur Verfügung stehenden Ressourcen (z. B. Wissen um Arbeitsabläufe und Vorlieben des Vorgesetzten) in der Regel niedrig einschätzen wird, ist er besonders anfällig für Stress und dessen negative Folgen. Zudem fehlt ihm in der Regel auch die emotionale Unterstützung durch die Kollegen. Bei einigen neuen Mitarbeitern (z. B. Stellenwechslern) ist auch das Gefühl der Trauer wichtig. Die Trauer kann sich daraus ergeben, dass ein neuer Mitarbeiter eine Stelle/eine Arbeitsgruppe verlassen hat, in der er sich wohl und akzeptiert gefühlt hat und die er nun im Zustand der Unsicherheit und des Stresses vermisst.

Idealerweise wird der Prozess der Personaleinführung so enden, dass der Mitarbeiter für die Organisation gut arbeitet, er mit der Arbeit zufrieden und die soziale Integration gelungen ist. Es sind jedoch auch andere Entwicklungspfade möglich: So kann sich der Bewerber für die Annahme eines anderen Angebots, der eingestellte Bewerber für das Verlassen der Organisation oder für die „Innere Kündigung" entscheiden.

Für die fünf Phasen der Personaleinführung sind in Abbildung 3-32 Strategien und Beispiele für Maßnahmen aufgelistet.

Abb. 3-32: Beispiele für Maßnahmen der Personaleinführung[217)]

Phase der Personaleinführung *Strategie*	**Beispiele für Maßnahmen**
Anwerbe- und Auswahlphase *Realistische Rekrutierung*	• Informationsveranstaltungen • Betriebsbesichtigungen • Gespräche mit Betriebsangehörigen • Einsatz anforderungsbezogener Auswahlverfahren
Entscheidungsphase *Aktive Informationspolitik*	• zusätzliche Gespräche mit dem Vorgesetzten, in denen nochmals die Aufgaben und das Arbeitsumfeld erläutert werden • zusätzliche Gespräche mit Vertretern der Personalabteilungen, in denen Entwicklungs- und Karrieremöglichkeiten aufgezeigt werden • Gespräche mit einem zukünftigen Kollegen, der Vorbild für das Entscheidungsverhalten des Bewerbers sein könnte („Weshalb haben Sie sich denn für die Stelle hier entschieden?")
Wartephase *Zweifel bekämpfen*	• Hochrangige Behördenvertreter gratulieren zur Entscheidung. • Entscheidung wird (mit Genehmigung des neuen Mitarbeiters) auf Website veröffentlicht. • Neuer Mitarbeiter erhält einige wenige Arbeitsmaterialien (z. B. Organigramme, Dienst-Handy). • Neuer Mitarbeiter wird per „Steckbrief" den Kollegen bekannt gemacht.
Erster Arbeitstag *„Wir brauchen Sie"*	• Begrüßung durch den Vorgesetzten, Einführungsgespräch • Führung durch den Betrieb • Übergabe des vorbereiteten Arbeitsplatzes • Erster Arbeitsauftrag (Einstiegsaufgabe)
Einarbeitungs- und Einbindungsphase *Lernen unterstützen/Anecken des Neuen vermeiden*	• Vereinbarung eines Einarbeitungsplans • Führen von Feedbackgesprächen • Neuer Mitarbeiter gibt Einstand/Initiationsrituale. • Paten- und Mentorenprogramme

„Neue Mitarbeiter einführen" stellt eine Aufgabe dar, die gemeinsam vom Personalwesen und den unmittelbaren Vorgesetzten geplant und ausgeführt werden sollte. Die Personaleinführung stellt das Bindeglied zwischen der Personalbeschaffung und der Personalentwicklung dar.

4. Personaleinsatz

„Das Arbeitsleben wird sich in den kommenden Jahren zunehmend vom Bild der ‚acht Stunden am Büroschreibtisch' entfernen und dem Bedürfnis nach größerer Mobilität und individueller Gestaltung Rechnung tragen. ... Moderne Arbeitsformen bieten Möglichkeiten, um Organisationen effizienter, die Arbeitsleistung gleichzeitig individueller und bedürfnisgerechter zu formen"[218].

Der Personaleinsatz muss sich aufgrund der erhöhten Anforderungen personeller Flexibilität neuen Herausforderungen stellen. Das Referenzmodell der Vollarbeitszeit ist weitgehend hinfällig; denn

- die Aufgabenvielfalt nimmt zu,
- die Fachbereiche etc. werden aus organisatorischer Sicht restrukturiert,
- der Fachkräftemangel und demografische Wandel erfordern Flexibilität sowie
- der Anspruch der Arbeitnehmer nach mehr Flexibilisierung und Individualisierung wächst.

Dieser Dynamik lässt sich im öffentlichen Sektor nicht durch einen „experimentellen" Personaleinsatz begegnen, da Gleichbehandlung, Verhältnismäßigkeit und Rechtssicherheit zu beachten sind. Innerhalb dieses Handlungsrahmens ist es jedoch möglich, *flexible Arbeitsformen* aus Orts-, Inhalts- und Zeitsicht zu entwickeln. Von der Einführung von Arbeitszeitkonten über Teilzeitmodelle bis zur Vertrauensarbeitszeit, vom Büroarbeitsplatz über Sharing des Arbeitsplatzes bis zur Telearbeit reicht das Spektrum der Flexibilisierung, um im *Takt mit gesellschaftlichen und wirtschaftlichen Anforderungen* zu bleiben[219].

Personaleinsatz steht im Zusammenhang mit anderen Themen der Personalarbeit[220]. So sind Personalbedarfsplanung und Personaleinsatz wie siamesische Zwillinge, da eine defizitäre Planung zu Schwierigkeiten im Einsatz führt (siehe Abschnitt 3.1). Das Thema Personaleinführung wird im Abschnitt 3.5, die Arbeitsstrukturierung im Abschnitt 5.2.1 erläutert. Die Abbildung 4-1 illustriert Gestaltungsfelder des Personaleinsatzes[221].

Abb. 4-1: Gestaltungsaspekte des Personaleinsatzes

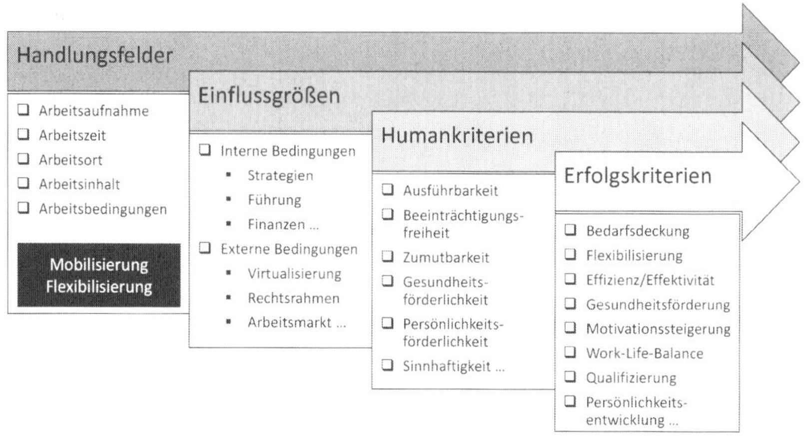

Definition Personaleinsatz

Der Personaleinsatz bestimmt die Zuordnung von Beschäftigten auf gegebene oder geplante Stellen unter Berücksichtigung organisationaler und personeller Zielgrößen. Eine Optimierung wird erzielt, wenn Kompetenzen und Erwartungen der Stelleninhaber mit den Anforderungen am Arbeitsplatz in Einklang gebracht werden können. Dabei ist das Leistungsspektrum der Organisation effizient und effektiv durch das Personal abzubilden.

4.1 Einflussgrößen des Personaleinsatzes

Der öffentliche Sektor muss aufgrund der Herausforderungen einen effizienten und effektiven Personaleinsatz gewährleisten, der mehr als ein Stellen- und Überhangsmanagement darstellt. Personaleinsatzmanagementsysteme unterstützen bei der Bewältigung des Dilemmas, immer mehr Aufgaben mit weniger Personal zu bewältigen. Der orts- und zeitgenaue Bedarf von verfügbaren Mitarbeitern mit angemessenen Qualifikationen erfordert nicht nur eine Analyse des Personalbedarfs, sondern auch eine schnelle Reaktionsfähigkeit, um Belastungen durch Ausfälle oder Arbeitsspitzen zu vermeiden sowie der variierenden Unter- und Überdeckung zu begegnen. Doch es gibt Grenzen, was die Steuerbarkeit des Personaleinsatzes betrifft. Neben rechtlichen Aspekten sind hier das interne und externe Umfeld, betriebswirtschaftliche Faktoren sowie die Mitarbeitererwartungen zu beachten.

4.1.1 Interne Einflussgrößen

Personaleinsatz ist nicht nur eine formalrechtliche Frage, sondern hängt von mehreren internen Einflussgrößen ab. Diese sind zumeist organisationsspezifisch. Dazu gehören z. B.

- die Steigerung der Personalbewegung durch alternative Personalverwendungen,
- die Personal- und Organisationsstrategien mit dem Ziel der Nachhaltigkeit,
- der finanzielle Druck zur Personalkostenreduktion (Haushaltskonsolidierung),
- der Umfang der zu erwartenden Ausfallzeiten sowie
- organisationskulturelle Parameter von der Führung bis zu Leitbildern.

Diese internen Einflussfaktoren spiegeln sich im Personaleinsatz wider. So kann es sein, dass Organisationen aufgrund der erhöhten Fehlzeiten eine ausgeprägte Mehrarbeitsquote aufweisen. Andere Organisationen haben Probleme mit der Schaffung von Arbeitsplätzen für gesundheits- und funktionsgeminderte Mitarbeiter. Der Handlungsspielraum des Personaleinsatzmanagements lässt sich hier steigern, wenn die lokale Sicht durch ein übergreifendes Einsatzmanagement ergänzt wird. Damit wird der Radius des Personaleinsatzes erweitert.

Ein wichtiger Faktor ist der interne Arbeitsmarkt[222)]. Die Bedeutung der **internen Personalvermittlung** nimmt durch Aufgabenvielfalt und Organisationsveränderungen zu. Interne Personalvermittlungsagenturen und -börsen wie das Landesamt für Personaleinsatzmanagement in NRW (LPEM, aufgelöst 2012) sind entwickelt worden, um Personal- bzw. Stelleneinsparungen im Kontext der Verwaltungsreform zu forcieren (siehe Abschnitt 3.2). Es lassen sich auch andere Szenarien bestimmen: So wird die Zahl der funktionseingeschränkten bzw. gesundheitsgeminderten Personen aufgrund des demografischen Wandels zunehmen. Auch steigt die Zahl der BEM-Fälle[X)] mit Notwendigkeit einer betrieblichen Wiedereingliederung. Hier könnte ein organisationsübergreifendes Einsatzmanagement das Reservoir an adäquaten Arbeitsplätzen erhöhen[223)]. Zudem lässt sich damit auch die Work-Life-Balance steigern, indem mehr Möglichkeiten für Mitarbeiter, die spezifische Arbeitsbedingungen benötigen, geschaffen werden. Diese Logik lässt sich auf die Mobilität zwischen öffentlichem Dienst und Privatwirtschaft fortschreiben, denn es sollte Quereinsteigern erleichtert werden, im öffentlichen Dienst Fuß zu fassen, und umgekehrt Beamten der Weg in die Privatwirtschaft geöffnet werden. Die Verbreitung von Personalvermittlungsabteilungen (PVA) ist in der öffentlichen Verwaltung mit ca. 40 Prozent häufiger als in der Privatwirtschaft (30 Prozent)[224)]. Abordnungs- und Überlassungsverträge, Versetzungen und Zuweisungen sowie Personalgestellungen sind für einen bedarfsorientierten Personaleinsatz wichtige Instrumente.

X) BEM steht für betriebliches Eingliederunsgmanagement; dies ist eine Maßnahme des Gesundheitsmanagements für langfristig erkrankte Mitarbeiter nach §84 Abs. 2 Sozialgesetzbuch IX.

Sie definieren die zeitliche Zuordnung von Personal zu anderen Dienststellen unter Fortsetzung des bestehenden Arbeitsverhältnisses. Der Tarifvertrag für den öffentlichen Dienst (TVöD) beschreibt in §4 diese Einsatzformen. Dabei sind eine amtsangemessene Verwendung und eine soziale Auswahl aufgrund der Lebensverhältnisse der Betroffenen zu gewährleisten. Der Grundsatz der Verhältnismäßigkeit ist hier zu beachten.

Solche Metastrukturen (Stellenpools) sind nicht ohne Risiken, denn sie führen bisweilen dazu, dass die Einbindung der Mitbestimmung vor Ort und des lokalen Einsatzmanagements unzureichend erfolgt bzw. umgangen wird und dass möglicherweise Verletzungen hinsichtlich einer amtsangemessenen Beschäftigung vorliegen.

Die interne Personalvermittlung lässt sich mit dem klassischen Personaleinsatz verknüpfen, um daraus ein effektives und sozialverträgliches Instrument zur Flexibilisierung und Mobilisierung des Personaleinsatzes zu schaffen.

Eine entscheidende Bedingung für den Personaleinsatz ist das Strategiefeld. Geht es beim Personaleinsatz nur um kurzfristige Bedarfslückendeckung und um Kostensenkung, dann wird der Prozess des Personaleinsatzes eher operativ und wenig nachhaltig umgesetzt. Auswirkungen der Flexibilisierung im Rahmen des Personaleinsatzes bleiben unberücksichtigt. Wichtig ist, dass einer möglichen „chronischen Verspätung" des Personaleinsatzes durch vorausschauendes Planen begegnet wird, sodass kurzfristiges und krisenhaftes Anpassungsmanagement die Ausnahme bleibt[225)].

4.1.2 Externe Bedingungen

Auf das Personaleinsatzmanagement wirken als externe Bedingungsfaktoren vor allem das Arbeits-/Personalrecht und der Arbeitsmarkt. Weitere Einflussfaktoren wie die Informatisierung der Arbeitswelt (virtuelle Arbeitsplätze, Telearbeitsplätze etc.) und Veränderungen im Bereich der Mitarbeitermobilität ermöglichen einen zunehmend flexiblen Einsatz und bieten damit neue Kompensationsstrategien für den Personaleinsatz. An dieser Stelle werden beispielhaft der Arbeitsmarkt und der Rechtsrahmen erläutert.

Der Arbeitsmarkt bietet einen externen Pool an potenziellen Arbeitskräften. Ist das Angebot jedoch knapp und Personal nur schwierig in angemessener Qualität zu akquirieren (Fachkräftemangel), muss die Personalarbeit vergleichsweise stärker auf interne Rekrutierungs- und Einsatzmechanismen zurückgreifen, um einen stabilen Personaleinsatz zu gewährleisten (siehe Kapitel 3). So lassen sich längerfristige Bedarfslücken durch eine höhere interne Personalbeweglichkeit ausgleichen (Beispiel Umsetzung). Die zukünftige Arbeitsmarktentwicklung im Hinblick auf das Potenzial an Erwerbspersonen ist laut Modellrechnungen bis 2020 aufgrund des Geburtenrückgangs abnehmend, jedoch zeichnen sich Trends ab, die zur Neubewertung des Potenzials an Erwerbspersonen führen[226)] (vgl. Institut für Arbeitsmarkt- und Berufsforschung; http://www.iab.de):

- Der Anteil der erwerbstätigen Frauen nimmt stetig zu. Die Rolle der Frau auf dem Arbeitsmarkt wird im Kontext der Anstrengungen im Bereich der Work-Life-Balance und Familienorientierung zunehmend gestärkt. Damit verändert sich der Arbeitsmarkt.
- Es wird mit einem Anstieg des Zuwanderstroms gerechnet. Entscheidend ist, ob die Zuwanderung in der Bilanz eine Zunahme qualifizierter Erwerbstätiger nach sich zieht. Dabei ist auch die Auswanderungsquote qualifizierter Erwerbstätiger zu berücksichtigen.
- Die Lebensarbeitszeit wird sich verlängern und damit wird sich auch das durchschnittliche Renten- bzw. Pensionseintrittsalter erhöhen.

Der Rechtsrahmen ist umfangreich und stellt eine zerklüftete und sich ständig novellierende Gesetzeslandschaft dar. Das Hauptproblem ist, dass viele Regelungen nicht einheitlich definiert sind. So existieren z. B. in jedem Bundesland eigene Soll-Wochenarbeitszeiten, da der Flächentarifvertrag zerschlagen worden ist. Zudem sind die Gesetze und Regelungen keineswegs gleichwertig (Rangprinzip).

Rangprinzip der gesetzlichen Regelung

Grundgesetz → Bundesgesetz → Ländergesetz → Tarifvertrag → Betriebs-/ Dienstvereinbarung → Arbeitsvertrag

Demnach darf die rangniedere Regelung nicht gegen das ranghöhere Recht verstoßen. Nach dem Günstigkeitsprinzip kann aber die rangniedere Regelung Vorrang vor der ranghöheren Regelung haben.

Regelungen finden sich in einer Vielzahl von Gesetzen, die durch andere Regelungen tarifvertraglicher, betrieblicher oder arbeitsvertraglicher Herkunft ergänzt werden. Damit wird es für den Personalverantwortlichen schwierig, den Personaleinsatz rechtssicher zu gestalten. So müssen u. a. das individuelle Arbeitsrecht (Arbeitsvertragsrecht und Arbeitsschutzrecht) und kollektive Arbeitsrecht (Tarifvertragsrecht und Mitbestimmungsrecht) beachtet werden[227)]. Zudem besitzt die Arbeitnehmerschaft in Vertretung durch Betriebs- bzw. Personalräte auch Mitbestimmungsrechte beim Personaleinsatz. Dies betrifft z. B. die Arbeitszeit- und Urlaubsregelungen oder die Gestaltung des Arbeitsplatzes und Arbeitsablaufes. Relevante Gesetze sind hier das Arbeitszeitgesetz (ArbZG), das Betriebsverfassungsgesetz[XI)] (BetrVG) bzw. das Landes-Personalvertretungsgesetz (LPVG), das Arbeitsschutzgesetz (ArbSchG), das Beschäftigungsförderungsgesetz (BeschFG), das Bundesurlaubsgesetz (BUrlG)[228)]. Hinzu kommen Tarifverträge wie z. B. der Manteltarifvertrag Zeitarbeit.

XI) Das Betriebsverfassungs- und das Personalvertretungsrecht stimmen in ihren Grundannahmen überein. Ihre gemeinsamen Wurzeln finden sich im Betriebsrätegesetz von 1920. Das Personalvertretungsrecht ist das öffentlich-rechtliche Gegenstück zum Betriebsverfassungsrecht. Da die Länder und der Bund eigene Anpassungen des Personalvertretungsrechts haben, werden hier die Bezüge zum Betriebsverfassungsgesetz aufgezeigt. Bei Beamten gilt anbei eine eingeschränkte Mitbestimmung (oft nur empfehlender Charakter).

Anforderungen bestimmter Arbeitsgruppen

Bestimmte Mitarbeitergruppen werden durch gesonderte Gesetze im Hinblick auf den Personaleinsatz berücksichtigt. Im Rahmen des Diversity Managements werden ferner Besonderheiten in Bezug auf den Einsatz älterer Mitarbeiter, Mitarbeiter mit anderem kulturellen Hintergrund oder das Thema „genderfairer" Personaleinsatz thematisiert[229)] (siehe Kapitel 2). Vielfalt des Personals erfordert auch eine Vielfalt des Personaleinsatzes. Im Rahmen der Work-Life-Balance-Diskussion ergeben sich weitere Themen, z. B. in Bezug auf den familienfreundlichen Personaleinsatz. Eine familienbewusste und damit lebenszyklusorientierte Personalpolitik interessiert sich für einen Personaleinsatz, der neben Vereinbarkeit vor allem auch Lebensqualität zu steigern hilft[230)].

Beispiele für bestimmte Arbeitsgruppen:

- **Ältere Arbeitnehmer:** Beachtung des Leistungswandels; gesundheitsgeminderte Beschäftigte mit Funktionseinschränkungen benötigen altersgerechte Arbeitsplätze und Einsatzpläne beispielsweise in Bezug auf die Anforderungen der Schicht- und Nachtarbeit[231)]
- **Behinderte Arbeitnehmer:** Gestaltung des Arbeitsplatzes und -umfelds entsprechend dem Behinderungsgrad; berufliche Rehabilitation; Berücksichtigung der leistungsgewandelten Personen durch angepasste Aufgabengestaltung und durch erhöhten Urlaubsanspruch; Verpflichtung, schwerbehindertengerechte Arbeitsplätze in Abhängigkeit der Mitarbeiterzahl zu gestalten und zu reservieren (§ 71 SGB IX); Regelungen vor allem durch das Schwerbehindertenrecht im SGB IX
- **Jugendliche Arbeitnehmer und Auszubildende:** Aufgaben sollen den Einstieg ins Berufsleben erleichtern; psychisch und körperlich hoch belastende Tätigkeiten sind zu vermeiden (erhöhtes Schutzbedürfnis); Regelungen sind: Jugendarbeitsschutzgesetz (JArbSchG), Berufsbildungsgesetz, Manteltarifverträge für Azubis
- **Werdende oder stillende Mütter:** Gestaltung des Arbeitsplatzes und der Arbeitsaufgaben, sodass eine Gefährdung von Frau und Kind auszuschließen ist; gewisse Formen wie Akkordarbeit sind verboten; Regelung vor allem durch das Mutterschutzgesetz (MuSchG).
- **Ergänzende Aspekte:** Leih-/Zeitarbeiter durch das Arbeitnehmerüberlassungsgesetz (AÜG)[232)] sowie das Allgemeine Gleichbehandlungsgesetz (AGG) zur Verhinderung von Benachteiligungen in der Tätigkeit

Da das Arbeitsschutzgesetz und das Arbeitszeitgesetz eine zentrale Rolle spielen, werden anhand dieser Gesetze beispielhaft Implikationen für den Personaleinsatz aufgezeigt.

Beispiel Arbeitszeitgesetz:

Ziel ist es, die Rahmenbedingungen für flexible Arbeitszeiten zu verbessern, dabei aber auch die Sicherheit und den Gesundheitsschutz der Arbeitnehmer bei der Arbeitszeitgestaltung zu gewährleisten sowie die Sonn- und Feiertagsruhe zu schützen[233)]. Auch finden sich im Arbeitszeitgesetz verschiedene Ausnahmeregelungen für besondere Personengruppen (§§ 18 bis 21 ArbZG) sowie Regelungen zur Nacht- und Schichtarbeit (§ 6 ArbZG). Allgemeine Faktoren sind die absolute Arbeitszeit, Länge und Lage der Arbeitszeit, Ruhepausen und Ruhezeiten, Nacht- und Schichtarbeit sowie Öffnungsklauseln (Abänderung durch Tarifvertrag). Beim Arbeitszeitgesetz gilt die Günstigkeitsregelung, d. h., dass tarifvertragliche Regelungen oder günstigere arbeitsvertragliche Vereinbarungen Vorrang haben. Auch sollte beachtet werden, dass der Personalrat ein Initiativrecht besitzt. Der flexiblen Arbeitszeitgestaltung werden mit dem Arbeitszeitgesetz und mit dem Gesetz über Teilzeitarbeit und befristete Arbeitsverträge (TzBfG) rechtliche Schranken gesetzt[234)].

Hinsichtlich der Dimensionen sind Dauer, Lage und Verteilung der Arbeitszeit zu nennen.

- **Betriebs(nutzungs)zeit:** Sie umfasst festgelegte Zeitfenster der betrieblichen Leistungserstellung bzw. stellt die Öffnungs- bzw. Ansprechzeiten der Organisation dar. Die Dauer der Betriebszeit unterliegt nur geringen Vorschriften wie dem Ladenschlussgesetz. Jedoch finden sich hinsichtlich der personellen Besetzung gesetzliche und tarifvertragliche Einschränkungen, z. B. Sonntags- und Feiertagsarbeit betreffend. Meist wird ein Acht-Stunden-Tag zugrunde gelegt. Die Betriebszeit hat an Bedeutung abgenommen, da die Arbeitszeitflexibilisierung zur Entkoppelung von Arbeitszeit und Betriebszeit führt.
- **Arbeitszeitdauer:** Die Obergrenze liegt bei 48 Stunden pro Woche bei einer durchschnittlichen werktäglichen Arbeitszeit von acht Stunden (§ 3 ArbZG). Diese kann auf zehn Stunden verlängert werden, wenn innerhalb von sechs Monaten der Durchschnitt von acht Stunden werktäglich nicht überschritten wird. Falls ein Arbeitnehmer bei mehreren Arbeitgebern tätig ist, müssen die Arbeitszeiten addiert werden. Veränderungen der Arbeitszeit sind in Bezug auf das Mitbestimmungsrecht der Arbeitnehmer juristischer „Sprengstoff", denn es stellt sich die Frage, ob durch eine Erhöhung der Arbeitszeit eine wesentliche Veränderung der Tätigkeit im Sinne der (Neu-)Einstellung nach § 99 Abs. 1 Satz 1 BetrVG vorliegt. Die Erheblichkeit bei der Arbeitszeiterhöhung wird oft auf zehn Wochenstunden definiert. Entscheidend ist auch die anvisierte Dauer der Arbeitszeitänderung.
- **Arbeitszeitverteilung und Lage der Arbeitszeit:** Diese legt Beginn und Ende der täglichen Arbeitszeit fest und teilt die vereinbarte Arbeitszeitdauer auf Wochentage, Wochen und Monate auf. Normalerweise be-

stimmt der Arbeitgeber aufgrund seines Direktionsrechts die Lage der Arbeitszeit. Dabei sind jedoch Beteiligungs- und Schutzrechte zu beachten (BetrVG § 87 Abs. 1 Nr. 2), denn die Arbeitszeitverteilung ist mitbestimmungspflichtig, falls nicht schon ein geltender Tarifvertrag zur Arbeitszeitverteilung vorliegt. Normalerweise werden diese Regelungen zwischen Arbeitgeber und Personalrat in einer Dienstvereinbarung getroffen. Typische Beispiele sind gleitende Arbeitszeit, Aufstellung von Dienstplänen, Einrichtung und Ausgestaltung der Rufbereitschaft, Einführung von Bereitschaftsdiensten, Telearbeit oder Gestaltung von Arbeitszeitmodellen.

Beispiel: Arbeitsschutzgesetz

Gesundheit ist auch ein Thema des Personaleinsatzes. Hier geht es nicht nur um die Vermeidung von klassischen Gefährdungen, sondern auch um Arbeitsfähigkeitsmanagement und die Erfassung und Bewertung psychischer Gefährdungsfaktoren[235]. Das Arbeitsschutzgesetz bietet an dieser Stelle einen breiten Schutzbegriff (§ 5 ArbSchG), um arbeitsbedingte Gesundheitsgefährdungen durch Personaleinsatz zu minimieren. In Deutschland existiert ein duales Arbeitsschutzsystem, in dem die staatliche Arbeitsschutzaufsicht der Länder und die Unfallversicherungsträger im Sinne der gemeinsamen deutschen Arbeitsschutzstrategie zusammenarbeiten (http://www.gda-portal.de). Die Spannbreite der Regularien von Leitlinien bis zu konkreten Gestaltungsvorschriften verdeutlichen, dass das Arbeitsschutzgesetz die Grundlage, aber keineswegs der einzige Regelungsfaktor ist, wenn es um Gefährdungsbereiche in Bezug auf Arbeitszeit, Arbeitsstätte, Arbeitsmittel, Arbeitsabläufe etc. geht. Auch das Betriebsverfassungsgesetz bzw. Landes-Personalvertretungsgesetz befassen sich mit der Arbeitsgestaltung (BetrVG §§ 87, 89–91).

Beanspruchungsoptimaler Personaleinsatz

Ziel ist ein beanspruchungsoptimaler Personaleinsatz und der Ausschluss von Risiken, die die Gesundheit oder Arbeitsfähigkeit einschränken. Der Präventionsgedanke hat Vorrang. Damit entwickelt sich ein neues Themenfeld im Personaleinsatzmanagement, was sich mit der Gestaltung des Arbeitsplatzes und den Arbeitsbedingungen aus Sicht der Arbeitswissenschaften befasst und sich an den Humankriterien der Arbeitsgestaltung wie Ausführbarkeit oder Sinnhaftigkeit orientiert[236]. Der demografische Wandel forciert diese Diskussion[237]. Förderung und Aufrechterhaltung der Gesundheit und Arbeitsfähigkeit sind Erfolgsfaktoren eines effektiven Personaleinsatzes.

4.2 Erfolgsgrößen des Personaleinsatzes

Der Personaleinsatz kristallisiert sich als Kerngeschäft der Personalarbeit heraus. Ein angemessener Personaleinsatz ist eine grundlegende Maxime personalwirtschaftlichen Handelns und erstreckt sich in andere Aufgabenfelder wie Personalentwicklung oder Mitarbeiterführung. Dabei sind Organisationsziele wie Flexibilität, Qualität der Leistung oder effiziente und effektive Abbildung der Aufgaben zu betrachten, aber auch die Erwartungen und Ansprüche der Mitarbeiter, denn Arbeitszufriedenheit und Arbeitsmotivation bestimmen ebenfalls die Leistungsfähigkeit der Organisation. Das *Leistungsdeterminantenkonzept*[238)] als Synthese verschiedener Faktoren wie Motive, Erwartungen, Eignung, Arbeitszufriedenheit und Arbeitsbedingungen baut auf einem Kongruenzprinzip auf. Die optimale Passung zwischen Anforderungen der Aufgabe sowie Kompetenzen und Erwartungen des Stelleninhabers ist die wesentliche Zielgröße eines effektiven Personaleinsatzes.

4.2.1 Zielfelder des Personaleinsatzes

Übersicht. Diverse Zielfelder des Personaleinsatzes lassen sich im Spannungsfeld zwischen sozialen und wirtschaftlichen Interessen verorten[239)]. Die Abbildung 4-2 stellt einige vor.

Abb. 4-2: Zielfelder des Personaleinsatzes

Zielfelder	Erläuterung
Bedarfsdeckung	• *Grundfrage:* Wie viele Mitarbeiter sind mit welchen Kompetenzen unter Beachtung des Ersatz-, Reserve- und Neubedarfs zu welchem Zeitpunkt und an welchem Ort aufgrund des geplanten Leistungsprogramms erforderlich? • Sie bezieht sich auf quantitative (Personalmenge in Bezug auf Ort und Zeit) und qualitative Größen (Kompetenzen und Erwartungen in Bezug auf Anforderungen)[240)]. • Die Personalbedarfsplanung soll Bedarfslücken frühzeitig entdecken, sodass andere Personalprozesse wie Beschaffung einen Beitrag zur Bedarfsdeckung leisten können.
Personaleffizienz	• *Grundfrage:* Wie wird die Verschwendung von Personalressourcen vermieden? • Aufwandsminimierung steht im Vordergrund der Betrachtung. Bei der Personalknappheit ist eine effiziente Abbildung des Personals eine wichtige Erfolgsgröße.
Personaleffektivität	• *Grundfrage:* Wie vermeidet man Fehlbesetzungen aus inhaltlicher Sicht? • Inhaltliche Fehlbesetzungen gehen mit Einbußen in der Qualität der Leistungserbringung einher. Sie führen ferner zu Doppel- und Mehrfacharbeiten. • Effizienz und Effektivität sind hier gemeinsam zu optimieren.

Zielfelder	Erläuterung
Gesundheitsförderung	• *Grundfrage:* Wie lässt sich ein beanspruchungsoptimaler Personaleinsatz erzielen? • Der demografische Wandel und die Zunahme der Arbeitsverdichtung durch Personalabbau verdeutlichen, dass das Personaleinsatzmanagement einen Beitrag zur Minimierung negativer Beanspruchungen leisten muss. • Ein beanspruchungsoptimaler Personaleinsatz reduziert vermeidbare psychische und körperliche Belastungsfaktoren[241].
Motivationssteigerung	• *Grundfrage:* Wie kann der Personaleinsatz zur Motivationssteigerung beitragen? • Ein an den Erwartungen des Personals ausgerichtetes Personaleinsatzmanagement erhöht Motivation und Commitment, da es zum Abgleich der Stellenanforderungen mit den Fähigkeiten, Bedürfnissen und Entwicklungspotenzialen kommt. • Personaleinsatz sollte die Mitarbeiter einbeziehen (Partizipation). Diese Thematik wird auch unter dem Begriff der Arbeitsstrukturierung diskutiert[242] (siehe Abschnitt 5.2.1).
Work-Life-Balance	• *Grundfrage:* Welchen Beitrag leistet der Personaleinsatz zur Work-Life-Balance? • Eine erfolgreiche und nachhaltige Work-Life-Balance hängt v. a. von Ort und Zeit des Personaleinsatzes ab[243]. Im öffentlichen Sektor wird Familienorientierung durch flexible Arbeitszeitmodelle und durch alternierende Telearbeit verwirklicht.
Persönlichkeitsentwicklung und Qualifizierung	• *Grundfrage:* Wie wirkt sich der Personaleinsatz auf die Entwicklung aus? • Durch gezielte Rotation und inhaltliche Erweiterung lassen sich Impulse für Kompetenzerweiterung und Persönlichkeitsentwicklung geben (Handlungsspielraum). • Ein Beispiel ist die arbeitsimmanente Qualifizierung oder das arbeitsorientierte Lernen[244]. Das Lernpotenzial resultiert hier aus dem konkreten Personaleinsatz (Aufgabe).

„Im Rahmen der Personalzuweisung werden Mitarbeiter auf Stellen im Unternehmen zugeordnet. Ziel dabei ist es, eine möglichst hohe Eignung der Mitarbeiter zu erreichen, d. h., Stellenanforderungen und Mitarbeiterqualifikationen in Übereinstimmung zu bringen und eine Über- und Unterforderung zu vermeiden"[245].

Inhaltliche Passung

Im Prinzip zeichnet sich in der Diskussion eine übergreifende Zielgröße ab. Die inhaltliche Passung zwischen gegenwärtigen und zukünftigen Anforderungen sowie Kompetenzen und Erwartungen gilt es, im Personaleinsatzmanagement zu maximieren. Dieser „Assignment-Ansatz" hat sich in der klassischen Denkweise vornehmlich auf die Eignungswerte im Rahmen der Personalauswahl oder des Talentmanagements konzentriert[246]. Aktuell wird das Assignment auch in Bezug auf Interessen und Abneigungen, Karrierelaufbahnen und psychische Parameter wie Belastbarkeit etc. erweitert.

Assignment-Ansatz

Es handelt sich um die Maximierungsaufgabe, eine gegebene Menge von Mitarbeitern und eine vorhandene oder zu erwartende Anzahl von Stellen derart zuzuordnen, dass die Summe der realisierbaren Eignungs- bzw. Passungswerte hoch ausfällt.

Problemfelder hinsichtlich der Passungsstrategie

In der Praxis erzielt man in der Regel keine hundertprozentigen Passungen. Dass das Personaleinsatzmanagement das Maximum selten erreicht, hängt mit vier Faktoren zusammen:

- **Komplexität:** Stellen werden immer komplexer im Anforderungsbild und damit sinkt die Wahrscheinlichkeit einer Passung.
- **Wandel:** Stellen verändern sich aufgrund der Dynamik des Umfeldes und des technologischen Wandels (Beispiel Verwaltungsreform). Stelleninhaber werden häufiger rotieren. Anpassungsweiterbildungen sind zur Aktualisierung des Wissens erforderlich.
- **Bewertung:** Der Wert der Passung lässt sich oft nicht beziffern, da vorhandene Stellenbeschreibungen nicht die nötige Qualität aufweisen, um einen solchen Wert zu generieren[247)]. Die Problematik ist sowohl in der Unschärfe der Stellenbeschreibung als auch in Defiziten des Kompetenzprofilings (Erfassung der Kompetenzen) begründet[248)].
- **Vererbung:** Stellen entstehen nicht am Reißbrett, sondern sie wachsen mit den veränderten Anforderungen der Stelle und den Kompetenzen der Stelleninhaber. Dabei tritt das Phänomen der Vererbung auf. Mit der Zeit entstehen Anforderungen, die anfänglich nicht mit der Besetzung verknüpft gewesen sind, da Stelleninhaber eigene Anforderungen in das Aufgabengerüst integrieren. Dies wird auch als idiosynkratische Stellenentwicklung bezeichnet[249)]. Diese neuen Anforderungen werden bei einer Wiederbesetzung quasi vererbt.

Placement – es muss nicht immer vom Arbeitgeber ausgehen

Die Komplexität des Personaleinsatzmanagements verdeutlicht, dass es nicht im Sinne der Personalarbeit ist, die angestrebte Passung nur durch eine formalisierte Regelung zu erzielen, sondern das Placement als Platzierung von Mitarbeitern in der eigenen Organisation sollte den Mitarbeiter in den Stand versetzen, sich beruflich selbst zu orientieren und entsprechend aufzutreten[250)]. Damit wird das Personaleinsatzmanagement im Sinne eines Coachingansatzes in Verbindung mit einer aussagekräftigen Potenzialdiagnostik erweitert[251)]. Das Talentmanagement ist hier ein typisches Beispiel[252)]. Talente zu identifizieren und zu entwickeln ist aber vergeblich, wenn der Personaleinsatz nicht die korrespondierenden Rahmenbedingungen schafft.

4.4.2 Übergreifender Flexibilisierungsbedarf

„Die Gestaltung der Arbeitszeit und des Arbeitsplatzes wird nicht nur aufgrund der verlängerten Lebensarbeitszeit, sondern auch im Hinblick auf die Vereinbarkeit von Familie und Beruf (Elternzeit, Pflegezeit) flexibler werden müssen. Gerade junge Menschen legen auf diese Vereinbarkeit großen Wert, wie unter anderem die Shell-Jugendstudie von 2010 belegt. Hier ist der öffentliche Dienst in manchen Bereichen bereits Vorreiter. Er verfügt schon heute über eine Vielzahl an flexiblen Arbeitszeitmodellen, unter anderem Gleitzeit, Teilzeit, Jobsharing oder Telearbeit. Rund elf Prozent der Bundesbediensteten nutzten im Jahr 2011 Teilzeitangebote. Bezieht man die Länderebene sowie die Kommunen mit ein, ist es sogar ein Viertel aller Beschäftigten"[253)].

Flexibilisierung erfordert einen Personaleinsatz, der nicht mehr von Stabilität bestimmt ist, sondern von einer Elastizität in Bezug auf die Dimensionen Zeit, Ort und Inhalt (Einsatzflexibilität). Die Notwendigkeit zur Flexibilisierung ist auch eine Reaktion auf die Altersstrukturverschiebung im Zusammenhang mit Personalabbau und der Nichtnachbesetzung frei werdender Stellen aus Gründen der Haushaltskonsolidierung[254)].

Zum Flexibilisierungsbegriff

Der Flexibilisierungsbegriff erfasst unterschiedliche arbeitsorganisatorische und beschäftigungspolitische Maßnahmen, die die Handlungsfähigkeit von Organisationen durch situative Strategien steigern helfen. Die Abweichung vom Normalarbeitsverhältnis als Referenzgröße offenbart sich z. B. an den Änderungen der Arbeitszeit, wie Teilzeitarbeit. Aber auch andere Aspekte wie Erhöhung der Variabilität der Arbeitsinhalte beispielsweise durch Projektarbeit, die Mobilisierung hinsichtlich des Ortes, wie Telearbeit, sowie die Anpassung der Beschäftigungsdauern durch Befristungen etc. sind Ausdruck einer flexibilisierten Arbeitswelt[255)].

Die Abbildung 4-3 stellt Ziele der Flexibilisierung aus Sicht des Arbeitgebers und des Arbeitnehmers vor[256)]. Dabei ist wichtig, dass die Flexibilisierung nicht zulasten der Interessen der Mitarbeiter geht. Ein Mindestschutz ist über Dienstvereinbarungen zu gewährleisten.

Abb. 4-3: Ziele der Flexibilisierung

Arbeitgebersicht	Arbeitnehmersicht
• Wirtschaftlichkeit durch Beachtung der Nachfragezeiten der Arbeitsleistung (Kapazitätsauslastung)	• Zeitsouveränität und damit optimale Verknüpfung mit privaten Interessen
• Positives Image in der Öffentlichkeit und Flexibilität als Kontrapunkt zur Bürokratie	• Anpassung an Biorhythmus und damit Leistungssteigerung (Be- und Entlastungsphasen)

Arbeitgebersicht	Arbeitnehmersicht
• Bürger-/kundennahe Aufgabenerledigung durch Anpassung der Arbeitszeit am Bedarf	• optimierte Abstimmung mit Anforderungen aus der Privatsphäre (Work-Life-Balance, Lebenssituation)
• Reaktionsfähigkeit bei veränderten Bedürfnislagen	• Humanisierungsbeitrag durch mehr Autonomie
• positive Argumente für das Personalmarketing, da flexible Arbeitsformen präferiert werden	• flexibler Berufseinstieg/-ausstieg und Berufsfortsetzung bei Änderung der Lebensumstände
• Reduktion von Fehlzeiten und Fluktuation durch erwartungskonforme Arbeits(zeit)modelle	• Steigerung der Zufriedenheit und des Commitments durch Berücksichtigung der Erwartungen
• Ausdehnung der Betriebszeiten	• Nutzung von Lernphasen auch während einer Vollzeitberufstätigkeit durch Orts- und Zeitelastizität
• weniger Überstundenzuschläge	• Gesundheitsförderung durch Abruf der Mitarbeiterleistung zu beanspruchungsoptimalen Zeiten

Flexibilisierung erhöht Effizienz und Effektivität des Handelns in Organisationen. Dies setzt aber voraus, dass Flexibilität nicht als Instrument der Rationalisierung verkümmert. Deshalb sollte man sich auch der möglichen Probleme im Zusammenhang mit der Flexibilisierungswelle aus Sicht der Personalarbeit bewusst sein.

- *Probleme aus organisationaler Sicht.* Flexibilisierung bedeutet erhöhter Planungsaufwand und die Kenntnis über situative Faktoren in den Orten, wo der Personaleinsatz erfolgt. Hier ist eine intensive Zusammenarbeit mit der Führung vonnöten, denn inhaltliche Besonderheiten der Aufgabenstellung oder Einflussfaktoren vor Ort sind dem Personalverantwortlichen oftmals nicht bekannt (siehe Kapitel 7). Zusatzkosten können durch Implementierung, Koordination und Überwachung entstehen, wodurch die Attraktivität flexibler Modelle abnimmt. Deshalb wird es stets einen Flexibilisierungskorridor geben, der auch Grenzen z. B. in Bezug auf die Arbeitszeit setzt (Stichwort Gleitzeit).
- *Probleme aus personenbezogener Sicht.* Zu bedenken sind auch die Folgen in Bezug auf die Belastungssituation, also Gesundheit und Sicherheit betreffend[257)]. So zeigt sich bei Telearbeit ein neues Belastungs- und Beanspruchungsspektrum durch die Zunahme der Selbst- und Familienregulation und durch Defizite im beruflichen Informations- und Kommunikationsbereich[258)]. Die Erosion der Trennlinie zwischen Arbeit und Privatleben (Entgrenzung) kann als Vorteil im Sinne der Work-Life-Balance erkannt werden, aber auch als Gefahr[259)]. Dies betrifft vor allem Frauen, die eine Doppelorientierung aufweisen. Auch die Vertrauensarbeitszeit kann zum Stressfaktor werden. So fühlen viele einen hohen Druck, länger als im Normalarbeitsverhältnis anwesend zu sein, und laufen Gefahr, mit ihren Humanressour-

cen nicht nachhaltig zu wirtschaften[260]. So kann die Flexibilisierung einen Beitrag zur Lebensqualitätssteigerung leisten, aber auch bei mangelnder Vorbereitung und Anpassungsleistung das Gegenteil bewirken[261]. Allgemein ist von einem erhöhten Leistungsdruck und einer Ausdehnung der Kompetenzanforderungen auszugehen. Auch erschwert die Flexibilisierung die Festigung sozialer Beziehungen in der Arbeitswelt.

Gesunde Flexibilisierung

Das Personaleinsatzmanagement muss sich mit Gesundheitsfragen in einer flexibilisierten Arbeitswelt befassen, um Chancen der Flexibilisierung zu nutzen, aber gleichzeitig Risiken zu minimieren[262]. Die Risiken der Hyperflexibilisierung sind vor allem in der einseitigen Überlastung von Subjektqualitäten wie Einsatzbereitschaft, Lebensführung, Kompetenzbildung, Zeitmanagement, Belastbarkeit etc. zu verorten (Jobnomade). Die Elastizität wird von der Organisation auf den Einzelnen überantwortet, was dann positiv mit dem Begriff der Selbstregulation verknüpft wird. Der Philosoph Richard Sennet verdeutlicht aber, dass nicht alle Mitarbeiter erfolgreich sein, sondern daran scheitern werden[263]. Die hohen Burnout-Quoten belegen, dass Flexibilisierung auch seine Schattenseiten hat. Auch nimmt die Gefahr prekärer und atypischer Beschäftigungsverhältnisse zu. Daher muss das Personaleinsatzmanagement Rahmenbedingungen zur Vermeidung der Überforderung schaffen.

4.3 Gestaltung des Personaleinsatzes

Die Bedeutung eines flexiblen und bedarfsgerechten Personaleinsatzes wächst. Fehlbesetzungen und ungeeignete Rahmenbedingungen des Personaleinsatzes wie Ort und Zeit führen jedoch zu „Fehlallokationen". Folgende Empfehlungen zur Gestaltung des Personaleinsatzes können Fehlentwicklungen i. w. S. verhindern:

- Schaffung eines internen Arbeitsmarktes und interner Personalagenturen,
- Flexibilisierung von Ort und Zeit unter Beachtung der Erfordernisse der Organisation und Gesetze sowie der Erwartungen der Beschäftigten (Einsatzelastizität plus Imagewirkung),
- Erhöhung der Passung zwischen Arbeitsinhalten und Kompetenzen der Mitarbeiter,
- systematische Erfassung der Potenziale der Beschäftigten und Erstellung von Kompetenzprofilen, die in Abgleich zu den Stellenprofilen zu bewerten sind,
- Qualifizierung der Mitarbeiter vor allem in Bereichen, die nicht das gesamte Berufsleben betreffen, um Folgeverwendungen zu ermöglichen,
- Ausweitung begleiteter Rotationsmodelle zwecks Erhöhung der Einsatzflexibilität.

Übersicht

Die Abbildung 4-4 bietet eine Übersicht zu Gestaltungsfeldern des Personaleinsatzes. Die Säulen sind Organisation, Inhalt, Ort und Zeit[264)]. Diese sind von einer beanspruchungsoptimalen und ressourcenfördernden Gestaltung der Arbeitsbedingungen zu flankieren[265)]. Personaleinsatz ist nicht nur eine Funktion zur Effizienzsteigerung, sondern weist auch eine soziale Funktion auf (sozialförderliche und ethische Aspekte).

Abb. 4-4: Gestaltungsfelder des Personaleinsatzes

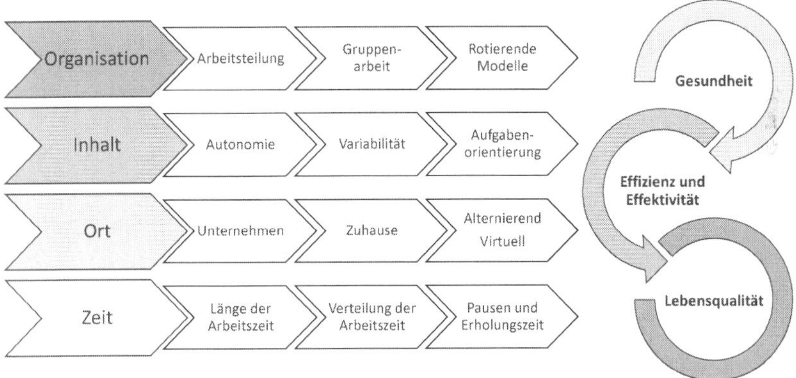

4.3.1 Arbeitsinhalt und Arbeitsort

Um die Produktivität der Mitarbeiter zu steigern und das Handeln der Behörden und Kommunalverwaltungen effizienter zu gestalten, werden Aufgaben in kleine Teilaufgaben gegliedert und einzelnen Mitarbeitern zugeordnet (Arbeitsteilung). Hier lässt sich zwischen Mengen- und Artteilung differenzieren[266)]:

- **Mengenteilung:** horizontale Arbeitsteilung → Die Gesamtmenge wird auf verschiedene Mitarbeiter aufgeteilt; jeder fertigt ein vollständiges Produkt.
- **Artteilung:** vertikale Arbeitsteilung (Spezialisierung) → Der Arbeitsprozess wird in Fragmente zerlegt, dabei wird zwischen planerischen, durchführenden und kontrollierenden Verrichtungen unterschieden; jeder Mitarbeiter führt einen einzigen Arbeitsgang in ständiger Wiederholung durch.

Die im öffentlichen Sektor anzutreffende Spezialisierung bewirkt, dass Beschäftigte einfacher kontrolliert und bei Ausfall ersetzt werden können. Sie führt zu einer Effizienzsteigerung. Diesen Vorteilen der Spezialisierung stehen aber gravierende Nachteile gegenüber: Hochspezialisierte Tätigkeiten sind oftmals eintöniger und bewirken ein Nachlassen der Kreativität, Problemlösungsfähigkeit und Motivation der Beschäftigten[267]. Motivationstheoretische Konzepte wie das Job Characteristics Model offenbaren hier die Bedeutung des Arbeitsinhalts für die Motivation und Arbeitszufriedenheit[268].

Arbeitsinhalt als Humanisierungsstrategie

Arbeitspsychologische Forschungen bestätigen, dass der Arbeitsinhalt eine wichtige Erfolgsgröße darstellt (Primat der Aufgabe)[269]. Die erlebte Bedeutung, der zugeteilte Handlungs- und Entscheidungsspielraum sowie die Passung zwischen Anforderungen und Kompetenzen sind Gestaltungsfaktoren eines qualitativ begründeten, aufgabenorientierten Personaleinsatzes. Die Aufgabenorientierung berücksichtigt Aufgabenmerkmale wie Ganzheitlichkeit, Anforderungsvielfalt, Möglichkeiten zur sozialen Interaktion, Autonomie, Lern- und Entwicklungsmöglichkeiten, Zeitflexibilität, stressfreie Regulierbarkeit der Arbeitsprozesse und Sinnhaftigkeit[270]. Letztere sind von einer Verbesserung der Arbeitsbedingungen zu flankieren[271]. Damit stellen die *Humankriterien* von der Ausführbarkeit und Beeinträchtigungsfreiheit über Gesundheits- bis zur Persönlichkeitsförderlichkeit und Sinnhaftigkeit eine Richtschnur für einen modernen Personaleinsatz dar[272]. Die Humanisierung ist dabei kein Selbstzweck, sondern erweist sich als Notwendigkeit, um der Komplexität der Anforderungen gerecht werden zu können. Viele Aufgaben lassen sich nicht mehr durch hohe Arbeitsteilung erledigen.

Variabilität und Autonomie sind die Zielgrößen eines inhaltlich ausgerichteten Personaleinsatzes: Wie lassen sich die Aufgaben sinnvoll erweitern? Variabilität bezieht sich dabei auf die Vielfalt der Anforderungen, Autonomie auf den Entscheidungsspielraum. Die folgenden Instrumente beziehen sich auch auf die Personalentwicklung und werden dort detailliert dargestellt (siehe Abschnitt 5.2.3)[273]:

- **Job Rotation:** Systematischer und planmäßiger Wechsel von Arbeitstätigkeiten – verändert wird der zeitliche und örtliche Personaleinsatz. Dabei werden die Zuordnungen der Mitarbeiter zu Teilaufgaben bei gleichbleibender Arbeitsteilung variiert.
- **Job Enlargement:** Reduzierung der horizontalen Arbeitsteilung durch Zuordnung weiterer Aufgaben im gleichen Entscheidungssegment = Aufgabenerweiterung durch qualitativ gleichwertige Aufgaben.
- **Job Enrichment:** Reduzierung der vertikalen Arbeitsteilung durch Integration von planerischen, organisatorischen und kontrollierenden Funktionen im Arbeitsvollzug = Aufgabenbereicherung durch qualitativ höherwertigere Tätigkeiten.
- **Teilautonome Gruppen:** In teilautonomen Gruppen werden die Gestaltungsaspekte Rotation, Enlargement und Enrichment durch Übertragung ganzheitlicher Aufgabenstellungen an die Gruppe kombiniert. Diese Gruppen organisieren, gestalten, kontrollieren und verantworten selbstreguliert die Arbeitsvollzüge. Im öffentlichen Sektor können z. B. Projektteams, Qualitäts- und Gesundheitszirkel solche teilautonomen Strukturen aufweisen.

Heimarbeitsplätze, Telearbeitsplätze in diversen Variationen (Teleheimarbeit, alternierende Telearbeit, Telecenter, mobile Telearbeit etc.) bis hin zum Auslandseinsatz (Personalentsendung) kennzeichnen die Breite der Flexibilisierung des Arbeitsortes. Im öffentlichen Sektor ist die *alternierende Telearbeit* in der Verwaltung ein bevorzugtes Konzept des Personaleinsatzes im Kontext der Verwaltungsmodernisierung. Der Mitarbeiter hat einen Arbeitsplatz in der Verwaltung, kann aber zu einem bestimmten Anteil auch Aufgaben zu Hause verrichten[274)]. Die Vorteilhaftigkeit der Ortsflexibilisierung wird mit Aspekten wie Familien- und Bedürfnisorientierung oder Anpassung an schwierige Lebenssituationen begründet. Generell geht man in der Bilanz von einer Steigerung der Arbeits- und Lebensqualität durch Nutzung der Telearbeit aus[275)]. Jedoch hat auch die Telearbeit ihre Kehrseite[276)]: So zeigen Studien, dass u. a. die Arbeitsplatzgestaltung zu Hause, die erhöhten Anforderungen der Familienregulation, der Umgang mit Krankheit, die Verlegung der Arbeitszeit in Erholungszeiten, der Verlust der beruflichen Identität, die Gefahr der sozialen Isolation bis zur Scheinselbstständigkeit Risiken sind, denen man begegnen muss. Viele sind überfordert, da ein hohes Maß an Selbstregulation vonnöten ist, um die Entgrenzung von Arbeit und Familie zu bewältigen. Auch hängt vieles vom arbeitsrechtlichen Status des Telearbeiters ab (Arbeitnehmer, Heimarbeiter, Selbstständiger), denn nur als Arbeitnehmer erfährt der Telearbeiter einen Mindestschutz. Zudem sind die Beteiligung des Personalrates im Planungsstadium zur Einführung der Telearbeit und bei der Gestaltung des Telearbeitsplatzes auch die Umsetzung der Vorschriften der Bildschirmarbeitsverordnung zu beachten[277)].

Die Flexibilisierung des Ortes wird in Anbetracht der technologischen Möglichkeiten zur Virtualisierung zunehmen (virtuelle Arbeitsformen). Auch der ausgelagerte Telearbeitsplatz lässt sich weiter flexibilisieren bis zum Cloud-Arbeitsplatz[278)].

Beispiel: Dienstvereinbarung zur Förderung von Arbeitsplatz- und Arbeitszeitmobilität

In einer Dienstvereinbarung zwischen der Stadt Bochum und dem Personalrat derselben (01.09.2013) werden Eckpunkte für die alternierende Telearbeit definiert und der rechtliche Rahmen festgelegt. Eine Dienstvereinbarung ist zum Schutz der Mitarbeiter notwendig und gibt der Flexibilisierung des Arbeitsortes einen regulatorischen Rahmen z. B. hinsichtlich der Arbeitsplatzgestaltung, Zeiterfassung oder Teilnehmervoraussetzungen.

Als Ziele der Teleheimarbeit definiert die Dienstvereinbarung:

- Familien- und Erwerbsarbeit leichter miteinander vereinbaren zu können,
- die Arbeitszufriedenheit zu erhöhen,
- Fahrzeiten zu reduzieren und somit zur Kosten- und Zeitersparnis bei den Beschäftigten beizutragen und
- die Umwelt zu entlasten,

- die Kosten durch Steigerung der Arbeitseffizienz zu senken und
- Büroflächen und Büroausstattung einzusparen.

4.3.2 Arbeitszeit

„Der Begriff der Arbeitszeit ist in § 2 des Arbeitszeitgesetzes (ArbZG) definiert. Danach gilt als Arbeitszeit die Zeit, die von ‚Beginn bis zum Ende der Arbeit ohne die Ruhepausen' geleistet wird"[279].

In den 70er-Jahren führte der öffentliche Dienst Gleitzeit und Teilzeitmodelle ein und entpuppte sich als Vorreiter moderner Arbeitszeitmodelle. Das klassische Arbeitszeitmodell *„8 Stunden am Tag und 5 Tage die Woche"* ist im Verschwinden begriffen[280]. Begriffe wie Arbeitszeitkorridor oder Langzeitkonten sind im öffentlichen Sektor keine Tabuthemen mehr[281]. Nunmehr hakt es etwas im Vergleich zur Privatwirtschaft. So kommen umfassende Flexibilisierungskonzepte wie Vertrauensarbeitszeit im öffentlichen Sektor kaum voran. Auch andere Instrumente wie das Arbeitszeitkonto sind in ihrer Wirksamkeit durch Regulierung eingeschränkt. Wertguthaben sind aus langfristiger Sicht nur eingeschränkt nutzbar, da Arbeitszeitdifferenzen meist innerhalb eines Jahres ausgeglichen werden. Studien der kontinuierlichen Arbeitszeitberichterstattung offenbaren, dass vor allem Teilzeitmodelle und Arbeitszeitkonten rapide zunehmen. Vertrauensarbeitszeit indes verbreitet sich vergleichsweise nur schleppend[282].

Arbeitszeit ist nicht mehr ein starres Modell. Abhängig von der Organisation lassen sich Unterschiede konstatieren. So sind die Anforderungen an Arbeitszeitmodelle zwischen Verwaltung und Schichtdiensten im Krankenhaus unterschiedlich. Die Vielzahl der Modelle lässt sich nach folgenden Dimensionen differenzieren[283]:

- **Chronometrie:** Länge und Dauer der Arbeitszeit mit dem Ziel einer hohen Gesamtleistung der Mitarbeiter. Dabei sind psychische und physische Grenzen zu beachten. Außerdem wird die maximale Arbeitszeitdauer durch das Arbeitszeitgesetz beschränkt (z. B. § 3 ArbZG). Abweichungen werden durch Tarifvertrag oder Dienstvereinbarung geregelt. Dabei sind Sonderregelungen bei bestimmten Gruppen wie Jugendliche (§§ 8 ff. JArbSchG), Schwangere (§ 8 MuSchG) und Schwerbehinderte (§ 124 SGB IX) zu beachten.
- **Chronologie:** Lage der Arbeitszeit unter Berücksichtigung der Leistungsschwankungen der Mitarbeiter im Tagesablauf und der Balance zwischen Arbeits- und Privatzeit. Die Lage wird durch Tarifvertrag, Dienstvereinbarung oder Weisung des Arbeitgebers unter Beachtung des Mitbestimmungsrechts geregelt. Für Sonn- und Feiertage besteht ein Beschäftigungsverbot (§ 9 ArbZG), wobei der § 10 Ausnahmen zulässt.
- **Arbeitspausen:** Ausreichende Erholungszeiten innerhalb der Arbeitszeit und zwischen Arbeitsphasen sind einzuhalten (§ 4 ArbZG). So dürfen beispielsweise Mitarbeiter nicht länger als sechs Stunden hintereinander ohne Ruhepausen arbeiten.

- **Flexibilisierungsvarianten:** Sie werden in den Arbeitszeitmodellen beschrieben. Eine Flexibilisierung in Bezug auf die Gestaltung der Arbeitszeit wirkt sich positiv auf Leistung und Zufriedenheit aus, kann aber bei eingeschränkter Selbstregulation und bei Missbrauch der Flexibilisierung zu Belastungen mit negativen Auswirkungen auf Gesundheit, Wohlbefinden und zu sozialen Störungen führen. Neben dem Arbeitszeitgesetz ist hier das Gesetz über Teilzeitarbeit und befristete Arbeitsverträge (TzBfG) zu beachten.

Die Abbildung 4-5 stellt die Grundformen der Arbeitszeitgestaltung vor[284].

Abb. 4-5: Grundformen der Arbeitszeitgestaltung

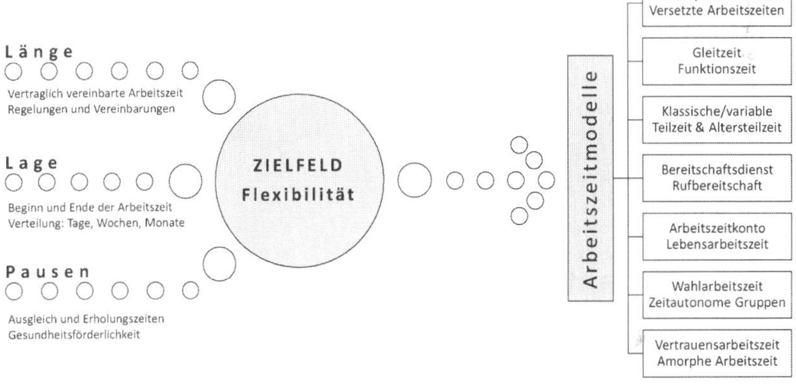

Arbeitszeitmodelle

Einige Modelle verdeutlichen das Spektrum der Flexibilisierung[285]:

- **Altersteilzeit:** Hier existieren verschiedene Modelle. Ihr Ziel ist es, Arbeitnehmern nach Vollendung des 55. Lebensjahres die Möglichkeit einzuräumen, ihre Arbeitszeit um 50 Prozent zu verringern. Dabei kann der Arbeitnehmer von Anfang an auf 50 Prozent reduzieren, er arbeitet zunächst 100 Prozent und dann gar nicht mehr (Blockaltersteilzeit), oder es erfolgt eine schrittweise Reduktion über den Zeitraum der Altersteilzeit. Ein Arbeitszeitkonto ist außer bei der Blockaltersteilzeit notwendig. Rechtlich gilt das Altersteilzeitgesetz.
- **Arbeitszeitkonto:** Es handelt sich um ein Sparbuch für Arbeitszeit, wo Haben und Soll erfasst werden. Man arbeitet z. B. Vollzeit und bekommt Teilzeit bezahlt. Die Differenz wird als Zeit- oder Geldguthaben auf einem Langzeitkonto angespart. Dies kann für längere Freistellungsphasen unter Beibehaltung des Gehalts genutzt werden. Eine Kann-Bestimmung zur Ausgestaltung findet sich in § 10 TVöD.

- **Bereitschaftsdienst:** In Krankenhäusern oder bei der Feuerwehr kommt es vor, dass sich Mitarbeiter an einem vom Arbeitgeber bestimmten Ort aufhalten müssen, um zeitnah bei Bedarf die Arbeit aufnehmen zu können. Bereitschaftsdienst gilt hier als Arbeitszeit.
- **Funktionszeit:** Es handelt sich um eine Variante des Gleitzeitmodells mit betrieblich vereinbarten Funktionszeiten. Dabei besteht keine verpflichtende Anwesenheitszeit mehr für jeden einzelnen Mitarbeiter. Im Team wird die Arbeitszeit geplant und gemeinsam vereinbart (zeitautonome Arbeitsgruppe). Die Vereinbarung muss sich an den rechtlichen Rahmen halten (Tarif- und Arbeitszeitrecht). Dieses Modell erfordert die Einrichtung eines Arbeitszeitkontos für jeden Mitarbeiter.
- **Geteilter Dienst:** Beim geteilten Dienst arbeitet der Beschäftigte z. B. am Morgen und frühen Vormittag einige Stunden, hat dann eine mehrstündige Pause und arbeitet erneut am späten Nachmittag und frühen Abend. Zum Einsatz kommt diese Arbeitszeitform beispielsweise in Jugendheimen, um die Arbeitszeit an die Anwesenheitszeit der Jugendlichen anzupassen. Für die Beschäftigten ist diese Arbeitszeitform mit erheblichen Beeinträchtigungen des Privatlebens verbunden.
- **Gleitzeit:** Ein großes Arbeitszeitfenster (z. B. von 6 bis 20 Uhr) ermöglicht, eine individuelle Gestaltung der Arbeitszeit. Dabei werden Kernarbeitszeiten und Gleitzeitspannen festgelegt. Während der Kernarbeitszeit besteht Anwesenheitspflicht, in den Gleitzeitspannen kann der Arbeitnehmer seine Arbeitszeit individuell gestalten. Das Arbeitszeitkonto darf jedoch regelmäßig nur ein eng begrenztes Guthaben oder Defizit aufweisen.
- **Jahresarbeitszeit:** Die jährliche Sollarbeitszeit wird gemeinsam vereinbart. Da der Arbeitsanfall im Jahresablauf oft variiert, werden diese Schwankungen ausgeglichen, indem in der Spitzenzeit mehr und in der Flaute weniger gearbeitet wird. Das Arbeitsentgelt bleibt davon unberührt und wird in gleichen Beträgen ausgezahlt. Dabei dürfen die vom Arbeitszeitgesetz vorgeschriebenen Höchstgrenzen für die tägliche Arbeitszeit nicht überschritten werden. Der Arbeitszeitsaldo sollte nach zwölf Monaten ausgeglichen sein.
- **Job-Sharing:** Hier teilen sich mehrere Arbeitnehmer einen Arbeitsplatz und die Arbeitszeit. Die Verteilung regeln die Job-Sharer untereinander innerhalb des gesetzlichen Arbeitszeitrahmens. Bei Schwierigkeiten muss der Vorgesetzte eingreifen. Koordination und Vertrauen zwischen den Mitarbeitern sind notwendig.
- **Kurzarbeit:** Hierbei handelt es sich um ein Instrument zur Reduktion der betriebsüblichen Arbeitszeit, um konjunkturelle Schwankungen zu kompensieren und damit Entlassungen zu vermeiden. Kurzarbeit ist auf sechs Monate begrenzt, kann aber unter bestimmten Umständen auf bis zu 24 Monate ausgedehnt werden. Das Unternehmen bezahlt dann nur die tatsächlich geleistete Arbeitszeit, während die Bundesanstalt für Arbeit

einen Ausgleich an die Betroffenen übernimmt. Dies ist im Sozialgesetzbuch III in § 169 ff. geregelt.

- **Lebensarbeitszeit:** Damit ist das Zeitfenster vom Berufseintritt bis zum Ruhestand gemeint. Innerhalb dieser Zeit ergeben sich Phasen, in denen der Beschäftigte mehr oder weniger arbeiten möchte. Dies lässt sich durch ein Lebensarbeitszeitkonto ermöglichen. So kann ein Zeitguthaben unter Beachtung der arbeitszeitrechtlichen Einschränkungen erwirtschaftet werden, das zur längeren bezahlten Auszeit führt (Sabbaticals bzw. Blockfreizeiten). Organisationen können damit nicht nur ihre Attraktivität steigern, sondern auch langzyklische Auslastungsschwankungen kompensieren. Dabei sind Regelungen des Teilzeit- und Befristungsgesetzes je nach Ausgestaltung des Modells zu beachten. Vorkehrungen zur Absicherung des Wertguthabens durch Veränderungen wie Insolvenz sind zu treffen (Gesetz zur sozialrechtlichen Absicherung flexibler Arbeitszeitregelungen).
- **Mehrarbeit:** Von Mehrarbeit wird gesprochen, wenn der Beschäftigte länger als die gesetzlich, tariflich oder vertraglich vereinbarte Arbeitszeit arbeitet. Mehrarbeit ist keine sozialverträgliche Flexibilisierungsform, da die Bedürfnisse der Mitarbeiter hier nicht im Vordergrund stehen. Zur kurzfristigen Kompensation von Auftragsspitzen ist Mehrarbeit verbreitet, sollte aber nicht zur Regel werden, denn die Mitarbeiter haben kaum Gelegenheit, diese in Freizeit auszugleichen. Wirtschaftlich ist das Konzept ebenfalls kritisch zu bewerten, da zusätzliche Vergütungen anfallen. Zudem kann Mehrarbeit Sicherheit und Gesundheit der Mitarbeiter gefährden und zur Ermüdung führen.
- **Nacht- und Schichtarbeit:** Bei den technischen Betrieben ist es erforderlich, die Betriebszeiten zu verlängern. Dabei ist die Arbeit entweder zu wechselnden wie Wechselschicht oder zu konstanten, aber ungewöhnlichen Zeiten wie Dauernachtarbeit abzubilden. Schichtarbeitsmodelle unterscheiden sich im Hinblick auf Zyklen, Dauer und Wechsel. In der Wechselschicht wird im Zwei- oder Drei-Schicht-Modell gearbeitet. So können Wechsel zwischen Früh-, Spät- und Nachtschicht erfolgen. Eine Alternative zu kostenintensiven Schichtmodellen ist die versetzte Arbeitszeit. Die Nachteile der Schichtmodelle sind bekannt. Vorrangig sind gesundheitliche Probleme im Zusammenhang mit Schichtmodellen zu nennen[286)]. Hier sind neben körperlichen vor allem psychische Probleme wie Ermüdung oder Konzentrationsstörungen aufzuführen. Zudem kann es zu Störungen im sozialen Umfeld kommen. Wenn Schichtarbeit nicht durch andere Modelle abgeschafft werden kann, sollte der Arbeitgeber im Sinne des Arbeitszeitgesetzes präventive Maßnahmen ergreifen und Nacht- und Schichtarbeit nach den arbeitswissenschaftlichen Erkenntnissen gestalten. So können eine intelligente Schichtplanung unter Berücksichtigung ausreichender Erholungszeiten und eine langfristige Planung der Schichten helfen Belastungen abzubauen (z. B. vorwärts rotierende Schichtsysteme, Frühschicht keine „Fast-Nachtschicht“, nicht mehr als

drei Nachtschichten hintereinander, nach Nachtschicht möglichst 24 Stunden Freizeit, Erhöhung des Erholungswerts zusammenhängender freier Tage).

- **Rufbereitschaft:** Bei der Rufbereitschaft kann sich der Beschäftigte an einem selbstgewählten Ort, den er dem Arbeitgeber mitteilt, aufhalten. Im Regelfall wird die Rufbereitschaft zusätzlich zur vereinbarten Arbeitszeit geleistet. Sie ist keine Arbeitszeit und wird nicht vom Arbeitszeitgesetz reguliert. Falls es zum Einsatz kommt, sind die Grenzen der Höchstarbeitszeit (zehn Stunden) und die Ruhezeiten (elf Stunden) einzuhalten.
- **Teilzeit:** Es wird zwischen klassischer und variabler Teilzeit differenziert. Bei der klassischen Teilzeit wird die tägliche Arbeitszeit reduziert (z. B. fünf Tage à sechs Stunden). Aufgrund der Regelmäßigkeit und Planbarkeit ist dies z. B. positiv für die Kinderbetreuung. Bekannt ist vor allem die klassische Halbtagsarbeit. Daneben gibt es aber auch viele andere Zeitkontingente zwischen zehn und 30 Stunden. Bei der variablen Teilzeit wird die wöchentliche Arbeitszeit auf zwei bis sechs Tage verteilt, wobei täglich, wöchentlich und monatlich die Stundenzahl variieren kann (z. B. zwei Tage ganztags, ein Tag halbtags). Der Planungsaufwand für den Personaleinsatz ist relativ hoch. Zudem resultiert hieraus ein höheres Fehlerrisiko aufgrund der größeren Anzahl an Übergaben.
- **Telearbeit:** Die Telearbeit ist im Rahmen der Flexibilisierung des Arbeitsortes vorgestellt worden. Sie betrifft auch die Arbeitszeit, da oftmals eine Entkoppelung der Arbeitszeit von den typischen Bürozeiten erfolgt. Es besteht die Gefahr, dass Mitarbeiter aufgrund mangelnder Selbstorganisation die Arbeitszeit in die Erholungszeiten zum Abend oder zur Nacht verlegen mit Folgen für die Gesundheit. Auch steigt der Präsentismus, also die Bereitschaft, krank zum Arbeitsplatz zu gehen. Die Arbeitszeiterfassung erfolgt selbstständig durch den Mitarbeiter. Das Arbeitszeitgesetz gilt für Normalbeschäftigte auch bei der Telearbeit, jedoch ist die Kontrolle eingeschränkt bzw. erschwert.
- **Versetzte Arbeitszeit:** Damit lassen sich Betriebszeiten kostengünstig ausweiten, ohne ein Schichtmodell einzuführen. Den Beschäftigten werden verschiedene Arbeitsblöcke mit festen Anfangs- und Endzeiten angeboten. Diese Arbeitsblöcke umfassen den gesamten täglichen Betriebszeitbedarf (Staffelarbeitszeit). Meist ist das Verfahren jedoch für die Mitarbeiter eher starr (Bindung mindestens für ein Quartal).
- **Vertrauensarbeitszeit:** Hier besteht größtmögliche Autonomie – sowohl was die formale Zeiterfassung als auch die Anwesenheitskontrolle betrifft. Ausschlaggebend sind die Erfüllung von Aufgaben bzw. das Erreichen der Ziele (ergebnisorientierte Arbeitszeit). Damit wird oft auch der Arbeitsort flexibilisiert. Grundlage bleibt für die Vergütung die tarifvertraglich geregelte Arbeitszeit. Auf dieses Modell sollte nur zurückgegriffen werden, wenn Gleitzeit oder Arbeitszeitkonten nicht den gewünschten Effekt erreichen, denn es verlangt viel Vertrauen, Selbstmanagement und Teamfähigkeit. Außerdem besteht das Risiko der „Ausnutzung" der

Zeitsouveränität. Der Koordinationsaufwand fällt erheblich höher aus. Zudem besteht die Gefahr der fehlenden Entgrenzung von Freizeit und Beruf.

- **Wahlarbeitszeit:** Sie wird auch als modulare Arbeitszeit bezeichnet. Beschäftigte können ihre Arbeitszeit freiwillig ohne Lohnausgleich reduzieren bzw. flexibilisieren. Der Personalbedarf bestimmt sich aus der zu erwartenden Kundenanfrage. Dieser wird rechtzeitig als Plan ausgehängt, sodass die Mitarbeiter die Möglichkeit haben, in Abstimmung untereinander und mit der Führungskraft die Einsatzzeiten zu verteilen. Wenn Zeitfenster übernommen werden, besteht Anwesenheitspflicht. Problematisch ist, dass bisweilen die Einigung innerhalb der Belegschaft bei analogen Tagesabläufen schwierig wird.

Beispiel:

In der Bundesverwaltung existieren mehrere Teilzeitmodelle.

Teilzeitmodelle für die öffentliche Verwaltung		Invest Sabbatical	Vollzeit wird gearbeitet, aber nur Teilzeit bezahlt; Differenz für freie Zeitblöcke
Classic	tägliche stundenweise Reduktion der Arbeitszeit	Team	Abstimmung der persönlichen Arbeitszeiten auf Teamebene
Classic Vario	Verteilung der wöchentlichen Arbeitszeit auf 2 bis 5 Tage	Saison	Ausgleich von Über- und Unterlastungen bei saisonalen Schwankungen
Jobsharing	zwei Arbeitnehmer teilen sich eigenverantwortlich eine Stelle	Home	Arbeiten in Teilzeit von zu Hause

URL: http://www.faireinbarkeit.de/download/infoblaetter/teilzeit-info.pdf

http://www.bmas.de/DE/Themen/Arbeitsrecht/Teilzeit-und-Arbeitszeitmodelle/inhalt.html (Stand 02/2014)

Im Zusammenhang mit der Vertrauensarbeitszeit wird deutlich, dass in zunehmendem Maße beim Personaleinsatzmanagement die Verteilung der Arbeitszeit offen gelassen wird[287)]. Neben dem Wegfall personenbezogener Arbeitszeit- und Anwesenheitsvorgaben verzichtet auch der Arbeitgeber auf eine formale Arbeitszeiterfassung bei Aufrechterhaltung der tariflich oder vertraglich vereinbarten Arbeitszeit. Leistung bedeutet hier nicht zeitliche Anwesenheit, sondern Ergebnisorientierung. Der Arbeitnehmer muss sein dem Arbeitgeber geschuldetes Arbeitszeitvolumen erbringen, entscheidet aber innerhalb eines Bezugszeitraums völlig frei, wie diese Arbeitszeit verteilt wird. Diese Form der Deregulierung ist in der Praxis eher noch ein Ausnahmefall und gipfelt im Arbeitszeitsystem „Arbeitszeitfreiheit". Dort geht es nicht mehr um die Ableistung einer festgelegten Stundenzahl, sondern um die Erfüllung der Aufgabe, ohne dass ein Ausgleichsanspruch für verlängerte Arbeitszeiten oder eine Nachleistungspflicht für verkürzte Arbeitszeiten besteht[288)].

Viele Organisationen springen auf den Zug der Arbeitszeitflexibilisierung auf, denn es zeichnen sich Vorteile ab[289]:

- **Erhöhung der Arbeitgeberattraktivität:** In Anbetracht des Fachkräftemangels sind klassische Anreize nicht mehr bei der Rekrutierung und Bindung die einzigen Erfolgsfaktoren, sondern die Arbeitsbedingungen. Der wichtigste Bedingungsfaktor ist die Arbeitszeit.
- **Sinkende Fluktuation:** Mitarbeiter, die ihre Familien- und Freizeit mit der Arbeitszeit in Waage halten können, entwickeln für ihre Organisation ein hohes Commitment. Damit wird Arbeitszeitflexibilisierung zum Instrument des Bleibe- bzw. Retentionsmanagements.
- **Abfederung konjunktureller Schwankungen:** Die Auftragslagen wandeln sich. Daher ist es wichtig, Arbeitszeit dann abrufen zu können, wenn der Bedarf auch gegeben ist. Zudem meidet man dadurch Leer- und Überstunden, die sich als kostenintensiv herausstellen.
- **Geringere Fehlzeiten:** Dadurch, dass die Mitarbeiter ihren Verbindlichkeiten außerhalb der Arbeitswelt durch flexible Arbeitszeitmodelle besser gerecht werden können, sinkt auch die Wahrscheinlichkeit für Fehlzeiten.
- **Ausdehnung von Betriebszeiten:** Flexible Arbeitszeitmodelle bewirken, dass Öffnungs-, Ansprech- oder Produktionszeiten verlängert bzw. an den Bedarf angepasst werden.
- **Vermeidung von Mehrarbeit:** So können vorausschauende Flexibilisierungs- und Zeitbudgetmodelle zuschlagspflichtige Mehrarbeit vermeiden helfen.

Jedoch können mit der Arbeitszeitflexibilisierung vielfältige Probleme entstehen (siehe Abschnitt 4.2.2). Zusammenfassend sind hier zu nennen:

- Notwendigkeit vorausschauender Jahresplanung,
- erhöhter Koordinationsaufwand bei Übergaben und Personaleinsatzplanung,
- ggf. hohe Belastung der Beschäftigten durch Anhäufung von Arbeitsstunden (daher sind hier Grenzwerte im Sinne eines Zeitkorridors der Minus- und Plusstunden festzulegen),
- Überforderung von Mitarbeitern durch Defizite in der Selbstregulation (Beispiel Telearbeit) und
- Entgrenzung zwischen Arbeit und Freizeit mit psychosozialen Auswirkungen.

5. Personalentwicklung

Wenn die öffentliche Verwaltung das Leitbild eines leistungsfähigen und effizienten Dienstleistungsunternehmens mit modernen Strukturen und Abläufen anstrebt, muss sie die Kompetenzen und Qualifikationen der Beschäftigten so stärken, dass diese den damit verbundenen Anforderungen gerecht werden können. Personalentwicklung dient einem doppelten Zweck: Dem einzelnen Beschäftigten werden Lern- und Entwicklungschancen offeriert, die ihm das Zurechtfinden in einer sich permanent ändernden Arbeitswelt ermöglichen. Darüber hinaus dient Personalentwicklung der Organisation selbst, indem die Einsetzbarkeit der Mitarbeiter innerhalb der Behörde erhöht wird. Hierzu sind Bedarfe der Organisation zu ermitteln, Leistungspotenziale der Beschäftigten zu analysieren, Ziele abzustecken und Personalentwicklungsmaßnahmen bedarfsgerecht zu veranlassen. Anschließend ist der Erfolg von Personalentwicklung zu messen und zu bewerten.

Ob Personalentwicklung stattfinden kann, hängt nicht nur von der Bereitschaft des Einzelnen ab, zu lernen und sich zu verändern, sondern in besonderem Maße vom Lernumfeld. Eine wichtige Voraussetzung ist, dass die Organisation dem lern- und veränderungsbereiten Beschäftigten ein attraktives Wissens- und Erfahrungsumfeld mit entsprechenden Entwicklungsanreizen zur Verfügung stellt. Ist ein förderndes Lernumfeld gegeben, kann Personalentwicklung auch Einfluss auf die individuellen Berufsverläufe der Beschäftigten nehmen sowie auf die Organisation, deren Kultur und deren Funktionieren[290)]. Personalentwicklungsaktivitäten sollten nicht nur auf das eigene Personal ausgerichtet sein, sondern auch die Zielgruppe der ehrenamtlich Tätigen (vgl. Abschnitt 1.2) einschließen, denn „...ehrenamtliches Engagement nährt sich primär aus einer inneren Motivation und weniger aus fachspezifischen Vorerfahrungen“[291)].

5.1 Gegenstand und Ziele

5.1.1 Begriffsbestimmung

Enge Begriffsfassungen begrenzen Personalentwicklung auf die Dimension der Bildung. *Bildung* umfasst dabei die Vermittlung von Qualifikationen, die für die Wahrnehmung einer bestimmten Aufgabe erforderlich sind[292)]. Diese Definition entspricht dem in der Praxis häufig anzutreffenden Begriffsverständnis. „Bildung als der Bereich, der auf Begründung, den Erhalt und die Erweiterung des Wissens zielt, ist und bleibt ein fundamentaler Bestandteil der Personalentwicklung, aber er ist nicht mehr der Einzige“[293)]. Typische Instrumente der Personalbildung sind die Berufsausbildung sowie Maßnahmen der Weiterbildung und Fortbildung. *Weite* Definitionen von Personalentwicklung gehen davon aus, dass Personalentwicklung umfängliche Qualifikationen und Kompetenzen vermittelt, „...die zur optimalen Verrichtung aller derzeitigen und zukünftigen Aufgaben erforderlich sind sowie beruflich, persönlich und sozial förderlich sind“[294].

„Unter Personalentwicklung [in einem umfassenden Verständnis (Ergänzung der Verfasser)] ist eine Summe von Tätigkeiten zu verstehen, die für das Personal nach einem einheitlichen Konzept systematisch vollzogen werden. Sie haben in Bezug auf einzelne Mitarbeiter aller Hierarchie-Ebenen eines Betriebes Veränderungen ihrer Qualifikationen und/oder Leistungen durch Bildung, Karriereplanung und Arbeitsstrukturierung zum Gegenstand“[295].

Personalentwicklung als Handlungsfeld des Personalmanagements umfasst über die bereits charakterisierte Personalbildung hinaus Personalfördermaßnahmen sowie Maßnahmen der Arbeitsstrukturierung. Die *Personalförderung* zielt auf unterstützende, entwickelnde Angebote und Möglichkeiten für die Mitarbeiter einer Organisation ab. Es geht weniger darum, Wissen zu vermitteln, als darum, Kompetenzen zu entwickeln (zum Begriff der Kompetenzen vgl. Abschnitt „Zielbereiche“)[296]. Personalförderung berücksichtigt die persönlichen Interessen und Neigungen der Beschäftigten, ihre Motivation[297]. Personalfördermaßnahmen sind beispielsweise Traineeprogramme, Führungskräftenachwuchstrainings, Coaching und Supervision sowie Teamentwicklung. „Unter *Arbeitsstrukturierung* ist die Gestaltung von Inhalt, Umfeld und Bedingungen der Arbeit auf der Ebene eines Arbeitsplatzes innerhalb einer konkreten Arbeitssituation zu verstehen“[298]. Personalentwicklung wird demnach angestoßen, indem die Struktur der Arbeit oder des Arbeitsplatzes variiert wird. Auch andere Handlungsfelder des Personalmanagements befassen sich mit der Arbeitsstrukturierung, insbesondere der Personaleinsatz, jedoch aus einer anderen Aufgabenstellung heraus. Im Zusammenhang mit Personalentwicklung setzt man Maßnahmen der Arbeitsstrukturierung wie etwa Job Rotation, Job Enlargement und Job Enrichment bewusst ein, um die Entwicklung neuer Fertigkeiten und Fähigkeiten zu ermöglichen[299].

Aktive Lernprozesse der Beschäftigten beeinflussen stets auch die Entwicklung der gesamten Organisation. Organisationsentwicklung beinhaltet aber weit mehr; hierbei handelt es sich um eine Form geplanten Wandels, der organisationsweite strukturelle Veränderungsprozesse einleitet und unterstützt. Abbildung 5-1[300] veranschaulicht die Zusammenhänge von Personalentwicklung und Organisationsentwicklung[XII]).

XII) Becker (2009, S. 3 ff.) kommt zu dem Ergebnis, dass man die Organisationsentwicklung als Personalentwicklung im weiten Sinne und damit als Teil der Personalentwicklung verstehen kann. Dieser Auffassung wird aus den zuvor genannten Gründen nicht gefolgt. Weitere Erörterungen folgen in Abschnitt 5.4 (vgl. auch Bröckermann, 2012, S. 310 f.; Müller-Vorbrüggen, 2010, S. 12).

Abb. 5-1: Zusammenhang von Personal- und Organisationsentwicklung

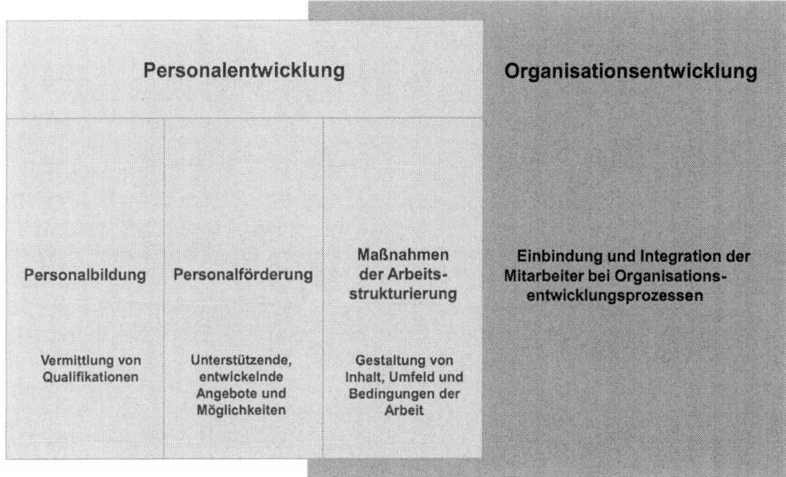

5.1.2 Ziele der Personalentwicklung

Die Grundmaxime des Personalmanagements, gleichermaßen Ziele des Arbeitgebers sowie Ziele der Mitarbeiter anzustreben (vgl. Kapitel 1), gilt auch für das Handlungsfeld der Personalentwicklung. In der folgenden Abbildung sind wesentliche Personalentwicklungsziele gegenübergestellt[301)].

Abb. 5-2: Ziele der Personalentwicklung

Ziele der Personalentwicklung aus Sicht ...	
... der Behörde	**... des Personals**
– Verbesserung der Arbeitsleistung des Personals – langfristige Sicherung des Bedarfs an qualifiziertem Fach- und Führungspersonal – Erhöhen der Anpassungsfähigkeit des Personals hinsichtlich neuer Anforderungen – Erhöhung der innerbetrieblichen Kooperation und Kommunikation – Imageverbesserung der Behörde – Steigerung der Identifikation der Führungskräfte und Mitarbeiter mit den Behördenzielen	– Steigerung der Motivation und der Arbeitszufriedenheit – Gewährleisten von Möglichkeiten zur Verbesserung persönlicher und fachlicher Qualifikationen – Verbesserung der Karrieremöglichkeiten – Erhöhung der Flexibilität und Mobilität – Schaffen von Möglichkeiten zum beruflichen Weiterkommen, z. B. durch die Übernahme neuer Aufgaben mit mehr Verantwortung – Erhöhung des persönlichen Prestiges – Entwicklung der Selbstorganisationsfähigkeit

Personalentwicklung dient keinem Selbstzweck; sie soll vor allem die Zielerreichung der Behörde unterstützen.

5.1.3 Erwerb von Kompetenzen

Personalentwicklungsmaßnahmen zielen auf den Erwerb von Qualifikationen und darüber hinausgehend Kompetenzen[XIII]) ab, um in konkreten Anforderungssituationen sicher handeln zu können. Die *Qualifikation* einer Person umfasst die Gesamtheit der Fähigkeiten, Kenntnisse und Fertigkeiten, über die sie verfügt oder verfügen muss, um die Anforderungen einer bestimmten beruflichen Tätigkeit bewältigen zu können[302)]. „Mit der Vermittlung von Qualifikationen werden Beschäftigte für den betrieblichen Alltag fit gemacht“[303)]. Der Begriff *Kompetenzen* ist weiter gefasst und schließt über den Erwerb von Qualifikationen hinaus überfachliche Fähigkeiten und Fertigkeiten wie Methodenwissen und Sozialkompetenz ein[304)]. Diese weitergehenden Kompetenzen sind nicht direkt überprüfbar; sie lassen sich nur aus der Handlungsausführung erschließen[305)]. Folgende Dimensionen der Kompetenz lassen sich unterscheiden (siehe auch Abbildung 5-3):

Fachkompetenz (syn. Qualifikation) umfasst alle erforderlichen fachlichen Fähigkeiten, Kenntnisse und Fertigkeiten zur Bewältigung konkreter beruflicher Aufgaben, z. B.

- betriebswirtschaftliche Kenntnisse,
- Kenntnisse zum Sozialrecht, Baurecht etc.

Methodenkompetenz beinhaltet die Fähigkeit, erworbene Fachkompetenzen in komplexen Arbeitssituationen anhand entsprechender Arbeits- und Managementmethoden zielorientiert einzusetzen. Hierunter wird auch der immer bedeutsamer werdende Umgang mit modernen Kommunikationsmitteln und Social-Media-Anwendungen (Medienkompetenz) gefasst[306)]. Methodenkompetenz wird beispielsweise durch den Erwerb von Kenntnissen zu folgenden Techniken erlangt:

- Projektmanagement,
- Präsentations- und Moderationstechniken.

Sozialkompetenz ist die Fähigkeit, mit Vorgesetzten, Mitarbeitern, Kollegen und Kunden zusammenzuarbeiten und zu einem guten Betriebsklima beizutragen. Beispiele sind:

- Kommunikationsfähigkeit,
- Konfliktfähigkeit.

XIII) Abzugrenzen ist der Kompetenzbegriff, der im Zusammenhang mit Personalentwicklung interessiert, von der organisatorischen Kompetenz. Diese bezieht sich auf die einem Stelleninhaber formal übertragenen Rechte und Befugnisse, z. B. die Auftragsvergabe von Lieferungen und Leistungen bis zu einer bestimmten Auftragshöhe (vgl. Gourmelon, Mroß & Seidel, 2011, S. 119 f.).

Handlungskompetenz erwächst aus dem Zusammenwirken von Fach-, Methoden- sowie Sozialkompetenz. Handlungskompetenz ist dabei die Fähigkeit einer Person,

1. bestimmte Situationsanforderungen sowie die zur Verfügung stehenden eigenen Fähigkeiten und Kenntnisse subjektiv zu bewerten und
2. auf dieser Basis allein oder im Zusammenwirken mit anderen ein zweckmäßiges Handlungsprogramm zu erarbeiten, umzusetzen und anschließend zu bewerten[307)].

Abb. 5-3: Zielbereiche der Personalentwicklung

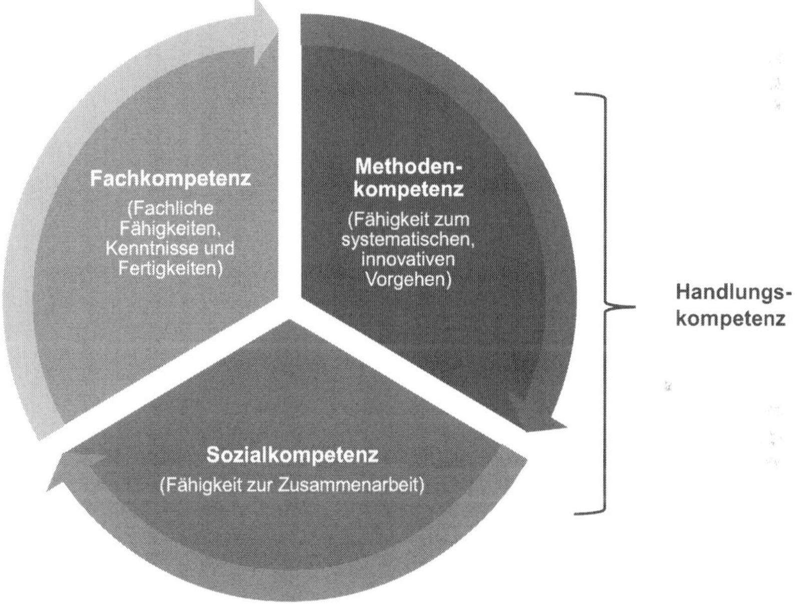

5.1.4 Träger der Personalentwicklung

Die Personalentwicklung ist ein Tätigkeitsfeld des Personalmanagements, in das viele Akteure involviert sind. Die Festlegung strategischer Schwerpunkte sowie des Budgetrahmens wird durch die Behördenleitung initiiert. Der zentrale Personalbereich ist für die Konzeption, Einführung, Umsetzung und Evaluation der Personalentwicklung zuständig. Dem Personalrat stehen Beteiligungsrechte nach dem Personalvertretungsgesetz zu. Nachfolgend ist beispielhaft ein Auszug aus dem Landespersonalvertretungsgesetz NRW wiedergegeben, der die mitbestimmungspflichtigen Angelegenheiten benennt:

Personalvertretungsgesetz für das Land Nordrhein-Westfalen
– Landespersonalvertretungsgesetz – LPVG –

Beteiligungspflichtige Angelegenheiten
§72

(4) Der Personalrat hat, soweit eine gesetzliche oder tarifliche Regelung nicht besteht, mitzubestimmen über

Ziff. 13 Grundsätze über die Durchführung der Berufsausbildung der Beschäftigten,

Ziff. 16 allgemeine Fragen der Fortbildung der Beschäftigten, Auswahl der Teilnehmerinnen und Teilnehmer an Fortbildungsveranstaltungen.

Darüber hinaus sind die Führungskräfte und die teilnehmenden Mitarbeiter involviert, da diese in Bezug auf ihre Verantwortungsbereiche unmittelbare Kenntnisse zu erforderlichen Personalentwicklungsmaßnahmen besitzen.

5.2 Personalentwicklungsmaßnahmen

Auf der Grundlage der Personalentwicklungsplanung (vgl. Abschnitt 5.5) werden konkrete Personalentwicklungsmaßnahmen initiiert. Wirksame Personalentwicklung bedient sich einer Vielfalt von Maßnahmen und Instrumenten. Die Maßnahmen haben sich dabei jeweils an den individuellen Bedürfnissen der Mitarbeiter zu orientieren. Die einzelnen Instrumente lassen sich den Funktionsbereichen Personalbildung, Personalförderung und Arbeitsstrukturierung zuordnen. Für den öffentlichen Sektor relevante Personalentwicklungsmaßnahmen sind in Abbildung 5-4 im Überblick verdeutlicht.

Abb. 5-4: Personalentwicklungsmaßnahmen im Überblick

Personalbildung	Personalförderung	Maßnahmen der Arbeitsstrukturierung
Formen Berufsausbildung Weiterbildung Fortbildung Umschulung	**Formen** Praktikum Traineeprogramm Personaleinführung Karriereplanung Nachfolgeplanung	Job Enlargement Job Rotation Job Enrichment Projektarbeit Qualitätszirkel
Methoden Präsenzveranstaltungen E-Learning Blended Learning Selbststudium	**Methoden** Unterweisung am Arbeitsplatz Mentoring und Patenschaft Coaching Supervision Stellvertretung	

5.2.1 Personalbildung

Formen der beruflichen Personalbildung – Ausbildung, Weiterbildung, Fortbildung und Umschulung

Berufliche Personalbildung umfasst alle Maßnahmen, die darauf abzielen, berufliche Fertigkeiten, Kenntnisse und Fähigkeiten festzustellen, zu vermitteln, zu erhalten sowie der technischen Entwicklung anzupassen. Eingeschlossen sind Maßnahmen, die dem beruflichen Aufstieg dienen[308)]. Das Berufsbildungsgesetz (BBiG) soll an dieser Stelle zur Begriffsbestimmung herangezogen werden. Es differenziert die Personalbildung in Berufsausbildung, Fortbildung und Umschulung:

Berufsbildungsgesetz (BBiG)

§ 1 Ziele und Begriffe der Berufsbildung

(1) Berufsbildung im Sinne dieses Gesetzes sind die Berufsausbildungsvorbereitung, die Berufsausbildung, die berufliche Fortbildung und die berufliche Umschulung.

(2) Die Berufsausbildungsvorbereitung dient dem Ziel, durch die Vermittlung von Grundlagen für den Erwerb beruflicher Handlungsfähigkeit an eine Berufsausbildung in einem anerkannten Ausbildungsberuf heranzuführen.

(3) Die Berufsausbildung hat die für die Ausübung einer qualifizierten beruflichen Tätigkeit in einer sich wandelnden Arbeitswelt notwendigen beruflichen Fertigkeiten, Kenntnisse und Fähigkeiten (berufliche Handlungsfähigkeit) in einem geordneten Ausbildungsgang zu vermitteln. Sie hat ferner den Erwerb der erforderlichen Berufserfahrungen zu ermöglichen.

(4) Die berufliche Fortbildung soll es ermöglichen, die berufliche Handlungsfähigkeit zu erhalten und anzupassen oder zu erweitern und beruflich aufzusteigen.

(5) Die berufliche Umschulung soll zu einer anderen beruflichen Tätigkeit befähigen.

Zunächst sollen die genannten Begriffe voneinander abgegrenzt werden. Nach Becker umfasst *Berufsausbildung* „alle zielgerichteten, systematisch und methodisch geplanten, realisierten und evaluierten Maßnahmen der Ausbildung in anerkannten Ausbildungsberufen“[309)]. Es geht demnach um eine erstmalige Qualifikation zur Ausübung einer bestimmten beruflichen Tätigkeit. Im Gegensatz dazu konzentrieren sich die anderen Formen der Personalbildung auf Maßnahmen zur Fortsetzung und Vertiefung der beruflichen Ausbildung (*Weiterbildung und Fortbildung).* Dabei schließt der in § 1 Abs. 4 BBiG verwendete Begriff „Fortbildung“ die Weiterbildung ein; beide Begriffe werden häufig als Synonyme behandelt[310]. Darüber hinaus soll Personalbildung auch die Ausübung einer neuen beruflichen Tätigkeit ermöglichen (*Umschulung*)[311]. Die verschiedenen Formen und Methoden der Bildung werden im Folgenden näher erläutert.

Das duale Ausbildungssystem in Deutschland nimmt eine Funktionsteilung zwischen staatlicher und betrieblicher **Berufsausbildung** vor. Auf staatlicher Seite sind die Berufskollegs für die Vermittlung allgemeiner, theoretisch geprägter Ausbildungsinhalte verantwortlich. Die Betriebe und Behörden sorgen für die Vermittlung praktischer Fertigkeiten, Kenntnisse und Fähigkeiten sowie für den Erwerb der erforderlichen Berufserfahrungen. Das staatliche Ziel dieser Form der Ausbildung besteht darin, eine Basis an berufsspezifischen Grundkenntnissen und Erfahrungen zu schaffen und ein möglichst hohes und zugleich einheitliches Ausbildungsniveau zu erreichen, und zwar unabhängig vom Ausbildungsbetrieb[312]. Hierin zeigt sich auch der bildungspolitische Anspruch des Staates, nach Abschluss der Ausbildung eine (formale) Chancengleichheit zu ermöglichen[313]. Die Ziele und Interessen der Betriebe und Behörden sind konkreter. In erster Linie soll die duale Ausbildung den Bedarf an Nachwuchskräften sichern. Darüber hinaus besteht die Möglichkeit, den Auszubildenden organisationsspezifische Kenntnisse zu vermitteln. Auf diese Weise wird der Aufwand für Einarbeitung und Sozialisation reduziert[314]. Die Ausbildung im öffentlichen Sektor sieht für typische Ausbildungsberufe des öffentlichen Dienstes (z. B. Verwaltungsfachangestellter, Kaufmann für Bürokommunikation) neben der Vermittlung theoretischer Kenntnisse in den Berufskollegs zusätzlich einen berufsbegleitenden Unterricht vor (sogenannte dienstbegleitende Unterweisung). Dieser Unterricht findet in den örtlich zuständigen Verwaltungsschulen bzw. Studieninstituten statt[315]. Die Ausbildung zum mittleren allgemeinen Verwaltungsdienst der Beamten gliedert sich in berufspraktische Abschnitte, die behördenintern stattfinden, ergänzt um fachtheoretische Abschnitte, die in den Verwaltungsschulen bzw. Studieninstituten vermittelt werden[316]. Die akademische Ausbildung des öffentlichen Dienstes erfolgt grundsätzlich in berufsbegleitenden dualen Studiengängen. „Das Spektrum reicht von der klassischen Verwaltungstätigkeit in der allgemeinen und inneren Verwaltung über den Polizeivollzugsdienst und den Zolldienst bis hin zum naturwissenschaftlich geprägten Wetterdienst“[317]. Die Ausbildung wird im Regelfall in einem Beamtenverhältnis auf Widerruf abgeleistet und besteht aus einem Studium an einer verwaltungsinternen Fachhochschule und berufspraktischen Abschnitten in der Behörde[318].

Für die Personalbildung außerhalb der Berufsausbildung wird in der Literatur oftmals folgende Unterscheidung getroffen[319]: **Fortbildung** zielt zum einen auf eine Vertiefung und Modernisierung von Wissen und Können nach abgeschlossener Berufsausbildung ab und kann daher als Qualifizierungsmaßnahme auf der gleichen beruflichen Ebene verortet werden. In diesem Zusammenhang wird sie auch als *Anpassungsfortbildung* bezeichnet. Zum anderen befähigt Fortbildung als *Aufstiegsfortbildung* zur Übernahme qualifizierterer Aufgaben und ermöglicht eine berufliche Neuorientierung. Sie beinhaltet somit auch Bildungsmaßnahmen zur Nachwuchsförderung und Führungskräftefortbildung. Auch der in der neugefassten Laufbahnverordnung NRW vorgesehene Aufstieg vom gehobenen in den höheren Dienst durch modulare Qualifizierung ist eine solche Aufstiegsfortbildung (vgl. § 38 LVO NRW).

Die **Weiterbildung** wird in der Literatur weitgehend mit der Aufstiegsfortbildung gleichgesetzt. Aufstiegsorientierte Weiterbildung bewirkt ebenfalls eine vertikale Veränderung; d. h., sie führt zum Befähigungserwerb für höhere bzw. besser bezahlte Positionen. „Differenzierungen bestehen dahin gehend, dass Fortbildung eine Fortsetzung der fachlich-beruflichen Ausbildung und Weiterbildung darüber hinaus ein vertiefendes Verständnis komplexer Probleme zum Gegenstand hat“[320]. Diese Weiterbildung i. e. S. ist stets mit dem Besuch eines mehrjährigen berufsbegleitenden Lehrgangs mit qualifizierter Abschlussprüfung verbunden. Beispiele sind der Weiterbildungslehrgang zum Verwaltungsfachwirt (Angestelltenlehrgang II)[321] sowie der Weiterbildungslehrgang für Beamte des mittleren allgemeinen Verwaltungsdienstes mit dem Ziel des prüfungserleichterten Aufstiegs in den gehobenen Dienst[322].

Die **Umschulung** von Mitarbeitern dient dem Erlernen eines neuen Berufs oder einer anders qualifizierten Tätigkeit. Diese Form der Personalbildung ist im öffentlichen Sektor weniger relevant; jedoch können auch hier Umschulungen aus unterschiedlichen Gründen erforderlich werden. Beispiele sind die krankheitsbedingte Umschulung einer Erzieherin oder die betriebsbedingte Umschulung eines Schwimmmeistergehilfen nach Schließung eines Schwimmbades.

Bildungsinstitutionen des öffentlichen Sektors

Die Struktur der ausbildungs- und aufstiegsorientierten Weiterbildungseinrichtungen des öffentlichen Sektors soll am Beispiel des Landes Nordrhein-Westfalen verdeutlicht werden:

Die *Fachhochschule für öffentliche Verwaltung NRW (FHöV NRW)* ist eine Einrichtung im Geschäftsbereich des Ministeriums für Inneres und Kommunales des Landes Nordrhein-Westfalen (MIK NRW). In dualen Bachelor-Studiengängen wird der Nachwuchs für den gehobenen Dienst von Kommunen, Staat, Rentenversicherung und Polizei ausgebildet. Darüber hinaus bietet die FHöV NRW selbst und in Kooperation mit anderen Hochschulen berufsbegleitende Master-Studiengänge an (z. B. den Master-Studiengang Human Resource Management in Kooperation mit der Ruhr-Universität Bochum).

Das *Institut für öffentliche Verwaltung NRW (IöV)* ist eine interne Einrichtung im Geschäftsbereich des Innenministeriums NRW und als zentraler Dienstleister zuständig für die theoretische Ausbildung von Nachwuchskräften der Landesbehörden. Als Pendant auf kommunaler Ebene nehmen die zwölf *Studieninstitute* in NRW, die überwiegend überörtlich organisiert sind, Aufgaben der Ausbildung kommunaler Mitarbeiter wahr. Wesentliche Ausbildungslehrgänge des IöV und der Studieninstitute sind:

- Ausbildung zum Verwaltungsfachangestellten
- Ausbildung zum Kaufmann für Büromanagement
- Ausbildung der Beamten des mittleren Dienstes (Sekretäranwärter)
- Weiterbildungslehrgang zum Verwaltungswirt (Angestelltenlehrgang I)
- Weiterbildungslehrgang zum Verwaltungsfachwirt (Angestelltenlehrgang II)
- Weiterbildungslehrgang für Beamte des mittleren allgemeinen Verwaltungsdienstes mit dem Ziel des prüfungserleichterten Aufstiegs in den gehobenen Dienst

Im Bereich des öffentlichen Dienstes nehmen die genannten Institutionen auch die Abschlussprüfung für die Auszubildenden bzw. Teilnehmer des öffentlichen Dienstes ab[323)].

Die Organisation der Bildungsarbeit im Fortbildungssegment ist im öffentlichen Sektor häufig von der Größenordnung der Verwaltung abhängig. In Nordrhein-Westfalen etwa haben Landesbedienstete die Möglichkeit, die Angebote der Akademie Mont Cenis in Herne als Fortbildungsakademie des Ministeriums für Inneres und Kommunales wahrzunehmen. Große kommunale Behörden verfügen bisweilen über eigene Fortbildungsbereiche, welche Fortbildungsveranstaltungen überwiegend selbst entwickeln, organisieren und durchführen. In anderen Fällen bedienen sich die kommunalen Behörden überwiegend überbetrieblicher Anbieter wie Verwaltungsschulen und Studieninstitute, deren Fortbildungsangebote auf die Bedarfe des öffentlichen Sektors ausgerichtet sind. Auf diese Weise kann den Beschäftigten auch kleinerer Verwaltungen ein breitgefächertes, aber doch passgenaues Fortbildungsprogramm angeboten werden[324)].

Methoden der Personalbildung

Das Lernsetting einer Bildungsmaßnahme orientiert sich an den Zielen und beabsichtigten Wirkungen der Maßnahme sowie an den Lernvoraussetzungen der Teilnehmer. Eine gezielte Förderung der Lernenden in allen Bereichen der Handlungskompetenz erfolgt idealerweise durch den Einsatz verschiedener Lernmethoden bzw. -konzepte. Der folgende Überblick differenziert diese nach dem Grad der Interaktion bzw. den Möglichkeiten der Selbststeuerung. Eine umfassende Einführung in unterschiedliche Lernmethoden gibt beispielsweise Kolb[325)].

Präsenzveranstaltungen: Zu den traditionellen Bildungsmaßnahmen der Aus-, Fort- und Weiterbildung gehören die Präsenzveranstaltungen (je nach Kontext auch Präsenzunterricht, Präsenzstudium oder Präsenzlehre genannt). Sie finden grundsätzlich „off the job", d. h. außerhalb des Arbeitsbereiches, statt (siehe hierzu Abschnitt 5.3). Lehrende und Lernende kommen zur gleichen Zeit am gleichen Ort zusammen, etwa in Seminaren, Kursen oder zu einer Vorlesung. Die Kommunikation erfolgt face-to-face und damit unmittelbar; die Kenntnisse und Fähigkeiten werden bewusst und geplant vermittelt[326)]. Neben dem konventionellen, lehrerzentrierten Frontalunterricht bzw. Lehrvortrag sind eine Reihe von Methoden zu nennen, die im Rahmen einer Präsenzveranstaltung angewendet werden können, wie etwa Gruppenarbeiten, Fallstudien, Planspiele oder Rollenspiele.

E-Learning bezeichnet Lernprozesse, die elektronisch angeleitet oder unterstützt werden. Diese Lernform ermöglicht den selbstgesteuerten Wissenserwerb am Computer, der sowohl ortsunabhängig als auch zeitunabhängig stattfinden kann. Das E-Learning ist primär für kognitive Lerninhalte, d. h. Faktenwissen, geeignet[327)]. Beim E-Learning können prinzipiell zwei Formen unterschieden werden: Das *Computer Based Training (CBT)* basiert auf multimedialen Programmen oder Kursen. Die Lerninhalte werden mithilfe von Texten, Bildern und Filmen auf elektronischen Speichermedien (i. d. R. CD-ROM, DVD) zur Verfügung gestellt. Zusätzlich enthalten die Lernprogramme meist einfache Formen von Interaktion wie zum Beispiel Instruktionen (Anleitungen/Fragen) oder ein vordefiniertes Feedback[328)]. Ein typisches Anwendungsbeispiel sind die den Office-Produkten beigelegten Lern-DVDs. Über die eingangs genannten Vorteile hinaus erlaubt das Computer Based Training eine individuelle Handhabbarkeit; das Lerntempo kann selbst bestimmt werden[329)]. Auch kann der Lernfortschritt von den Lernenden in Form von Selbsttests jederzeit überprüft werden. Diesen Vorteilen stehen mögliche Nachteile gegenüber: Der Lernende ist isoliert und kann kaum Rückfragen stellen; Elemente des sozialen Lernens fehlen demnach. Individuelle Lernbedürfnisse können nur begrenzt berücksichtigt werden. Auch gestaltet sich eine Aktualisierung der Lehrinhalte meist schwierig[330)]. Beim *Web Based Training (WBT)* werden die Lerninhalte nicht wie beim CBT auf Datenträgern, sondern über das Internet bzw. Intranet (behördeninternes Netzwerk) bereitgestellt[331)]. Der Lernende bearbeitet in einer web- bzw. netzbasierten Wissensumgebung interaktive Lerninhalte. Voraussetzung für das WBT ist demnach ein Internetanschluss und zumeist auch ein Webbrowser (Internet Explorer, Mozilla etc.). Anwendungsbeispiele für das WBT sind die E-Learning-Plattformen der (Fach-)Hochschulen (z. B. für die Studierenden der FHöV NRW auf Basis der Software ILIAS) oder das E-Learning-Programm „Korruptionsprävention" des Bundesministeriums des Innern, das auf der Lernplattform der Bundesakademie für öffentliche Verwaltung von allen Mitarbeitern der Bundesverwaltung genutzt werden kann. Ein Vorteil des WBT besteht darin, dass der Lernende mit anderen Teilnehmern kommunizieren und in Kleingruppen arbeiten kann. Weiterhin besteht die Möglichkeit, den Lernprozess durch einen Tutor zu betreuen (eTutoring). Die Kommunikation erfolgt dabei entweder synchron (z. B. in Chatrooms) oder asynchron (z. B. durch E-Mails)[332)]. Die Kosten der Betreuung durch Tutoren fallen i. d. R. deutlich geringer aus als die Honorarkosten für die Lehrenden in vergleichbaren Präsenzveranstaltungen. Nachteile können darin gesehen werden, dass in jedem Fall ein Internetanschluss erforderlich ist, um das WBT zu nutzen. Es entstehen demnach neben den Investitionskosten für die

Anschaffung der Hard- und Software zusätzliche Kosten für die Internet-Verbindung bzw. technische Nachteile bei langsamer Verbindung[333]. Auch hängt der Lernerfolg von der Fähigkeit des Lernenden ab, eigenverantwortlich zu lernen und mit dem Medium selbstständig umgehen zu können. Bei der Einführung von E-Learning-Maßnahmen – und hier in besonderem Maße im Fortbildungsbereich – muss stets auch mit einer gewissen Zurückhaltung der Mitarbeiter gerechnet werden. Gegenargument (insbesondere der Personalvertretungen) ist zudem eine „…schleichende Verlagerung der Weiterbildungsverantwortung vom Unternehmen zum Mitarbeiter"[334]. Mit Grotlüschen kann resümiert werden: „In der Zukunft wird E-Learning ein wichtiger Bestandteil der Personalentwicklung sein, diese aber nicht dominieren"[335].

Blended Learning: Beim Blended Learning (auch integriertes Lernen genannt) werden die Vorteile des individuellen E-Learnings mit den Vorteilen von trainergestützten Präsenzveranstaltungen kombiniert. „Durch eine sinnvolle Kombination und Abstimmung verschiedener Medien und Methoden sollen sowohl didaktische als auch ökonomische Ziele erreicht werden"[336]. Auf diese Weise ist es möglich, verschiedene Lernbestandteile zu einem maßgeschneiderten Set für den Nutzer zu verknüpfen. „Strategisch ist von einer steigenden Integration der Systeme, einer höheren Mobilität der Geräte und einer besseren Nutzerkompetenz auszugehen"[337].

Selbststudium: Das Selbststudium kann bei allen zuvor beschriebenen Lernmethoden eingesetzt werden. „Unter Selbststudium wird das durch die Lernenden selbstgesteuerte und selbstverantwortete Lernen im Rahmen einer Aus- oder Weiterbildung verstanden"[338]. Beim Selbststudium stehen daher nicht mehr die Lehrenden im Zentrum des Geschehens, sondern die Lernenden, die sich das Wissen in selbstorganisierten Lernprozessen aneignen sollen. Die Lehrenden werden so zu Lernbegleitern[339]. Zeitpunkt, Ort und Dauer des Arbeitsprozesses können, in gesetzten Grenzen, von den Lernenden selbst bestimmt werden. Man unterscheidet i. d. R. zwischen begleitetem Selbststudium (die Lehrenden initiieren die Lernaktivitäten, z. B. durch Arbeitsaufträge), individuellem Selbststudium (die Inhalte der Präsenzveranstaltung werden durch die Lernenden eigenverantwortlich aufgearbeitet) und freiem Selbststudium (die Lernenden setzen sich freiwillig mit Themen, die im Curriculum nicht vorgesehen sind, auseinander)[340]. Dem Selbststudium kommt insbesondere in Bachelor- und Masterstudiengängen eine besondere Bedeutung zu, da das didaktische Konzept dieser Studiengänge stärker an die Eigenverantwortung der Lernenden anknüpft[341].

5.2.2 Personalförderung

Während die Personalbildung primär darauf ausgerichtet ist, die für die Wahrnehmung einer spezifischen Berufstätigkeit erforderlichen Qualifikationen zu vermitteln, zielen Personalfördermaßnahmen auf den beruflichen Einstieg und Aufstieg des Einzelnen und seine Position in der Behörde ab. „Förderung umfasst alle Maßnahmen, die von einer Person oder Organisation zur Erreichung des individuellen beruflichen Weiterkommens zielgerichtet, systematisch und methodisch geplant, realisiert und evaluiert werden"[342]. Dabei berücksichtigt die Personalförderung maßgeblich die persönlichen Interessen und Neigungen der Mitarbeiter[343]. Im Folgenden werden Formen und Methoden der Personalförderung beschrieben.

Formen der Personalförderung

Praktikum: Beim Praktikum handelt es sich um eine Fördermaßnahme noch vor Beginn einer Ausbildung und dem Eintritt ins Berufsleben bzw. um eine ausbildungsbegleitende Förderung. Durch die Ableistung eines Praktikums können praktische Erfahrungen gesammelt werden, die auf einen späteren Beruf vorbereiten. Praktika in privaten Unternehmen und Behörden des öffentlichen Dienstes sind in den letzten Klassen der schulischen Ausbildung sowie bei diversen Ausbildungs- und Studiengängen vorgesehen. Allerdings besteht die Ausbildung für Absolventen des öffentlichen Dienstes ohnehin überwiegend in der Ableistung einer dualen Ausbildung bzw. eines dualen Studiums. Hier sind neben der Vermittlung von fachtheoretischen Inhalten fachpraktische Ausbildungs- bzw. Studienzeiten in den Behörden vorgesehen. Vor dem Hintergrund des demografischen Wandels und der hieraus resultierenden Abnahme des Erwerbspersonenpotenzials bieten vor allem Schulpraktika den Behörden des öffentlichen Dienstes gute Möglichkeiten der Nachwuchsanwerbung (vgl. Abschnitt 3.3).

Traineeprogramm: Traineeprogramme sind Qualifizierungsprogramme für Hochschulabsolventen, in denen diesen systematisch berufspraktische Kenntnisse und Erfahrungen vermittelt werden. Inhaltlich bezieht sich die Wissensvermittlung auf konkrete Arbeitsanforderungen, aber auch auf strukturelle Zusammenhänge und die Behördenpolitik. Ziel ist die Anwerbung qualifizierter (Führungs-)Nachwuchskräfte und eine Imageverbesserung der Behörde nach außen. Wesentliche Merkmale eines Traineeprogramms sind[344]: Dauer von sechs Monaten bis zu zwei Jahren; systematische Planung und Strukturierung des Programms; Beschränkung des Teilnehmerkreises auf wenige Hochschulabsolventen; Durchlaufen von mehreren, festgelegten Aufgabenbereichen; ergänzende Qualifizierungsmaßnahmen.

Personaleinführung: Eine systematische Personaleinführung trägt dazu bei, die Leistung, Motivation und Bindung des neuen Mitarbeiters an die Behörde zu verbessern und dauerhaft zu erhalten[345]. Sie besteht aus zwei Säulen: der Einarbeitung (Bewältigung der mit der Stelle verbundenen Aufgaben) und der Einbindung (Einfinden in eine neue Arbeitsgruppe). Die Personaleinführung ist ein wichtiges Instrument der Personalförderung und gewinnt im öffentlichen Sektor zunehmend an Bedeutung. Relevante Aspekte sind in Abschnitt 3.5 beschrieben.

Karriereplanung: Karriereplanung (syn. Laufbahnplanung) legt die zu erwartende tatsächliche Stellenfolge eines Mitarbeiters vorausschauend fest und offeriert geeignete Fördermaßnahmen. Dabei bezeichnet der Begriff „Karriere" zunächst einmal jede beliebige Stellenfolge. Das heißt, dass Positionswechsel nicht immer mit einem beruflichen Aufstieg verbunden sein müssen[346]. Für die einzelne Behörde ist eine systematische Karriereplanung unerlässlich, wenn sie anstrebt, vakante Positionen überwiegend mit eigenen qualifizierten Mitarbeitern zu besetzen. Betriebliche Ziele, die eine systematische Karriereplanung verfolgt, sind[347]:

- Sichern des Führungs- und Fachkräftenachwuchses,
- bessere Nutzung der Mitarbeiterpotenziale,
- Steigerung der Attraktivität der Behörde als Arbeitgeber,
- Verbesserung des betrieblichen Erfolgs,
- effektiveres Einsetzen der Beschäftigten entsprechend ihrer Eignung und Neigung.

Die Karriereplanung orientiert sich aber auch an individuellen Zielen der Mitarbeiter. Dies sind im Wesentlichen[348]:

- höheres Einkommen,
- mehr Kompetenzen und Einfluss,
- Steigern der Motivation durch kontinuierliche Weiterentwicklungsmöglichkeiten,
- Verbessern der Möglichkeiten zur Selbstverwirklichung.

Grundsätzlich unterscheidet man die Führungslaufbahn, die Fachlaufbahn und die Projektlaufbahn. Bei der Führungslaufbahn und der Fachlaufbahn handelt es sich um langfristig angelegte Karrierekonzepte, die auch als *dauerhafte* Karrieren bezeichnet werden[349].

Führungslaufbahn: Der Aufstieg in der Linienorganisation (Hierarchie) ist die traditionelle Karriereform und wird von der überwiegenden Anzahl der Mitarbeiter angestrebt. Der vertikale Aufstieg ist i. d. R. mit einem Zuwachs der Besoldung oder Vergütung, Verantwortung, Kompetenzen, des Status und der Macht verbunden. Personalentwicklungskonzepte zur Stärkung von Führungsverantwortung richten den Fokus daher auf alle Kompetenzbereiche; das Führungsverhalten steht dabei im Vordergrund. Die Beschreibung des Qualifizierungsprogramms „Top in Führung" der Städte Dortmund und Unna bringt dies zum Ausdruck:

> *„Der Umgang mit Mitarbeitenden, das Schaffen von Motivation und das Handeln im Team gehören ebenso zum Profil einer Führungspersönlichkeit wie die Auseinandersetzung mit der eigenen Person zum Ausbau der eigenen Kompetenzen oder das Erkennen und Einsetzen der Potenziale der Mitarbeitenden"*[350].

Da sich im Vorhinein nur schwer einschätzen lässt, ob potenzielle Führungskräfte die an sie gestellten Anforderungen erfüllen werden, sieht beispielsweise der Tarifvertrag für den öffentlichen Dienst (TVöD) die beiden folgenden zeitlich befristeten Instrumente der Übertragung von Führungsfunktionen vor:

- *§ 31 TVöD – Führung auf Probe:* Die Führungsfunktion wird dauerhaft übertragen, wenn sich der Beschäftigte in der Probezeit bewährt hat.
- *§ 32 TVöD – Führung auf Zeit:* Dem Beschäftigten wird vorübergehend eine Führungsaufgabe übertragen, weil z. B. im Rahmen eines zeitlich begrenzten Projektes nur für einen bestimmten Zeitraum Führungsaufgaben anfallen.

Beide Instrumente zielen auf eine Bewährung des Mitarbeiters ab. Nach Ablauf der zeitlichen Befristung kann eine endgültige Entscheidung zur weiteren Verwendung in der Führungslaufbahn getroffen werden.

Fachlaufbahn: Die Fachlaufbahn ermöglicht eine Übertragung von mehr Verantwortung und Kompetenzen, ohne dass damit die Übernahme von Führungsverantwortung einhergeht. Die Fachkarriere ist ebenfalls grundsätzlich mit einer Gehaltssteigerung verbunden. „Dadurch sollen vor allem hoch qualifizierte Fachkräfte angesprochen werden, die einen möglichst großen Teil ihrer Arbeitszeit fachlichen Aufgaben und weniger der Führung von Mitarbeitern widmen wollen“[351)]. Vor dem Hintergrund der „Verschlankung“ vieler Behörden und des Abbaus von Hierarchiestufen stehen den Mitarbeitern des öffentlichen Dienstes weniger vertikale Aufstiegsmöglichkeiten zur Verfügung. Die Schaffung von Fachlaufbahnen ist in diesem Zusammenhang eine Strategie, die Motivationsverlusten entgegenwirkt und das Leistungspotenzial der Fachexperten nutzt. Anwendungsbereiche für Fachlaufbahnen sind beispielsweise Stellen in der zentralen Steuerungsunterstützung oder von Referenten der Behördenleitung.

Projektlaufbahn: Die Projektgruppenarbeit zeichnet sich dadurch aus, dass sie zeitlich begrenzt ist und generell nicht mit einem Stellenwechsel verbunden ist. Es handelt sich daher um eine *temporäre* Karriereform[352)]. Während der Projektarbeit übernehmen die Mitarbeiter unter Umständen besondere Verantwortung, insbesondere, wenn ihnen die Projektleitung übertragen wurde. Insofern kann die Projektgruppenarbeit als Strategie in Personalentwicklungskonzepte integriert und ebenfalls als Alternative zur Führungslaufbahn gesehen werden[353)]. Grundsätzlich ist die Projektgruppenarbeit auf eine vorübergehende inhaltliche Anreicherung der Arbeitssituation ausgerichtet; sie ist daher zugleich den Maßnahmen der Arbeitsstrukturierung zuzuordnen (vgl. hierzu Abschnitt 5.2.3).

Nachfolgeplanung: Das Pendant zur individuellen Laufbahnplanung ist die kollektive Nachfolgeplanung. Geeignete und interessierte Mitarbeiter erhalten die Möglichkeit, sich gezielt für die Übernahme von bestimmten Stellen zu qualifizieren. Im öffentlichen Dienst ist ein typischer Anwendungsbereich für dieses Instrument das Führungskräftenachwuchstraining. Hierbei wird systematisch und nach allgemeingültigen Kriterien ein Auswahl- und Qualifizierungsprogramm für potenzielle Nachfolger entwickelt und angewandt. Bei Vakanzen haben diese in den Auswahlverfahren – aufgrund der in den Trainings vermittelten Kompetenzen – gesteigerte Chancen.

Methoden der Personalförderung

Im Zuge von Personalförderung kann auf alle Methoden zurückgegriffen werden, die bereits im Abschnitt „Personalbildung" beschrieben wurden. Die nachfolgend erläuterten Methoden sind bei Fördermaßnahmen je nach Zielsetzung in besonderer Weise geeignet.

Unterweisung am Arbeitsplatz: Die Unterweisung am Arbeitsplatz hat ein systematisches Vermitteln von Lerninhalten zum Ziel. Die Unterweisung erfolgt nicht nur in der Einführungsphase. Sie ist als Methode der Personalförderung immer dann sinnvoll, wenn eine neue Aufgabe übernommen wird, und wird idealerweise von der Führungskraft planmäßig gesteuert. Um Lernfortschrittskontrollen effektiv vornehmen zu können, sollten Stellenbeschreibungen vorliegen und sowohl das auf die Stelle bezogene Anforderungsprofil als auch das Eignungsprofil des Mitarbeiters ermittelt worden sein (vgl. Abschnitt 5.5). „Neben der Integration von Theorie und Praxis sowie dem Lernen im Arbeitsumfeld ermöglicht das systematische Anlernen eine unmittelbare Erfolgskontrolle im Lernprozess und schließt Transferprobleme vom Lernfeld ins Arbeitsfeld weitgehend aus"[354]. Unzureichende Unterweisungen haben ihre Ursache häufig in einer geringen Bereitschaft bzw. unzureichenden Trainer-Fähigkeiten auf Seiten des mit der Trainingsmaßnahme Beauftragten (z. B. Vorgesetzter)[355].

Mentoring und Patenschaft: Instrumente, denen insbesondere während des Einführungsprozesses eine besondere Bedeutung zukommt, sind das Mentorenkonzept bzw. das Konzept des Paten. Als Mentoring bezeichnet man eine direkte 1:1-Beziehung zwischen einem jüngeren Mitarbeiter, dem Mentee, und einer erfahrenen Führungskraft, dem Mentor[356]. Das Mentoring verfolgt zwei Zielsetzungen: Zum einen geht es darum, den Mentee eine begrenzte Zeitspanne in seiner Persönlichkeitsentwicklung zu unterstützen. In diesem Zusammenhang spricht man von der psychosozialen Funktion des Mentoring. Zum anderen erhält der Mentee Hilfestellungen in beruflichen Fragen; dies ist die Karrierefunktion. In der Regel vermittelt der Mentor in einem vertraulichen und geschützten Rahmen in mehreren Gesprächen sein Wissen und seine Erfahrung. Häufig geht es beim Mentoring um die Förderung spezieller Personengruppen wie etwa Führungsnachwuchskräfte oder berufstätige Frauen. Man unterscheidet u. a. folgende Mentoring-Formen[357]:

- *Internes Mentoring:* Mentor und Mentee kommen aus einer Behörde.
- *Externe Mentoring-Projekte:* Die Initiative wird von Verbänden oder anderen Institutionen ergriffen, um Mentoring-Paare aus verschiedenen Bereichen zusammenzubringen. Die Programme sind überwiegend öffentlich gefördert und sollen bestimmte Zielgruppen unterstützen (z. B. Frauen, Existenzgründer, Arbeitssuchende).
- *Cross-Mentoring:* Verschiedene Behörden führen gemeinsam ein Projekt durch, bei dem ein gegenseitiger Austausch von Mentoren und Mentees erfolgt. Das heißt, Mentoren und Mentees aus unterschiedlichen Verwaltungen bilden ein Tandem. Ein solches Cross-Mentoring-Projekt wird seit

2005 regelmäßig von der Kreisverwaltung Unna in Nordrhein-Westfalen und kreisangehörigen Gemeinden durchgeführt. „Diese Vorgehensweise ermöglicht einen Blick über den Tellerrand der eigenen Verwaltung und ihrer Strukturen und verstärkt den ohnehin positiven Effekt des Mentoring-Gedankens“[358)].

Paten sind gleichgestellte, erfahrene Kollegen, die einen neuen Mitarbeiter mit seinem Arbeitsplatz und seinem Arbeitsumfeld bekannt machen und in die Fachaufgaben einweisen sollen. Darüber hinaus geht es um die Unterstützung beim Aufbau sozialer Beziehungen im Arbeitsbereich und in der gesamten Organisation[359)].

Coaching: Coaching bezeichnet die intensive Unterstützung von Führungskräften und Mitarbeitern (Coachee)[XIV)] durch geschulte Berater (Coach) in besonderen individuellen (Einzelcoaching) und kollektiven (Team- oder Gruppencoaching) Beratungssituationen. „Coaching zielt i. d. R. auf ‚Hilfe zur Selbsthilfe, bei fachlichen und persönlichen Problemen“[360)]. Der Coach bietet keine Lösungen an, sondern unterstützt den Coachee mittels einer Prozessberatung, eigene Lösungen zu entwickeln[361)]. Die häufigsten Anlässe für ein Coaching sind persönliche/berufliche Probleme, Karriereplanung/Weiterentwicklung, Persönlichkeits- und Potenzialentwicklung, Führungskompetenzentwicklung, Übernahme neuer Aufgaben/Funktionen sowie organisationale Veränderungsprozesse[362)]. Weitere Eigenschaften von Coaching sind:

- Coaching-Konzept als Grundlage,
- Coach als neutraler Feedbackgeber,
- interaktiver, personenzentrierter Begleitungsprozess,
- Freiwilligkeit,
- gegenseitige Akzeptanz und Vertrauen,
- Förderung von Selbstreflexion und -wahrnehmung,
- transparente Interventionsmethoden,
- mehrere Sitzungen, zeitlich begrenzt.

Mitunter ist gerade im öffentlichen Sektor noch die falsche Vorstellung verbreitet, Coaching sei stets defizitorientiert oder gar eine Art „Nachhilfe für Leistungsschwache“[363)]. Hier ist es Aufgabe der Personalentwicklung, behördenintern zu verdeutlichen, dass ein fortbildungsorientiertes Coaching Präventions- und insbesondere Optimierungs- und Entwicklungsansätze verfolgt.

Supervision: Die Supervision weist eine große inhaltliche Nähe zum Coaching auf. Ein Unterschied liegt darin begründet, dass Supervision i. d. R. überwiegend für Berufe aus dem sozialen Bereich und Coaching eher für alle anderen Berufe verwendet wird[364)]. Supervision kommt bei Fragestellungen

XIV) Von der Verwendung des Begriffs „Coachee“ wird in der Literatur z. T. abgeraten, da diese Bezeichnung ein Beziehungsgefälle enthalte, was auf das Coaching eben nicht zuträfe (vgl. Rauen, 2008, S. 2).

zum Einsatz, die eine distanzierte Selbstreflexion des Berufsalltags erfordern, z. B. Neustrukturierungen und Führungskräftewechsel[365]. Die Methode setzt bei der konkreten Arbeitssituation an und konzentriert sich daher stärker als das Coaching auf die Situationsanalyse. Ziel ist jedoch auch hier die Erarbeitung von Handlungsmöglichkeiten[366]. Supervision wird wie das Coaching als Einzel-, Team- oder Gruppensupervision eingesetzt. Ein Berater, der Supervisor, führt regelmäßig Gespräche mit dem sogenannten Supervisanden über dessen Arbeitsverhalten, den Umgang mit anderen Personen sowie Erwartungshaltungen des Betroffenen[367].

Stellvertretung: Der Einsatz als Stellvertreter einer Führungskraft dient dazu, Mitarbeiter an Führungsaufgaben heranzuführen. Der Mitarbeiter wird formal als Stellvertreter benannt und die Funktion wird grundsätzlich in der Stellenbeschreibung ausgewiesen. Bei Abwesenheit der Führungskraft vertritt der Mitarbeiter diese, d. h., er ist im Rahmen festgelegter Vollmachten entscheidungsbefugt. In der Regel bindet die Führungskraft ihren Stellvertreter bei allen relevanten Vorgängen ein, nimmt ihn etwa zu wichtigen Besprechungen mit und diskutiert mit ihm Problemstellungen[368]. Die partielle Übernahme von Führungsverantwortung ist primär ein Instrument des „trainings on the job" (vgl. Abschnitt 5.3), sollte aber zielorientiert erfolgen und mit weiteren individuellen und bedarfsorientierten Maßnahmen begleitet werden (z. B. Seminarbesuche, Selbstlernphasen, Coaching, Mentoring)[369].

5.2.3 Maßnahmen der Arbeitsstrukturierung

„Unter Arbeitsstrukturierung ist die Gestaltung von Inhalt, Umfeld und Bedingungen der Arbeit auf der Ebene eines Arbeitsplatzes innerhalb einer konkreten Arbeitssituation zu verstehen"[370]. Die Arbeitsstrukturierung ist vom Grundsatz her ein Verfahren des Personaleinsatzes (vgl. Kapitel 4). Geht es dabei um eine Aufgabenerweiterung als quantitative Arbeitsfeldvergrößerung und/oder um eine Aufgabenbereicherung als qualitative Arbeitsfeldvergrößerung, dienen diese Maßnahmen auch der Personalentwicklung[371]. Von Relevanz sind in diesem Zusammenhang jeweils die Aufgaben, die organisatorischen Kompetenzen und die damit verbundene Verantwortung, die einem Stelleninhaber übertragen werden. Der Umfang der Kompetenzen macht den Handlungsspielraum eines Stelleninhabers aus. In diesem Zusammenhang werden insbesondere folgende Kompetenzen unterschieden[372]:

- Ausführungskompetenz (erlaubt das Tätigwerden im Rahmen der übertragenen Aufgaben; das *Wie* und *Wann* der Aufgabenerledigung kann in einem gewissen Umfang selbst gewählt werden);
- Entscheidungskompetenz (das Recht, Sachverhalte zu entscheiden und damit zwischen Handlungsalternativen zu wählen);
- Weisungs- und Kontrollkompetenz (Rechte und Befugnisse, die mit einer Leitungsfunktion verbunden sind).

Im Folgenden werden Maßnahmen der Arbeitsstrukturierung vorgestellt:

Job Enlargement

Beim Job Enlargement handelt es sich um eine horizontale Aufgabenerweiterung, die einen neuen Stellenzuschnitt zur Folge hat (vgl. Abbildung 5-5). Dabei nimmt die Anzahl der wahrzunehmenden Tätigkeiten quantitativ zu; gleichzeitig hat der Arbeitgeber darauf zu achten, dass die Arbeitsmenge weiterhin auf einen Arbeitsplatz zugeschnitten bleibt. Qualitativ sind die bereits bestehenden und die neuen Aufgaben etwa gleichwertig. Der Handlungsspielraum wird nicht vergrößert. Ein Beispiel für Job Enlargement besteht darin, dass ein Personalsachbearbeiter nicht nur für die Gruppe der Beamten, sondern jetzt auch für Tarifbeschäftigte zuständig ist.

Als Ziele des Job Enlargements, die gleichzeitig die gewünschten positive Effekte verdeutlichen, sind zu nennen[373)]: Vermeidung von einseitigen Belastungen und Monotonie, Erhöhung der Aufgabenvielfalt, Entwicklung von Mehrfachqualifikationen und Steigerung der Mitarbeiterzufriedenheit. Negative Folgen, die seitens der Mitarbeiter zu erwarten sind, können sein: Widerstand gegen die Veränderung sowie Sorge vor Überforderung, da mit dem neuen Stellenzuschnitt stets auch eine Anpassungsphase verbunden ist. Der Arbeitgeber sollte daher zum einen darauf achten, dass die Aufgabenerweiterung nicht mit einer Überlastung des Mitarbeiters verbunden ist, und zum anderen den Anpassungsprozess mit geeigneten Qualifizierungsmaßnahmen begleiten.

Abb. 5-5: Job Enlargement

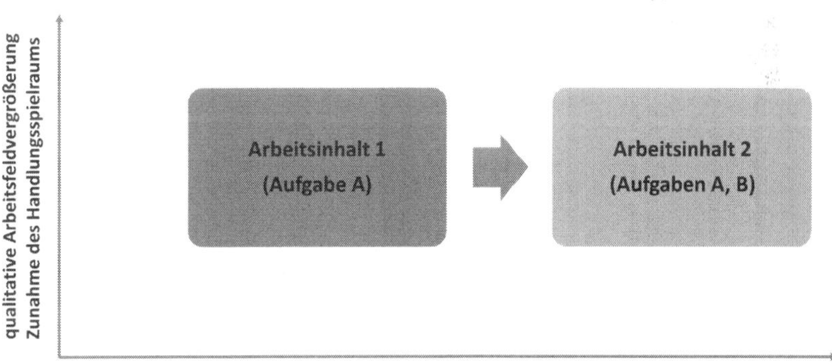

Job Rotation

Mit Job Rotation bezeichnet man den gezielten, periodischen Wechsel der Arbeitsfelder mehrerer Arbeitnehmer (vgl. Abbildung 5-6). Die Stellenzuschnitte werden nicht verändert. Die Stelleninhaber erhalten die Möglichkeit, nach vorgegebenen Rhythmen die Arbeitsplätze zu tauschen. Von Vorteil ist, wenn die betroffenen Stellen inhaltlich und bezogen auf den Handlungsspielraum ähnlich strukturiert sind. Ein Beispiel hierzu wäre eine Job Rotation im Bürgerbüro mit einem systematischen Wechsel der drei Arbeitsfelder „Führerscheinangelegenheiten, Reisepass- und Personalausweisangelegenheiten sowie An- und Ummeldungen“. Dieser für die Job Rotation typische Ringtausch hat über den Zeitverlauf eine quantitative, horizontale Arbeitsfeldvergrößerung zur Folge. In Bundes- und Landesministerien ist der planmäßige Wechsel des Aufgabenbereichs häufig eine Maßnahme der Personalpolitik. Dabei werden für die verschiedenen Arbeitsplätze Höchst- und Mindestverweildauern (z. B. drei bis fünf Jahre) festgelegt. Arbeitsplätze, die objektiv korruptionsgefährdet sind (z. B. Stellen im Beschaffungswesen), müssen nach dem Korruptionsbekämpfungsgesetz einer regelmäßigen Rotation unterworfen werden.

Korruptionsbekämpfungsgesetz NRW

§ 21 Rotation

(1) Beschäftigte der öffentlichen Stellen sollen in besonders korruptionsgefährdeten Bereichen gemäß § 19 Absatz 2 Satz 2 in der Regel nicht länger als fünf Jahre ununterbrochen eingesetzt werden. Das Rotationsgebot findet auf kreisangehörige Gemeinden, die nicht große oder mittlere kreisangehörige Städte sind, keine Anwendung.

(2) Von Absatz 1 darf nur aus zwingenden Gründen abgewichen werden. Soweit eine Rotation aus tatsächlichen oder rechtlichen Gründen im Einzelfall nicht möglich ist, sind diese Gründe sowie die zur Kompensation getroffenen Maßnahmen zu dokumentieren und der zuständigen Aufsichtsbehörde mitzuteilen.

Für die Job Rotation sind dieselben Vor- und Nachteile wie für das Job Enlargement zu nennen. Darüber hinaus ist von Vorteil, dass bessere Kenntnisse der Arbeitszusammenhänge und eine größere Kooperationsbereitschaft zu erwarten sind[374)]. Nachteilig können sich der erhöhte Planungsaufwand und eine ablehnende Haltung der Vorgesetzten gegenüber diesem Instrument auswirken. Die Job Rotation kann als eine besondere Form des Job Enlargements gesehen werden[375)].

Abb. 5-6: Job Rotation

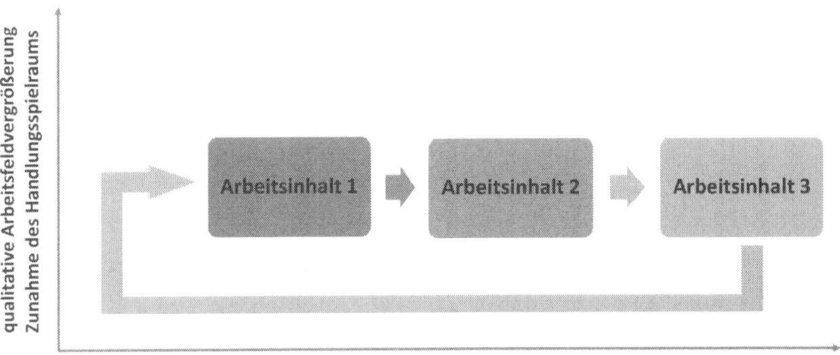

Job Enrichment

Beim Job Enrichment erfolgt eine vertikale Aufgabenbereicherung (vgl. Abbildung 5-7). Der Stelle werden neue, sich qualitativ von den ursprünglichen Tätigkeiten abhebende Aufgaben hinzugefügt. Dadurch ist ein höheres Anforderungsniveau gegeben; der Handlungsspielraum steigt. Die Relation von Entscheidungs- zu Ausführungsaufgaben verändert sich zugunsten von Aufgaben mit Entscheidungskompetenzen[376)]. Häufig handelt es sich um die Übertragung von Führungsaufgaben; in diesem Fall werden die Stellen zusätzlich mit Weisungs- und Kontrollkompetenzen angereichert. Ein Beispiel für Job Enrichment besteht darin, dass ein für die Sachbearbeitung „Personalentwicklung" zuständiger Mitarbeiter zusätzlich die Funktion des stellvertretenden Abteilungsleiters übertragen bekommt. Die Übernahme von mehr Kompetenzen und Verantwortung ist mit positiven Entwicklungsimpulsen verbunden, die eine höhere Arbeitszufriedenheit und eine verstärkte Persönlichkeitsentfaltung erwarten lassen. Oftmals sollen die Mitarbeiter auf die Übernahme von Führungsfunktionen vorbereitet werden. Andererseits kann die Übertragung anspruchsvollerer Tätigkeiten und zusätzlicher Kompetenzen zu einem Gefühl der Überforderung führen. Um den Mitarbeiter auf die neuen Aufgaben vorzubereiten, ist beim Job Enrichment in besonderem Maße Wert auf erforderliche Qualifizierungsmaßnahmen zu legen.

Abb. 5-7: Job Enrichment

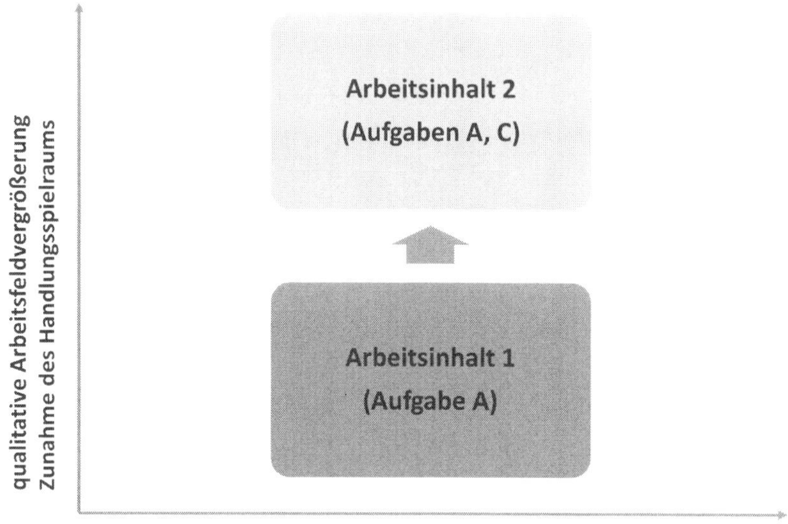

Projektarbeit

Im Rahmen eines Projektes werden zeitlich abgeschlossene, exakt definierte Fragestellungen von mehreren Mitarbeitern bearbeitet. Die Projektgruppe beschäftigt sich dabei auch mit der Planung, Organisation und Kontrolle der Projekt-Implementierung[377)]. Projekte zeichnen sich häufig durch eine gewisse Komplexität aus, daher werden zur Bearbeitung der Fragestellung Kompetenzen aus verschiedenen Fach- und Wissensgebieten und i. d. R. auch aus unterschiedlichen Organisationseinheiten benötigt. Die Projektmitglieder werden entweder während der Projektarbeit von ihren originären Aufgaben temporär freigestellt oder üben diese zusätzlich dazu aus. Beispiele für Projekte im öffentlichen Dienst sind die Einführung eines Gesundheitsmanagements oder eines Führungskräftenachwuchs-Programms. Der systematische Einsatz in Projekten, sei es als Projektleitung oder in der Funktion der Mitarbeit, zielt darauf ab, vorhandene Fach-, Methoden- sowie Sozialkompetenzen zu nutzen, aber auch systematisch zu erweitern.

Qualitätszirkel

Unter einem Qualitätszirkel versteht man eine moderierte Gruppe von Mitarbeitern, die gleichartige Arbeiten verrichten, sich regelmäßig während der Arbeitszeit treffen, Arbeitsprobleme besprechen und realistische Lösungen erarbeiten. Die Teilnahme beruht auf Freiwilligkeit[378)]. Ihre Zielsetzung besteht in erster Linie darin, die Arbeitsqualität zu verbessern. Qualitätszirkel werden aber auch als Instrument der Personalentwicklung verstanden und eingesetzt. Die Mitarbeiter können innerbehördliche Arbeitskontakte knüpfen und haben die Möglichkeit, an Fragestellungen mitzuwirken, die von Behördeninteresse sind. Dies kann dazu führen, die Arbeitszufriedenheit und -motivation zu steigern[379)].

5.3 Räumliche und zeitliche Maßnahmengestaltung

Alle dargestellten Personalentwicklungsmaßnahmen können nach ihrer räumlichen und zeitlichen Nähe zur eigentlichen Arbeitsaufgabe klassifiziert werden. Diese Systematisierung ist in Abbildung 5-8 im Überblick dargestellt[380)].

Abb. 5-8: Räumliche und zeitliche Maßnahmengestaltung

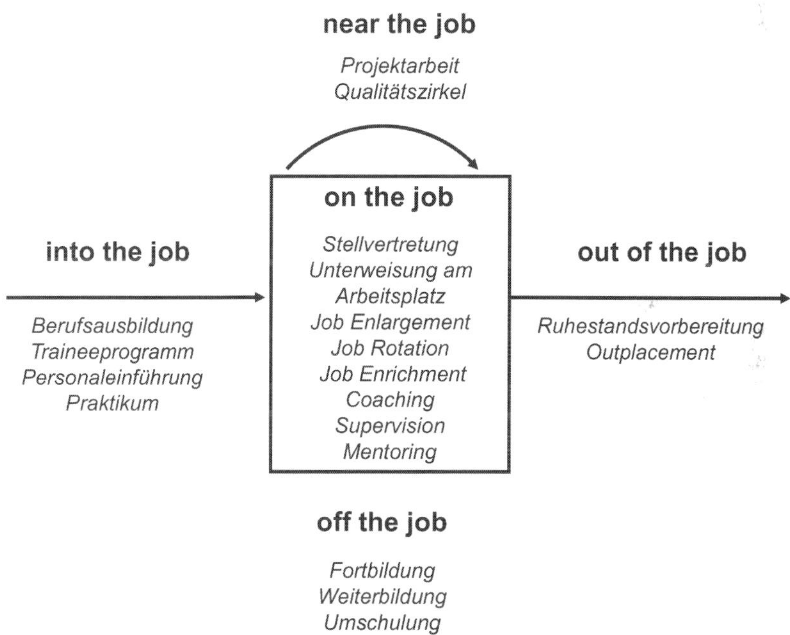

Personalentwicklung *into the job* umfasst alle Maßnahmen, die einen neuen Mitarbeiter befähigen, seine Tätigkeit auszuüben. Sie sind inhaltlich mit der wahrzunehmenden Arbeitsaufgabe eng verknüpft. Das Ziel von Training *on the job* besteht darin, die Bedingungen am Arbeitsplatz vorübergehend so zu gestalten, dass aus der Arbeitstätigkeit heraus neue Kompetenzen sowie eine gesteigerte Arbeitsmotivation entstehen können. „Dabei besteht ein Dilemma, gleichzeitig den Anforderungen des laufenden Arbeitsgeschäfts gerecht zu werden und Freiräume für die Entwicklung von Potenzialen, die erst in der Zukunft wirksam sind, zu schaffen"[381]. Grundsätzlich stellen On-the-job-Maßnahmen eine sehr effiziente und effektive Form der Personalentwicklung dar, weil die beiden Phasen Lernen und Umsetzen eng miteinander verknüpft sind. Personalentwicklung *near the job* stellt nicht die eigentliche Tätigkeit, sondern zeitlich befristete Sonderaufgaben in den Mittelpunkt. Sie sollen die vorübergehende Ausgliederung der zu entwickelnden Person aus dem Tagesgeschäft ermöglichen und dabei den Problemlösungsbezug zur eigenen Tätigkeit so weit als möglich erhalten[382]. Im Rahmen der Personalentwicklung *off the job* sollen neue Qualifikationen vermittelt werden, die i. d. R. Fachkompetenzen erfordern, die in der eigenen Behörde nicht vorhanden sind. Auch wird bewusst eine Distanz zum eigenen Arbeitsumfeld geschaffen, um den erforderlichen Freiraum zum Lernen zu ermöglichen. Instrumente der Personalentwicklung *out of the job* zielen darauf ab, die Mitarbeiter auf den Ruhestand vorzubereiten oder im Rahmen des Outplacements nach betriebsbedingten Kündigungen zu unterstützen[383]. Das Outplacement umfasst Hilfestellungen für den ausscheidenden Mitarbeiter durch Bewerbungstrainings und bei der Übernahme neuer Aufgaben in einer anderen Behörde (vgl. auch Kapitel 8).

5.4 Personalentwicklung im Rahmen von Organisationsentwicklung

Die Gesellschaft für Organisationsentwicklung (GOE) e. V. „…versteht Organisationsentwicklung als einen längerfristig angelegten, organisationsumfassenden Entwicklungs- und Veränderungsprozess von Organisationen und der in ihr tätigen Menschen. Der Prozess beruht auf dem Lernen aller Betroffenen durch direkte Mitwirkung und praktische Erfahrung"[384]. Organisationsentwicklung kann somit als eine Form des geplanten Wandels bezeichnet werden und zielt darauf ab,

- die Organisations- und Kommunikationsstrukturen weiterzuentwickeln,
- die Leistungsfähigkeit und Flexibilität der Organisation zu erhöhen,
- die Humanisierung des Arbeitsumfeldes voranzutreiben,
- die Veränderungs- und Innovationsbereitschaft der Mitarbeiter zu unterstützen,
- die individuellen Verhaltensmuster, Einstellungen und Fähigkeiten der Mitarbeiter zu fördern.

Aus der Aufzählung kann abgeleitet werden, dass Organisationsentwicklung stets auch Personalentwicklungsprozesse anstößt. Darüber hinaus betrachtet Organisationsentwicklung zusätzlich zur personellen Seite die prozessualen und strukturellen Gegebenheiten einer Organisation (vgl. Abbildung 5-1).

Der Anstoß für Organisationsveränderungen kann sowohl von innen (z. B. Umsetzung des Grundsatzes der Vielfaltsförderung, Einführung der leistungsorientierten Bezahlung) als auch von außen (z. B. öffentliche Kritik an der Behörde oder neue Gesetzgebung wie das Inkrafttreten des Allgemeinen Gleichbehandlungsgesetzes) kommen. Grundsätzlich wird der Veränderungsprozess dann von der Behördenleitung in Gang gesetzt, die die Rahmenbedingungen festlegt. Die Veränderung erfolgt anschließend aus dem System heraus[385)]. Mittels Organisationsentwicklung will man Voraussetzungen in der Behörde schaffen, die eine Weiterentwicklung von Wissen, Fähigkeiten und Fertigkeiten der Mitarbeiter ermöglichen. Als Folge sollen sich die Organisation und deren Mitarbeiter besser den ständig ändernden gesellschaftlichen, wirtschaftlichen und technologischen Umweltbedingungen anpassen können. Eine Veränderung der Organisation bedingt demnach stets auch Veränderungen aufseiten der Organisationsmitglieder. Am Beispiel der Umsetzung des Grundsatzes der Vielfaltsförderung (Diversity Management) soll dieser Zusammenhang zwischen Organisations- und Personalentwicklung verdeutlicht werden. Im Rahmen der Initiierung verschiedener Projekte (z. B. Einführung von anonymisierten Bewerbungsverfahren, Ausbildung von Alleinerziehenden mit Migrationshintergrund, Einrichten einer Internet-Plattform „Diversity in der Praxis") und weiteren organisatorischen Maßnahmen (z. B. Erstellen einer Imagebroschüre zur kulturellen Vielfalt) müssen geeignete Personalentwicklungsinstrumente eingesetzt werden, um Einstellungsänderungen bei den Mitarbeitern herbeizuführen und Kompetenzen im Umgang mit kultureller Vielfalt zu vermitteln. In diesem Zusammenhang sind beispielsweise folgende Qualifizierungsangebote zu nennen: Sensibilisierung der Verantwortlichen in Auswahlverfahren durch Beobachterschulungen, Qualifizierungsangebote für Mitarbeiter zur interkulturellen Kompetenz, Sensitivitätstrainings für Führungskräfte und Mitarbeiter des Personalbereichs[XVI]). Die aktiven Lernprozesse der Mitarbeiter können anschließend wiederum die Grundlage für erfolgreiche Organisationsentwicklungsprozesse sein, was die zentrale Bedeutung der Personalentwicklung unterstreicht.

5.5 Der Funktionszyklus systematischer Personalentwicklung

Eine systematische Personalentwicklung im Wege einer methodischen Absicherung des gesamten Personalentwicklungsprozesses ist Voraussetzung für die Erreichung und Überprüfung von Effektivität und Effizienz. Zudem sichert dieses strukturierte Vorgehen Akzeptanz bei allen Beteiligten und fördert die Bereitstellung der erforderlichen Ressourcen. Der Funktionszyklus systematischer Personalentwicklung umfasst sechs Phasen, die in Abbildung 5-9 dargestellt sind[386)].

XVI) Vgl. auch die Maßnahmen zur Förderung von Beschäftigten mit Migrationshintergrund in der Bundesagentur für Arbeit in Abschnitt 2.2.

Abb. 5-9: Funktionszyklus systematischer Personalentwicklung

Bedarfsanalyse: Die Personalentwicklung steht in einem engen Zusammenhang mit der qualitativen Personalplanung. Im Rahmen der qualitativen Personalplanung werden die Anforderungen einer Stelle in Bezug auf erforderliche Kompetenzen betrachtet. Üblicherweise werden auf der Grundlage von Stellenbeschreibungen Anforderungsprofile erstellt. Ein *Anforderungsprofil* bildet diejenigen Kenntnisse, Fähigkeiten und Fertigkeiten eines Mitarbeiters ab, die er bezogen auf die Ausübung einer bestimmten Tätigkeit bzw. Funktion aufweisen sollte. Im Rahmen der Personalauswahl wird anschließend entweder intern oder auf dem externen Arbeitsmarkt nach einem passenden Bewerber gesucht (Personalbeschaffung und Personalauswahl – vgl. Abschnitt 3-4). Es besteht aber auch die Möglichkeit, bereits in der Organisation tätige Mitarbeiter zu qualifizieren. Im Kontext der Personalentwicklung ergeben sich aus dem Anforderungsprofil, dem der Mitarbeiter genügen soll, die Soll-Werte für den Bildungsbedarf. Neben den aktuellen Stellenanforderungen sind vorausschauend auch künftige Arbeitsinhalte zur Bestimmung des Anforderungsprofils einzubeziehen. Relevante Einflussgrößen sind in diesem Zusammenhang beispielsweise Gesetzesänderungen oder gesellschaftliche Veränderungen wie etwa der demografische Wandel. Auch interne Faktoren wie personalpolitische Grundsätze (z. B. das Diversity Management) beeinflussen den Bedarf an Personalentwicklungsmaßnahmen. Häufig finden sich entsprechende Vorgaben im Personalentwicklungskonzept einer Behörde. „Im Personalentwicklungskonzept sind Informationen zusammengefasst, die Unternehmen und Mitarbeiter benötigen, um zielorientierte und interessenbezogene Personalentwicklung zu gestalten“[387]. Die Informationen beziehen sich üblicherweise auf folgende Aspekte: Leitlinien zur Personalentwicklung, Ziele, Formen und Methoden, Evaluierung, Verantwortlichkeiten, Bestimmungen zur Erarbeitung und Einführung eines Personalentwicklungskonzeptes (etwa im Rahmen eines beteiligungsorientierten Projekts). Zur Veranschaulichung sind nachfolgend die Leitsätze aus dem Personalentwicklungskonzept des nordrhein-westfälischen Ministeriums für Inneres und Kommunales abgebildet[388]:

Leitsätze der Personalentwicklung des Ministeriums für Inneres und Kommunales NRW

1. Personalentwicklung betrifft alle Mitarbeiterinnen und Mitarbeiter in unserem Haus.
2. Personalentwicklung fordert und fördert die Eigeninitiative und Eigenverantwortung aller Mitarbeiterinnen und Mitarbeiter.
3. Personalentwicklung ist eingebettet in organisatorische Veränderungsprozesse im Innenministerium.
4. Die Behördenleitung steuert und unterstützt den Prozess der Personalentwicklung.
5. Personalentwicklung beginnt mit der Formulierung von klaren Anforderungsprofilen (Rahmenanforderungsprofile IM mit den neun Schlüsselkompetenzen).
6. Personalauswahl folgt klaren Anforderungsprofilen.
7. Bewährungs- und Probezeiten dienen der Feststellung und Entwicklung der Eignung; diese sind mitentscheidend für den Personaleinsatz.
8. Personalentwicklung ist Führungsaufgabe aller Vorgesetzten.
9. Personalentwicklung ist geprägt durch transparente Entscheidungen, Vertrauen und Information sowie ergebnisorientierte Kommunikation.
10. Personalentwicklung fördert durch systematische Weiterqualizierung die persönlichen Entwicklungschancen aller. Lebenslanges Lernen ist eigenverantwortliche Verpflichtung aller Beschäftigten.
11. Personalentwicklung fördert ein diskriminierungsfreies und die Gleichstellung förderndes Arbeitsumfeld.
12. Neue Mitarbeiterinnen und Mitarbeiter sowie Berufsrückkehrer/-innen werden sozial integriert und gezielt eingearbeitet.
13. Betriebliche Gesundheitsförderung ist integraler Bestandteil von Personalentwicklung.
14. Personalentwicklung ist ein ständiger Prozess, eine Daueraufgabe, die der Evaluierung bedarf.
15. Personalentwicklung ist gelebtes Qualitätsmanagement.

In einem zweiten Schritt ist dem Anforderungsprofil das *Eignungsprofil* des Mitarbeiters gegenüberzustellen, das die Ist-Werte der Bedarfsanalyse abbildet. Aus dem Eignungsprofil ist abzuleiten, ob und in welchem Umfang der Mitarbeiter über die geforderten Qualifikationen und Kompetenzen verfügt. Zu diesem Zweck werden unterschiedliche Informationsquellen genutzt. Zu einzelnen Maßnahmen und Verfahren siehe die Abschnitte 3.4.2 und 7.1.6.

- Analyse von Bewerbungsunterlagen, Zeugnissen u. Ä. m.,
- Personalbeurteilung,
- Mitarbeitergespräch,
- Fördergespräch,
- Mitarbeiterbefragung,
- Testverfahren,
- situative Verfahren,
- Assessment-Center.

In letzter Zeit gewinnen sogenannte Potenzialanalysen an Bedeutung[389]. Hierbei werden verschiedene eignungsdiagnostische Verfahren kombiniert (siehe Kapitel 3), um objektive Informationen hinsichtlich der Kompetenzen von Mitarbeitern zu erlangen. Regelmäßig geht es bei Potenzialanalysen darum festzustellen, inwieweit Mitarbeiter mit neuen Aufgaben, Personen oder Arbeitsbedingungen zurechtkommen würden. Potenzialanalysen „...sollen uns in den Stand setzen, das in einem Menschen noch Schlummernde, sich künftig erst Entfaltende, jedenfalls aber das nicht offensichtlich und leicht in seinem tagtäglichen Verhalten sich Realisierende und zu Beobachtende zu erkennen"[390].

Abschließend sind zur Bestimmung des Bildungsbedarfs die Soll- und Ist-Werte und damit das Anforderungsprofil und das Eignungsprofil einander gegenüberzustellen.

Alle Angaben, die für die Entwicklung und Förderung der Mitarbeiter wichtig sind, können in sogenannten Mitarbeiterentwicklungsdateien bzw. -datenbanken (Skill-Datenbank) dokumentiert und fortgeschrieben werden. „Die Mitarbeiterentwicklungsdatenbank ist somit die zentrale Informationsgrundlage der Personalentwicklung"[391]. Die Kenntnisse, Fähigkeiten und Fertigkeiten (Skills) können zudem über ein „Matching" mit aktuellen Stellenanforderungen abgeglichen werden.

Exkurs: Fördergespräch

Ein wichtiger Baustein für eine erfolgreiche individuelle Personalentwicklung ist das Fördergespräch. Es ist häufig Bestandteil des jährlichen Mitarbeitergesprächs, auf die Zukunft gerichtet und hat konkrete Entwicklungsmöglichkeiten des Mitarbeiters zum Inhalt. Das Fördergespräch läuft in drei Phasen ab, die in Abbildung 5-10 veranschaulicht werden[392].

Abb. 5-10: Phasen des Personalfördergesprächs

Fördererwartungen: Zu Beginn eines Fördergesprächs soll der Mitarbeiter die Gelegenheit erhalten, seine spezifischen Fördererwartungen darzustellen und zu begründen. Das heißt, es geht zunächst um die Selbsteinschätzung des Mitarbeiters zum aktuellen Stand seiner Kenntnisse, Fähigkeiten und Fertigkeiten sowie zu seinem Personalentwicklungsbedarf. In dieser Phase sollte die Führungskraft sich mit eigenen Meinungsäußerungen zurückhalten.

Fördermöglichkeiten: An die Ermittlung der Fördererwartungen schließt sich die Diskussion geeigneter und umsetzbarer Entwicklungsmaßnahmen an. In dieser Phase fließt die Bewertung der Führungskraft ein. Zur Bestimmung des Entwicklungsbedarfs gleicht die Führungskraft im Idealfall das zuvor festgelegte Anforderungsprofil mit den im Fördergespräch geäußerten Erwartungen des Mitarbeiters ab und stellt diesen Soll-Wert gemeinsam mit dem Mitarbeiter dem Eignungsprofil gegenüber.

Fördermaßnahmen: Zum Abschluss des Fördergesprächs legen Führungskraft und Mitarbeiter verbindlich geeignete Personalentwicklungsmaßnahmen fest. Die Vereinbarung schließt Zielformulierungen und Absprachen zur Erfolgsüberprüfung sowie zur Integration der erworbenen Kenntnisse und Erfahrungen in die Praxis ein.

Ziele setzen:

Personalentwicklungsziele legen ganz konkret fest, welche Kenntnisse, Fähigkeiten und Fertigkeiten auf welchem Anspruchsniveau nach der Durchführung einer bestimmten Personalentwicklungsmaßnahme beherrscht werden sollen[393)]. Die Zielbildung erfolgt i. d. R. als deduktiver Zielbildungsprozess. Die Personalentwicklungsziele werden dabei, wie in Abbildung 5-11[394)] veranschaulicht, von personalpolitischen Basiszielen ausgehend auf mehreren Zielebenen beschrieben und bis auf Einzelmaßnahmen heruntergebrochen.

Abb. 5-11: Zielkaskade der Personalentwicklung

Zielebene und Inhalte	
Basisziele Personalpolitische Grundsätze Grundlegende Erwartungen an die PE	DEDUKTION
Richtziele Festlegung und Beschreibung der Handlungsfelder Bildung, Förderung und Maßnahmen der Arbeitsstrukturierung	
Grobziele Angestrebtes Ergebnisniveau von Maßnahmenbündeln, z.B. im Bereich Berufsausbildung oder Karriereplanung	
Feinziele Konkret erwartete Leistungs- und Verhaltensänderung nach Abschluss einer PE-Maßnahme, z.B. Wissenszuwachs und Handlungserweiterung nach einem Führungsseminar	
Maßnahmen Konkrete Maßnahmenplanung mit operationaler Zielformulierung	

Insbesondere die spezifischen, auf eine bestimmte Personalentwicklungsmaßnahme ausgerichteten Ziele sind geeignet, um für die spätere Evaluation des Trainings Kriterien abzuleiten[395)]. Im Rahmen der Zielformulierung sollte insbesondere die Frage beantwortet werden: Was soll ein Mitarbeiter wissen und können, der an einer bestimmten Maßnahme teilgenommen hat? Zur Zielformulierung vgl. nachfolgendes Beispiel und Abschnitt 7.1.6 (SMART-Kriterien).

Beispiel für Zielformulierung

Basisziel: Die Behörde x bildet in den nächsten drei Jahren jeweils fünf Auszubildende zu Verwaltungsfachangestellten aus.

Richtziel für den Funktionsbereich Bildung und das Handlungsfeld Berufsausbildung:

Die Auszubildenden sind nach Abschluss der Berufsausbildung in der Lage, eine Tätigkeit im erlernten Beruf eigenverantwortlich auszufüllen.

Grobziel: Die Auszubildenden sind nach Abschluss der Berufsausbildung in der Lage, in Kundengesprächen die Bedürfnisse der Zielgruppe zu erkennen und die Dienstleistung darauf auszurichten.

Feinziel: Die Auszubildenden nehmen im dritten Ausbildungsjahr verpflichtend an einem zweitägigen Seminar zum Thema „kundenorientierte Gesprächsführung" teil, das von der Ausbildungsabteilung der Behörde x organisiert wird.

Ziel 1 der Maßnahme: Die Auszubildenden kennen nach Abschluss des Seminars das Vier-Seiten-Modell einer Nachricht.

Maßnahmen gestalten und durchführen:

Kreatives Gestalten von Maßnahmen baut auf der Bedarfsanalyse und der Zielbestimmung auf und trifft Festlegungen zu folgenden Dimensionen[396)]:

- *Inhaltliches Gestalten:* Auswahl geeigneter Lerninhalte
- *Methodisches Gestalten:* Wahl der Lehr- und Lernformen
- *Zeitliches Gestalten:* Festlegung des Zeitpunktes, der Zeitdauer und der zeitlichen Abfolge der Maßnahmen
- *Sachliches Gestalten:* Beschaffung der erforderlichen finanziellen, personellen und organisatorischen Ressourcen
- *Personelles Gestalten:* Verpflichtung der Lernenden und Lehrenden, Sicherstellen der Mitverantwortung von Führungskräften, Beteiligung der Mitarbeitervertretungen (vgl. Abschnitt 9.1).

„Die Durchführung kann als anforderungsgerechte, planungsbezogene Umsetzung von Personalentwicklungsmaßnahmen bezeichnet werden"[397)]. Sie stellt die Kernphase des Personalentwicklungsprozesses dar. In dieser Phase der Personalentwicklung werden Lern- und Entwicklungserträge durch Maßnahmen der Bildung, Förderung und Arbeitsstrukturierung erzielt.

Erfolgskontrolle und Transfersicherung

Im Rahmen der Erfolgskontrolle werden geplante und erreichte Ergebnisse von Personalentwicklungsmaßnahmen gegenübergestellt sowie die Abweichungsursachen analysiert. Die Transfersicherung schließt den Funktionszyklus systematischer Personalentwicklung ab. Personalentwicklungsmaßnahmen sind erst dann erfolgreich beendet, wenn der Anwendungsbezug hergestellt ist, d. h., wenn die Mitarbeiter das Gelernte am Arbeitsplatz zur Bewältigung ihrer Aufgaben dauerhaft anwenden[398)].

Exkurs: Die Führungskraft als Lern- und Transferberater

Möglichkeiten zur Förderung des Lerntransfers sind in Abbildung 5-12 am Beispiel einer Fortbildungsmaßnahme dargestellt.

Abb. 5-12: Förderung des Lerntransfers

Vor dem Training
- Beteiligung der Mitarbeiter an der Entscheidung, wann wo welche Fortbildung besucht wird
- Information der Mitarbeiter über den Grund und erwartete Ergebnisse der Qualifizierungsmaßnahme
- Setzen von Lernzielen
- Unterstützung der Mitarbeiter bei der Entwicklung von Lernstrategien
- Entwicklung eines konkreten Plans, wie die Mitarbeiter die Trainingsergebnisse anwenden können
- Unterstützung des Mitarbeiters beim Erkennen von Vorteilen der Qualifizierungsmaßnahme für die Behörde

Während des Trainings
- Anwendung von Fällen aus der Praxis, die die Teilnehmer kennen
- Beschreibung einer Vielzahl unterschiedlicher Beispiele
- Unterstützung der Teilnehmer bei der Entwicklung von detaillierten und gut ausgearbeiteten Wissensstrukturen sowie Selbstregulationstechniken (z. B. Planung, Überwachung und Überprüfung des Lernprozesses)
- Setzen von kurzfristigen Transferzielen für das sofortige Anwenden der Trainingsinhalte
- Setzen von längerfristigen Zielen, die eine exzellente Beherrschung der Trainingsinhalte darstellen
- Sammlung von möglichen Hindernissen bei der Umsetzung der Trainingsinhalte sowie Erarbeitung von Reaktionsmöglichkeiten, wenn diese Hindernisse auftreten
- Schaffen einer positiven Atmosphäre während der Fortbildung

Nach dem Training
- Setzen von spezifischen Leistungszielen resultierend aus der Anwendung der Trainingsinhalte
- Positive Verstärkung von besserer Leistung
- Reduzierung von Barrieren beim Lerntransfer wie Zeitmangel, fehlende Materialien oder mangelnde Anwendungsgelegenheiten
- Überwachung und Rückmeldung relevanter Leistungskriterien nach der Qualifizierung
- Initiieren von Lernen unter Kollegen. Der Teilnehmer als Multiplikator erhält Gelegenheit, sein Wissen darzustellen und anderen zu vermitteln.

Der Führungskraft kommt in diesem Zusammenhang eine besondere Bedeutung zu. Der Vorgesetzte hat insbesondere vor und nach dem Training Ansatzpunkte, um zum Erfolg der Maßnahme beizutragen. Er übernimmt insoweit die Rolle eines Lern- und Transferberaters.

Die Bewertung, Steuerung und Optimierung von Maßnahmen ist während des gesamten Funktionszyklus systematischer Personalentwicklung relevant. Dabei geht es nicht nur um Kosten. Zu betrachten sind die Angebote selbst und alle zur Verfügung gestellten Ressourcen (Input) sowie der Bildungsgewinn, Zufriedenheitsaspekte und der Lern- und Umsetzungserfolg (Output). Dies geschieht im Wege eines umfassenden Personalentwicklungs- bzw. Bildungscontrollings als Teilbereich des Personalcontrollings. Im Zusammenhang mit der Evaluation von Personalentwicklungsmaßnahmen wird oftmals ein erweitertes Vier-Ebenen-Modell nach Kirckpatrick angewandt. Ausführliche Erläuterungen zum *Bildungscontrolling* und damit insbesondere auch zu den Aspekten Erfolgskontrolle und Transfersicherung werden in Abschnitt 10.4 gegeben.

6. Personalentlohnung

Die Entlohnung von Arbeitnehmern im privaten Sektor kann weitgehend frei zwischen Arbeitgebern und Arbeitnehmern verhandelt werden[XVII]). Tarifverträge, die zwischen Arbeitgebervereinigungen und Gewerkschaften abgeschlossen werden, können dabei Lohnuntergrenzen darstellen. Die Vielfalt der Entlohnungsformen im privaten Sektor ist groß (siehe Informationskasten „Und was bietet die Privatwirtschaft?"). Arbeitgeber können auf individuelle Anforderungen der Mitarbeiter reagieren. Nachfolgend werden die Entlohnungssysteme des öffentlichen Sektors in ihren Grundzügen dargestellt. Kennzeichnend ist, dass die Entlohnung der Beschäftigten im öffentlichen Sektor durch Gesetze, Verordnungen oder Tarifverträge verbindlich geregelt ist. Einzelfallregelungen sind kaum möglich. Gemäß dem personalpolitischen Grundsatz der Leistungsorientierung werden die Entlohnungsformen im öffentlichen Sektor seit einigen Jahren durch leistungsorientierte Bezahlungselemente ergänzt. Beispiele werden in Abschnitt 6.2 erläutert.

Und was bietet die Privatwirtschaft?

Im privatwirtschaftlichen Bereich wird zwischen Geldleistungen und geldwerten Leistungen unterschieden[399]). Geldwerte Leistungen können beispielsweise sein: privat nutzbare Dienstwagen, vergünstigtes Kantinenessen oder Werkswohnungen mit niedrigem Mietzins. Bei den Geldleistungen wird zwischen den fixen und variablen Entgeltbestandteilen unterschieden. Variable Entgeltbestandteile können von der individuellen Leistung des Arbeitnehmers (z. B. Verkaufserlöse bei Vertriebsmitarbeitern) und/oder vom Unternehmensergebnis (z. B. Bilanzgewinn) abhängig sein. In manchen Branchen der Privatwirtschaft (z. B. Beratungsunternehmen, Banken, Versicherungen) beträgt der durchschnittliche Anteil der variablen Vergütung an der Gesamtvergütung bis zu 30 Prozent[400]). Zudem kann im Bereich der variablen Vergütung auch eine Kapitalbeteiligung (Fremd- oder Eigenkapital) vereinbart werden[401]). Bei der Eigenkapitalbeteiligung werden die Mitarbeiter zu Miteigentümern eines Unternehmens (z. B. Aktionär einer Aktiengesellschaft). Damit partizipieren sie am Unternehmenserfolg und können auch Einfluss auf unternehmerische Entscheidungen nehmen. Um den individuellen Entlohnungswünschen der Mitarbeiter gerecht zu werden, sind Cafeteria-Systeme im Einsatz[402]). Der Mitarbeiter kann dabei in regelmäßigen zeitlichen Abständen wählen, in welcher Form er sein Entlohnungsbudget in Anspruch nehmen möchte. Beispielsweise kann ein Mitarbeiter auf hoch mit

XVII) Dieses Kapitel wurde wesentlich von Julia Rüland, M.A. Human Resource Management, verfasst.

Steuer- und Sozialabgaben belastete fixe Entgeltbestandteile verzichten und dafür einen für ihn ansonsten nicht zu finanzierenden, privat nutzbaren Dienstwagen einer Premium-Marke in Anspruch nehmen.

6.1 Besoldung für Beamte

Alimentationsprinzip

Beamte erhalten für ihre Arbeit kein Entgelt im herkömmlichen Sinne, sondern sie werden nach dem Alimentationsprinzip besoldet. Das Alimentationsprinzip gehört zu den hergebrachten Grundsätzen des Berufsbeamtentums und ergibt sich aus Art. 33 Abs. 5 des Grundgesetzes[403)]. Alimentationsprinzip bedeutet, dass der Dienstherr sich verpflichtet, für den Beamten und seine Familie ein Leben lang zu sorgen; im Gegenzug stellt der Beamte sich in den Dienst des Staates. Diese „Fürsorge" geschieht im Rahmen der Besoldung in der aktiven Dienstzeit sowie der Zahlung von Versorgungsbezügen im Ruhestand und der Versorgung von Hinterbliebenen nach dem Tod des Beamten[404)]. Das Nettoeinkommen muss sich hierbei an allgemeinen wirtschaftlichen Entwicklungen und dem allgemeinen Lebensstandard orientieren. Es muss ausreichen, um dem Beamten einen amtsangemessenen Lebenskomfort zu ermöglichen[405)].

Die Besoldungsregelungen für die Beamten werden per Gesetz festgelegt. In Deutschland liegt die entsprechende Gesetzgebungskompetenz seit 2006 bei den Ländern. Dies bedeutet, dass sich die Besoldungssysteme in den einzelnen Bundesländern unterscheiden können[XVIII)]. Für die Beamten des Bundes liegt die Gesetzgebungskompetenz beim Bund. Für Landesbeamte und kommunale Beamte gelten die Besoldungsregelungen des jeweiligen Bundeslandes. In Nordrhein-Westfalen ist die Besoldung der Beamten seit der Dienstrechtsreform im Juni 2013 im übergeleiteten Besoldungsgesetz für das Land Nordrhein-Westfalen (ÜBesG NRW) i. V. m. dem Landesbesoldungsgesetz NRW (LBesG NRW) geregelt.

Die Besoldung richtet sich nach dem statusrechtlichen Amt des Beamten[406)]. In NRW gibt es vier verschiedene Laufbahngruppen, die jeweils mit aufsteigenden Ämtern belegt sind.

Zum höheren Dienst zählen zudem noch die Ämter der B-Besoldung. Diese deckt vor allem die Besoldung für Wahlbeamte und Beamte in Spitzenpositionen großer Behörden ab. Neben der A- und B-Besoldung gibt es noch die R-Besoldung für Richter sowie die C- und die W-Besoldung, die der Besoldung wissenschaftlich tätiger Beamter (z. B. Universitäts- oder Fachhochschulprofessoren) dient.

XVIII) Derzeit sind sich die Systeme in den Grundzügen sehr ähnlich. Deutliche Unterschiede gibt es inzwischen jedoch in der Besoldungshöhe.

Der Regelfall, vor allem in kommunalen Verwaltungen, ist die A-Besoldung. Hierbei wird je nach Besoldungsgruppe ein Grundgehalt gezahlt. Dieses lässt sich aus den Besoldungstabellen des jeweiligen Landes ablesen. Innerhalb der jeweiligen Besoldungsgruppen gibt es bis zu zwölf Erfahrungsstufen, die von dem Beamten in regelmäßigen Abständen durchlaufen werden und sich an der vorhandenen Berufserfahrung orientieren. Bis zur Stufe 5 steigt der Beamte im 2-Jahresrhythmus, bis zur Stufe 9 im 3-Jahresrhythmus und danach im 4-Jahresrhythmus in die nächste Stufe auf. Mit einer Stufenänderung ist auch immer ein höheres Grundgehalt verbunden (vgl. § 27 III ÜBesG NRW, siehe auch Abbildung 6-1) In Fällen der besonderen Leistungserbringung ist auch ein vorzeitiger Stufenaufstieg nach § 27 IV ÜBesG NRW möglich.

Abb. 6-1: Auszug aus der Besoldungstabelle für das Land NRW (Landesamt für Besoldung NRW, Stand 1.1.2014)

€	1	2	3	4	5	6	7	8	9	10	11	12
A 8		2149.17	2210.59	2302.71	2394.86	2486.97	2579.15	2640.56	2701.96	2763.41	2824.82	
A 9		2287.10	2347.53	2445.86	2544.19	2642.52	2740.86	2808.43	2876.07	2943.66	3011.26	
A 10		2461.19	2545.18	2671.14	2797.15	2923.14	3049.13	3133.12	3217.11	3301.09	3385.07	
A 11			2732.63	2857.23	2981.84	3106.46	3231.07	3314.14	3397.22	3480.31	3563.38	3646.46
A 12				3084.42	3232.98	3381.55	3530.11	3629.15	3728.20	3827.24	3926.29	4025.32
A 13					3549.14	3706.40	3863.66	3968.51	4073.35	4178.20	4283.06	4387.91

Stufenaufstieg alle 2 Jahre	Stufenaufstieg alle 3 Jahre	Stufenaufstieg alle 4 Jahre

Neben dem Grundgehalt wird je nach Familienstatus des Beamten ein Familienzuschlag gem. §§ 39 ff. ÜBesG NRW gezahlt. Verheiratete Beamte bekommen einen Grundbetrag, der sich mit jedem Kind erhöht. Die Zahlung des Familienzuschlags lässt sich aus dem Alimentationsprinzip ableiten. Sobald der Beamte für seine Frau und seine Kinder sorgen muss, entstehen ihm höhere Kosten. Im Rahmen der Fürsorgepflicht zahlt der Staat deshalb einen Zuschlag, damit der allgemeine und amtsangemessene Lebensstandard gehalten werden kann[407)]. Weitere Zulagen sind möglich (z. B. Stellenzulage gemäß § 42 I ÜBesG NRW). Neben dem Grundgehalt und evtl. Zuschlägen wird einmal jährlich eine Sonderzahlung gewährt („Weihnachtsgeld"). Die Höhe der Sonderzahlung ist abhängig von der jeweiligen Besoldungsgruppe und liegt in Nordrhein-Westfalen zwischen 30 und 60 Prozent der Dezemberbezüge.

Beispiel:

Ein verheirateter Beamter mit einem Kind in Besoldungsgruppe A 9 erhält nach sieben Jahren Berufserfahrung demnach folgende monatliche Bezüge:

Grundgehalt: A 9, Stufe 5	2.544,19 €

Familienzuschlag Stufe 2	229,02 €	
Stellenzulage (gD)	83,50 €	
	2856,71€	zgl. jährliche Sonderzahlung (30 %) = 857,01 €

Nicht nur während ihrer aktiven Dienstzeit erhalten Beamte Bezüge. Mit dem Eintritt in den Ruhestand erhalten sie als sogenannte Versorgungsempfänger Versorgungsbezüge. Die Höhe der Versorgungsbezüge richtet sich nach dem letzten Grundgehalt, welches der Beamte seit mindestens zwei Jahren vor der Pensionierung bezogen haben muss (vgl. § 5 III Beamtenversorgungsgesetz NRW). Hierauf wird ein bestimmter Prozentsatz angewandt, welcher wiederum von verschiedenen Faktoren abhängt. Neben der Dauer der aktiven Dienstzeit spielen auch Zeiten der Teilzeitbeschäftigung oder Kinderbetreuung eine Rolle. Darüber hinaus gibt es anrechenbare Zeiten wie z. B. die Ableistung des Wehrdienstes. Welche Dienstzeiten zur Berechnung der Versorgungsbezüge anerkannt werden, regelt das Beamtenversorgungsgesetz für das Land Nordrhein-Westfalen. Für jedes Dienstjahr wird dem Beamten ein gewisser Prozentsatz angerechnet, maximal werden jedoch 71,75 Prozent anerkannt (vgl. § 2 I Beamtenversorgungsgesetz NRW).

Beispiel:

Ein Kommunalbeamter (NRW) wird im Jahr 2013 im Alter von 65 Jahren pensioniert. Er ist im Jahr 2010 nach A 13 (gD) befördert worden und befindet sich in der letzten Erfahrungsstufe (12). Durch eine lange Dienstzeit ohne Unterbrechungen hat er sich den vollen Ruhegehaltssatz von 71,75 Prozent erarbeitet.

Seine Versorgungsbezüge betragen:

letztes Grundgehalt A 13 = 4.387,91 € davon 71,75 % = 3.148,33 € (Stand: Januar 2014)

Versorgungsbezüge werden neben dem klassischen Fall der altersbedingten Pensionierung auch in Fällen der Dienstunfähigkeit oder als Hinterbliebenenversorgung an verwitwete Ehepartner gezahlt.

Zum Fürsorgeprinzip gehört es auch, den Beamten in besonderen Lebenslagen zu unterstützen. Hierzu zählt auch die Erkrankung des Beamten. Der Beamte erhält von seinem Dienstherrn eine Beihilfe in Krankheitsfällen, der Beihilfeanspruch ergibt sich aus § 77 des Landesbeamtengesetzes NRW. Die Beihilfe deckt zwischen 50 Prozent und 70 Prozent der Kosten der medizinischen Behandlung ab. Für den restlichen Teil sollte sich der Beamte versichern, z. B. bei einer privaten Krankenversicherung. Einen Anspruch auf Beihilfe haben auch die Kinder und in besonderen Fällen die Ehepartner des Beamten. Rechtsgrundlage für die Gewährung von Beihilfe ist die Beihilfeverordnung NRW (BVO NRW).

Da im Rahmen des Alimentationsprinzips für die Beamten ein eigenes Versorgungssystem im Hinblick auf Kranken-, Pflege- und Rentenversicherung besteht, sind sie von der Pflicht, Sozialversicherungsabgaben zu zahlen, ausgenommen. Beamte zahlen in diese Systeme nicht ein, haben allerdings in der Konsequenz auch keinen Anspruch auf Leistungen aus diesen Vorsorgesystemen. Im Falle von Krankheit erhalten Sie die o. g. Beihilfe und eine Fortzahlung der Bezüge. Im Pensionsfalle werden sie nicht aus der gesetzlichen Rentenversicherung, sondern vom Dienstherrn alimentiert. Steuerlich sind Beamte jedoch mit Arbeitnehmern gleichgestellt. Sie zahlen genauso Lohn- und Kirchensteuer und auch den Solidaritätszuschlag müssen sie abführen. Insgesamt führt diese Regelung dazu, dass der Unterschied zwischen dem Brutto- und dem Nettolohn bei Beamten deutlich geringer ist als bei Arbeitnehmern. Nicht vergessen darf man aber, dass der Beamte von seinem Nettolohn noch die private Krankenversicherung zahlen muss.

6.2 Entgelt für Tarifbeschäftigte

Tarifvertrag

Im Gegensatz zu den gesetzlichen Regelungen der Beamten wird bei den Tarifbeschäftigten die Entgeltstruktur durch einen Tarifvertrag festgelegt. Ein Tarifvertrag wird zwischen den Tarifvertragsparteien (Arbeitgeber- und Arbeitnehmervertretern) ausgehandelt. Bei jeder Tarifverhandlung kann über die Höhe der Entgelte und Zulagen, Urlaubsansprüche oder auch die Arbeitszeit individuell verhandelt werden. Ein neu ausgehandelter Tarifvertrag wird immer mit einer bestimmten Laufzeit versehen (meistens zwei Jahre), sodass dann automatisch neue Verhandlungen aufgenommen werden müssen. Für den Bund und die Kommunen gilt der Tarifvertrag für den öffentlichen Dienst (TVöD), für die Länder der Tarifvertrag der Länder (TV-L).

Ähnlich wie im Besoldungssystem der Beamten umfasst auch der Tarifvertrag eine Entgeltstruktur mit unterschiedlichen Entgeltgruppen (1 bis 15) sowie zwei Grund- und vier Entwicklungsstufen innerhalb jeder Entgeltgruppe[XIX]). Die Erfahrungsstufen richten sich auch hier nach der Berufserfahrung der Beschäftigten, jedoch sind die Stufenlaufzeiten anders. In jeder Stufe muss so lange verweilt werden, wie der Wert der Stufe lautet (ein Jahr in Stufe 1, zwei Jahre in Stufe 2, drei Jahre in Stufe 3 usw.) (vgl. § 16 TVöD). Je nach Entgeltgruppe und Erfahrungsstufe kann dann das entsprechende Tabellenentgelt abgelesen werden (siehe Abbildung 6-2).

Auch der TVöD eröffnet die Möglichkeit des leistungsabhängigen Stufenaufstieges. Bei herausragender Leistung der Beschäftigten ist es möglich, die Stufen 4 bis 6 vorzeitig zu erreichen.

XIX) Eine Ausnahme bildet die Entgeltgruppe 1, hier steigt der Beschäftigte direkt in die Stufe 2 ein, eine erste Erfahrungsstufe ist dort nicht vorhanden.

Abb. 6-2: Auszug aus der Entgelttabelle TVöD vom 1.8.2013 bis 28.2.2014 (Anlage A zum TVöD)

€	1	2	3	4	5	6
E 11	2861.96	3173.57	3404.35	3750.55	4252.55	4483.36
E 10	2758.09	3058.14	3288.95	3519.77	3958.28	4062.14
E 9	2436.14	2700.39	2838.89	3208.16	3496.68	3727.47
E 8	2280.34	2527.29	2642.71	2746.57	2861.96	2934.67
E 7	2134.95	2365.73	2515.75	2631.17	2717.71	2798.50
E 6	2093.38	2319.57	2434.97	2544.61	2619.63	2694.64
E 5	2005.67	2221.49	2331.12	2440.75	2521.53	2579.24
E 4	1906.43	2111.86	2250.33	2331.12	2411.90	2459.20

nach 1 Jahr	nach 2 Jahren	nach 3 Jahren	nach 4 Jahren	nach 5 Jahren	→	insgesamt 15 Jahre bis zur Endstufe

Über das Entgelt der jeweiligen Entgeltgruppe hinaus wird seit dem Jahr 2007 einmal jährlich ein leistungsabhängiges Entgelt gem. § 18 TVöD gezahlt. Dies soll dazu beitragen „die öffentlichen Dienstleitungen zu verbessern"[408] und zugleich die Motivation, Eigenverantwortung und Führungskompetenz der Beschäftigten zu stärken (vgl. § 18 I TVöD).

Ebenfalls einmal jährlich erhalten die tariflich Beschäftigten eine Sonderzuwendung mit dem Novembergehalt. Diese bemisst sich nach dem in den Monaten Juli bis September durchschnittlich gezahlten Entgelt und beträgt je nach Entgeltgruppe zwischen 60 und 90 Prozent (vgl. § 20 TVöD).

Der familiäre Status des Beschäftigten wirkt sich, anders als bei den Beamten, nicht auf die Höhe des Entgeltes aus.

Beispiel:

Ein Tarifbeschäftigter in Entgeltgruppe 9 des TVöD erhält nach sieben Jahren Berufserfahrung demnach – unabhängig vom familiären Status – folgendes Entgelt:

monatl. Tabellenentgelt EG 9, Stufe 4	3.208,16 €
zzgl. jährliche Sonderzahlung (80 Prozent)	2.566,53 €

zzgl. jährliches Leistungsentgelt gem. § 18 TVöD (variabel je nach Leistung)

Bei den Bruttoentgelten der Tarifbeschäftigten im öffentlichen Dienst handelt es sich i. d. R. um sozialversicherungspflichtiges Einkommen. Das bedeutet, dass die Tarifbeschäftigten neben der Lohn- und Kirchensteuer sowie dem Solidaritätszuschlag auch noch entsprechende Sozialabgaben abführen müssen. Die Höhe der Abgaben richtet sich nach dem jeweiligen Verdienst und beträgt derzeit (Stand 15.1.2014):

• Krankenversicherung	15,5 %
• Pflegeversicherung	2,05 % (bzw. 2,3 % bei Kinderlosen)
• Rentenversicherung	18,9 %
• Arbeitslosenversicherung	3,0 %

Das führt dazu, dass der Unterschied zwischen dem Brutto- und dem Nettolohn bei Tarifbeschäftigten höher ausfällt. Durch die Abführung von Sozialversicherungsbeiträgen haben die Tarifbeschäftigten jedoch auch Ansprüche aus diesen Systemen. Im Krankheitsfall zahlt die Krankenkasse die medizinische Behandlung und ggf. das Krankengeld bei Arbeitsunfähigkeit. Ebenso bei Arbeitslosigkeit, hier übernimmt die Bundesagentur für Arbeit die Zahlung von Arbeitslosengeld I. Neben den oben genannten Abgaben des Arbeitnehmers zahlt auch der Arbeitgeber einen bestimmten Teil in die Sozialversicherungskassen ein.

Zunächst erhält jeder Tarifbeschäftigte mit Renteneintritt Leistungen aus der gesetzlichen Rentenversicherung. Eine Besonderheit im öffentlichen Dienst stellt das Instrument der Zusatzversorgungskasse dar. Hierbei handelt es sich um eine betriebliche Altersvorsorge, die automatisch jedem Tarifbeschäftigten zugutekommt. Der öffentliche Arbeitgeber zahlt für jeden seiner Beschäftigten monatlich eine bestimmte Summe[XX)] – zusätzlich zu den Arbeitgeberanteilen der Sozialversicherung – in die Zusatzversorgungskasse ein. Mit dem Zeitpunkt der Gewährung der gesetzlichen Rente hat der Beschäftigte dann auch einen Anspruch auf Rentenzahlungen aus der Zusatzversorgung. Die Zusatzversorgungskasse zahlt auch in Fällen der Erwerbsminderung oder an Hinterbliebene[409)].

6.3 Aufwandsentschädigung für Ehrenamtlich Tätige

Personen, die ein Ehrenamt bzw. eine ehrenamtliche Tätigkeit ausüben (vgl. hierzu Abschnitt 1.2) fallen nicht unter die Entgeltregelungen des TVöD. Die Bezahlung der Ehrenamtler ist in NRW in § 33 der Gemeindeordnung des Landes Nordrhein-Westfalen (GO NRW) geregelt. Demnach erhalten ehrenamtlich Engagierte eine sogenannte Aufwandsentschädigung für ihren Einsatz.

Die Aufwandsentschädigung wird dem Ehrenamtler für seinen entstandenen Aufwand, der ihm im Zusammenhang mit dem Ehrenamt bzw. der ehrenamtlichen Tätigkeit entsteht, gezahlt. Dies können z. B. entstandene Sachkosten sein, aber auch eine Entschädigung für die aufgewandte Zeit ist möglich.

Personen, die für die Wahrnehmung ihrer ehrenamtlichen Aufgaben von ihrer eigentlichen Arbeit freigestellt werden, erhalten für diese Zeiten einen Ersatz des Verdienstausfalls gem. § 45 GO NRW. Der Arbeitgeber zahlt in der

XX) Bei einer Vollzeitkraft beträgt der AG-Anteil etwa 100,00 €/Monat.

Regel für diese Zeiten keinen Lohn oder kürzt diesen. Der Ersatz des Verdienstausfalls sorgt dann dafür, dass der ehrenamtlich Engagierte nicht schlechter gestellt ist, als wenn er die ehrenamtliche Tätigkeit nicht ausüben würde.

Solche Fälle kommen vor allem bei ehrenamtlichen Feuerwehrleuten vor, die ihre Arbeit wegen eines Einsatzes unterbrechen, oder aber auch bei Rats- und Ausschussmitgliedern, die politische Termine während der Arbeitszeit wahrnehmen.

Einmalige ehrenamtliche Tätigkeiten, wie z. B. die des Wahlhelfers oder Jugendbetreuers auf einer Veranstaltung, werden von den Ehrenamtlern i. d. R. in ihrer Freizeit ausgeübt. Hier kommt dann die Aufwandsentschädigung zum Tragen, die für die entstandenen Mühen entschädigen soll. Darüber hinaus kann als Anreiz oder für besonderes Engagement auch ein freiwilliges Taschengeld gezahlt werden. Dies ist z. B. im Rahmen des Freiwilligen Sozialen Jahres oder des Bundesfreiwilligendienstes, als Sonderform des Ehrenamtes, der Fall[410)]. Hier verpflichten sich die Personen in einem solch hohen zeitlichen Umfang zur Ausübung eines Ehrenamtes, dass es ihnen nur schwer möglich ist, in dieser Zeit anderweitig Geld zu verdienen. Das gezahlte Taschengeld soll dies honorieren.

Ob und in welchem Umfang Aufwandsentschädigungen steuer- und sozialversicherungspflichtig sind, hängt von vielen Faktoren ab. Zum 1.1.2013 trat das Gesetz zur Entbürokratisierung des Gemeinnützigkeitsrechts in Kraft (GemEntBG). Hier wurde festgelegt, dass Einnahmen für ein ehrenamtliches Engagement bis zu einer Höhe von 720 Euro im Jahr steuer- und sozialversicherungsfrei sind. Erfüllt die ehrenamtlich ausgeübte Tätigkeit bestimmte Bedingungen und dient sie dabei hauptsächlich dem Zwecke der Anleitung, Wissensvermittlung oder Betreuung junger Menschen sowie der Pflege kranker oder behinderter Menschen, gibt es noch einen weiteren Freibetrag. Unter der sog. Übungsleiterpauschale sind dann Einnahmen bis zu 2.400 Euro pro Jahr steuerfrei.

6.4 Berechnung und Auszahlung der Bezüge sowie Entgelte

Um allen Beschäftigten in den jeweiligen Behörden ihre Bezüge und Entgelte jeden Monat pünktlich und in der richtigen Höhe auszuzahlen, bedarf es einer gut organisierten internen Struktur. Zumeist gibt es in den zuständigen Personalabteilungen sogenannte „Bezügerechner", die sich allein mit der Zahlbarmachung von Gehältern beschäftigen.

Bei ihnen fließen alle von der Sachbearbeiter-Ebene vorbereiteten, personellen und vertraglichen Änderungen der Beschäftigten zusammen und werden zahlungswirksam verarbeitet. Hierzu zählt zum einen die erstmalige Datenanlage aller neu eingestellten Mitarbeiter, aber auch die fristgerechte Beendigung von Arbeits- und Ausbildungsverhältnissen. Wichtig ist hier eine möglichst fehlerfreie Arbeit, damit alle Beschäftigten nur so viel und so lange

Geld erhalten, wie sie auch gearbeitet haben. Nachzahlungen und Rückforderungen kommen zwar immer einmal vor, sollten aber aufgrund der problematischen Abwicklung und der Unannehmlichkeit für die Beschäftigten die absolute Ausnahme bilden. Doch nicht nur zu Beginn und zum Ende des Beschäftigungsverhältnisses ist die Arbeit der Bezügerechner gefragt. Alle Änderungen, die in einem aktiven Beschäftigungsverhältnis auftreten können, werden dort verarbeitet. Hierzu zählen bspw. Änderungen der Arbeitszeit, der Entgelt- oder Besoldungsgruppe, des Familienstatus, der Kontoverbindungen, aber auch die Vertragsdaten über vermögenswirksame Leistungen. Zudem ist die Bezügerechnung zuständig für Lohnfortzahlungen im Krankheitsfall oder auch die Zahlung von Zuschüssen im Mutterschutz oder der Elternzeit. Neben der Auszahlung der Gelder an die Beschäftigten ist es hier auch Aufgabe der Bezügerechner, die entsprechenden Erstattungen bei den Sozialversicherungsträgern (z. B. bei Krankenkassen und Rentenversicherungsträgern) geltend zu machen.

Kleinere Behörden haben zumeist eine eigene Bezügerechnung und werden bei der Abrechnung von regionalen IT-Unternehmen unterstützt. Diese pflegen die Datenbanken und spielen beispielsweise Tariferhöhungen automatisch für alle Beschäftigten ein. Ebenfalls übernehmen diese den Druck der Gehaltsabrechnungen und den Transport der nötigen Daten zur Gehaltsauszahlung an die Stadtkasse und die örtliche Bank.

Größere Behörden, insbesondere auf Landesebene, haben ihre Bezügerechnung oft zentralisiert. In NRW übernimmt diese Aufgabe für alle Bediensteten des Landes das Landesamt für Besoldung und Versorgung[411)]. Hier werden unter einem Dach von ca. 1.000 Mitarbeitern die Daten von 639.000 Landesbediensteten verarbeitet. Auch im Rahmen der interkommunalen Zusammenarbeit ist die Zentralisierung dieser Aufgabe möglich[412)].

7. Personalführung

„Es ist offensichtlich, dass eine grundsätzliche Neuausrichtung des öffentlichen Dienstes besondere Herausforderungen an die Führung stellt...Die ‚neue Führungskraft' des öffentlichen Dienstes muss sich deshalb mit dem Leitbild des modernen und effizienten Dienstleistungsunternehmens identifizieren können und die Kenntnisse und Führungskompetenzen besitzen oder sich erwerben, die sie zum motivierenden Durchsetzen der erforderlichen Veränderungsprozesse befähigt"[413].

Moderne Personalarbeit kommt nicht ohne Führungskräfte aus, denn sie sind *Träger der Personalarbeit*. Das Personalwesen muss sich als Kooperationspartner der Führungskräfte begreifen und umgekehrt. Führung sollte den Wandel unterstützen und zwischen individuellen und organisationalen Interessen vermitteln. Die Handlungsfelder der Verwaltungsreform erfordern eine aktivierende Führung. Jedoch läuft der öffentliche Sektor Gefahr, dass Führung zur Mangelware wird[414], denn zum einen scheiden viele Führungskräfte altersbedingt aus, zum anderen fehlen Ressourcen für eine ausreichende Nachwuchsförderung. Auch das Thema Führungsqualität erfordert Aufmerksamkeit, denn Führung muss sich von traditionellen Herangehensweisen in bürokratischen Organisationen lösen, um den Wandel konstruktiv zu gestalten. Dabei stellt sich Führung im öffentlichen Sektor aufgrund der vergleichsweise geringen Disziplinierungs- und Förderungsmöglichkeiten als weitaus schwieriger als in der Privatwirtschaft heraus. Die Erschwernisse liegen zum einen im Führungsverständnis einer bürokratischen Organisation begründet, zum anderen im Fehlen ausreichend entwickelter Anreiz-, Ziel- und Karrieresysteme zur Verhaltenssteuerung.

„Zumeist übernimmt das HRM (Human Resource Management) die Verantwortung für die übergeordneten Rahmenbedingungen auf struktureller und instrumenteller Ebene. Die interaktionelle Gestaltung der Mitarbeiterbeziehung liegt im Schwerpunkt bei der Führungskraft"[415].

7.1 Grundlagen zur Personalführung

7.1.1 Führungsbegriff

Aus *institutioneller Sicht* ist Führung ein Prinzip der Aufbauorganisation. In Führungsstellen werden Befugnisse, Verantwortung und Kompetenzen im Rahmen der organisationsbezogenen Entscheidungsprozesse gebündelt. Im öffentlichen Sektor ist das vertikale Hierarchieprinzip bestimmend. Zunehmend spielt hier auch der informelle Führungsansatz ohne disziplinarische Vorgesetztenfunktion in lateralen Team- und Projektstrukturen eine Rolle[416].

Aus *funktionaler Sicht* stehen die Führungsaufgaben wie Koordination, Planung und Kontrolle im Vordergrund. Angrenzende Begriffe wie Management betonen spezifische Aspekte der Personalführung. Management hebt mehr den Aspekt der sach- und zielorientierten Unternehmensführung hervor (Beispiel Management by Objectives = Führen mit Zielen). Führung indes befasst sich mit der verhaltensbezogenen Sicht (Beispiel Leadership-Konzept). Dort befasst man sich vor allem mit den Wirkungen auf die Geführten (Begeisterung, Motivation etc.)[417)].

Definition

Jede Disziplin hebt gewisse Aspekte bei der Definition des Begriffs Führung hervor. Der Psychologe fokussiert auf das Verhalten und die Persönlichkeit, der Soziologe befasst sich mit sozialen Strukturen und Systemen, der Betriebswirt interessiert sich für die Organisationsleistung. Gemeinsam ist ihnen, dass sie vom Konzept der Trennung menschlicher Arbeitskraft in dispositive (anordnende) und exekutive (ausführende) Tätigkeiten ausgehen sowie den Führungserfolg aus individueller oder organisationaler Sicht darstellen. Das Führungsgeschehen ist durch personale und situative Faktoren bestimmt und orientiert sich an den Organisationszielen.

Einige Definitionen offenbaren *Hauptäste* des Definitionsgestrüpps:

- **Einflussnahme:** „Führung ist zielbezogene Einflussnahme. Die Geführten sollen dazu bewegt werden, bestimmte Ziele, die sich meist aus den Zielen des Unternehmens ableiten, zu erreichen"[418)].
- **Förderung:** „Unter Führung kann man zunächst einmal verstehen, dass man anderen Menschen eine Orientierung gibt, mit ihnen Ziele vereinbart oder Probleme löst und sie beim Erreichen von Zielen bzw. beim Problemlösen anleitet und unterstützt"[419)].
- **Motivation:** Führung ist Motivationsarbeit. Es ist „...der Perspektivwechsel, der den Mitarbeiter als motivierten Höchstleister betrachtet und von der Führungskraft verlangt, Rahmenbedingungen einzurichten, unter denen der Mitarbeiter optimal seine Stärken verwirklichen kann. Eine der wesentlichsten Rahmenbedingungen ist die Führungskraft selbst: die Art und Weise wie sie zu dem Mitarbeiter und der Anforderung steht"[420)].
- **Inspiration:** „(Führungskräfte) sollen als ‚Veränderungsmanagerr' agieren und ihre Mitarbeiter in die Lage versetzen, Innovations- und Veränderungsprozesse erfolgreich zu bewältigen"[421)].
- **Vielschichtigkeit:** „Führung hat etwas von Macht, von Liebe, von Kommunikation, von Konsequenz, von Zwang, von Manipulation usw."[422)].

Definition von Führung

Führung erfolgt in der Regel durch Personen mit Sanktionsgewalt und Ressourcenverfügung in arbeitsteiligen Situationen. Führung soll das Verhalten von Beschäftigten im Sinne der Organisationsziele positiv und sozial akzeptiert beeinflussen sowie nicht konstruktive Verhaltensweisen minimieren.

7.1.2 Führungsziele

Das Ziel der Personalführung besteht in der Aktivierung von Mitarbeitermotivation und Leistungsbereitschaft[423]. Betriebswirtschaftlich könnte man Führung als dispositiven Faktor zur effizienten und effektiven Gestaltung und Verknüpfung der Elementarfaktoren Arbeitsleistung, Betriebsmittel und Werkstoffe beschreiben[424]. Aus entscheidungstheoretischer Sicht interessiert man sich hier vor allem für „echte" Führungsentscheidungen, die für die Organisation essenziell sind, den Gesamtzusammenhang beachten und nicht delegiert werden können[425]. Führung berücksichtigt dabei sowohl organisationale als auch individuelle Zielfelder.

Ziele auf der organisationalen Ebene:

- Effizienz des Ressourceneinsatzes
- Effektivität der verwendeten Mittel
- Repräsentation nach Außen und Innen
- Steigerung der internen und externen Wettbewerbsfähigkeit
- Erhöhung der Qualität der Leistungen und Kundenzufriedenheit
- Schaffung optimaler Kommunikations- und Interaktionsstrukturen
- Gestaltung des Arbeitsplatzes nach Kriterien der Humanisierung der Arbeitswelt

Ziele auf der Ebene des Mitarbeiters:

- Steigerung der aktuellen und zukünftigen Leistungsfähigkeit (Performance und Potenzial)
- Förderung der Arbeitsfähigkeit (Work Ability, Gesundheit betreffend)
- Steigerung der Beschäftigungsfähigkeit (Employability, Kompetenzen betreffend)
- Stärkung des unternehmerischen Denkens und Handelns (Intra- und Entrepreneurship)
- Erhöhung der Stresstoleranz (Resilienz)
- Steigerung der kognitiven Flexibilität und Mobilität (Einsatzfähigkeit)
- Zunahme freiwilliger „Goodwill-Beiträge" (Hilfsbereitschaft, Flexibilität, Eigeninitiative etc.)

7.1.3 Menschenbilder als Basis des Führungsgeschehens

Führung hat einen Sach- und einen Personenbezug. Sie agiert nicht nur sachlogisch, sondern es geht um Menschen und damit auch um irrationale Entscheidungsprozesse. Die *Einstellung zum Menschen* ist hier ein wichtiger Faktor. Betrachtet man den Menschen als Opportunisten und Nutzenmaximierer, dann wird man eher einen kontrollierenden und autoritären Führungsweg einschlagen, als wenn der Geführte als Selbstverwirklicher und Teamplayer wahrgenommen wird. Hier zählen Kooperation und Vertrauen. Die Menschenbilder sind das *Bezugssystem der Führung* und erklären, was eine effektive Führung ist[426].

Gerade die Verwaltungsmodernisierung erfordert ein erneuertes Menschenbild der Verwaltung jenseits des Bürokratie-Modells von Max Weber (vgl. Abbildung 7-1)[427]. Eine moderne Organisationskultur sollte von Führungskräften vorgelebt und getragen werden. Es geht u. a. um Verantwortungsdelegation, Zielsysteme, Qualitäts- und Kundendenken sowie um ein leistungs- und kostenorientiertes Management. Das zugrunde liegende Menschenbild ist nicht mehr ausschließlich der Homo oeconomicus der wissenschaftlichen Betriebsführung (Taylorismus). Die Trennung von Kopf- und Handarbeit im Sinne der funktionalen Führung ist veraltet.

Abb. 7-1: Menschenbilder und Führung

Menschenbild	Bedeutung für die Führung
Economic Man *träges und rationales Wesen*	• Wirtschaftsbezug: Austauschverhältnis, Vertragsbeziehung, Nutzenmaximierung • Führung: Kontrolle, extrinsische Motivation (Geld), Arbeitsteilung (Fragmentierung)
Social Man *soziales Wesen*	• Beziehungsbezug: Betriebsklima, Gruppennormen und sozialer Austausch • Führung: Wertschätzung, Vertrauen, Anerkennung, Kommunikation
Self-Actualizing Man *sich entwickelndes Wesen*	• Inhaltsbezug: Selbstbestimmung, Eigenverantwortung und Interessenorientierung • Führung: Aufgabengestaltung, intrinsische Motivation, Ressourcenbeschaffung
Complex Man *komplexes Wesen*	• *Systembezug:* Kultur, Werte, Vielfalt • *Führung:* Umgang mit Vielfalt, individuelle Förderung, Wertemanagement
Flexible Man *selbstregulierendes Wesen*	• *Anpassungsbezug:* Vernetzung, Selbstverantwortung, Flexibilität, Arbeits- und Beschäftigungsfähigkeit, Anpassungs- und Lernfähigkeit • *Führung:* Investition in Subjektqualitäten, Hilfe bei Vernetzung, Selbstorganisation, Steigerung der Lernkompetenz und Mehrfachrollen, Coaching, Mentoring

7.1.4 Führungsgrundsätze

Menschenbilder bestimmen die Führungsgrundsätze. Sie beschreiben dabei das Soll im Fahrplan der Verwaltungsmodernisierung und berücksichtigen ethische Fragen. Sie sind nicht einfach festzulegen, sondern sind durch Führungskräfteauswahl, Beurteilungssysteme, Personalentwicklung, Job Rotation, Coaching und Mentoring zu erarbeiten. Deutlich wird, dass Führungsgrundsätze gelebt werden müssen (siehe Abbildung 7-2)[428].

Abb. 7-2: Führungsgrundsätze im öffentlichen Sektor

Führungsgrundsatz	Erläuterung
Vorbild sein	• Wer führt, muss lernen, sich selbst kritisch zu führen. • Vertrauen erzielt man durch Ehrlichkeit und Glaubwürdigkeit.
Innovation fördern	• Führungskräfte sind die Vorreiter der Modernisierung. • Sie sollten sich mit den Visionen identifizieren können.
Flexibel sein	• Führungskräfte sollten anpassungs- und veränderungsfähig sein. • Lebenslanges Lernen ist hier eine unabdingbare Voraussetzung.
Zeitnah informieren	• Angemessen und zeitnah zu informieren ist eine Kernfunktion. • Der Zusammenhang zwischen Aufgaben und Organisationszielen ist darzulegen.
Intelligent delegieren	• Die Individualität des Mitarbeiters ist zu beachten und das Handeln zu motivieren. • Eigenverantwortung steht im Fokus.
Mit Zielen führen	• Ziele sind zu konkretisieren (Umsetzbarkeit und Messung der Zielerreichung). • Das Commitment zu den Zielen ist zu stärken (Bindung).
Dialogisch prüfen	• Kontrolle der Zielerreichung bedeutet Dialog und Feedback. • Aufzeigen von Lösungswegen bei Abweichungen ist wichtiger als die Ermahnung.
Gemeinsam arbeiten	• Menschen mit vielfältigen Lebenssituationen sind als Team zu stärken. • Stärken und Schwächen der Mitglieder sind zu berücksichtigen.
Gerecht eingreifen	• Konflikte und Kritik im Arbeitsalltag stellen die Normalität dar. • Sie sind im Korridor der konstruktiven Auseinandersetzung zuzulassen.
Individuell fördern	• Wissen muss ständig aktualisiert werden. • Berufliche Entwicklungswege sind über den eigenen Bereich hinaus zuzulassen.

7.1.5 Führungsfunktionen

Als traditionelle Funktionen gelten Planung, Organisation, Überwachung und Entscheidung. Führungskräfte definieren dabei den für die Organisationseinheit relevanten Zielkorridor in Abhängigkeit von strategischen Zielen.

Sie verteilen Aufgaben, suchen nach Alternativen, informieren und koordinieren, leiten an, fordern und fördern die Mitglieder zum Handeln. Sie ermitteln sachbezogen den Erfolg der Mitglieder und schaffen damit die Basis für leistungsbezogene Anreizsysteme. Die Abbildung 7-3 illustriert die Grundfunktionen[429].

Abb. 7-3: Grundfunktionen der Führung

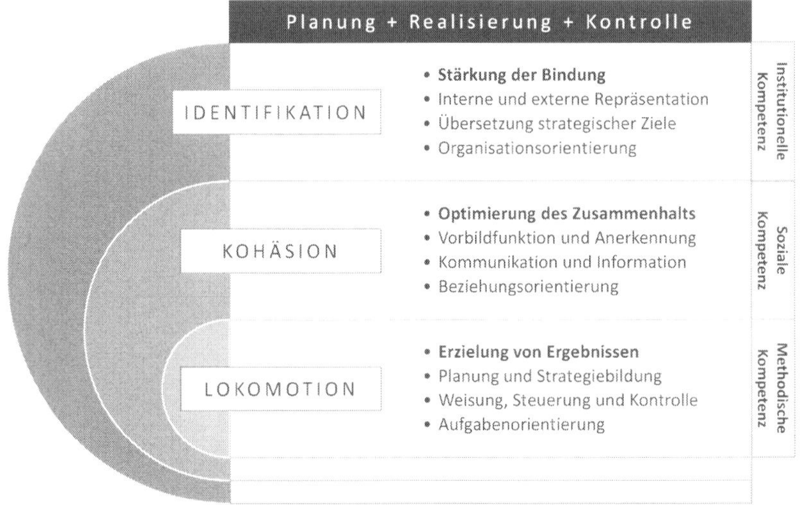

Aktivierende Führung des Ministeriums für Inneres und Kommunales NRW

„Aktivierende Führung erkennt die Bedeutung der Mitarbeiterinnen und Mitarbeiter und deren Beitrag zum Erfolg des Ganzen. Aktivierend führende Vorgesetzte nehmen die Verantwortung für ihre Mitarbeiterinnen und Mitarbeiter und deren Weiterentwicklung ernst. Menschen aktiv zu führen stellt an die Führungskräfte hohe Ansprüche. Es setzt ein eigenes positives Menschenbild und eine wertschätzende Haltung voraus"[430].

7.1.6 Führungsmittel und Führungsinstrumente

Führungskräfte müssen vieles tun. Sie müssen dieses aber nicht ohne Instrumente leisten. Der Markt an Methoden, Instrumenten und Tools ist stetig gewachsen. In der Führungskräfteentwicklung wird vor allem in *pädagogisch-psychologische Kompetenzen* investiert[431]. Warum? Die Verhaltensführung wird im Kontext der Veränderungsprozesse, der Komplexität von Führungssituationen und im Zeitalter des demografischen Wandels herausfordernder denn je. Gerade das Management von „Ungewissheit" ist für viele Führungskräfte belastend und schwierig zu bewältigen, da rationale Führungsmittel versagen[432]. Es wird mehr Persönlichkeit in der Führung verlangt. Zudem erwartet man, dass Führung die zur Verfügung stehenden Humanressourcen zur Strategieumsetzung gezielt einsetzt und dabei nachhaltig die Arbeits- und Beschäftigungsfähigkeit der Beschäftigten steigert. Auch soll Führung aus einer Vielzahl von Einzelgängern ein Team schmieden, das selbstreguliert, leistungsmotiviert, kundenorientiert, qualitätsbewusst und innovativ ist. In Anbetracht des demografischen Wandels und der Arbeitsverdichtung sollen ferner Führungskräfte die Ersthelfer bei psychischen Problemen und Krisensituationen sein, obwohl die Führungskräfte selbst erst einmal „Erste Hilfe" benötigten[433]. Führungsmittel sollen zur Erfüllung der hohen Ansprüche beitragen.

- **Psychologische Mittel:** Konflikt-, Stress-, Persönlichkeits- und Trennungsmanagement, Gesprächsführung, intrinsische Motivation, Umgang mit Ängsten und Widerständen, Problemlösungstechniken, Zeitmanagement, Feedbacktechniken, Führen mit Zielen
- **Pädagogische Mittel:** Coaching, Mentoring, Lernbegleitung, Beratung, Kreativitätstechniken, Workshop-Methoden, Rhetorik und Präsentationstechniken
- **Organisationsbezogene Mittel:** prozess- und qualitätsorientierte Herangehensweisen, Organisationsentwicklung, Projektorganisation, Teammanagement, Veränderungsmanagement, Management der Strategieumsetzung, Netzwerkbildung
- **Arbeitsbezogene Mittel:** wertschöpfungs- und alternsgerechte Arbeitsgestaltung, Arbeitsinhalte, Handlungsspielraum, Verantwortungsbildung
- **Personalbezogene Mittel:** Personalbeurteilung, Kompetenzmanagement, Personalsuche, Einführung neuer Mitarbeiter, Identifikation von Talenten, Umgang mit Vielfalt (Diversity)

Bedenkt man, dass Führungskräfte im öffentlichen Sektor immer mehr mit weniger Mitarbeitern und weniger Ressourcen leisten müssen, ist *Empowerment der Führungskräfte* selbst keine Kür, sondern Gebot der Stunde[434]. Viele Instrumente auf dem Markt helfen, Stärken und Schwächen von Führungskräften zu identifizieren. Dazu gehören 360°-Feedback, Persönlichkeitstests und Potenzialanalysen.

Empowerment hat zwei Stoßrichtungen. Zum einen sollen Führungskräfte befähigt werden, aus sich selbst herauszuwachsen und damit den Geführten ein Vorbild zu sein. Dazu benötigen sie Ressourcen und Begleitung. Zum anderen sollen Führungskräfte selbst die Eigenständigkeit und Verantwortung der Geführten fördern und sie befähigen, ihre eigenen Stärken zu erkennen und zu nutzen.

Bei den Instrumenten sind vor allem das Mitarbeitergespräch und die Personalbeurteilung als gesprächsbezogene Beurteilungssituationen Ansatzpunkte der Führung.

Personalbeurteilung als zentrales Führungsinstrument

„Dienstliche Beurteilungen haben zum Ziel, ein aussagefähiges, objektives und dem Vergleich zugängliches Bild von Eignung, Leistung und Befähigung der Beamten zu gewinnen und dienen als Grundlage für personen- und sachgerechte Personalentscheidungen. Sie stellen allerdings nur eine Komponente eines mitarbeiterorientierten Personalführungssystems dar, welches durch weitere Module, wie z. B. die zielorientierte Durchführung von Personalgesprächen und Personalförderungsmaßnahmen ergänzt werden soll"[435].

Beurteilungen sind Tagesgeschäft. Von Führungskräften wird erwartet, dass sie angemessen die Leistung ihrer Mitarbeiter beurteilen können. Unabhängig davon, ob es sich um Regelbeurteilungen, Anlass-, Bestätigungs- oder Bewährungsbeurteilungen oder informelle Beurteilungen abseits der Routine handelt, ist die Personalbeurteilung eine schwierige Aufgabe. Viele Führungskräfte sind diesbezüglich unzureichend geschult. Mit der Rolle als Führungskraft wird unterstellt, dass man auch beurteilen kann. In der Praxis führt dies zu Vermeidungsverhalten, da Beurteilungen als belastend empfunden werden, oder zu Beurteilungen, die willkürlich oder nur teilweise nachvollziehbar erscheinen. Aufgrund psychologischer Einflussmomente wird diese Thematik vorrangig von der Wirtschaftspsychologie behandelt[436].

Beispiel: Dienstliche Beurteilung bei Beamten

Hier wird vor allem zwischen Regelbeurteilung und Beurteilung aus besonderem Anlass – z. B. wenn man eine Beförderungsentscheidung benötigt – differenziert. Inhaltlich bewertet die dienstliche Beurteilung Eignung, Befähigung und fachliche Leistung. Dabei werden standardisierte Formulare verwendet, wobei die Ausgestaltung der Beurteilungssysteme dem Dienstherrn überlassen ist. Die Beurteilung wird in Beurteilungsrichtlinien geregelt. Neben Personalangaben sowie einer Aufgabenbeschreibung werden verschiedene Leistungsmerkmale in einem bestimmten Beurteilungszeitraum erfasst und nach einem definierten Bewertungsschlüssel eingestuft. Dabei sind bestimmte Kriterien von besonderer Wichtigkeit, manche Kriterien auch nicht bewertbar, wenn z. B. keine Führungsaufgaben vorliegen. Oftmals liegen Begrenzungen im Hinblick auf die Vergabehäufigkeit von Spitzennoten vor, um eine Differenzierung zu gewährleisten.

Beispiel: Beurteilungsbogen des Landes Mecklenburg-Vorpommern[437]

Kriterien der Leistungsbewertung:

- Arbeitsmenge: Arbeitsumfang, Belastbarkeit, Termingerechtigkeit
- Arbeitsqualität: Fachkenntnisse, Gründlichkeit, Verwendbarkeit der Arbeitsergebnisse, Anwendung von Vorschriften, Zweckmäßigkeit des Handelns, schriftlicher und mündlicher Ausdruck
- Arbeitsweise: Eigeninitiative, Selbstständigkeit, Arbeitsplanung, Vertretung des Verantwortungsbereiches, Umgang mit dem Bürger

- Sozialverhalten: Kooperationsverhalten, Umgang mit Kritik, Zuverlässigkeit
- Führungsverhalten: Wahrnehmung der Führungsverantwortung, Delegation, Ordnen der Arbeitsabläufe, Anleitung und Aufsicht, Motivierung
- Bereitschaft zur Übernahme zusätzlicher Aufgaben mit dienstlichem Bezug

Kriterien der Befähigungsbewertung: Denk- und Urteilsvermögen, Auffassungsgabe, Einfallsreichtum, Verhandlungsgeschick, Durchsetzungsvermögen, Verantwortungsbewusstsein und -bereitschaft, Entschlusskraft, Organisationsfähigkeit, Flexibilität und Mitarbeiterführung.

Das Gesamturteil ist zu begründen. Verwendungs- und Förderungsvorschläge sind zu erarbeiten. Die Beurteilung wird dem beurteilten Beamten eröffnet. Er kann hierzu Stellung beziehen und auch eine Abänderung beantragen.

Bedeutung der Personalbeurteilung

Der Wertewandel in Richtung Leistungsgesellschaft, die Flexibilitätssteigerung, die Bedeutungszunahme von Kompetenzen sowie die Gestaltung leistungsgerechter Entgeltsysteme erfordern Beurteilungssysteme. Es geht also um Entgeltfindung, Beförderung, Verhaltenssteuerung, Personalentwicklung sowie die Begründung bei Personalentscheidungen. In vielen Organisationen wird die Leistungserfüllung im Zusammenhang mit Entgelt- und Karriereentscheidungen gebracht[438)]. Sie dient also als Differenzierungsinstrument. Akzeptanz und Transparenz sind dabei wichtige Erfolgsparameter[439)]. Aber man sollte nicht nur rückwärtsgewandt die Leistung beurteilen (retrospektiv), sondern mithilfe der Beurteilung auch die potenzielle Leistung identifizieren (antizipativ), um flankierende Unterstützungsmaßnahmen anzusetzen (Talentmanagement). Personalbeurteilung hilft also, Personalarbeit zu objektivieren und nachhaltig zu steuern.

Problemfelder der Personalbeurteilung

Beurteilung ist nicht einfach nur die Erfassung der individuellen Zielerfüllung in Bezug auf deren Beitrag zur Erreichung der Organisationsziele, neben individuellen sind hier auch situative Faktoren zu berücksichtigen. Die Leistungskriterien sind nicht immer eindeutig und vollständig. Ferner darf sich der Beurteilende nicht nur auf das Ergebnis fokussieren, sondern sollte sich auch mit dem Leistungsverhalten oder mit dem Prozess der Leistungserbringung befassen. Hinzu kommt der Bereich der nicht bewerteten Leistung. Wie lässt sich beispielsweise freiwilliges prosoziales Verhalten bzw. Extrarollenverhalten wie Hilfsbereitschaft bewerten? Neben der aufgabenbezogenen ist also eine umfeldbezogene Leistung, die über formale Arbeitsinhalte hinausreicht, zu betrachten[440)].

Dilemma der Leistungsbeurteilung

Beurteilung ist nicht einfach der Abgleich zwischen einem Ist- und Soll-Wert, sondern hat den Charakter einer sozialen Konstruktion.

- *Was ist Leistung?* Leistung ist ein mehrdimensionales Konstrukt. Neben Fachkunde gehören dazu Leistungsmotivation, soziale Kompetenz, kognitive Flexibilität, Unterstützung durch andere etc. Leistung ist nicht nur das Ergebnis, sondern ein Prozess.
- *Wer ist für die Leistung verantwortlich?* Als Mitverantwortliche sind neben dem Mitarbeiter auch die Kollegen, die Führungskraft bis zum Management zu identifizieren. Damit wird das Zurechnungsproblem auch deutlich, denn der Einzelne wird hinsichtlich seines Beitrags für eine Gesamtleistung der Organisation und deren Zustand bewertet.
- *Was ist die Bezugsnorm?* Leistung lässt sich am Vergleich mit Zielen (sachliche Bezugsnorm), mit anderen (soziale Bezugsnorm) oder mit früheren Ergebnissen des Beurteilten messen (individuelle Bezugsnorm). Oft sind diese Maßstäbe nicht voneinander getrennt.
- *Warum ist Leistung stets kontaminiert?* Leistung vermengt sich mit anderen nicht leistungsorientierten Faktoren. So lässt sich Leistung kaum von Verhaltensweisen und Eigenschaften der im Beurteilungsprozess involvierten Personen abgrenzen. Ist jemand freundlich, kann die Beurteilung der Leistung durch die Freundlichkeit beeinflusst sein.
- *Was hat Beurteilung mit Macht zu tun?* Das größte Problem ist die Machtasymmetrie zwischen Mitarbeiter und Führungskraft. Die Führungskraft besitzt Ressourcen bzw. Verfügungsrechte, der Mitarbeiter kann durch Einflusstaktiken den Beurteilungsprozess manipulieren. Beurteilung ist damit Ausdruck eines mikropolitischen Verhandlungsszenarios zur Durchsetzung von Macht. Eine Beurteilung auf Augenhöhe ist eher die Ausnahme.
- *Was hat Beurteilung mit Information zu tun?* Der Mitarbeiter kann der Führungskraft gezielt Informationen vorenthalten und umgekehrt. Die kommunizierte Informationsbasis definiert am Ende die Qualität der Beurteilung. Führungskräfte haben bisweilen das Problem, nicht genau zu wissen, welche Aufgaben und Leistungen ihre Mitarbeiter abbilden.

Das Mitarbeitergespräch als Ort der Beurteilung

Der Klassiker ist das jährliche Mitarbeitergespräch, wo Beurteilung der Zielerfüllung und Einschätzung der zukünftigen Entwicklung als Gesprächsthemen im Vordergrund stehen. Neben institutionalisierten gibt es auch noch eine Vielzahl anlassbezogener Mitarbeitergespräche. Insbesondere das Zielvereinbarungsgespräch hat sich hier etabliert[441)]. Die Mitarbeiterbeurteilung als Regelinstrument reicht aber nicht aus und stellt oft nur ein verzerrtes Spiegelbild der in der Vergangenheit erbrachten Leistungen dar. Die meisten Beurteilungen finden informell zu unterschiedlichen Gesprächsanlässen wie Sach-, Delegations- oder Kritikgespräch statt. Ihre Beurteilungsqualität ist jedoch selten ausreichend, da diese nicht im Rahmen einer strukturierten Vorgehensweise erfolgen. Zudem werden die Ergebnisse nicht protokolliert und eventuell durch Einzelereignisse überstrahlt. Intersubjektive Vergleichbarkeit, Transparenz, Fairness und nachvollziehbare Standards sind daher ein Muss für ein formales Beurteilungssystem, das Entgelt- oder Karrierezusammenhänge aufzeichnen soll[442)]. Dagegen kann die Verhaltenssteuerung durch unmittelbares und damit nicht formalisiertes Day-to-Day-Feedback erfolgen.

Objektivität als Maßstab

Niemand kann objektiv sein, da die Urteilsbildung und Personenwahrnehmung ein subjektiver und teilweise auch unbewusster Prozess ist[443)]. *Beurteilungsfehler* schmälern die Urteilskraft. So können beispielsweise einzelne Merkmale andere Bewertungskriterien überstrahlen (Halo-Effekt). Wirkt jemand auf uns sympathisch, tendiert man dazu, dieser Person auch eine hohe Kompetenz zuzusprechen, d. h., dass das Merkmal Sympathie weitere positive Zuschreibungen hinsichtlich anderer Merkmale nach sich zieht. Oder es werden Zusammenhänge zwischen Merkmalen gesehen, die nicht existieren (implizite Theorien). Manche Führungskräfte sind grundsätzlich zu streng oder zu milde. Wiederum andere suchen Gründe für das Fehlverhalten nicht in der Situation, sondern im Charakter des Beurteilten (Attributionsfehler). Fehler können in allen Phasen der Informationsverarbeitung von der Wahrnehmung und Informationssuche über Enkodierung und Speicherung bis zur Integration und Interpretation auftreten. Eine absolute Objektivität wird man in der Personalbeurteilung nicht erzielen[444)]. Fehler lassen sich jedoch minimieren[445)], indem man

- die selbstkritische Reflexion steigert,
- Wissen und Handlungskompetenz zu Beurteilungsfehlern vermittelt,
- an standardisierten Objekten trainiert, um Urteilstendenzen zu erkennen,
- standardisierte Einstufungsskalen verwendet,
- Übereinstimmungswerte einholt und eine Diskussion führt,
- sich auf das Gespräch vorbereitet,
- eine entspannte Gesprächsatmosphäre schafft,
- das gemeinsame Verständnis erhöht (Unklarheiten tilgen, Paraphrasierung) sowie
- Konflikte anspricht und mit emotionalen Widerständen umzugehen lernt.

Zielfindung

Neben den Beurteilungsfehlern sollte sich die Führungskraft vor allem auch der Zielfindung widmen. Ein schlecht formuliertes und damit kaum messbares Ziel ist ein wesentliches Problem für die Personalbeurteilung. Folgende Regeln sind zu beachten[446)]:

- Ziele sollen nicht demotivieren, sondern eigenverantwortliches Handeln fördern.

- Ziele sind stets in Verbindung zu den Ressourcen zu setzen.
- Ziele sollten smart sein (spezifisch, messbar, aktionsorientiert, realistisch und terminiert).
- Ziele müssen schriftlich fixiert und gemeinsam unterschrieben werden.
- Das Ziel- und Belohnungssystem sind aufeinander abzustimmen.
- Die Rückmeldung zur Zielerreichung sollte sich an Feedbackregeln orientieren.
- Beide sollten vorab ihre Erwartungen schriftlich äußern.
- Nicht nur Ergebnisse, sondern auch Handlungsschritte gehören zur Rückmeldung.
- Durch Partizipation erhöht man das Commitment und damit die Zielbindung.
- Ziele sind kein Geheimdossier, sondern in der Organisation zu veröffentlichen.

Die Zielfindung und Leistungsbewertung sind Kernaufgaben der Führung. Dabei sind Feedback und Partizipation Schlüsselvariablen für eine konstruktive Personalbeurteilung.

7.1.7 Führungssituationen

Wer im öffentlichen Sektor arbeitet, hat bisweilen ein klassisches Führungsverständnis. Die Führungssituationen sind „vorgeschrieben" und das Handlungsfeld Führung damit eindeutig definiert. Das Führen ohne Hierarchie wird vielfach nicht als Führung verstanden, da man nur die disziplinarische Führung vor Augen hat. Aber gerade diese lateralen Führungssituationen (zumeist Teamstrukturen) – also Situationen ohne Vorgesetztenfunktion – nehmen im öffentlichen Sektor signifikant zu. Man kann auch führen und motivieren ohne disziplinarische Anreize[447)]. Das setzt authentische und nicht nur technokratische Führung voraus. Ein klassisches Beispiel ist hier die Projektorganisation. Noch herausfordernder sind hier virtuelle Teams, denn die Führenden kennen die Geführten oftmals nicht persönlich, sodass auch keine Beziehung entstehen kann (Führen auf Distanz). Führung gestaltet sich nicht mehr so „einfach" wie im Taylorismus, wo eine klare Trennung zwischen Kopf und Hand besteht. Die Mitarbeiter sind nicht nur Geführte, sondern verstehen sich als Führende. Hier wird vom *Management komplexer Führungssituationen*[448)] gesprochen.

- **Herausfordernde Situationen am Beispiel Projektmanagement:** Die projektorientierte Organisation ist mehr als eine Sekundärorganisation. Projekte sind der Motor der Modernisierung. Sie zu führen ist herausfordernd. Zum einen ist der Auftraggeber oftmals höher gestellt als der Projektleiter, zum anderen fehlen dem Projektleiter bisweilen die Insignien der Macht. Rollenkonflikte herrschen häufig vor, da die Mitglieder verschiedenen Organisationen angehören. Daher sehen manche Projektleiter sich als Administratoren und weniger als Führungskräfte. Doch genau das schwächt Projekte. Projekte benötigen Projektleiter mit Führungstalenten, denn sie müssen sich ständig neuen Führungssituationen anpassen können[449]. Sie müssen organisieren, überzeugen, motivieren, sich durchsetzen und kommunizieren. Ein Projektleiter ist Moderator, Experte, Konfliktlöser und Koordinator. „[Kurzum]...für die Leitung eines Projektes (sind) die führungsmäßigen, methodischen und sozialen Kompetenzen bedeutsamer als die fachlichen"[450].

- **Emotionale Situationen am Beispiel Konfliktmanagement:** Konflikte sind allgegenwärtig, und Ziel der modernen Führung ist es, diesen konstruktiv zu begegnen. Konflikte sind vielschichtig. Sie lassen sich auf den Ebenen der Kultur, Organisation, Gruppe, Aufgabe oder der Person verankern. Manche Konflikte entarten (Beispiel Mobbing) und führen zu Verlierern. Hier sind Führungskräfte aufgefordert, Konfliktprophylaxe zu betreiben. Bisweilen ist aber die Führungskraft selbst Teil des Konfliktgeschehens. Hier gilt es dann, externe Begleitung einzufordern. Glaubhaftigkeit und Verlässlichkeit sind wichtige Merkmale einer konstruktiven Haltung der Führungskraft. Konfliktmanagement als Führungsaufgabe umfasst damit „... Wahrnehmung, Diagnose, Erkennen der Dynamik und schließlich die Behandlung bzw. Bewältigung von Konflikten. Dazu kommt ganz zentral die Konfliktprophylaxe"[451]. Die moderne Führungskraft sollte psychologisch gut geschult sein.

- **Mikropolitische Situationen:** Ein herrschaftsfreier Raum findet sich in keiner Organisation. Führungssituationen sind durchtränkt von sozialer Macht. Das macht sie schwierig. Neuberger[452] differenziert hier zwischen Macht und Mikropolitik. Macht bedeutet, in sozial akzeptierter Form Einfluss auf Menschen und Sachverhalte zu nehmen. Im öffentlichen Sektor wird die Herrschaftslegitimation als unpersönlicher Verwaltungsakt hinterlegt. Doch die Situationen sind „menschlicher" als die Bürokratie. Zunehmend werden andere Herrschaftsformen wie die charismatische von Bedeutung sein, denn die sich verändernden Situationen fordern mehr Personalführung als Management. In der Praxis wird Macht nicht einfach gesetzt, sondern gelebt. Hier setzt der Begriff der Mikropolitik an, denn es gibt viele Techniken, um den eigenen Handlungsspielraum zu stärken, sich der Fremdkontrolle zu entziehen und seine Interessen durchzusetzen. Dabei werden auch risikoreiche Techniken eingesetzt. So endet das Wechselspiel zwischen Drohen und Versprechen sowie zwischen Furcht und Hoffnung oft in eskalierenden Konflikten.

- **Vorurteilsfreie Situationen am Beispiel Diversity Management:** Der demografische Wandel im öffentlichen Sektor illustriert, wie wichtig es ist, dass sich Führungskräfte mit der Vielfalt befassen. Vielfalt bezieht sich auf Kultur, Alter und Geschlecht und weitere soziodemografische Kategorien wie Behinderung oder religiöse Zugehörigkeit. Führungskräfte sollen Vielfalt im System zulassen und als Chance nutzen. Dabei sollen sie einer diskriminierenden Stereotypen- und Kategorienbildung entgegenwirken, die individuellen Potenziale im Getümmel der Vielfalt identifizieren lernen und spezifische Fördermaßnahmen umsetzen. Dies setzt auch die Fähigkeit zur Selbstreflexion und Toleranz voraus sowie die Bereitschaft, festgefahrene Realitäten aufzulösen. Rechtliche Rahmenbedingungen wie Gleichstellung von Frau und Mann sind dabei zu beachten.

- **Ungewisse Situationen am Beispiel Veränderungsmanagement:** Konstanz und Stabilität werden durch Dynamik und Offenheit abgelöst. Das bedeutet im Arbeitsleben einen ständigen Seiltanz und für die Führungskräfte eine akrobatische Leistung, um zwischen Mitarbeiter- und Organisationszielen zu vermitteln. Führungskräfte müssen hier auf emotionale Extremsituationen wie Angst, Sinnkrisen und Widerstand Einfluss nehmen. Hier liegen aber auch die Grenzen der Einflussnahme. „Darum ist es zwingend, dass Führungskräfte beachten, wie Menschen auf Veränderungen reagieren und Möglichkeiten kennen, wie die Akzeptanz von Veränderungen vorausschauend erhöht werden kann“[453)]. Hauptproblem ist die Berücksichtigung verschiedener Interessen- und Anspruchsgruppen. Hier gerät man schnell in Rollenkonflikte. Zudem müssen unterschiedliche Informationen gleichzeitig verarbeitet und auf das strategische Modell bezogen werden. In solchen Situationen ist Vertrauensmanagement die effektivste „Waffe“ gegen Ungewissheit. Veränderungssituationen sind so komplex, dass rationale Strategien nur die Oberfläche berühren. Vielmehr spielt hier die psychosoziale und mikropolitische Ebene eine zentrale Rolle. Die eigenen Werte gewährleisten dabei Stabilität in der Ungewissheit.

Das *Zeitalter der Führung* in starren Unternehmenskulturen mit Dominanz des Hierarchieprinzips ist im Begriff, von anpassungsfähigen, teamorientierten, lernenden und wertschöpfungsorientierten Organisationswelten abgelöst zu werden[454)]. Strategie, Selbstorganisation, Partizipation, Entwicklungs- und Qualitätsorientierung bestimmen Führungssituationen, die sich nicht mehr nach dem mechanistischen Prinzip führen lassen. Führungssituationen sind ständig im Wandel und benötigen Führungskräfte, die durch Entwicklung und Anpassung und nicht nur über das Einhalten von Vorschriften führen. Damit ist das Zeitalter der authentischen Führung im Kontext des New Public Managements angebrochen[455)].

7.1.8 Zentrale Praxisfragen des Führungsgeschehens

Die bisherigen Erläuterungen dokumentieren, dass Führung kein simples Regelwerk ist, das ausschließlich auf rationalen und regelbasierten Entscheidungsmodellen basiert. Als Erfolgsfaktor des Führungsgeschehens wird der Mensch in einem komplexen Umfeld erkannt.

„Führung ist ihrem Wesen nach nicht Wissenschaft, sondern Praxis. Ihre Meisterschaft manifestiert sich in der Beherrschung der Kunst in dem Bereich, in dem die legis artis (Regeln der Kunst) Anwendung finden, aber erst Recht da, wo uns keine eindeutigen Regeln zur Verfügung stehen. Denn genau dort, wo es wirklich etwas zu entscheiden gibt, weil keine ‚Standard-Prozeduren‘ uns die Entscheidungen abnehmen, kommt Führung eigentlich zur Geltung“[456)].

Aus Sicht der Praxis gibt es drei Problemkreise im Themenfeld Führung[457]:

- **Auswahl von Führungskräften**

  Selektion als Aufgabe. Das Senioritätsprinzip – Bevorzugung bei Beförderungen oder bei der Entlohnung aufgrund des Lebensalters – als Faktor der Laufbahnentwicklung ist mit einem modernen Verständnis von Führung inkompatibel. Erfahrungen sind alterskorreliert und stehen im Zusammenhang mit der Betriebszugehörigkeit. Aber sie definieren noch nicht eine gute Führungskraft. In der Personalarbeit gilt es, talentierte Führungskräfte unabhängig von deren Vorgeschichte und Position zu identifizieren. Die *Managementdiagnostik* bietet zuverlässige (reliable) und gültige (valide) Wege, Talente über Testverfahren bis zum Assessment-Center aufzuspüren und auszuwählen[458]. Das *Talentmanagement* soll in bürokratischen Strukturen gewährleisten, dass man keine Talente verschenkt, dass man die Richtigen fördert und dass man Nachwuchs aufbaut[459]. Die Herausforderungen im öffentlichen Sektor – bezogen auf den Wandel zur leistungs- und kundenorientierten Behörde – erfordern viele Potenzialträger, da rund 25 Prozent der Führungskräfte altersbedingt in den nächsten zehn Jahren ausscheiden werden[460]. Bei der Talentsuche beschränkt man sich nicht nur auf stabile Persönlichkeitsmerkmale wie Intelligenz und qualifizierte Fachnachweise, sondern interessiert sich vor allem für verhaltensbezogene Faktoren im Bereich Kommunikation, Selbstmanagement und Integrität.

- **Entwicklung von Führungskräften**

  Modifikation als Aufgabe. Es mag begnadete Führungskräfte geben. Sie sind jedoch in der Praxis nicht die Regel, sondern die Ausnahme. Daher gibt es eine Tradition an pädagogisch-psychologischen Herangehensweisen von Seminaren über Coaching bis zum Mentoring, um das Verhalten von (angehenden) Führungspersonen zu trainieren. Verhaltensänderung ist aber schwierig. Sie lässt sich nur durch erlebte „Tuchfühlung" erwirken. Das Führungsverhalten zu ändern, erreicht man beispielsweise durch sozial akzeptiertes Feedback, durch eigene Erfahrungen und durch die Auseinandersetzung mit authentischen Fällen. So lassen sich Führungswelten eröffnen – und von diesen gibt es viele: Führung der eigenen Person; Fordern, fördern und Ziele vereinbaren; Kommunikation und Konfliktmanagement; Mitarbeiter entwickeln; Arbeiten in Gruppen etc.[461] Führungskräfte müssen sich ständig mit ihrem Führungsalltag auseinandersetzen und diesen reflektieren lernen. Das „Wie" ist dabei eine Aufgabe der Selbstreflexion im Handeln – also weniger Instruktion als Konstruktion im Sinne der Ermöglichungsdidaktik[462]. Gräser[463] spricht hier bezeichnend von Feuerproben im Reifungsprozess im Kontext lebenslangen Lernens.

- **Beurteilung von Führungsleistung**

  Qualität als Aufgabe. Instrumente zur Einschätzung der Führungsqualität von Anforderungsanalysen über Persönlichkeitstests, Assessment-Center und Interviews bis zur Vorgesetztenbeurteilung und zum Managementaudit gibt es viele. Aber diese Instrumente benötigen einen Qualitätsbegriff. *Wer erklärt, was gute Führung ist?* Dies kann der Wissenschaftler tun, der aufzeigt, was erfolgskritische Faktoren sind. Dies kann der Praktiker tun, der ein Erfahrungsmodell entwickelt hat. Entscheidend ist hier die *Verhaltensbeurteilung als Feedback*[464)]. Das Verhalten ist der Spiegel guter Führung. Führung muss sich ständig diesem Feedback stellen, denn „gut" als Bewertungsmaßstab ist nicht normativ, sondern situativ als kontinuierlicher Lern- und Veränderungsprozess bestimmt. Daher schafft Führungsfeedback den erforderlichen Dialog[465)]. Die Geführten, die Partner, die Kunden und die Führenden der Führungskräfte blicken auf die Führungskraft. Sie beurteilen auf Basis konkreter Verhaltensanker im 360°- bzw. im Multi-Source-Feedback das Führungshandeln[466)]. Kann die Führungskraft Konflikte wahrnehmen, konsequent handeln, für die Sache begeistern oder Vorbild sein? Diese Fragen beantwortet nicht nur eine Person, sondern möglichst alle Betroffenen (multipersonal). Diese Fragen beantworten nicht nur die Geführten, sondern auch die Kunden oder die Kollegen (mehrperspektivisch). Die Abbildung 7-4 illustriert das Multi-Source-Feedback in seiner Winkelterminologie. Selten findet man aber in der Praxis komplette Kreiseinschätzungen, meistens dominieren 180°-Feedbacksysteme – hier wird die Führungskraft von ihrem Vorgesetzten und von ihren Geführten bewertet. Auch darf an dieser Stelle das Instrument nicht überbewertet werden. Kritische Stimmen wie die von Neuberger[467)] weisen auf Gefahren hin: So können solche Instrumente auch verzerrte Antworten auf die Frage nach der Führungsqualität geben oder sogar mikropolitisch instrumentalisiert werden. Oftmals scheitert es an der statistischen Verrechnung. Zudem muss die Akzeptanz des Feedbacksystems sowohl vonseiten der Feedbacknehmer als auch Feedbackgeber gewährleistet sein[468)]. Wenn eine Feedbackkultur fehlt, ist es schwierig, ehrliche und offene Antworten zu erhalten. Das Fallbeispiel Bundesverwaltung dokumentiert, dass Führungsfeedback in bürokratischen Strukturen umsetzbar ist. Doch die Studie zeigt auch, dass sich 20 Prozent der Befragungsteilnehmer (81 Bundesbehörden) noch gar nicht damit befasst haben[469)].

Abb. 7-4: Das Multi-Source-Feedback zur Bestimmung der Führungsqualität

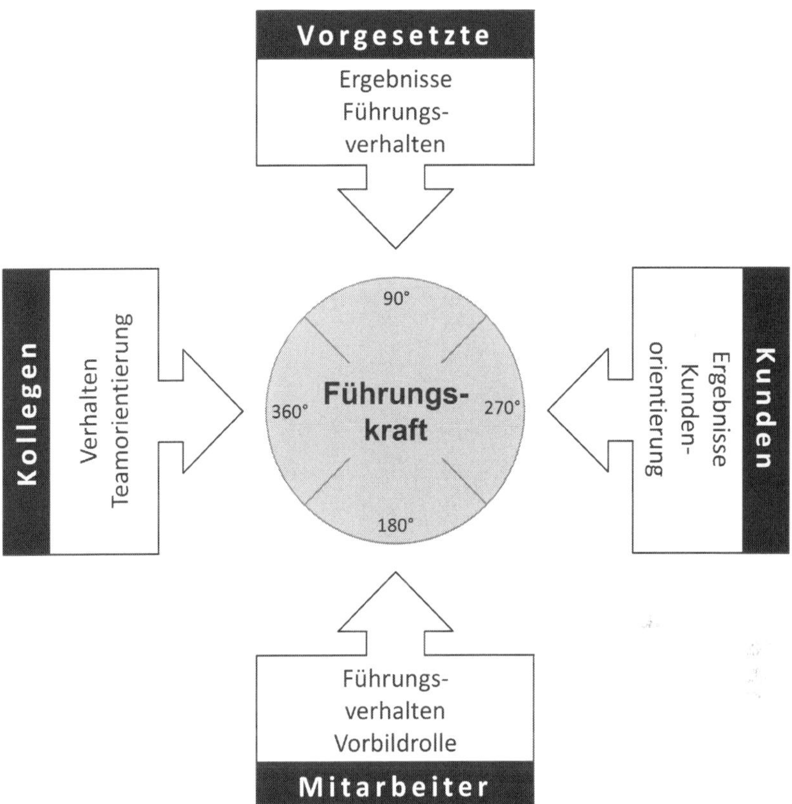

7.2 Kritische Fragen zur Personalführung

Bei der Verwaltungsmodernisierung des öffentlichen Dienstes steht die Führungskraft im Mittelpunkt. Sie wird als Förderer, aber auch als Hemmfaktor identifiziert. Führung ist umstritten. Führung ist für viele ein Mythos, doch seine Bedeutung ist und bleibt unumstritten[470)].

7.2.1 Was macht eine Führungskraft im Alltag?

Die Vorstellung, dass das Aufgabenfeld der Führung rational ist, bestimmt die Wahrnehmung von Führungsaktivitäten. *Aktivitätsnahe Studien* zum Führungshandeln offenbaren jedoch genau das Gegenteil, denn die Führungsaktivitäten sind in der Realität des Arbeitsalltags keineswegs so rational und rationell, wie man in erster Linie vermutet[471)].

Reale Stellenbeschreibung einer Führungskraft:

- Sie kommuniziert 40 bis 80 Prozent ihrer Arbeitszeit.
- Ihre Tätigkeiten sind extrem fragmentiert – bis zu 50 Episoden am Tag.
- Ihre Ziele sind kaum geplant, sondern werden von außen angestoßen.
- Sie ist ein Spielball situativer Einflussmomente.

Die nackte Realität: Führungskräfte reagieren mehr, als dass sie planen. Dabei spielen Kommunikation und Interaktion eine große Rolle. Mikropolitisches Agieren und Lavieren zwischen den Interessengruppen in konfliktreichen Situationen bestimmen den Alltag. Eine Führungskraft weiß oftmals morgens nicht, wie der Tag enden wird.

7.2.2 Führungskraft: Leader oder Manager?

Studien zeigen, dass das Misstrauen der Mitarbeiter gegenüber Führungskräften tief sitzt[472)]. Problematisch ist dabei, dass Führungskräfte und Mitarbeiter unterschiedliche Wahrnehmungen haben. Diese *mangelnde Übereinstimmung zwischen Selbst- und Fremdbild* ist zum Teil auf eine grundlegende Frage in Bezug auf die Erwartungen zurückzuführen: Sind Führungskräfte Leader oder Manager? Dies hängt letztlich von der Situation ab. Ein stabiles Umfeld mit Routineaufgaben benötigt vor allem technokratische Manager, die sachlich, rational und distanziert führen. Die Aufgaben und Ressourcen sind definiert. Im Rahmen von Veränderungsprozessen geraten diese Managerfunktionen jedoch ins Abseits, denn das Umfeld variiert unvorhersehbar. Die Mitarbeiter sind emotional belastet, Ängste entstehen. Hier wirkt der Manager hilflos, weil die klassischen Verstärkermechanismen der konditionierten bzw. kontingenten Führung nicht mehr ausreichen, um Motivation und Leistungsbereitschaft der Geführten aufrechtzuerhalten. Wandel braucht hier Leadership[473)]. Leader haben eine Schnittstelle zu den Emotionen. Sie führen über Kommunikation und Sinnhaftigkeit. Sie nehmen den Menschen wahr. In der Führungsforschung finden sich für die Unterscheidung Manager und Leader vor allem die Führungsstile „transaktional" und „transformational"[474)]:

- **Transaktionale Führungskraft:** Reziprozität und Rationalität bestimmen das Handeln. Austauschprozesse stehen im Vordergrund. Die Führungskraft ist ein Aufgabenmanager, der über leistungsorientierte Belohnung und Kontrolle das Ziel erreicht. Führung ist nur in Ausnahmezuständen beispielsweise bei Konflikten erforderlich (Management by Exception). Der Manager ist Instrukteur. Er interessiert sich nicht primär für das Individuum, sondern für die Organisation. Effizienzsteigerung ist eine wichtige Zielgröße.

- **Transformationale Führungskraft:** Emotionalität bestimmt das Handeln. Die Führungskraft führt durch Vorbildsein, Inspiration, intellektuelle Stimulierung und Begleitung. Sie setzt auf Vertrauen und Verständnis und orientiert sich an den individuellen Bedürfnissen und Erwartungen. Kommunikation und Beziehungspflege sind dabei wesentlich. Vielfach wird von dieser Führungskraft Ausstrahlung erwartet. Deshalb sprechen viele auch von charismatischer Führung, wobei charismatische nicht mit transformationaler Führung gleichbedeutend ist. Die charismatische Führungskraft ist „selbstverliebter" und achtet mehr auf sich, wogegen sich die transformationale Führungskraft an den Geführten orientiert. Der Leader ist Visionär, zeigt Alternativen auf und versucht, innovativ Probleme zu lösen. Effektivitätssteigerung ist eine wichtige Zielgröße.

Im öffentlichen Sektor dominiert derzeit noch der transaktionale Führungstypus in einer von Verwaltungsvorschriften bestimmten aufgabenorientierten Herangehensweise. Doch die Verwaltungsreform benötigt mehr *Gesicht im Führungshandeln,* da motivationale und emotionale Aspekte zunehmen. Das Erfolgsmodell moderner Führung wird beide Stile berücksichtigen müssen. Doch ist es schwer, dies in einer Person zu verankern, ohne die Glaubwürdigkeit des Verhaltens infrage zu stellen. Letztlich ist dies auch eine Frage nach den Werten.

7.2.3 Gibt es Führungstugenden?

Führungs- bzw. Managementethik sind gefragte Themen, die gerade im Kontext schwieriger Organisationssituationen wie Arbeitsverdichtung oder Restrukturierung eine hohe Aufmerksamkeit beanspruchen[475)]. Führung zielt nicht nur auf den materiellen Erfolg, sondern auf Vertrauen und Gerechtigkeit in einem von Wertekonflikten geprägten Arbeitsalltag.

Tugenden, Haltungen, persönliche Eigenschaften und Werte ermöglichen und befördern Führungserfolg[476)]. Empirische Studien zeigen, wie wichtig Tugenden wie Demut und Willenskraft für den Erfolg der Organisation sind[477)]. Zudem sollte man an dieser Stelle auch die Themen Korruptionsprävention und Integrität als Ausdruck charakterlicher Eignung hervorheben, denn Führungskräfte fungieren als Vorbild gegenüber ihren Mitarbeitern hinsichtlich der Abwehr devianten Verhaltens[478)].

Vertrauens- und Glaubwürdigkeit, Ehrlichkeit, Rücksichtnahme sind Begriffe, die häufig im Rahmen des Führungshandelns diskutiert werden. *Ethische Führung* geht jedoch noch einen Schritt weiter: Es geht auch darum, dass Mitarbeiter ethisches Verhalten aufzeigen und hierzu motiviert werden. *Was ist aber moralisch richtiges Verhalten?* Dazu benötigt man einen normativen Rahmen, in dem das erwartete Verhalten als Grundsätze beschrieben wird (Verhaltenskodex = Code of Conduct). Leitlinien der Führung sollen Orientierung geben. Führungskräfte sollen ferner eine *„Public Service Motivation"* aufweisen, die sich auf Beweggründe, im öffentlichen Sektor zu arbeiten, wie Gemeinwohlinteresse, Uneigennützigkeit, politische Motivation oder soziales

Mitgefühl bezieht. Führung hat hier Vorbildcharakter. In einer Studie[479] weisen Führungskräfte eine signifikant höhere Public Service Motivation auf als Beschäftigte ohne Führungsverantwortung.

Beispiel:

Führungsleitlinien des Bezirksamtes Marzahn-Hellersdorf

Wir Führungskräfte verpflichten uns zu einem kooperativen und partnerschaftlichen Führungsstil. Die in unseren Anforderungsprofilen festgeschriebenen Führungskompetenzen sind für uns Maßstab.

1. Wir führen über Ziele.
2. Wir setzen unsere Ressourcen effizient ein.
3. Wir nutzen die vielfältigen Potenziale unserer Beschäftigten.
4. Wir fördern eine offene und vertrauensvolle Verständigung mit den Beschäftigten.
5. Wir schaffen Klarheit durch Information.
6. Wir treffen zielgerichtet und zeitnah Entscheidungen.
7. Wir schaffen Verantwortungsbewusstsein durch Delegation.
8. Wir nehmen unsere Kontroll- und Steuerungspflicht wahr.
9. Wir schätzen und würdigen die Leistungen unserer Beschäftigten.
10. Wir sind nach innen und außen kritikfähig.

http://www.berlin.de/imperia/md/content/bamarzahnhellersdorf/brgeramt/08_2_f__hrungsleitlinie.pdf?start&ts=1306320940&file=08_2_f__hrungsleitlinie.pdf (Abruf 02/2014)

Doch reicht dies aus? Lässt sich ethisches Verhalten durch Leitlinien verordnen?

„Nicht das Ergebnis ‚Leitsätze' ist wichtig, sondern das Verfahren ihrer Erzeugung bzw. Vermittlung und das Verbindlich-Machen. Wer konfrontiert wird mit dem fertigen Resultat (‚Papier'), braucht Erläuterung und Motivation. Denn sein Verstehen muss ausgebliebene Verständigung ersetzen. Verstehen heißt noch nicht bejahen und bejahen heißt nicht befolgen; all das muss unterstützt, begleitet, gesichert werden"[480].

Führungskultur als Repertoire anerkannter moralischer Werte, dass man wertschätzen, gerecht und ehrlich sein oder die Gemeinschaft in den Vordergrund stellen soll, ist kein Rezept, sondern eine Aufgabe des Einzelnen in seiner Persönlichkeitsbildung und Selbstführung[481]. Rohrhirsch[482] fordert daher das Führen durch Persönlichkeit und den Abschied von der Führungstechnik, denn gelebte Ethik ist „die Person einbringen". Neuberger[483] fordert ferner ethische Praktiken ein. Viele Personalinstrumente wie Beurteilungs-, Einstellungs- und Anreizsysteme müssen sich einer entsprechenden Werteanalyse unterziehen. Eine werteorientierte Personalpolitik darf aber nicht vorschreiben und ethisches Verhalten erzwingen, denn ethisches sollte seinem Wesen nach freiwilliges Verhalten sein. Moral verlangt nach einer Wahloption. Ethik lehrt nicht fertige Urteile, sondern das Urteilen selbst. Es geht um Selbstreflexion. So ist das Extrarollenverhalten ein freiwilliges, sozialunterstützendes Verhalten in Organisationen. Würde es vorgeschrieben und mit Anreizen versehen, wäre es Pflichtverhalten. Entscheidend sind die offene und kritische Diskussion und die Bereitschaft der Organisation, eine Art Moralbilanz zu erstellen. Ethik-Kommissionen und Moralbeauftragte stellen eine organisationale Stütze dar und tragen zum Ethik-Controlling (Ethik-Audit) im Sinne einer Qualitätssicherung und zur Nachhaltigkeit führungsethischer Grundsätze bei.

„Damit Führung aber praktisch gerecht werden kann, bedarf es eben nicht nur ethikbewusster Führenden (und Geführten), sondern insbesondere auch ethikbewusster Führungsstrukturen"[484].

Wenn Führungskräfte ihr eigenes Verhalten verstehen und ändern sollen, muss es gespiegelt werden. *Führungsfeedback* ist die Lebensader ethischen Verhaltens. Daher setzen viele Organisationen die Führungsleitlinien in Feedbacksysteme um, indem konkretes Verhalten in Bezug auf die Leitlinien erfasst und eingeschätzt wird.

Reicht eine ethikbewusste Führungskultur aus? Kann man im inneren Zirkel ethisch agieren und nach außen unseriöse Geschäftspraktiken vollziehen? Diese „Schizophrenie" funktioniert nicht. Daher erweitert man im Sinne der Wirtschaftsethik das ethische Verhalten auch auf die Geschäftspraktiken und auf das externe Umfeld[485]. Wertemanagement bezieht sich nicht nur auf die Mitglieder einer Organisation, sondern berücksichtigt auch die soziale Verantwortung einer Organisation für die Gesellschaft (Corporate Social Responsibility).

7.2.4 Kann man Führung lernen?

Immer mehr wird von den Führungskräften gefordert, dies setzt aber eine entsprechende Förderung voraus, denn die Führungskompetenz ist nicht als angeborenes Talent gegeben. Eine lange Tradition der Führungskräfteauswahl und -entwicklung setzt diesen Anspruch im öffentlichen Sektor um[486] (siehe Kapitel 5). Entsprechend umfangreich ist der Maßnahmenkatalog aus den Bereichen Personalentwicklung und Kompetenzmanagement[487]. Die Bandbreite an Themen reicht von der Führung der eigenen Person über Kommunikation und Konfliktmanagement bis zu Arbeiten in Gruppen und Führung im interkulturellen Kontext. Die Abbildung 7-5 zeigt das repräsentative Spektrum an Maßnahmen am Beispiel des Fortbildungsprogramms der Akademie für Öffentliche Verwaltung des Freistaats Sachsen in der Rubrik Führung[488]. Die Auswahl der angemessenen Maßnahmen ist nicht dem Zufall zu überlassen, sondern sollte zum einen aus den Organisationszielen abgeleitet werden und zum anderen den Weiterbildungsbedarf der Betroffenen im Sinne der Adressatenorientierung berücksichtigen.

Abb. 7-5: „Führen lernen" am Beispiel des Fortbildungsprogramms der Akademie für Öffentliche Verwaltung Sachsen

<table>
<tr><th colspan="4">Beispielhafte Inhaltsthemen des Fortbildungsprogramms AVS 2013</th></tr>
<tr><th>Führungskompetenz</th><th colspan="2">Führungsaufgaben</th><th>Persönlichkeit</th></tr>
<tr><td>Teams führen
Mitarbeiter fördern
Führen mit Zielen
Richtig delegieren</td><td colspan="2">Coaching
Konfliktmanagement
Mediation
Feedback geben</td><td>Selbstmanagement
Führungsethik
Stress-/Zeitmanagement
Kollegiale Beratung</td></tr>
<tr><th>Workshops</th><th colspan="2">Planspiele</th><th>Coaching</th></tr>
<tr><td>Bewältigung schwieriger Fälle
Führung im Veränderungsprozess
Psychologie und Führung
Gruppendynamische Prozesse steuern</td><td colspan="2">Umgang mit komplexen Situationen
Krisenmanagement
Kooperation und Interessenskonflikte
Führung in kritischen Situationen</td><td>Teamcoaching
Beratungscoaching</td></tr>
<tr><th colspan="2">Instrumente</th><th colspan="2">Spezielle Zielgruppen</th></tr>
<tr><td colspan="2">Geschäftsprozessanalyse
Potenziale erkennen (Talente)
Strategische Kommunikation
Mitarbeitergespräche führen
Beurteilungsgespräche führen
Gesund führen
Umgang mit Minderleistungen
Prozesssteuerung</td><td colspan="2">Führung in Projekten
Führung auf Zeit
Führen in der Sandwich-Position
Frauen in Führungspositionen</td></tr>
<tr><th colspan="2">Methoden</th><th colspan="2">Besondere Anforderungen</th></tr>
<tr><td colspan="2">Entwicklung älterer Mitarbeiter
Anforderungsprofile erarbeiten
Personalauswahlgespräche führen
Ermittlung des Bildungsbedarfs
Instrumente der Gesundheitsförderung
Rückkehrgespräche führen
Mitarbeiterbefragungen durchführen</td><td colspan="2">Wissensmanagement/Networking
Akzeptanz bei Veränderungsprozessen
Kunst der Motivation
Mobbing/Psychoterror am Arbeitsplatz
Umgang mit Sucht
Burnout vermeiden
Sexuelle Belästigung am Arbeitsplatz</td></tr>
<tr><td colspan="4">Didaktisches Vorgehen: Vorträge, moderierte Gruppenarbeit, Einzalarbeit, Fallbeispiele, Rollenspiele, Problemdiskussion, Übungen, Videoanalyse, Lehr- und Rundgespräche, Simulationen, Workshops, Planspiele, Coaching, (kollegiale) Beratung, Erfahrungsaustausch, individuelle Trainingsanalyse, Supervision etc.</td></tr>
</table>

7.2.5 Gibt es Führung jenseits der Hierarchie?

Die Frage lässt sich mit einem klaren Ja beantworten: Im Abseits der Hierarchie findet sogar die wahre Führung statt, denn Hierarchie ist zwar Führung im engeren Sinne, aber die Vielfalt an Führungssituationen und die immer häufiger auftretenden Grenzsituationen vor allem im Kontext des Change Managements zeigen, dass Führung nicht auf Hierarchie eingeengt werden darf[489]. Der öffentliche Sektor tut sich noch schwer mit diesem Konzept, da es dem bürokratischen Modell widerspricht, wonach die Verteilung der Kompetenzen durch klare Stellenzuordnungen geregelt ist. Mit der Zunahme an Führungstätigkeiten außerhalb der Hierarchie gewinnt auch die Menschenführung an Bedeutung[490]. In dieser Funktion ist die Führungskraft bildlich gesprochen nicht nur Kapitän, der Ziele und Rahmenbedingungen definiert, die Umsetzung der Ziele gewährleistet und Orientierung gibt, sondern vorrangig Coach, der auch auf emotionaler Ebene begleitet[491].

7.2.6 Was rechtfertigt Führung?

Antworten auf diese Frage sind stets innerhalb eines Kultur- und Werterahmens zu verorten. Die menschliche Geschichte ist geprägt von **Führungsideologien**, die den Funktions- und Wertekorridor der Führung bestimmen und Führung legitimieren. Dabei spielen nicht nur sachliche Funktionen wie Koordination, Motivation oder Kontrolle eine Rolle, sondern auch Herrschafts- und Machtfunktionen. Aktuell werden auch weitere Funktionen im Bereich der Persönlichkeitsentwicklung und Identitätsformung berücksichtigt. Führung durch Menschen kann durch Regelungen teilweise ersetzt werden, dennoch bestimmt sich Führung als ein personales Geschehen. Führungslose Organisationen werden also eher eine Ausnahmeerscheinung bleiben. Bei der Führung gilt es, den optimalen Organisationsgrad der Hierarchie zu bestimmen, denn zu viel Hierarchie kann beispielsweise die Kreativität lähmen, zu wenig Hierarchie kann zu Koordinations- und Motivationsdefiziten führen. Führung ist zwar nicht notwendig, aber ohne sie lassen sich komplexe Organisationen kaum steuern und kollektives Handeln auf die Ziele ausrichten. Die Abbildung 7-6 fasst *universelle Annahmen* im Hinblick auf die Unverzichtbarkeit der Führung zusammen[492].

Abb. 7-6: Universalannahmen zur Bedeutung der Führung

Annahme	Erläuterung
Menschen müssen geführt werden.	• Dies entspricht der klassischen Führungstheorie, die besagt, dass mit Zunahme der Komplexität der Organisation und Arbeitsteilung Mitarbeiter zu koordinieren sind. • *Kritik:* Mitarbeiter können sich selbst führen, wenn Informationen und Ressourcen vorliegen sowie die Sinnhaftigkeit der Aufgabe gewährleistet ist.
Menschen wollen geführt werden.	• Dies entspricht einem evolutionär-darwinistischen Ansatz, der postuliert, dass es Stärkere und Überlegene gibt und die „Menge" sich im Schutz derer befindet. • *Kritik:* Man setzt die Unmündigkeit und allgemeine Unterordnungsbereitschaft vor Eigenständigkeit und Selbstwillen.

Annahme	Erläuterung
Hierarchie ist ein universelles soziales Ordnungsprinzip.	• Dies entspricht einem Weltbild, das Über- und Unterordnungsbeziehungen als natürlich in der Natur- und Gesellschaftsordnung betrachtet. • *Kritik:* Es besteht die Gefahr der Entwicklung unhinterfragter Autoritätsstrukturen und nicht legitimierter Machtverteilung. Hierarchie hat zudem viele Gesichter.
Begabte Führungskräfte sollen führen.	• Dies entspricht der „Great Man"-Theorie der Führung, oftmals auch als Cäsarismus bezeichnet. Ziel einer Organisation muss es demnach sein, diese Führungskräfte frühzeitig zu identifizieren, zu fördern und adäquat einzusetzen. • *Kritik:* Personale Momente der Führung werden einseitig fokussiert, denn Führung ist oftmals kein strategischer Auftrag, sondern ein situatives Reagieren auf sich ständig wandelnde Kontextbedingungen. Situationszwänge werden ignoriert.
Führung gewährleistet gemeinsames Handeln.	• Dies entspricht der sozialen Theorie der Führung, wo Führung den Auftrag hat, den Zusammenhalt der Gruppe (Kohäsion) zu stärken und Konflikte zu reduzieren. • *Kritik:* Gerade diese Konflikte sind Motor der Innovation. Starke charismatische Führungskräfte können zudem zum blinden sektiererischen Gehorsam führen.
Führung ist Ausdruck von Leistungs- und Motivationsunterschieden.	• Dies entspricht einer ökonomischen Denkweise, da die hierarchische Differenzierung als das grundlegende Leistungsprinzip identifiziert wird. • *Kritik:* Hier werden andere Motivkonstellationen, die im Zusammenhang mit Leistung stehen, außer Acht gelassen. Die Leistungsmotivationstheorie hebt die intrinsische Motivation in Bezug auf die Aufgabenerbringung als maßgeblichen Faktor hervor.
Komplexe Organisationen erfordern Führung.	• Jede dieser Annahmen lässt sich als „Ideologie" entlarven. Dennoch zeigen diese Annahmen, dass arbeitsteilige Organisationsformen Führung benötigen. Es kommt jedoch auf die richtige Balance zwischen Führung und Autonomie an. Führung ist kein Selbstzweck der Organisation, sondern muss begründet und legitimiert werden.

7.2.7 Vielschichtige Modelle als Antwort auf kritische Fragen

Führung ist also unverzichtbar, gleichviel welche ideologischen Standpunkte vertreten werden. Die kritischen Fragen zeigen auf, wie komplex sich Führung in der Praxis darstellt. Drei übergreifende Modelle offenbaren das Ringen um das vielschichtige Phänomen Führung:

- **Evolutionäre Perspektive:** Dass es eine von Ideologien und überbordenden Führungsmethoden bereinigte „natürliche Führung" in Anlehnung an evolutionstheoretische Annahmen gibt, ist in Anbetracht dieser Universalannahmen nicht von der Hand zu weisen, denn der Ursprung der Führung erklärt auch das Wozu. Es geht um Lebenserhaltung und Positionierung durch Stärkung der Gemeinschaft. Soziale Strukturen erfordern Führung, Führung erfordert Formen der Zusammenarbeit im Lebensraum von Organisationen. Führung wird zum Privileg erfolgreicher Gruppen und garantiert das Überleben[493)].
- **Systemische Perspektive:** In diesen Gruppen sind alle Beteiligten voneinander abhängig. Ständig finden Lern- und Veränderungsprozesse statt. Ordnung und Unordnung wechseln sich in Abhängigkeit von externen und internen Umwelteinflüssen ab. Selbstorganisation gilt als Leitprinzip der systemtheoretischen Reflexion[494)]. Führung ereignet sich innerhalb eines dynamischen Systems. Interaktions- und Kommunikationsprozesse stehen im Vordergrund. Führung distanziert sich damit von einer klassischen Intervention und entwickelt sich zu einer „therapeutischen" Erfahrung in mehrdeutigen Kontexten[495)].
- **Symbolische Perspektive:** Erschwerend kommt hinzu, dass Führung nicht immer sichtbar ist. Die Macht der Symbole ist oft bestimmend. Führung wird durch Symbole wie Kleidung, Sprache etc. repräsentiert, sie symbolisiert aber auch selbst, d. h., dass sie vermittelnd mithilfe von Symbolen agiert. Das Problem liegt in der Deutung der Symbole.

Neuberger[496)] macht hier deutlich, warum Führung nicht einfach ist, denn *„...eine Führungskraft soll sich nicht einbilden, sie allein würde führen und wäre verantwortlich für das, was (nicht) geschieht. Geführte handeln eigenständig nach ihren Funktionsprinzipien; eine Führungskraft ist nur eine der vielen Kontextfaktoren, die auf die Geführten wirken und von ihnen nach angeborenen oder erlernten Programmen verarbeitet werden."*

7.3 Modelle und Theorien zur Personalführung

Führung kann mit einer Blackbox verglichen werden, denn viele Menschen betrachten Führung nur dann, wenn sie Probleme aufwirft. Läuft alles rund, wird Führung nicht reflektiert. Vielfach herrscht aber kein Wissen vor, wie sie wirkt. Führungstheorien bieten Einblicke in die Blackbox zwischen Führungsbedingungen und Führungswirkungen[497)]. Dabei richten sich die Scheinwerfer auf die *Person* des Führenden, auf die *Situation*, auf das *Verhalten* oder auf den *Erfolg*. Diese Faktoren lassen sich in einem Gesamtmodell der Führung darstellen (Abbildung 7-7)[498)].

Abb. 7-7: Gesamtmodell zur Personalführung

7.3.1 Eigenschaftstheorien

Grundannahme des Eigenschaftsansatzes:
Eigenschaften der Führungskraft führen zum Erfolg.

Jeder hat ein Bild von einer erfolgreichen Führungskraft. Diese Bilder sind geprägt von idealisierten Erwartungen und historischen Verzerrungen, was letztlich einen „Great Man" wie Cäsar ausmacht. Im *Eigenschaftsansatz* fragt man sich: Was ist die Gemeinsamkeit von bedeutenden Führungspersönlichkeiten? Lange Listen von Merkmalen sind die Antwort – sie reichen von Körpergröße und Gesundheit über Selbstvertrauen und Stresstoleranz bis zur Entschlossenheit und zum hohen Machtmotiv[499)]. Als maßgebliche Merkmale werden auch Intelligenz und Persönlichkeitseigenschaften wie Gewissenhaftigkeit oder Offenheit für Erfahrung erkannt. Die *Managementdiagnostik* bietet ein umfangreiches Arsenal von Testverfahren zur Bestimmung dieser Merkmale an. Aus Sicht der Führungskräfteentwicklung ist aber die Maxime *„Great men were born, not made."* nicht erstrebenswert. Die empirischen Ergebnisse zeigen moderate Zusammenhänge zwischen stabilen Eigenschaften und Führungserfolg. Dabei ist die Ursache-Wirkungs-Richtung unklar: Sind machthungrige Führungspersonen erfolgreicher oder ist eine erfolgreiche Führungskraft machtorientierter? Gewiss ist es naiv anzunehmen, dass die Persönlichkeit alleine den Führungserfolg bestimmt, dennoch gilt nicht der Umkehrschluss. Neuere Studien zeigen auf, dass vor allem Extraversion (Geselligkeit und Einfluss auf andere), Gewissenhaftigkeit (Verlässlichkeit und Leistungsorientierung) sowie Offenheit für Erfahrungen (Neugierde und kognitive Flexibilität) positive, wenn auch moderate Zusammenhänge mit Maßen des Führungserfolgs aufweisen[500)]. Die Eigenschaftstheorien gelten zwar oftmals als naiv, da sie dazu tendieren, diese Persönlichkeitsmerkmale zu verabsolutieren und das Zusammenwirken zwischen Eigenschaften und situativen Faktoren zu vernachlässigen, aber die Praxis zeigt auch, wie wichtig solche Persönlichkeitseigenschaften in der Wahrnehmung der Beteiligten sind.

Eine Wiedergeburt des „Great Man"-Ansatzes findet derzeit in der Diskussion zur werteverändernden Führung (transformationale Führung) statt[501)]. Charismatische, emotionale und visionäre Führungsqualitäten verdrängen sterile Listen klassischer Merkmale[502)]. Gegenseitiges Vertrauen steht im Vordergrund. Die Geführten sollen sich mit ihrer Führungskraft identifizieren. Als Komponenten der **transformationalen Führung** lassen sich folgende Faktoren identifizieren[503)]:

- Charisma,
- Inspiration als visionärer Faktor,
- geistige Anregung im Sinne einer intellektuellen Stimulierung und
- individuelle Wertschätzung.

Dieser Ansatz erfährt derzeit viel Zuspruch in der Praxis und Theorie, sodass er oft als eigenständiger Ansatz der Moderne definiert wird[504)]. Letztlich gehört er aber zum Eigenschaftsansatz bzw. je nach Operationalisierung der Faktoren zum Verhaltensansatz.

Gerade in schwierigen Zeiten werden starke Führungspersönlichkeiten benötigt. Empirische Studien bestätigen die Bedeutung dieser modernisierten Variante des Eigenschaftsansatzes[505)]. Gerade bei Veränderungsprozessen oder im Kontext schwieriger Phasen einer Organisation zeichnet sich ab, dass Führungskräfte, die Vertrauen und Hoffnung vermitteln, erfolgreich sind und außergewöhnliche Leistungen ermöglichen. Aus psychologischer Sicht spielt hier das Commitment der Geführten eine wichtige Vermittlerrolle. Jedoch sind auch potenzielle *negative Effekte* zu beachten, denn die moderne Arbeitswelt betont das Prinzip Autonomie:

- *Personenfokussierung:* Die starke Personenbezogenheit schränkt die selbstkritische Fähigkeit der Geführten ein – es kommt zur Idealisierung und sektiererischer Blindheit.
- *Nachfolge- und Entwicklungsproblem:* Zudem gibt es ein Nachfolge- und Entwicklungsproblem, denn wie findet und entwickelt man solche herausragenden Persönlichkeiten.
- *Metaführung:* Aufgrund der Gefahr einer eingeschränkten Selbstkritik bei charismatischen Führungspersonen stellt sich die Frage: Wie führt man starke Führungspersonen?

Ein Blick auf den öffentlichen Sektor zeigt: Eine Brise Begeisterung und psychologisches „Empowerment" lösen die Starrheit bzw. entspannen das Korsett linearer Führungsstrukturen in der Verwaltung. Die Verwaltung benötigt nicht nur Fachführungskräfte, sondern auch Personen, die emotional intelligent, charismatisch und konfliktfähig sind. Amtsautorität sollte nicht mehr das ausschließliche Führungsprinzip sein[506)]. Eine Studie mit einer empirischen Datenbasis von 1.767 Einzeldatensätzen aus einer öffentlichen Verwaltung zeigt, dass die transformationale Führung im öffentlichen Dienst Anwendung finden kann und wesentliche Voraussetzung für eine lernende Verwaltung im Kontext der Verwaltungsreform ist[507)].

7.3.2 Verhaltenstheorien

Grundannahme des Verhaltensansatzes: Verhalten der Führungskraft führt zum Erfolg.

Persönlichkeitsmerkmale lassen sich nicht einfach verändern und schränken das Entwicklungspotenzial ein. *Verhaltenszentrierte Führungstheorien* bieten sich hier als Gegenpol an. Man postuliert, dass sich Führungskräfte durch bestimmte situationsübergreifende Verhaltensstile auszeichnen[508)]. Damit steht die Identifikation von Verhaltensdimensionen, die als Führungsstile (Leadership Styles) subsumiert werden, im Vordergrund. Dabei ist zu beachten, dass Verhaltensweisen und Persönlichkeitsmerkmale keine ausschließenden Faktoren sind, sondern sich bedingen. Es handelt sich um das Henne-Ei-Problem: Erklären Persönlichkeitsmerkmale das Verhalten oder bestimmen Verhaltensweisen die Persönlichkeit?

Die Verwaltungsreform hat die Frage nach dem angemessenen Verhalten von Führungskräften thematisiert. Diverse Studien beschäftigen sich mit der Verwaltungsführung im Spannungsfeld zwischen traditionellem Beamtenbild und Reformbemühungen. Sie zeigen auf, dass die Verwaltungsreform noch stark von Instrumenten und weniger durch Führung bestimmt ist[509)]. Zwar dominieren die traditionellen Verhaltensmerkmale des Beamtenethos weiterhin, gleichzeitig werden **aktivierende Verhaltensweisen** im Sinne einer Managementorientierung gefordert. Als generelle Schwäche wird die fehlende Flexibilität erkannt. Mehr organisationale Flexibilität erfordert aber auch neue Verhaltensweisen der Führungskräfte, um diesen Raum der Freiheit zu füllen. Eine verstärkte Führungskräfteentwicklung soll dies ermöglichen. Dabei setzen viele Konzepte auf die verhaltenszentrierten Führungsmodelle und bestimmen *aktivierende Führungsstile* als Zielgröße[510)].

Die Forschung weist hier eine lange Tradition auf und ist mit dem Namen Kurt Lewin verknüpft. Die klassische Differenzierung zwischen autoritär, demokratisch und laissez-faire erfolgte Ende der 30er-Jahre des 20. Jahrhunderts:

- Autoritärer Stil: Anordnungen geben, keine Kritik, Gehorsamkeitsprinzip vorherrschend

- Demokratischer Stil: Mitarbeiter einbinden, Fehler akzeptieren, Kreativität nutzen
- Laissez-Faire-Stil: Gewährung von Freiheiten, keine Einwirkung, Selbstorganisation

Die Empirie zu den Führungsstilen ist nicht eindeutig, weil eine hohe Varianz in den Ergebnissen aufgrund vieler beeinflussender Faktoren vorliegt. Der demokratische Führungsstil ist also nicht besser als der autoritäre, denn dies hängt u. a. von der Reife der Geführten ab.

Die Abbildung 7-8 illustriert die drei *Hauptrichtungen der Verhaltensweisen*[511)]. Dabei möchte man Führungskräfte möglichst in allen drei Dimensionen zur Verhaltensoptimierung bewegen. Doch es ist unschwer zu erkennen, dass dies zu Rollenkonflikten im Verhaltensbereich führen kann. So ist die Balance zwischen Aufgaben- und Mitarbeiterorientierung keineswegs konfliktfrei zu erzielen. Je nach Kombination der Verhaltensdimensionen resultieren die klassischen Führungsstile. So ist ein autoritärer Führungsstil sowohl durch eine geringe Mitarbeiterorientierung als auch Beteiligungsorientierung gekennzeichnet.

Abb. 7-8: Dimensionen des Führungsverhaltens

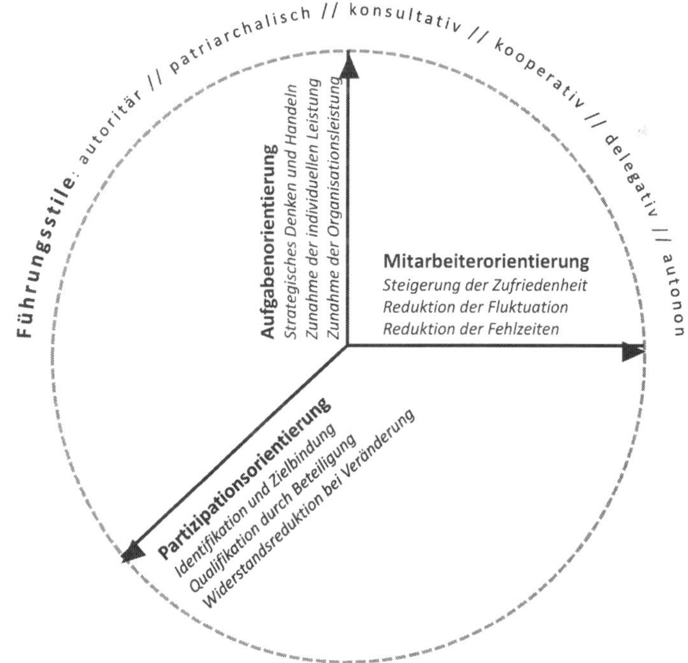

Die theoretischen Grundlagen im Zusammenhang mit den Führungsstilen bieten die Verhaltenstheorien. Der Zusammenhang der Dimensionen Aufgaben- und Beziehungsorientierung prägt die Diskussion. Manche Modelle postulieren ein Kontinuum, manche begreifen die Dimensionen als unabhängig oder als abhängig voneinander.

- **Führungsstilkontinuum:** Dieses Modell ist gekennzeichnet durch eine siebenstufige Typologie mit den Endpunkten autoritär und autonom[512)]. Die Stile differenzieren sich nach dem Partizipationsgrad. Damit dienen sie zur Beschreibung des Verhaltens der Führungskräfte.
- **Zwei-Faktoren-Theorie:** Die Zwei-Faktoren-Theorie stammt aus der Michigan-Schule mit Autoren wie Rensis Likert, Daniel Katz und Robert Kahn[513)]. Mitarbeiterorientierung (consideration) wird der Leistungsorientierung (initiating structure) auf einem eindimensionalen Kontinuum gegenübergestellt. Damit stehen die beiden Führungsstile in einer Wettbewerbsbeziehung zueinander. Mitarbeiterorientierung setzt auf Wertschätzung und persönliche Entwicklung. Demgegenüber fokussiert Leistungsorientierung die Aufgabenerfüllung und betrachtet den Mitarbeiter als Mittel zum Zweck.
- **Die Ohio-Führungsmodelle:** Die Ohio-Studien (John Hemphill, Edwin A. Fleishman, Ralph M. Stogdill, Carrol L. Shartle) postulieren die Unabhängigkeit der Dimensionen und ermöglichen damit die Kombinierbarkeit derselben[514)]. Als optimal wird eine gleichzeitig hohe Aufgaben- und Beziehungsorientierung angesehen, denn sie bewirkt hohe Leistung, kaum Beschwerden und eine geringe Fluktuation.
- **Das Gittermodell der Führung:** Angeregt von den Ohio-Studien ist das renommierteste Modell das Managerial Grid[515)]. Hier postuliert man zwei abhängige Dimensionen, die ausbalanciert werden müssen, um gleichzeitig Zufriedenheit und gute Arbeitsqualität zu erzielen. Führungspersonen sollten beide Führungsstile praktizieren (Abbildung 7-9)[516)].
- **Das Vier-Faktoren-Modell:** Ein Beispiel für ein mehrdimensionales Modell ist das Vier-Faktoren-Modell[517)]: Unterstützung und Hilfe, Förderung der Interaktion und Kommunikation, Betonung der Gruppen- und Arbeitsziele sowie Optimierung der Arbeitsbedingungen.

Abb. 7-9: Das Gittermodell der Führung

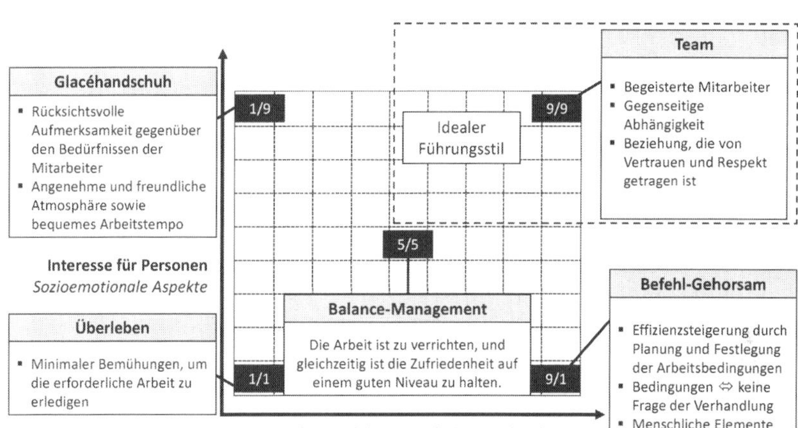

Messung der Führungsdimensionen

Auf Basis der Zwei-Faktoren-Theorie wurden Instrumente zur Erfassung des Führungsstils entwickelt, die als Ausgangspunkt zur Konzeption moderner Feedbacksysteme gelten (beispielsweise der Fragebogen zur Vorgesetzten-Verhaltens-Beschreibung nach Fittkau). Komplexere Verfahren sind die Management-Fallstudien (MFA) oder die Qualitative Führungsstilanalyse (QFA)[518)].

Immer mehr interessiert man sich für das Verhalten der Führungskräfte. Im Rahmen von **Feedbacksystemen** werden Verhaltensweisen durch Feedbackgeber (Mitarbeiter, Kollegen, Kunden, Vorgesetzte) erfasst und bewertet[519)]. Dabei hofft man auf die positive Wirkung des Feedbacks im Hinblick auf die erwünschte Verhaltensänderung und begreift das Verhalten als Lernprozess. Es gilt, den blinden Fleck zu reduzieren und damit Erwartungsbrüche zu minimieren. Mehr Öffentlichkeit schafft Verständnis und Veränderung. Empirische Studien bestätigen die positiven Auswirkungen von Feedback auf Aufgabenerfüllung und Zufriedenheit[520)]. Jedoch ist Feedback nicht einfach gegeben, sondern muss systematisch erarbeitet werden. Dazu gehören u. a. der Einsatz standardisierter Instrumente, die Regelmäßigkeit des Feedbacks, die Sensibilisierung für Beurteilungsfehler, die Schaffung von Klärungsmöglichkeiten sowie handlungsorientierte Lösungswege und professionelle Begleitung. Feedback darf im Bereich Führung kein Zufall sein.

Im Rahmen der Feedbacksysteme werden die Zielgrößen **des Führungsverhaltens** (Abbildung 7-10) mit Verhaltensankern versehen und diese hinsichtlich ihres Erfüllungsgrades abgefragt[521)]. Dabei ist es wichtig, dass die Abfrage regelmäßig (meist jährlich) erfolgt und das Ergebnis kein Geheimdossier ist, sondern mit den Betroffenen diskutiert wird, um Erwartungshaltungen abzuklären und nach Wegen der Optimierung zu suchen. Die Verhaltensbeurteilung ist das Kerninstrument einer handlungsorientierten Führungsintervention, aber sie kämpft auch mit den typischen Problemen der fehlerhaften Beurteilung (Beispiel: Stereotypen). Eine vollständige Objektivität der Personenbeurteilung ist nicht möglich[522]. Daher setzt man auf die subjektive Validierung durch einen dialogischen Prozess der Rückmeldung und Interpretation, um Selbst- und Fremdwahrnehmung aufeinander zu beziehen. Aber nicht nur das gegenwärtige Verhalten interessiert aus Sicht der Verhaltenstheorien, sondern auch das zukünftige Verhalten bzw. das Potenzial der Führungskräfte. Dies kann man beispielsweise im Rahmen eines Managementaudits ermitteln.

Abb. 7-10: Zielgrößen des Führungsverhaltens

Zielgrößen	Beispielhafte Themen
Bedingungen schaffen	• Ressourcen, Netzwerke, Schnittstellen, Arbeitsumfeld gestalten
Bewerten können	• Urteilsfehler vermeiden, sachlich beurteilen, selbstkritische Reflexion
Entwickeln und fördern	• sich für neue Ideen einsetzen, lernförderliche Bedingungen, individuell fördern
Fordern und motivieren	• anerkennen, partizipieren, delegieren, herausfordernde Aufgaben
Für die Sache begeistern	• Charisma zeigen, Sinn vermitteln, intellektuell anregen, Kreativität
Fürsorglich handeln	• Gesundheit fördern, alternsgerechtes Führen, Fürsorgepflicht ernst nehmen
Kommunizieren können	• zeitnah informieren, Feedback geben, angemessen begründen
Konflikte wahrnehmen	• Konfliktlösung mit Betroffenen, konstruktive Auseinandersetzung, Ausgleich
Konsequent handeln	• Standhaftigkeit und Entschlossenheit, vollständige Aufgabenumsetzung
Mit Fehlern/Kritik umgehen	• offen sein, Fehler eingestehen können, sachlich mit Kritik umgehen
Potenziale erkennen	• Talente identifizieren und fördern, Wege für Entwicklung bahnen helfen
Teamorientiert handeln	• Meinungsaustausch und Zusammenarbeit stärken, Wissen verknüpfen
Unternehmerisch handeln	• erfolgsorientiert und vorausschauend handeln, Organisationsziele beachten
Vorbild sein	• Verantwortung übernehmen, Rückgrat zeigen, respektvoller Umgang
Zielorientiert führen	• Ziele definieren und besprechen, flexibel reagieren, Zielbindung steigern

Die Frage nach emotionalen und rationalen Aspekten der Führung ist die zentrale Frage, die sich im Bereich der Verhaltenstheorien stellt. Die Antwort ist aus empirischer Sicht nicht eindeutig[523)] und die Frage verdeutlicht, dass Führung oftmals in Widersprüchen verläuft. Die verschiedenen Verhaltensdimensionen können *Rollenkonflikte* entfachen. Es ist bisweilen ein Spagat, gleichzeitig die Mitarbeiterzufriedenheit (emotional begründet) und die Aufgabenerfüllung (rational begründet) zu berücksichtigen. Hauptproblem sind die knappen Ressourcen. Wie kann eine Verwaltungsführungskraft die Mitarbeiter begeistern, wenn gleichzeitig die Personalressourcen schrumpfen? *Rollendilemmata* kennzeichnen das Führungshandeln in der Praxis. Soll die Führungskraft alle gleich behandeln oder doch individuell fördern? Sind Freiräume zu gewähren oder die Arbeit zu reglementieren? Gilt es, die Zusammenarbeit oder den gegenseitigen Wettbewerb zu fördern? Ist der Mensch Mittelpunkt oder ist der Mensch das Mittel zum Zweck? Die *Sandwich-Position* der Führungskräfte zwischen Organisation (strategischen Zielen) und Mitarbeitern (individuellen Zielen und Gruppenzielen) lässt eine einfache Lösung des Konflikts nicht zu. Es kommt daher bei Führungskräften zur Rollenüberforderung. Die Komplexität der Organisation schafft viele Erwartungshaltungen, die die Führungskraft in ihrem Verhalten integrieren muss. Dabei sind die Rollenerwartungen in der Regel unscharf formuliert, was Rollenambiguitäten bedingt. Beim Umgang mit diesen Rollenunklarheiten spielen wieder Persönlichkeitsmerkmale eine Rolle – z. B. die Ungewissheits- und Stresstoleranz der Führungskraft. Persönlichkeitsmerkmale und Verhaltensweisen sind zentraler Bestandteil vieler Führungstheorien. Doch die Diskussion zeigt, dass man nicht alle Karten auf die Person der Führungskraft setzen darf, um erfolgreiche Führung zu realisieren. Ein wesentlicher Aspekt fehlt in der Führungsgleichung: die Rahmenbedingungen, also die situative Komponente.

7.3.3 Situationstheorien

Grundannahme des Situationsansatzes:
Die Passung zwischen Situationen und Führungsstilen führt zum Erfolg.

Die Verwaltungsreform verändert viele Parameter der Organisation[524)]. So wird die Arbeitsteilung minimiert. Teamorientierte Koordinationsformen nehmen zu. Die Situationstheorien postulieren, dass zwischen Situation und Führungsstil eine Passung vorliegen muss.

Wenn eine Führungskraft einen kooperativen Führungsstil pflegt, bedeutet dies nicht automatisch, dass dieser Führungsstil erfolgreich ist. Der Effekt hängt von der **Günstigkeit der Situation** ab. Dies wird auch als *Kontingenz* im Sinne der Zufälligkeit und Möglichkeit bezeichnet[525)]. Die Kontingenztheorien beschäftigen sich mit dem Zusammenwirken von situativen Parametern und Führungsstilen. Betrachtet man die „Mutter" der Situationstheorien, das Kontingenzmodell nach Fred E. Fiedler, so stellt sich die günstigste Situation wie folgt dar: Die Beziehung zwischen der Führungskraft und ihren Mitarbeitern ist gut, die Aufgabe ist strukturiert und die Führungskraft verfügt über eine hohe Positionsmacht. Die ungünstigste Situation ist durch eine schlechte Beziehung, eine unstrukturierte Aufgabe und eine geringe Positionsmacht gekennzeichnet. Beziehungsorientierte Führungskräfte sind in Situationen mit mittlerer Günstigkeit gut platziert, denn sie können Spannungen und Konflikte innerhalb der Gruppe auffangen. Aufgabenorientierte Führungskräfte sollten indes entweder in sehr günstigen oder sehr ungünstigen Situationen eingesetzt werden. Bei günstigen Situationen kann sich der aufgabenorientierte Vorgesetzte auf die Aufgabenerfüllung konzentrieren – Spannung und Konflikte liegen nicht vor. Hier würde die mitarbeiterorientierte Führungskraft keinen Vorteil erbringen. Sehr ungünstige Situationen verlangen eine starke aufgabenorientierte Führungskraft, die diszipliniert vorgeht und auch Druck auszuüben weiß. Eine beziehungsorientierte Führungskraft würde hier vermutlich scheitern, da es hier nicht ausreicht, das Arbeitsklima zu optimieren. Abbildung 7-11 illustriert die Zusammenhänge zwischen Leistung und Günstigkeit der Situation in Abhängigkeit vom Führungsstil[526].

Abb. 7-11: Kontingenztheorie nach Fred E. Fiedler

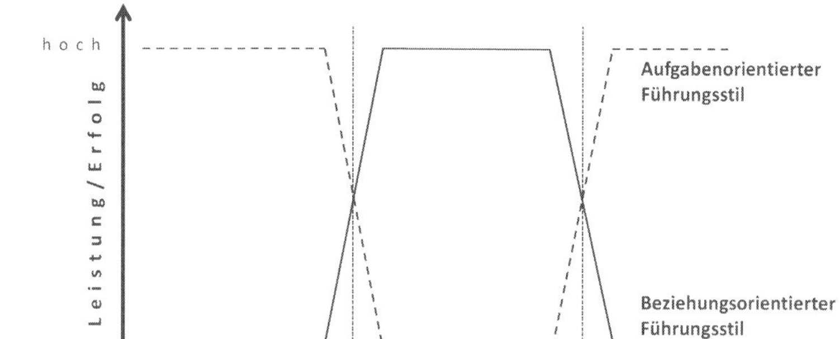

Günstigkeit der Situation	I	II	III	IV	V	VI	VII	VIII
	hoch			*mittel*			*niedrig*	
Beziehung	gut	gut	gut	gut	schlecht	schlecht	schlecht	schlecht
Positionsmacht	stark	schwach	stark	schwach	stark	schwach	stark	schwach
Aufgabenstruktur	hoch	hoch	niedrig	niedrig	hoch	hoch	niedrig	niedrig

Situationstheorien der Führung

In Abhängigkeit von der Auswahl der Situationsparameter sind verschiedene theoretische Modelle entstanden (Abbildung 7-12)[527].

Abb. 7-12: Situationstheorien der Führung

Situationstheorie	Erläuterung
Kontingenzmodell nach Fred E. Fiedler *60er-Jahre*	• *Skizze:* Führungserfolg stellt sich nur bei Passung zwischen Situation und Führungsstil ein (Günstigkeit). Der Führungsstil ist nicht veränderbar. Entweder muss die Führungskraft oder die Situation angepasst werden. Der Führungsstil wird über ein Verfahren ermittelt, in dem die Führungskraft den Mitarbeiter, den sie am wenigsten schätzt (Least Preferred Coworker, LPC), anhand eines Fragebogens bewertet. • *Führungsstile:* aufgaben- und mitarbeiterorientierter Führungsstil • *Situationsparameter:* Das Modell berücksichtigt drei Parameter. Die Positionsmacht beschreibt die Macht, seine Mitarbeiter zur Leistung zu motivieren. Die Beziehung zu den Mitarbeitern erfasst Loyalität und Unterstützung. Die Aufgabenstruktur beschäftigt sich mit Rollenerwartungen, Eindeutigkeit und Detailliertheit der Aufgabe.
Weg-Ziel-Theorie nach Robert J. House *70er-Jahre*	• *Skizze:* Hier werden Motivation und Erwartungen der Mitarbeiter in den Vordergrund gestellt. Führungserfolg ist gegeben, wenn es der Führungskraft gelingt, diese Motivation positiv zu beeinflussen. Neben gezielter Anerkennung ist die Fähigkeit der Führungskraft wichtig, Hindernisse zur Aufgabenerfüllung aus dem Weg zu räumen. Führungskräfte können sich ändernden Situationen anpassen. • *Führungsstile:* Das mitarbeiterorientierte Führen bezieht sich auf das kooperative Miteinander. Das direktive Führungshandeln ist anweisend. Das partizipative Führen bindet die Mitarbeiter in Entscheidungsprozesse ein. Beim leistungsorientierten Führungsverhalten setzt die Führungskraft Ziele, die die Mitarbeiter abbilden. • *Situationsparameter:* Bei diesem Modell werden nicht nur Aufgabenmerkmale wie Aufgabenstruktur, Formalisierungsgrad oder Arbeitsgruppe berücksichtigt, sondern auch Merkmale der Geführten wie Motive und Fähigkeiten.
Entscheidungsmodell nach Victor H. Vroom *70er- und 80er-Jahre*	• *Skizze:* Diese Theorie gibt Antwort auf die Frage, welcher Grad der Beteiligung der Mitarbeiter im Hinblick auf den Führungserfolg effektiv ist. Mithilfe eines Entscheidungsbaums wird programmatisch in Kausallogik der situativ angemessene Führungsstil ermittelt. Eine Situationsdiagnose ist hier Voraussetzung. • *Führungsstile:* Beim autokratischen Stil entscheidet die Führungskraft selbst und holt sich ggf. Informationen ein. Beim beratenden Stil kann sich die Führungskraft mit Einzelnen oder auch mit der Gruppe beraten. Beim demokratischen Stil werden die Mitarbeiter als Gruppe aktiv bei der Entscheidungsfindung eingebunden.

Situationstheorie	Erläuterung
	• *Situationsparameter:* In diesem Modell werden die Informationserfordernisse und deren Bedeutung in Bezug auf die Qualität der Entscheidung erfasst. Zudem werden die Strukturiertheit der Aufgabe, die Akzeptanz durch Mitarbeiter, der Handlungsspielraum sowie die Einstellung der Mitarbeiter zur autoritären Führung und zu den Organisationszielen berücksichtigt. Ferner wird die Gruppenkonformität beachtet.
Reifegrad-Modell nach Paul Hersey *80er-Jahre*	• *Skizze:* Hier werden die Führungsstile in Beziehung zum Reifegrad der Mitarbeiter gesetzt. Dabei differenziert man zwischen funktionaler (Wissen und Erfahrung) und psychologischer Reife (Motivation und Selbstvertrauen). Bei hoher Reife sollte die Führungskraft delegieren, bei geringer Reife jedoch unterweisen. • *Führungsstile:* Der direktive Führungsstil steht für An- und Unterweisen. Der coachende Führungsstil hat zum Ziel, den Mitarbeiter zu überzeugen (Kommunikation und Information). Der mitarbeiterorientierte Stil bezieht sich auf die gemeinsame Beteiligung (Partizipation). Der delegierende Führungsstil bedeutet den Rückzug der Führungskraft aus der Entscheidungsfindung. Die Verantwortung liegt beim Mitarbeiter. Der Führungskraft obliegt die Kontrolle in Bezug auf Organisationsziele. • *Situationsparameter:* Das Reifemodell fokussiert auf personale Faktoren. Es unterscheidet dabei die psychologische Reife (Motivation, Leistungsbereitschaft) von der funktionalen Reife (Kompetenz, Leistungsfähigkeit).
3-D-Modell nach William Reddin *80er-Jahre*	• *Skizze:* Auch hier gibt es keinen überlegenden Führungsstil. Die Effektivität hängt vom Übereinstimmungsgrad zwischen situativ gefordertem und angewandtem Stil ab. Faktisch bedeutet dies, dass Führungskräfte eine hohe Flexibilität in Bezug auf das Führungsverhalten aufweisen und ständig die Situationen analysieren müssen. • *Führungsstile:* Vier Stile beschreiben das Modell. Der Verfahrensstil ist bürokratisch und regelorientiert. Der Beziehungsstil interessiert sich für das zwischenmenschliche Handeln. Der Aufgabenstil betont Leistungsergebnisse. Der Integrationsstil versucht, Anforderungen von Aufgaben und Personen aufeinander abzustimmen. • *Situationsparameter:* Neben verschiedenen Organisationsparametern werden vor allem die Eigenschaften der Mitarbeiter, Kollegen und Vorgesetzten berücksichtigt. Ferner beachtet das Modell auch die bestimmende Arbeitsweise.

Beim Reifegrad-Modell lautet die Maxime, dass jeder Mitarbeiter nach seinem Reifegrad zu führen ist, um das Potenzial des Mitarbeiters auszuloten. Fähigkeit und Bereitschaft sind Marker der Reifegrade, denen Führungsstile zugeordnet sind (Abbildung 7-13).

Abb. 7-13: Reifegrad-Modell nach Hersey und Blanchard

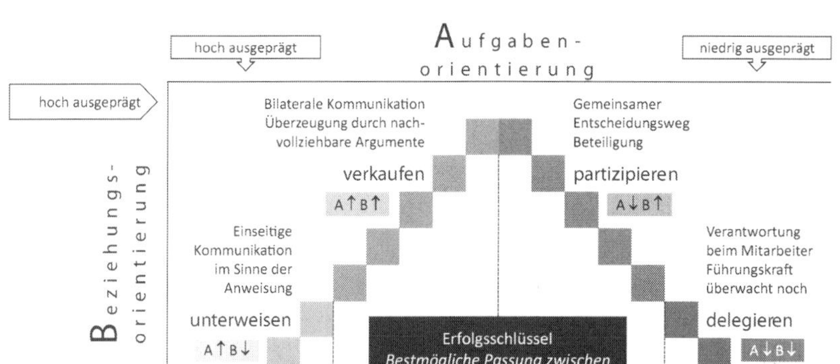

Die früheren Kontingenztheorien empfehlen, die Situation an den Führungsstil anzupassen, und nicht umgekehrt. Als personalpolitische Strategie resultiert daraus, die Passung zwischen Führungskraft und Situation zu gewährleisten, was aber in der Praxis aufgrund der situativen Dynamik schwierig ist. Die neueren Kontingenztheorien empfehlen, die Situation als gleich zu bewerten und die Flexibilität des Führungsstils zu steigern. Als personalpolitische Strategie resultiert daraus, die Diagnosefähigkeit der Führungskräfte zu schulen, damit sie die Reife der Mitarbeiter erkennen und relevante Situationsparameter erfassen. Dies erfordert Führungskräfte mit fundierter psychologischer Qualifikation. Im Personalmanagement wird das Thema „Matching" in vielen Kernprozessen – sei es die Auswahl oder die Entwicklung – großgeschrieben. Da bei den Situationstheorien die Passung zwischen Situation und Führungsstil der entscheidende Faktor ist, geht dieser Ansatz einen Schritt weiter als die monokausalen Ansätze der Eigenschafts- und Verhaltenstheorien. Doch fällt die empirische Bestätigung im Hinblick auf die Kontingenztheorie von Fiedler unklar aus. Es gibt bestätigende Studien, aber auch Ergebnisse aus Untersuchungen, die keine Legitimation für die Theorie liefern[528)]. Die Ergebnisse bei Feld-Studien und von Metaanalysen verdeutlichen, dass sich die Auswahl der Situationsvariablen in der Praxis schwieriger darstellt als in der Theorie. Zudem sind die eingesetzten Instrumente zur Ermittlung des Führungsstils subjektiv – hier könnte man aber mit einem 360°-Feedback mehr Objektivität realisieren. Die Situationsanalysen sehen sich ebenfalls mit Messproblemen konfrontiert. Aus theoretischer Sicht ist zudem die Wirkungsrichtung unklar und auch die Frage ungeklärt, wie sich der Führungsstil auf die Situation selbst auswirkt.

7.3.4 Erfolgsorientierte Herangehensweisen

Grundannahme des Erfolgsansatzes:
Es zählt das Ergebnis.

Am Ende der Führungsgleichung steht das Ergebnis als letzter Mosaikstein. Man könnte das Pferd von hinten aufzäumen und erklären, dass sich gute Führung durch ihre Taten beweist. Der Führungserfolg hat dabei mehrere Facetten:

- *Soziale Erfolgsfaktoren:* Zufriedenheit der Mitarbeiter, positives Betriebsklima etc.
- *Organisationale Erfolgsfaktoren:* Commitment mit den Organisationszielen, abteilungsübergreifende Zusammenarbeit, positive Repräsentation und Netzwerkmanagement etc.
- *Ökonomische Erfolgsfaktoren:* Effizienzsteigerung und Kostenreduktion, Produktivitäts- und Qualitätssteigerung und Wettbewerbsfähigkeit etc.

Aus empirischer Sicht sind die Zusammenhänge zwischen Führungsverhalten und Erfolgsfaktoren im Bereich Leistungserbringung vielfach nicht eindeutig, jedoch mit einer Ausnahme: Die partizipative Führung zeigt einen positiven Effekt auf die Zufriedenheit und das Commitment der Mitarbeiter[529)]. Eine aktuelle Metaanalyse[530)] bietet neue Einsichten, die sich auf eine scheinbar einfache Erfolgsformel bringen lassen:

Optimale Führungskraft = Charismatische Führungskraft mit Gewissenhaftigkeit

Was macht Führung erfolgreich?

Diese Studie bestimmt die Bedeutung von Persönlichkeitseigenschaften und Verhaltensweisen für eine effektive Führung, um die Auswahl von Führungskräften und die Führungskräfteentwicklung zu optimieren[531)]. Sie identifiziert folgende erfolgsrelevante Persönlichkeitseigenschaften: Gewissenhaftigkeit (leistungsorientiert, planvoll, pflichtbewusst, verlässlich), Verträglichkeit (altruistisch, vertrauenserweckend, gutherzig) und Extraversion (umgänglich, durchsetzungsfähig, aktiv). Als Erfolgs- bzw. Effektivitätsparameter werden die individuelle Leistungsfähigkeit bzw. Wirksamkeit der Führungskraft, Teamleistung, Arbeitszufriedenheit der Mitarbeiter und Zufriedenheit mit der Führungskraft berücksichtigt.

Ergebnisse: Persönlichkeitsmerkmale können nur teilweise den Führungserfolg erklären. In Verbindung mit den Verhaltensweisen, die den Zusammenhang zwischen Persönlichkeit und Erfolg beeinflussen, kann jedoch nahezu ein Drittel des Führungserfolgs erklärt werden.

Bei den Persönlichkeitsmerkmalen lassen sich folgende Zusammenhänge mit den Effektivitätskriterien erkennen:

- Geschlecht und Intelligenz sind nicht so bedeutsam wie Gewissenhaftigkeit, Verträglichkeit und Extraversion.
- Gewissenhaftigkeit kristallisiert sich als „Hit-Faktor" im Hinblick auf die Teamleistung heraus und beeinflusst positiv die individuelle Leistungsfähigkeit und Wirksamkeit der Führungskraft.
- Verträglichkeit wirkt sich sehr positiv auf die Zufriedenheit mit der Führungskraft aus.
- Extraversion erhöht die Leistungsfähigkeit der Führungskraft und die Zufriedenheit der Mitarbeiter.

Bei den Verhaltensweisen lassen sich folgende Zusammenhänge mit den Effektivitätskriterien erkennen:

- Eine aktivierende, selbstbewusste und nachdrückliche Führung ist von großer Bedeutung. Passivität im Sinne eines Laissez-Faire-Stils gilt es, in Bezug auf den Führungserfolg auf jeden Fall zu vermeiden.
- Führungskräfteentwicklung muss alle drei Verhaltensdimensionen beachten: Aufgabenorientierung (Planung und Ziele), Beziehungsorientierung (Unterstützung und Begleitung der Geführten) sowie Veränderungsorientierung (Ermutigung und Unterstützung in Bezug auf Wandel).
- Mitarbeiterorientierte Führungskräfte erzielen positive Werte bei der Zufriedenheit mit der Führungskraft. Jedoch sind aufgabenorientierte Führungskräfte besser bei der Teamleistung. Der transaktionale Führungsstil schafft klare Erwartungen und führt durch Belohnung. Damit wirkt dieser Stil positiv auf die Arbeitszufriedenheit der Mitarbeiter. Die transformationale Führung wirkt indes auf alle vier Erfolgskriterien positiv.

7.3.5 Substitutionstheorien

Führung macht also Arbeit, wenn man erfolgreiche Führung als Ziel anvisiert. Man muss Diagnostik betreiben, um gute Eigenschaften und Verhaltensweisen von Führungskräften zu identifizieren. Man muss die situativen Rahmenbedingungen analysieren. Und schließlich soll das Ganze auch noch in nachhaltiger Führungskräfteentwicklung münden. *Lässt sich Führung nicht einfach ersetzen?* Mit dieser Frage beschäftigen sich Substitutionstheorien. Diese suchen nach Variablen, die Führung unnötig machen. Dazu zählt aus arbeitspsychologischer Sicht vor allem die Arbeitsaufgabe[532)]. Wenn die Aufgabe strukturiert ist, ausreichenden Handlungsspielraum aufweist, mit genügend Ressourcen versehen ist, in Bezug auf die Leistung selbst Feedback gibt und zudem noch intrinsisch motiviert, dann braucht der Mitarbeiter keine Führungskraft. Auf der Gruppenebene ist die teilautonome Gruppenarbeit ein Beispiel für den Verzicht auf Führung. Auch eine starke Organisationskultur kann als Substitut den Bedarf an personengebundener Führung reduzieren. Immer mehr wird auch das unternehmerische Denken und Handeln von den Mitarbeitern verlangt. Man spricht von Selbstführung. Die *Super Leadership Theorie* betont, dass die beste Verhaltenssteuerung nicht fremd-, sondern selbstgesteuert ist[533)]. In diesem Fall hat die Führung dennoch nicht ausgedient, sie hat aber eine andere Aufgabe: Sie fungiert als Vorbild und vermittelt Werte (werteverändernde Führung). Die Führungskraft schafft förderliche Rahmenbedingungen, stärkt Vertrauen und Selbstbewusstsein und befähigt zur Selbstorganisation. Führung ist dann Ermöglichung.

Die zwei Seiten der Führung

Die Medaille Führung hat zwei Seiten, die sich im Bestfall gegenseitig verstärken[534]:

- *Interaktionelle Führung:* Hier geht es um die klassische Mitarbeiterführung. Konfliktregulierung, Kommunikation, Fördern und Fordern, Motivation etc. sind Aufgabenfelder dieser personengebundenen Führung.
- *Strukturell-indirekte Führung:* Führungsgrundsätze, Leitbilder, Normen, Aufgaben, Organisationsstrukturen etc. können Führungsaufgaben ebenfalls übersetzen. Sie wirken indirekt auf das Verhalten der Mitarbeiter. Sie legen die Verhaltensspielräume fest.

7.4 Herausforderungen im öffentlichen Sektor

Die Modelle und Theorien verdeutlichen mit Nachdruck: Führung ist kein statisches Phänomen. *Hat sich Führung verändert?* Manche Autoren sprechen von Führung 2.0, um die Veränderung der Führung zu illustrieren[535]. In den nächsten Jahren wird der öffentliche Sektor vor allem durch Change-Prozesse bestimmt. Die Führung im Veränderungsprozess setzt auf Qualitäten, die sich im Ausspruch *„Like it, lead it, change it."*[536] verdichten.

Die Führungskraft von morgen sieht sich also mit vielfältigen Veränderungen konfrontiert[537]:

- **Anspruchsvolle Mitarbeiter:** Die Mitarbeiter sind anspruchsvoller und begründen dies mit Fach- und Führungskompetenz. Zudem sind Mitarbeiter vernetzt und gut informiert.
- **Knappe Ressourcen:** Die Ressourcen werden knapper. Mit weniger Mitarbeitern muss mehr Leistung erzielt werden und externe wie Zeitarbeiter müssen integriert werden.
- **Komplexe Entscheidungen:** Die Entscheidungsgrundlagen werden komplexer. Die Geschwindigkeit nimmt zu und auch die Erwartungen an die Qualität durch diverse Akteure.
- **Führen auf Distanz:** Dezentrale Organisationsmodelle und virtuelle Strukturen gewinnen an Bedeutung. Sie setzen in der Führung auf Vertrauen und Effektivität.
- **Verlust an Amtsautorität:** Noch funktioniert aufgrund des vertikalen Hierarchieprinzips die formale Autorität als Durchsetzungsmittel. Doch die Hierarchien werden flacher und die Mitarbeiter mündiger. Wichtiger als die Amtsautorität wird die Persönlichkeit.
- **Komplexe Beziehungsstrukturen:** Die Führungskraft ist nicht nur der Vorgesetzte einer Abteilung. Immer mehr werden Führungskräfte in inter-

nen und externen Netzwerken und Projekten eingebunden. Die Interaktionsstrukturen werden komplexer und lebendiger.

- **Vielfalt bei den Mitarbeitern:** So trifft beispielsweise der demografische Wandel auch die Führung. So müssen künftig jüngere Führungskräfte erfahrene Mitarbeiter führen.

Beispielhaft sind folgende *Herausforderungen* zu betrachten (Abbildung 7-14):

Abb. 7-14: Herausforderungen aus Sicht der Personalführung

Herausforderung	Erläuterung
Führen in Projekten	• Projektleiter sind Führungskräfte ohne disziplinarische Vorgesetztenfunktion. Damit entfällt die vertikale Gewissheit. Diese Rolle ist schwierig, denn Führung findet in einer mehrdeutigen Situation statt. Hieraus resultiert eine dreifache Herausforderung[538]: (1) Führen von Projektmitgliedern und anderen interessierten Personenkreisen, (2) Management und Koordination von Abläufen und Ressourcen sowie (3) das Selbstmanagement des Projektleiters. Zudem rotiert bisweilen die Führungsfunktion. Ferner sind Projektleiter Repräsentanten des Projekts. Es wird erwartet, dass sie das Projekt verteidigen, Ressourcen organisieren und die Interessengruppen berücksichtigen. • Der Schwerpunkt der Führung in Projekten liegt in der Selbstführung. Zeit- und Stressmanagement sowie die Sicherstellung der eigenen Work-Life-Balance erfordern psychologisches Handlungswissen im Projektmanagement[539]. Im Führungshandeln muss die Projektleitung phasenbezogen agieren. So muss sie in frühen Phasen begeistern und das Commitment der Projektmitglieder steigern. In der eigentlichen Umsetzungsphase gilt es, zielorientiert zu führen, jedoch bei hohen Belastungen auch wieder Akzeptanz und Motivation zu schaffen. Entstehende Konflikte müssen erkannt und Lösungswege in der Teamebene gefunden werden (Rolle als Konfliktmediator).
Geteilte Führung	• Komplexe Aufgaben sind nur in Arbeitsgruppen abbildbar. Diese Teams stellen an die Führung neue Herausforderungen. So sollen sich die Teammitglieder an den Führungsfunktionen beteiligen (teilautonome Gruppenarbeit). Dies erhöht Motivation, Zufriedenheit und Leistungsbereitschaft. Führung ist also nicht im Herrschaftsraum eines Vorgesetzten zentralisiert, sondern Führung ist auf alle Mitglieder der Arbeitsgruppe verteilt. Dabei spielt die „Fachführung" eine wesentliche Rolle. Führung rotiert entsprechend und ist damit „dezentral" unter Kollegen auf gleicher Ebene organisiert. Dennoch bleibt in jeder Organisation die Notwendigkeit bestehen, dass jemand die geteilte Führung begleitet, die neu entstandenen Führungsaufgaben der Gruppenmitglieder unterstützt, Informationsdefiziten entgegenwirkt und das kooperative Selbstmanagement fördert. Diese Rolle der Führung wird als Superleader bezeichnet[540], die sich von der klassischen Führung abgrenzt. Der Superleader ist mehr Ermöglicher, Moderator und Mediator als disziplinarischer Vorgesetzter. Er kümmert sich um die Grenzregulation der Arbeitsgruppe und verknüpft andere Organisationseinheiten mit der Gruppe.

Herausforderung	Erläuterung
	• Eine effektive Führung von Arbeitsgruppen ist maßgeblich für die Gruppenleistung[541)]. Die Partizipation gehört zu den Schlüsselvariablen der geteilten Führung. Wichtig ist, dass sich die Mitglieder mit dem Gruppenziel identifizieren können. Jedoch herrschen bisweilen starke Konflikte, gruppendynamische Erschwernisse oder spezifische Kontextbedingungen vor, die zur Abnahme der Gruppenzugehörigkeit (Kohäsion) führen, das gemeinsame Problemverständnis infrage stellen und sogar das Vertrauen schwächen. Ein weiterer Faktor ist der Reifegrad der Geführten. Das Ziel geteilter Führung ist, die Selbstwirksamkeit der Mitglieder und der Gruppe zu steigern.
Gesundes Führen	• Die Arbeitsverdichtung und der demografische Wandel offenbaren, dass Führung eine Fürsorgepflicht hat und dass Führung auch lernen muss, gesundheitsförderlich zu agieren[542)]. Führung und Gesundheit gehören zusammen. Studien zeigen, dass „schlechte Führung" einer der wichtigsten krankmachenden Faktoren in Organisationen ist[543)]. • Als Grundpfeiler gesunden Führens sind folgende Prinzipien zu beachten[544)]: Vertrauen und Toleranz, Fördern und Entwickeln sowie Zug statt Druck. Für den Erfolg ist entscheidend, dass Führungskräfte die kognitiv-emotionalen Faktoren im Miteinander verstehen und ihre Auswirkungen begreifen. Die emotionale Beeinflussung wird vom Konzept Neuroleadership aufgegriffen, indem Erkenntnisse der Neurowissenschaften auf die Personalführung im Sinne einer „gehirngerechten" Führung angewandt werden[545)]. • Zudem benötigt man psychologische Interventionsstrategien. Jedoch kann gesundes Führen keine ungesunden Arbeitsplätze (Arbeitsgestaltung, Ergonomie etc.) kompensieren. Gesundes Führen entfaltet ihre Wirkung in einer gesunden Arbeitswelt[546)].
Führen auf Distanz	• Mitarbeiter werden immer näher am Geschehen eingesetzt (Dezentralisierung). Die zunehmende Informatisierung bewirkt zudem eine Zunahme der Führung unter Beteiligung elektronischer Medien (E-Leadership)[547)]. Auch die Bereitschaft im öffentlichen Sektor, Telearbeit einzusetzen, erfordert ein verstärktes Führen aus der Distanz. • Der Erfolg einer Führung auf Distanz hängt davon ab, dass sich die Beteiligten als zusammengehörig betrachten. Führung fördert diese Zusammengehörigkeit auf Ziel-, Aufgaben- und Ergebnisebene. Ein partizipativer Führungsstil ist erfolgversprechend. Entscheidend ist hier auch das prozessorientierte Feedback. Es fördert nicht nur das virtuelle Team, sondern schafft auch eine gemeinsame Informationsbasis. Ferner sollte die Führungskraft die unterschiedlichen Rahmenbedingungen der Geführten verstehen und helfen, einen gemeinsamen Kontext der Geführten zu schaffen. Dabei sind Kommunikationsnormen wichtig. Ein weiterer Gestaltungsfaktor betrifft die

Herausforderung	Erläuterung
	Auswahl der Kommunikationsmedien. Wenn eine Situation unklar ist, muss das Kommunikationsmedium reichhaltig sein, also wechselwirkende Kommunikation unterstützen. Voraussetzung für E-Leadership ist ferner Medienkompetenz aller Beteiligten, die nicht nur technologisches Wissen, sondern auch das Wissen über die sozio-emotionalen Aspekte aufweist.
Vielfalt bewältigen	• Moderne Führung muss sich stärker denn je mit der Vielfalt (Diversity) befassen. Dazu gehören alters- und geschlechtsgemischte Teams, aber auch kulturelle Unterschiede durch Migration oder internationale Kooperationen. Diese Vielfalt schafft Überschneidungssituationen, in denen eine höhere Anpassungsleistung sowohl von Seiten der Führungskräfte als auch Geführten in der konstruktiven Zusammenarbeit erforderlich ist. • Die GLOBE-Studie (Global Leadership and Organizational Behavior Effectiveness Project) bietet eine Art Landkarte des Führungsverständnisses aus internationaler Sicht[548)]. Bislang sind mehr als 17.000 Führungskräfte aus fast 1.000 Organisationen in über 60 Kulturen erfasst. Sie zeigt, dass gerade der transformationale und teamorientierte Führungsstil breite Resonanz in interkulturellen Überschneidungssituationen erfährt (universelle Führungsmerkmale). Jedoch zeichnen sich auch Unterschiede zwischen den Ländern ab. So wird beispielsweise eine ausgeprägte Autonomieorientierung im Sinne von Individualismus und Unabhängigkeit nicht in allen Ländern als konstruktiv bewertet. Die deutsche Führungskultur ist vor allem durch eine hohe Aufgaben-, Leistungs- und Zukunftsorientierung sowie durch eine ausgeprägte Unsicherheitsvermeidung geprägt. Die Human- bzw. Sozialorientierung fällt vergleichsweise schwach aus.
Freiwillige motivieren	• Personal wird knapp, die Haushaltszwänge erschweren die Umsetzung wichtiger Maßnahmen. Bürgerschaftliches Engagement scheint eine Lösungsstrategie aus diesem Dilemma zu sein[549)]. Doch dieses Potenzial in seiner Vielfalt zu nutzen bedeutet auch, dass sich die Personalarbeit dieser Gruppe widmen sollte. In Bezug auf die Personalführung wird vor allem Motivation verlangt, denn Freiwilligenarbeit lebt von der Anerkennung und Wertschätzung. Da die Führungskultur im öffentlichen Sektor nicht gerade als Anerkennungskultur brilliert, ist Aufholbedarf vonnöten. • Das Freiwilligen-Management weist weitere führungsrelevante Faktoren auf, die eher im Bereich der Projektführung und lateralen Führung in Zusammenarbeit zwischen Angestellten und Freiwilligen stattfindet. So sind die Aufgabenentwicklung, Einarbeitung, Begleitung und Entwicklung, Konfliktregulierung, Leistungsbewertung und -rückmeldung sowie die Verabschiedung wichtige Führungsaufgaben[550)].

Herausforderung	Erläuterung
Integrität leben	• Führungskräfte sind im Alltag sowohl mit der eigenen Integrität als auch mit der Integrität ihrer Mitarbeiter konfrontiert. Damit ist nicht nur das Thema der Korruptionsprävention adressiert, sondern generell deviantes bzw. kontraproduktives Verhalten als Grenzsituationen des Führungshandelns (Diebstahl, Sabotage, Spionage, Bestechung oder sexuelle Belästigung, Mobbing oder andere Formen des antisozialen Verhaltens)[551]. • Dienstverpflichtungen, Dienstvereinbarungen, Richtlinien oder Anweisungen sind eine typische Antwort auf das Problem, aber diese Instrumente lassen letztendlich die Führungskraft in der Bewältigung alleine. Mehrere Aspekte sind hier zu verorten: a) die eigene Integrität, b) das Ansprechen von devianten Verhalten bei Mitarbeitern und c) der Umgang mit deviantem Verhalten. • Die Führungskräfteentwicklung fokussiert daher sowohl auf die Sensibilisierung der Führungskräfte für das eigene Risiko, in integritätsfordernden Situationen zu versagen, als auch auf den angemessenen Umgang mit Mitarbeitern, die kontraproduktives, deviantes oder korruptes Verhalten aufzeigen. Hier können Supervisions-, Mentoring oder Coaching-Ansätze verwendet werden. Als größtes Problem kristallisiert sich hier das Vermeidungsverhalten als passive Strategie heraus.

8. Personalfreistellung

8.1 Grundlagen der Personalfreistellung

Die Personalfreistellung umfasst alle Maßnahmen, mit denen personelle Überkapazitäten in qualitativer, quantitativer, örtlicher und zeitlicher Hinsicht vermieden bzw. abgebaut werden sollen[552]. Die personellen Überkapazitäten ergeben sich dabei aus einem Vergleich zwischen Stellenbedarf und Personalbestand zu einem bestimmten Zeitpunkt (vgl. Abschnitt 3.1). Neben der Bezeichnung Personalfreistellung sind auch die Begriffe Personalfreisetzung, Personalanpassung und Personalabbau üblich; sie werden überwiegend synonym verwendet[553].

Die für das Personalmanagement kennzeichnende Dualität von institutionellen und individuellen Zielen wurde bereits in Abschnitt 1.1 beschrieben. Danach ist es von Relevanz, sowohl dem Ziel der Behörde nachzukommen als auch die Ressource Personal wirtschaftlich einzusetzen und die Bedürfnisse und Interessen der Beschäftigten als wichtigstes Kapital eines Unternehmens bzw. einer Behörde zu berücksichtigen. Bezogen auf die Personalfreistellung kann daher als Zielsetzung die hinreichende Reduzierung eines Personalüberhangs bei gleichzeitiger Minimierung der negativen Folgen für die Beschäftigten und die Behörde formuliert werden[554].

Die Beseitigung eines Personalüberhangs ist weder in der Privatwirtschaft noch im öffentlichen Sektor zwangsläufig mit der Kündigung von Arbeitsverhältnissen gleichzusetzen. Die Kündigung stellt nur eine Möglichkeit unterschiedlichster personalwirtschaftlicher Instrumente dar. Im öffentlichen Sektor ist eine Kündigung eher die Ausnahme. Weitgehende arbeitsrechtliche bzw. beamtenrechtliche Vorschriften bieten den Beschäftigten Schutz vor Entlassung. Die Arbeitgebermarke des öffentlichen Dienstes wird demzufolge primär als sicher und zuverlässig eingestuft[555]. Grundsätzlich ist zudem jeder Arbeitgeber verpflichtet, alle zumutbaren und geeigneten Maßnahmen zu ergreifen, die im Rahmen der betrieblichen Interessen helfen, eine Kündigung zu vermeiden (sog. Verhältnismäßigkeitsgrundsatz)[556]. Das Landespersonalvertretungsgesetz gesteht darüber hinaus den Personalvertretungen bei Freistellungsmaßnahmen umfassende Beteiligungsrechte zur Interessenwahrung der Beschäftigten zu (vgl. § 64 und §§ 72 bis 77 Landespersonalvertretungsgesetz [LPVG] NRW).

Welche Personalfreistellungsmaßnahmen getroffen werden können, richtet sich danach, ob die gegenläufige Entwicklung von Stellenbedarf und Personalbestand frühzeitig erkannt wird[557]. Ist dies nicht der Fall und der Personalüberhang ist bereits eingetreten, kann nur noch eine reaktive Personalfreistellung vollzogen werden. Die Zahl der Freistellungsinstrumente ist begrenzt. Beispielhafte Maßnahmen der reaktiven Personalfreistellung sind neben betriebsbedingten Kündigungen der Abbau von Mehrarbeit, Arbeitszeitverkürzungen oder die sofortige Anordnung eines Einstellungsstopps[558]. Im Rahmen der **antizipativen Personalfreistellung** werden Personalüberhänge frühzeitig prognostiziert. Es besteht daher die Möglichkeit, durch geeignete Strategien gegenzusteuern und Personalüberhänge möglichst zu vermeiden oder zumindest zu reduzieren. Da die Auseinandersetzung mit der Personalfreistellung vor dem Auftreten personeller Überkapazitäten erfolgt, ist die Zahl der Handlungsalternativen deutlich höher als bei einer reaktiven Personalfreistellung. Neben den bereits genannten Maßnahmen kommen auch „weiche" Handlungsalternativen in Betracht[559], z. B. das Nutzen natürlicher Fluktuation verbunden mit einem Einstellungsstopp oder einer verzögerten Wiederbesetzung von Stellen (Wiederbesetzungssperre), das Nichtverlängern von Zeitverträgen oder das Schaffen von Teilzeitstellen. Überlegungen zur Personalfreistellung münden in die Personalbedarfsplanung ein (vgl. Abschnitt 3.1). Die einzelnen Phasen der antizipativen Personalfreistellung sind in der folgenden Übersicht veranschaulicht (siehe Abbildung 8-1)[560].

Abb. 8-1: Phasen der Personalfreistellung

Analyse	Maßnahmenentwicklung	Vorbereitung und Durchführung der Maßnahmen	Kontrolle
- Identifizierung betriebs- und mitarbeiterbedingter Ursachen - Ermittlung des bestehenden oder Prognose eines künftigen Personalüberhangs (quantitativ und qualitativ)	Suche, Bewertung und Auswahl von Maßnahmen zur Vermeidung von Personalfreistellung und/oder zur Personalfreistellung (intern und extern)	- Beteiligung der Mitarbeitervertretungen (z. B. Personalrat, Gleichstellungsstelle) - Einbeziehung der betroffenen Beschäftigten einschl. der Führungskräfte - ggf. Information nicht betroffener Beschäftigter und der Politik - Angebot von Anreizen (z. B. Job Enrichment, Vorruhestand)	Kontrolle und Bewertung des Planungsprozesses und der Umsetzungserfolge

8.2 Ursachen der Personalfreistellung

Die Möglichkeiten, personelle Überkapazitäten abzubauen bzw. zu vermeiden, sind umso zahlreicher, je sorgfältiger man sich mit ihren Ursachen auseinandersetzt und je früher Maßnahmen ergriffen werden. In Abbildung 8-2 sind wesentliche Ereignisse, die im öffentlichen Sektor zur Personalfreistellung führen können, im Überblick dargestellt[561]. Unterschieden wird dabei – in Anlehnung an das Kündigungsschutzgesetz – zwischen Ursachen, die betriebsbedingt auftreten, und solchen, die mitarbeiterbedingt sind.

Abb. 8-2: Ursachen der Personalfreistellung

Ursachen der Personalfreistellung				
Betriebsbedingt		**Mitarbeiterbedingt**		
Interne Ursachen	**Externe Ursachen**	**Leistungs-bedingt**	**Anforderungs-bedingt**	**Verhaltens-bedingt**
• Änderungen von Prozessen u. Strukturen, Reorganisationen • Interkommunale Kooperation, Outsourcing • Einsatz bzw. Weiterentwicklung von Informations- und Kommunikationstechnik	• Wegfall von Aufgaben durch Gesetzgebung und politische Beschlüsse • Veränderte Bürgerbedarfe • Rückgang von Einwohnerzahlen • Finanzielle Restriktionen	• Nachlassende, mangelnde Arbeitsleistungen, z. B. aufgrund der gesundheitlichen Konstitution	• Erhöhte Arbeitsanforderungen (qualitativ und quantitativ), z. B. notwendig gewordene Zusatzqualifikation fehlt	• Störungen in der Leistungserbringung bzw. im sozialen Umgang mit Kollegen oder Führungskräften, z. B. mangelnde Leistungsbereitschaft, unentschuldigtes Fehlen, strafrechtlich relevante Tatbestände

8.2.1 Betriebsbedingte Personalfreistellung

Bei der betriebsbedingten Personalfreistellung wird zwischen internen und externen Ursachen differenziert. Erstere gehören vorwiegend zu den von der Behörde geplanten, letztere zu den ungeplanten Ursachen[562)].

Interne Ursachen: Änderungen von einzelnen Prozessen und Strukturen bis hin zu einer umfassenden sowie systematisch geplanten und durchgeführten Änderung der Aufbau- und Ablauforganisation (Reorganisation) haben i. d. R. Auswirkungen auf den Personalkörper. Beispielsweise hat eine Zusammenlegung von Ämtern grundsätzlich den Abbau von Führungspersonal zur Folge. Organisationsveränderungen bedingen eine neue Zuordnung von Aufgaben, Menschen und Sachmitteln. Vor dem Hintergrund einer angespannten Haushaltssituation besteht zudem für viele Behörden ein vermehrter Druck, Produkte und Dienstleistungen, die keinen direkten Beitrag zum Kerngeschäft leisten, auszulagern. In der Folge werden Aufgaben auf verwaltungsexterne Dritte übertragen (Outsourcing). Auch interkommunale Kooperationen zur gemeinsamen Erbringung von öffentlichen Leistungen (z. B. Gemeinsame Kommunale Datenzentralen) sollen zur Entlastung des Haushalts beitragen. Zudem führen neue Informations- und Kommunikationstechniken dazu, Bearbeitungsprozesse zügiger und effizienter durchzuführen. Demzufolge wird auch hier weniger Personal benötigt.

Externe Ursachen: Bedingt durch stetige Veränderungen in der Gesellschaft (Wertewandel und demografischer Wandel), in der Wirtschaft (Globalisierung und Marktdynamik) und in der technologischen Entwicklung[563)] sind Organisationen des öffentlichen Sektors ständig von Veränderungen betroffen, die von außen an die Organisation herangetragen werden und Auswirkungen auf den Personalbedarf haben können. Beispielsweise fallen durch Gesetzgebung und politische Beschlüsse Aufgaben weg. Auf kommunaler

Ebene betrifft der Wegfall von Aufgaben durch Ratsbeschluss insbesondere freiwillige Aufgaben, z. B. im Kulturbereich. Weiterhin zählt zu den externen Ursachen ein verändertes Nutzungsverhalten der Bürger. Die Nachfrage nach bestimmten Angeboten wie Bibliotheken oder Musikschulen sinkt häufig, z. T. auch bedingt durch sinkende Einwohnerzahlen. Zudem gehören vor dem Hintergrund der fortschreitenden Verschuldung öffentlicher Haushalte für die meisten Behörden gezielte Sparanstrengungen – neben Maßnahmen zur Einnahmeverbesserung – zum haushaltspolitischen Alltagsgeschäft. Die im Jahre 2012 im Grundgesetz für Bund und Länder verankerte Schuldenbremse (Artikel 109 Abs. 3 Satz 1 des Grundgesetzes) wird diese Tendenz eher verstärken[XXI]). Der kostenintensive Personalsektor wird folglich bei Sparbemühungen stets einbezogen; die folgenden Beispiele sollen dies verdeutlichen:

Der Anteil der Personalkosten an den Gesamtausgaben des Haushalts macht im Land NRW 43,5 Prozent aus. Deshalb könne bei Sparmaßnahmen „...dieser Bereich bei einer umfassenden Überprüfung nicht ausgeklammert werden“[564]). Nordrhein-Westfalen hat sich dabei für eine sozial gestaffelte Umsetzung des Tarifabschlusses entschieden. So nehmen die Besoldungsgruppen ab A13 für 2013 und 2014 nicht an der Tarifanpassung teil. Auch andere Bundesländer setzen auf Kürzungen des Personalbudgets und setzen unterschiedliche Maßnahmen um:

- Baden-Württemberg hat den Abbau von über 11.000 Stellen angekündigt.
- Bayern will bis 2019 insgesamt 9.000 Stellen einsparen.
- Hessen beabsichtigt, allein in der allgemeinen Verwaltung 1.200 Stellen abzubauen.
- Im Saarland soll in der Landesverwaltung jede 3. Stelle eingespart werden, in Sachen-Anhalt soll es jede 5. Stelle sein, die wegfällt.
- Rheinland-Pfalz hat beschlossen, die Besoldungs- und Versorgungserhöhungen für fünf Jahre auf jeweils ein Prozent zu begrenzen.
- Hamburg hat das Weihnachtsgeld für Versorgungsempfänger gekürzt[565]).

8.2.2 Mitarbeiterbedingte Personalfreistellung

Mitarbeiterbedingte Auslöser für Personalfreistellungen unterscheiden sich nach leistungsbedingten, anforderungsbedingten und verhaltensbedingten Ursachen[566]). *Leistungs- und anforderungsbedingte Ursachen* liegen vor, wenn jemand aus Gründen, die in der eigenen Person liegen, für eine bestimmte Tätigkeit ungeeignet erscheint, ohne dass dieser die Situation verschuldet hat[567]). Dabei ist das Unvermögen leistungsbedingt, wenn die Arbeitsleistung z. B. aufgrund der gesundheitlichen Konstitution oder einem eng begrenzten

XXI) Die Schuldenbremse besagt, dass die Haushalte von Bund und Ländern grundsätzlich ohne Einnahmen aus Krediten auszugleichen sind.

Auffassungsvermögen nicht gegeben ist oder nachlässt. Bei anforderungsbedingten Ursachen können gestiegene Arbeitsanforderungen (qualitativ oder quantitativ) die Ursache für Personalfreistellungsmaßnahmen sein. Beispielsweise fehlen notwendig gewordene (Zusatz-)Qualifikationen. Nach einem neuen Stellenzuschnitt und der sich anschließenden Stellenbewertung wird etwa festgestellt, dass die Stelle nicht wie bisher im mittleren, sondern im gehobenen Dienst anzusiedeln ist. *Verhaltensbedingte Personalfreistellungen* liegen im willentlichen Verhalten des Beschäftigten begründet[568]. Sie sind gerechtfertigt bei Störungen in der Leistungserbringung bzw. im sozialen Umgang mit Kollegen oder Führungskräften. Die Gründe können vielfältig sein, z. B. mangelnde Leistungsbereitschaft, Unpünktlichkeit, unentschuldigtes Fehlen, unbefugtes Verlassen des Arbeitsplatzes, Störungen des Betriebsfriedens oder des Betriebsablaufs, strafrechtlich relevante Tatbestände. In welchem Maße mitarbeiterbedingte Gründe arbeits- bzw. beamtenrechtlich bedeutsam sind, muss einzelfallbezogen beurteilt werden. „So kann Alkoholmissbrauch bei Kraftfahrern einen Kündigungsgrund darstellen, während ärztlich attestierter Alkoholismus nach herrschender Rechtsauffassung eine Krankheit ist, die keine Personalfreisetzung rechtfertigt“[569].

8.3 Maßnahmen der Personalfreistellung

Sowohl in der Privatwirtschaft als auch im öffentlichen Sektor kann man auf eine große Bandbreite von Personalfreistellungsmaßnahmen zurückgreifen, die das Ziel haben, einen personellen Überhang zu vermeiden bzw. nach dem Entstehen zu beseitigen. Grundsätzlich differenziert man in interne und externe Personalfreistellungen. Wesentliche Maßnahmen sind in Abbildung 8-3 veranschaulicht. Je früher Überkapazitäten feststellt werden, umso größer ist die Zahl realisierbarer Handlungsalternativen.

Abb. 8-3: Maßnahmen der Personalfreistellung

Maßnahmen der Personalfreistellung		
Zeitliche Anpassung	• Abbau von Mehrarbeit bzw. Überstunden und Urlaub • Unbezahlter Urlaub • Arbeitszeitverkürzung • Schaffen von Teilzeitstellen	INTERNE FREISTELLUNG
Örtliche Anpassung	• Versetzung • Umsetzung • Bilden eines Personalpools	
Qualitative Anpassung	• Anpassungs- und Aufstiegsfortbildung • Umschulung • Job Enrichment • Karriereplanung	
Quantitative Anpassung	• Nicht-Verlängerung befristeter Verträge oder von Personalleasingverträgen • Einstellungsstopp, Ausnutzen von Fluktuation • Vorruhestand, Altersteilzeit • Interne Personalvermittlung • Aufhebungsvertrag • Outplacement • Kündigung	EXTERNE FREISTELLUNG

8.3.1 Interne Personalfreistellung

Bei der internen Personalfreistellung werden Personalüberhänge durch die Veränderung bestehender Arbeitsverhältnisse abgebaut, ohne dass eine Reduzierung des Personalbestandes erfolgt. Die interne Personalfreistellung entspricht daher eher den Interessen der Beschäftigten. Man unterscheidet dabei zeitliche, örtliche und qualitative Anpassungen[570)].

Zeitliche Anpassung: Im Hinblick auf die zeitliche Anpassung sind insbesondere Vereinbarungen zur Arbeitszeitflexibilisierung und Arbeitszeitverkürzung von Relevanz. Hierbei handelt es sich beispielsweise um den Abbau von Mehrarbeit bzw. Überstunden[XXII)] und Urlaub, das Gewähren von unbezahltem Urlaub, persönliche Arbeitszeitverkürzungen und die stellenplanmäßige Umwandlung von Vollzeitstellen in Teilzeitstellen. Den Abbau von Mehrarbeit bzw. Überstunden sowie Urlaub ausgenommen, besteht die Problematik der genannten Anpassungsmaßnahmen häufig darin, dass die Bereitschaft der Beschäftigten zur Umsetzung der Maßnahme und auf Einkommensverzicht gegeben sein muss. Zudem sind die organisatorischen Rahmenbedingungen des betroffenen Bereiches von Bedeutung, d. h., die Maßnahme muss zu den organisatorischen Abläufen und zum Dienstbetrieb passen.

Örtliche Anpassungen dienen einem Kapazitätsausgleich innerhalb der Behörde[571)]. Soll ein Personalüberhang abgebaut werden, stellt die Umsetzung von Beschäftigten in eine andere Planstelle innerhalb der Behörde eine geeignete Lösung dar. Für die Umsetzung eines Beamten muss gewährleistet sein, dass der Aufgabenbereich des neuen Dienstpostens dem abstrakten Aufgabenbereich des statusrechtlichen Amtes entspricht. Dies bedeutet, dass die Beschäftigung des betreffenden Beamten amtsangemessen sein muss. Die Umsetzung ist mit der Versetzung[XXIII)] von tariflich Beschäftigten nach § 4 Abs. 1 TVöD vergleichbar. Auch für Tarifbeschäftigte gilt im Falle der Übertragung eines neuen Aufgabenbereichs das bestehende Arbeitsverhältnis fort. Die Übertragung einer neuen Stelle auf gleicher Hierarchieebene wird auch als horizontale Umsetzung bzw. horizontale Versetzung bezeichnet. Da bei dieser Maßnahme die neue Stelle von den qualitativen Anforderungen her in etwa mit der bisherigen Stelle vergleichbar ist, sind weder umfassende Qualifizierungsmaßnahmen noch Eingriffe in den erreichten Status des Beschäftigten erforderlich[572)]. Von der neuen Aufgabenzuweisung auf horizontaler Ebene ist die vertikale Umsetzung bzw. Versetzung abzugrenzen. Bei dieser Form der Aufgabenübertragung ist der neue Tätigkeitsbereich im Vergleich zur bisherigen Beschäftigung geringer- oder höherwertig. Die

XXII) Ausführungen zu den Begrifflichkeiten von Mehrarbeit bzw. Überstunden sind für tariflich Beschäftigte in § 7 Abs. 6 und 7 TVöD und für Beamte in § 88 Bundesbeamtengesetz (BBG) zu finden. Vergleichbare Regelungen gibt es auch in den Landesbeamtengesetzen.

XXIII) Die Versetzung von Tarifbeschäftigten nach § 4 Abs. 1 TVöD ist abzugrenzen von der Versetzung eines Beamten nach § 15 Beamtenstatusgesetz (BeamtStG). Die beamtenrechtliche Versetzung ist die Übertragung eines neuen Aufgabenbereiches bei einer anderen Behörde; sie ist somit den quantitativen Anpassungen zuzuordnen.

Zuweisung geringer wertiger Stellen ist in der öffentlichen Verwaltung nicht ohne Weiteres möglich; sie kann beispielsweise als Disziplinarmaßnahme angemessen sein. Zu erwähnen ist in diesem Zusammenhang, dass eine Umsetzung bzw. Versetzung von vielen Beschäftigten als massiver Eingriff empfunden wird, auch wenn sie weder Einkommenseinbußen noch einen Arbeitsplatzverlust oder einen Behördenwechsel nach sich zieht. „Mit dem Verlust der Arbeit entsteht bei den Mitarbeitern die Befürchtung, neuen Anforderungen nicht gewachsen zu sein, Neues nicht lernen zu können, in der neuen Umgebung zu versagen"[573]. Es ist daher wichtig, die Betroffenen soweit als möglich in Informations- und Entscheidungsprozesse über ihre berufliche Zukunft einzubeziehen und den Umsetzungsprozess von zentraler Stelle zu begleiten. Treten zeitliche Divergenzen zwischen der Personalfreistellung und einer neuen Verwendungsmöglichkeit für den Mitarbeiter auf, erscheint die Einrichtung eines Personalpools zweckmäßig. Dem Personalpool (syn. Stellenpool) einer Behörde des öffentlichen Sektors gehören diejenigen Beschäftigten an, deren Stellen wegfallen sollen, zum Beispiel, weil sie im Stellenplan mit einem kw-Vermerk (künftig wegfallend) versehen sind. In diesen Fällen ist es Aufgabe des Personalbereichs, eine adäquate Verwendung für den betroffenen Personenkreis zu finden[574].

Qualitative Anpassungen erfolgen üblicherweise, wenn die bisherige Tätigkeit eines Mitarbeiters entfällt und die Übernahme einer anders qualifizierten Stelle geplant ist[575]. Ein Beispiel ist der Wechsel eines Beschäftigten aus der Laufbahn des Sozial- und Erziehungsdienstes in die Laufbahn des Allgemeinen Verwaltungsdienstes. Durch Maßnahmen der Personalentwicklung kann dem Beschäftigten die weitere Verwendung in der Behörde bzw. im Unternehmen ermöglicht werden. Im Rahmen der qualitativen Anpassung kommen insbesondere Maßnahmen der Anpassungs- und Aufstiegsfortbildung sowie Umschulungen, weiterhin auch Maßnahmen der Arbeitsstrukturierung (insb. Job Enrichment) und der Personalförderung (z. B. Karriereplanung) in Betracht. Ausführliche Erläuterungen zu diesen Instrumenten sind in Abschnitt 5.2 zu finden. Werden Personalentwicklungsmaßnahmen antizipativ oder prozessbegleitend durchgeführt, kann die (Stamm-)Belegschaft rechtzeitig für künftige Aufgaben qualifiziert werden und die Zahl der Verwendungsmöglichkeiten erhöht sich.

8.3.2 Externe Personalfreistellung

Die externe Personalfreistellung umfasst Maßnahmen, die reduzierenden Einfluss auf den Personalbestand haben[576]. Es handelt sich demnach um eine *quantitative Anpassung* des Personalbestandes. Folgende Maßnahmen lassen sich im Wesentlichen unterscheiden:

- Ein befristeter Arbeitsvertrag liegt vor, wenn das Arbeitsverhältnis durch Zeitablauf endet. Die Möglichkeit, durch eine **Nicht-Verlängerung von befristeten Arbeitsverträgen** den Abbau von Personalüberhängen zu bewirken, ist aufgrund der restriktiven Rechtslage begrenzt[577]. Eine Befristung ist beispielsweise möglich bei Vertretungen wegen Erziehungszeiten oder Krankheit und nur wirksam, wenn sie aufgrund eines Gesetzes zulässig ist (z. B. Teilzeit- und Befristungsgesetz – TzBfG).

- Personalleasing bezeichnet die Überlassung von Arbeitnehmern (sog. Leiharbeiter, Zeitarbeiter) durch ihren Arbeitgeber (Verleiher) zur Arbeitsleistung an Dritte (Entleiher)[578)]. Personalleasing trägt z. B. dazu bei, arbeitsbedingte Belastungsspitzen zu kompensieren[579)]. Die **Nicht-Verlängerung von Personalleasingverträgen** bedeutet für den geleasten Arbeitnehmer keine Entlassung, da er mit dem Leasing-Geber einen Arbeitsvertrag abgeschlossen hat[580)].

- **Einstellungsstopps** zielen darauf ab, den Personalüberhang durch Fluktuation abzubauen[581)]. Der Begriff *Fluktuation* bezeichnet den Personalwechsel in einer Behörde oder einem Unternehmen (Ausscheiden und Eintritt von Arbeitnehmern)[582)]. Beispiele sind das Erreichen des Pensions- bzw. Rentenalters, krankheitsbedingtes Ausscheiden, Tod oder die Beendigung des Beschäftigungsverhältnisses aufgrund einer Kündigung durch den Mitarbeiter. Natürliche Fluktuation verbunden mit einem Einstellungsstopp kann die Personalanpassung erleichtern und andere Maßnahmen der Personalfreistellung (v. a. betriebsbedingte Kündigungen) vermeiden helfen.

- **Vorruhestandsregelungen** sind für Beschäftigte i. d. R. nur von Interesse, wenn sie nicht mit wesentlichen Einkommenseinbußen verbunden sind. *Altersteilzeit* kommt ausschließlich für Beschäftigte in Betracht, die zum Zeitpunkt des Beginns der Altersteilzeit das 55. Lebensjahr bereits vollendet haben. Sowohl der Arbeitgeber als auch der Arbeitnehmer können frei entscheiden, ob sie der Altersteilzeitarbeit zustimmen wollen. Dabei sind grundsätzlich folgende Modelle möglich: das Teilzeitmodell (im gesamten Zeitraum vom Beginn der Altersteilzeit bis zur Renten- bzw. Pensionsgewährung erfolgt eine 50-prozentige Teilzeitbeschäftigung) oder das Blockmodell (in der ersten Hälfte des Zeitraums ist eine Vollzeitbeschäftigung gegeben, während der Beschäftigte in der zweiten Hälfte von der Arbeitsleistung freigestellt wird)[583)].

- **Interne Personalvermittlungen** sind entweder eigene Organisationseinheiten im Betrieb oder werden durch einen externen Dienstleister betrieben. Beschäftigte, die nicht mehr im Betrieb benötigt werden, gehen in diese Organisationseinheit über, deren Aufgabe darin besteht, die Mitarbeiter und Führungskräfte bei der Suche nach einer neuen Tätigkeit zu unterstützen und erforderliche Qualifizierungen durchzuführen (siehe Abschnitt 3.2).

- **Aufhebungsverträge** beenden das Beschäftigungsverhältnis in gegenseitigem Einvernehmen. Sie sind i. d. R. mit der Zahlung einer Abfindung verbunden. Nachteilig für den Arbeitgeber ist, dass zumeist sehr qualifizierte Beschäftigte, die relativ kurzfristig eine Beschäftigung bei einem neuen Arbeitgeber finden, dieses Angebot annehmen[584)].

- **Outplacement** bezeichnet eine Unterstützungs- und Beratungsleistung für ausscheidende Mitarbeiter und Führungskräfte zur beruflichen Neuorientierung, die vom Arbeitgeber finanziert wird und eine andere Verwendung am Arbeitsmarkt zum Ziel hat[585)]. Das Outplacement ist ein Instrument der Personalfreistellung, wird in der Literatur aber häufig als Personalfördermaßnahme bezeichnet[586)]. Hintergrund ist, dass es beim Outplacement insbesondere darum geht, die Methoden- und Sozialkompetenz zu stärken, um die betroffenen Beschäftigten für Bewerbungssituationen fit zu machen und Hilfestellungen bei der Übernahme einer neuen Tätigkeit zu geben[587)]. Ziel von Outplacement ist es, eine berufliche Trennung so zu gestalten, dass negative Effekte sowohl für den Arbeitgeber als auch für die Betroffenen reduziert werden[588)]. Das Outplacement ist Bestandteil eines ganzheitlichen Trennungsmanagements[589)].

- Die von ihrer gesetzlichen Regelung her bedeutsamste Maßnahme der quantitativen Personalfreistellung stellt die **Kündigung** (synonym Entlassung) dar, die vor dem Hintergrund der negativen Folgen für die betroffenen Beschäftigten, aber auch für die verbleibenden Mitarbeiter sowie den Arbeitgeber grundsätzlich erst dann ergriffen wird, wenn sich die bereits erläuterten Maßnahmen als unzureichend erweisen[590)]. Regelungen hierzu sind insbesondere in § 626 des Bürgerlichen Gesetzbuches (BGB) sowie im Kündigungsschutzgesetz (KSchG) und zusätzlich für tariflich Beschäftigte des öffentlichen Dienstes in § 34 TVöD getroffen. Die Beteiligungsrechte der Personalvertretung sind sehr weitgehend und im Landespersonalvertretungsgesetz (LPVG) geregelt (vgl. hierzu Abschnitt 8.1). Bestimmte Arbeitnehmergruppen genießen einen besonderen Kündigungsschutz (z. B. Personalratsmitglieder, Schwerbehinderte, Schwangere). Nach § 1 Abs. 1 und 2 KSchG bedarf die Kündigung nach einer ununterbrochenen Beschäftigungsdauer von sechs Monaten in demselben Betrieb oder Unternehmen einer besonderen sozialen Rechtfertigung. Der sozial gerechtfertigten Kündigung müssen personen-, verhaltens- oder betriebsbedingte Ursachen zugrunde liegen (vgl. hierzu die Ausführungen zu den mitarbeiterbezogenen Ursachen der Personalfreistellung). Eine außerordentliche Kündigung ist gem. § 626 Abs. 1 BGB nur aus wichtigem Grund möglich. Dies ist der Fall, wenn dem Arbeitgeber nicht zuzumuten ist, den Arbeitnehmer bis zum Ablauf der Kündigungsfrist, die im Rahmen einer ordentlichen Kündigung zu beachten ist, weiterzubeschäftigen. Voraussetzung ist ein massiver Vertrauensbruch (z. B. Straftaten gegen den Arbeitgeber, Korruption)[591)].

Im öffentlichen Sektor ist zur Personalfreistellung primär die interne Veränderung von Beschäftigungsverhältnissen mit zeitlichen, örtlichen oder qualitativen Anpassungen praxisrelevant. Ein Beispiel hierfür stellt die Bundesverwaltung dar, die insbesondere Maßnahmen zur längerfristigen Personalfreistellung umsetzt. So hat sie die Förderung von Teilzeitbeschäftigung und Beurlaubung zum personalpolitischen Grundsatz erhoben:

„Teilzeitbeschäftigung ist ein aktiver Beitrag zu einer zukunftsgerichteten Personalpolitik in der Bundesverwaltung...Denn auch die Beschäftigung mit reduzierter Arbeitszeit führt erfahrungsgemäß zu langfristiger Identifikation mit der ausgeübten Tätigkeit und zu geringerer Fluktuation des Personals...Beurlaubungen unterstützen Beschäftigte in der Familienarbeit. Solchen Freistellungen können jedoch auch andere Motive zugrunde liegen – zum Beispiel der Wunsch, sich für eine begrenzte Dauer ehrenamtlich zu engagieren...Der Bund als Beschäftigungsgeber wird während der Freistellung haushaltsmäßig entlastet, denn die Beschäftigten erhalten in diesem Zeitraum keine Besoldung beziehungsweise kein Entgelt...-Beurlaubungen als Angebot an die Beschäftigten können zu einer stärkeren Bindung der Mitarbeiterinnen und Mitarbeiter an den öffentlichen Dienst des Bundes führen. Bei der Nachwuchsgewinnung sind sie ein Pluspunkt im Wettbewerb mit der Privatwirtschaft um die fähigsten Arbeitskräfte"[592].

Privatwirtschaftliche Unternehmen setzen zur Überwindung von Auftragsflauten und zur Sicherung der Wettbewerbsfähigkeit eher personalwirtschaftliche Instrumente ein, die ihnen ein möglichst hohes Maß an Flexibilität gewährleisten. Üblich sind zum einen interne Freistellungen wie etwa Zeitkonten, aber auch Maßnahmen, die eine externe Freistellung ermöglichen, wie die Beschäftigung einer „Randbelegschaft":

„Viele Unternehmen in Deutschland haben in den vergangenen Jahren...neben der Kernbelegschaft eine flexible Randbelegschaft aus Zeitarbeitern und befristet Beschäftigten aufgebaut. Das hat aus betriebswirtschaftlicher Sicht klare Vorteile: In Zeiten guter Konjunktur wird auf die Randbelegschaften zurückgegriffen, um die gute Auftragslage zu bewältigen. In Phasen des wirtschaftlichen Abschwungs kann sich das Unternehmen relativ schnell von diesen Beschäftigten trennen. Die Randbelegschaft funktioniert damit als Puffer gegen konjunkturelle Schwankungen und trägt dazu bei, den Bestandsschutz der Beschäftigten der Kernbelegschaft zu gewährleisten"[593].

9. Organisation des Personalmanagements

9.1 Aufgaben, Träger und Kunden des Personalmanagements

Das Personalmanagement befasst sich mit der Gesamtheit der mitarbeiterbezogenen Gestaltungs- und Verwaltungsaufgaben in einer Organisation, vom Personalzugang über Personalveränderungen bis zum Personalabgang[594)]. Bei der Aufgabenwahrnehmung sind gesetzliche und tarifvertragliche Regelungen, politische Beschlüsse (etwa eines Kreistages oder eines Stadtrates), Dienstvereinbarungen und die Arbeitsverträge der Mitarbeiter zu beachten.

Die Aufgaben des Personalmanagements finden sich in den zuvor beschriebenen Handlungsfeldern wieder. Sie werden an dieser Stelle mit relevanten Einzelaktivitäten abgebildet:

Abb. 9-1: Aufgaben des Personalmanagements

Handlungsfelder des Personalmanagements	Beispiele für Einzelaktivitäten
Personalpolitik	• Personalpolitische Grundsätze festlegen (z. B. Verwaltungsleitbild) • Richtlinien erstellen, Dienstvereinbarungen vorbereiten (z. B. für leistungsorientierte Bezahlung, Beurteilungen) • Ausgleich zwischen unterschiedlichen Interessengruppen herbeiführen (z. B. Dienstherr/Personalvertretung/Gleichstellungsbeauftragte)
Personalbeschaffung	• Stellenplan aufstellen • Personalbedarf ermitteln • Werbekampagnen in Auftrag geben • Auswahlverfahren durchführen • Arbeitsverträge abschließen
Personaleinsatz	• Arbeitszeiten flexibilisieren • Alternative Arbeitsorte schaffen • Rechtliche Rahmenbedingungen beachten • Anforderungen bestimmter Arbeitnehmergruppen berücksichtigen • Kurzfristig und langfristig Bedarfsdeckung gewährleisten • Belastungsspitzen abbauen (Überstunden, Mehrarbeit etc.)

Handlungsfelder des Personalmanagements	Beispiele für Einzelaktivitäten
Personalentwicklung	• Personalentwicklungskonzepte für die Gesamtverwaltung erstellen • Personalentwicklungsbedarfe ermitteln • Auszubildende und Teilnehmer von Weiterbildungsmaßnahmen betreuen • Fortbildungskonzepte für bestimmte Personengruppen entwickeln (z. B. Führungskräfte) • Fördermaßnahmen veranlassen bzw. durchführen (z. B. Coaching, Mentoring, Fördergespräche) • Personalentwicklungsmaßnahmen bewerten (z. B. Seminare)
Personalentlohnung	• Gehälter und Versorgungsbezüge berechnen und auszahlen • Beihilfen berechnen und auszahlen • Kindergeld festsetzen und auszahlen
Personalführung	• Mitarbeiter und Führungskräfte beraten, auch in besonderen beruflichen Situationen • Beschäftigte in Entscheidungsprozesse einbinden • Beschäftigte anleiten und kontrollieren • Beurteilungen durchführen • Kritikgespräche durchführen • Führungsqualität messen und entwickeln • Konzepte zur „Gesunden Führung" entwickeln und Maßnahmen umsetzen
Personalfreistellung	• Arbeits- und Dienstzeugnisse sowie Urkunden über die Versetzung in den Ruhestand erstellen • Altersteilzeit regeln • Kündigungen aussprechen • Den Arbeitgeber vor dem Arbeitsgericht vertreten
Organisation des Personalmanagements	• Personalakten führen • Arbeitsprozesse im Personalmanagement gestalten • Aufgabenbereiche von Personalsachbearbeitern festlegen
Personalcontrolling	• Personalkosten ermitteln • Personalrisiken bestimmen • Fehlzeiten abbilden • Personalberichte verfassen • Effizienz und Effektivität von Personalarbeit bestimmen

Nicht jede Personalaufgabe wird zentral als Querschnittsaufgabe von einer eigenen organisatorischen Einheit (z. B. Personalamt, Personalabteilung bzw. Personalreferat) wahrgenommen. Da die dezentrale Ressourcenverantwortung auch die Verantwortung für das Personal umfasst, werden den Führungskräften der Fachverwaltungen (z. B. Fachämter, Fachbereiche) zahlreiche Kompetenzen mit Blick auf das Personal zugeordnet. Beratend und unterstützend wirken das Rechtsamt und sonstige betriebliche Stellen wie der betriebsärztliche Dienst mit. Von den Mitarbeitervertretungen (z. B. Personalrat, Gleichstellungsstelle) werden die Interessen der Mitarbeiter überwacht und gemäß der rechtlichen Vorgaben (Personalvertretungsgesetz, Gleichstellungsgesetz) wahrgenommen. Die Personalarbeit ist demzufolge ein verwaltungsweites Tätigkeitsfeld, in das alle Organisationseinheiten und -instanzen involviert sind. Abbildung 9-2 gibt einen Überblick über die Träger des Personalmanagements und ihre wesentlichen Personalaufgaben. Es wird deutlich, dass die Akteure in vielen Aufgabenbereichen kooperieren (z. B. in Angelegenheiten der Personal-Ressourcensteuerung, der Personalentwicklung und bei personalpolitischen Grundsatzfragen).

Tendenziell ist im öffentlichen Sektor der Trend zu beobachten, die Ressourcenverantwortung in Personalangelegenheiten im Sinne der „Neuen Steuerung" zu dezentralisieren. Das heißt, die Entscheidungskompetenz und die Verantwortung in Personalangelegenheiten gehen auf die Fachdezernate, Fachämter etc. über. Zum Beispiel erhalten die dezentralen Fachämter die Entscheidungskompetenzen in Fragen der Personalauswahl und der Personalentwicklung, während der zentrale Personalbereich schwerpunktmäßig Servicefunktionen für die Facheinheiten wahrnimmt. Üblicherweise wird bei der Realisierung der dezentralen Ressourcenverantwortung auch das Personalbudget auf die Facheinheiten übertragen. Die Verlagerung der Ressourcenverantwortung bedeutet aber nicht, dass auch sämtliche Personalaufgaben organisatorisch bei den Facheinheiten angesiedelt werden. Abschnitt 8.2 stellt unterschiedliche organisatorische Lösungen für die Wahrnehmung der Personalaufgaben vor und geht auf die Vor- und Nachteile der Modelle ein.

Abb. 9-2: Träger der Personalarbeit

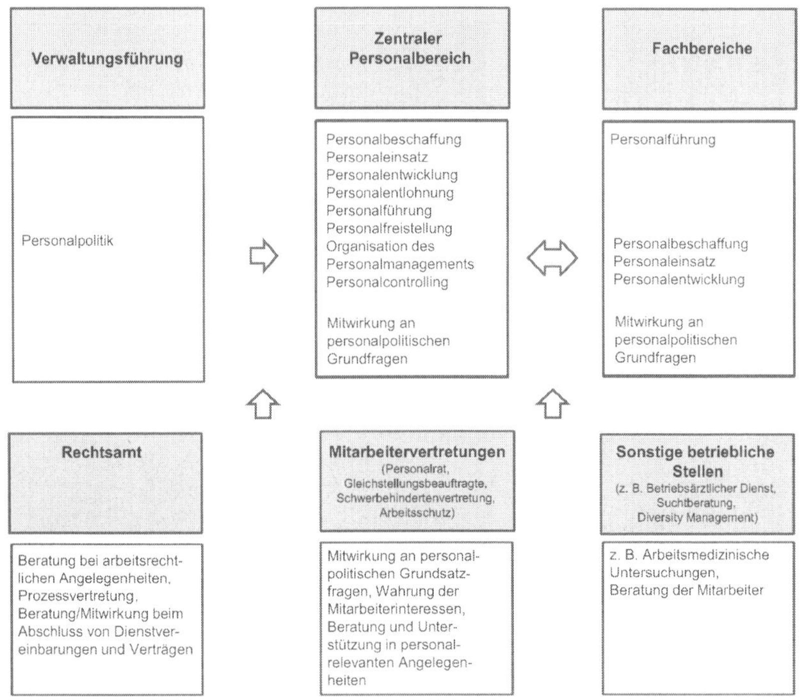

Das Personalwesen (syn. Personalbereich) als die organisatorische Einheit, die mit den administrativen und operativen Aufgaben des Personalmanagements betraut ist, arbeitet für unterschiedliche Kunden bzw. Zielgruppen mit unterschiedlichen, teilweise divergierenden Interessen. Abbildung 9-3 gibt einen Überblick über die wesentlichen Zielgruppen. Die Verwaltungsführung hat beispielsweise den Anspruch, dass personalbezogene Entscheidungen und Beschlüsse umgesetzt, das Personalbudget eingehalten sowie Ziele und Kennzahlengrößen erreicht werden. Kurzum: Es sollen die Behördeninteressen durch den Personalbereich vertreten werden. In diesem Sinne fungiert das Personalwesen als verlängerter Arm der Verwaltungsführung. Die Mitarbeiter, Nachwuchskräfte, Ruhegeld- und Versorgungsempfänger einschl. der Vorgesetzten nehmen insbesondere die Betreuungs- und Beratungsfunktion des Personalbereichs in Anspruch. Diese Personengruppen wenden sich an den Personalbereich, wenn es etwa um den eigenen Arbeitsvertrag geht, Fragen zum Ruhegeld bestehen, Sonderurlaub beantragt werden muss, Qualifizierungsmaßnahmen angestrebt werden oder Probleme mit Ausbildern oder Vorgesetzten bestehen. Die Vorgesetzten benötigen zudem fachliche Unterstützung in ihrer Führungsfunktion, auch wenn es um die Umsetzung von Personalmaßnahmen geht (z. B. bei Mehrarbeit, Beurlaubung, beabsichtigter Versetzung, Disziplinarmaßnahmen). Den Mitarbeitervertretungen steht der Personalbereich als Arbeitgebervertreter und Verhandlungspartner gegenüber. Die „vertrauensvolle Zusammenarbeit" mit dem Personalrat (vgl. z. B. § 2 Abs. 1 Personalvertretungsgesetz für das Land Nordrhein-Westfalen) hat beispielsweise zum Ziel, Lösungen anzustreben, die die Forderungen des Personalrats als Vertretung aller Mitarbeiter angemessen berücksichtigen. Schließlich sind externe Kunden (wie etwa Bewerber) zu berücksichtigen. Sie treten über die Schnittstelle Personalwesen mit der Behörde in Kontakt und erwarten, dass ihre Anliegen zügig und professionell abgewickelt werden. Bei Auswahlverfahren haben sie den Wunsch, sowohl bei Erfolg als auch bei Misserfolg ihrer Bewerbung individuelle und umfassende Rückmeldungen durch den Personalbereich zu erhalten. Kundenorientierung und Dienstleistungsqualität spielen in allen Bereichen der öffentlichen Verwaltung eine Rolle, unabhängig davon, ob das Verwaltungshandeln auf den Bürger als externen Abnehmer von Verwaltungsleistungen oder, wie im Falle des Personalmanagements, überwiegend auf interne Organisationseinheiten bzw. einzelne Mitarbeiter gerichtet ist. Zudem muss bedacht werden, dass die Berücksichtigung der internen Kundenbedürfnisse zur Voraussetzung für die Zufriedenheit der externen Kunden wird. Dabei soll nicht unerwähnt bleiben, dass bei vielen Aufgaben des Personalbereichs in Bezug auf die Zielgruppen nicht von einem Kunden-Lieferanten-Verhältnis gesprochen werden kann. Das Element der Freiwilligkeit, also die Möglichkeit, zwischen verschiedenen Anbietern eine Auswahl zu treffen, fehlt. Dennoch hat die Forderung einer kundenorientierten Arbeitsweise ihre Berechtigung.

Abb. 9-3: Kunden des Personalbereichs

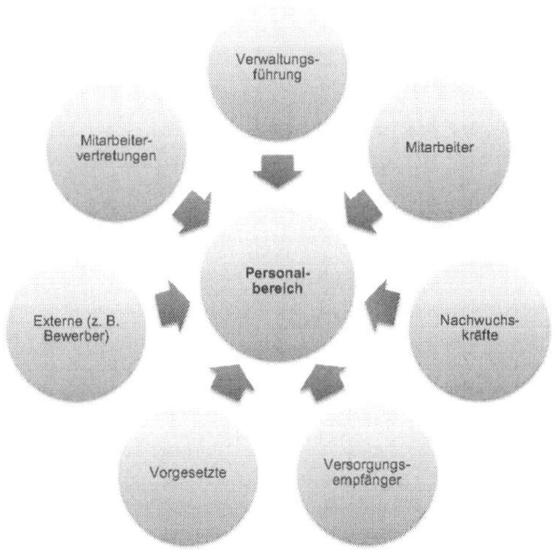

Servicequalität zeigt sich im Personalbereich insbesondere, wenn folgende Anforderungen erfüllt werden:

- Erreichbarkeit, d.h. räumliche und organisatorische Nähe des Personalbereichs,
- möglichst wenig Schnittstellen und Ansprechpartner *(„one face to the customer")*,
- effiziente Aufgabenerledigung (z. B. schlanke Organisationsstruktur mit wenigen hierarchischen Ebenen und möglichst wenig Leitungsstellen),
- fachkompetente Beratung,
- Berücksichtigung der individuellen Bedürfnisse der Zielgruppen,
- Reaktionsschnelligkeit (z. B. bei der Bereitstellung von Personal),
- unmittelbarer und umfassender Informationsfluss (z. B. über aktuelle Tarifabschlüsse, Gesetzesänderungen).

Der Auszug aus dem Leitbild des Personalamtes des Senats der Freien und Hansestadt Hamburg verdeutlicht den Dienstleistungsgedanken in Bezug auf die Personalarbeit:

„...Wir sind ein verlässlicher Partner der Personalverantwortlichen und unterstützen die Behörden in ihrer Personalverantwortung. Gegenüber den aktiven und ehemaligen Mitarbeiterinnen und Mitarbeitern der hamburgischen Verwaltung leisten auch wir Personalfürsorge...Als Mitarbeiterinnen und Mitarbeiter des Personalamtes wollen wir

- *eigenverantwortlich und abschließend unsere Aufgaben erledigen,*
- *ergebnis- und kostenorientiert unsere Ziele erreichen,*
- *neue Ideen entwickeln und umsetzen"*[595].

9.2 Organisation des Personalbereichs

9.2.1 Organisation als Wirtschaftlichkeitsfaktor

Ein hoher finanzieller Druck bei der Erledigung öffentlicher Aufgaben und eine größere Kostentransparenz durch die Umsetzung der Kosten- und Leistungsrechnung sowie Modelle interner Leistungsverrechnung bilden den Rahmen für ein stärkeres Interesse der zumeist internen Kunden an den Kosten des Personalbereichs. Auch werden Leistungen, die in der Vergangenheit ganz selbstverständlich im Hause angeboten wurden, zunehmend mit externen Anbietern und deren Preisen verglichen. Daraus folgend rückt im öffentlichen Sektor die Organisation der Personalarbeit stärker in den Fokus. Die Personalarbeit muss wirtschaftlich und professionell erledigt und die wichtigste Ressource des Betriebes, das „Humankapital", bestmöglich betreut werden (vgl. auch Kapitel 1). Die Organisation und auch der Umfang der Personalarbeit in einer Behörde des öffentlichen Sektors werden maßgeblich durch folgende Faktoren beeinflusst[596]:

- Behördengröße (u.a. Anzahl der Mitarbeiter/-innen, Anzahl und Lage der Verwaltungsgebäude),
- zu betreuende Mitarbeitergruppen (wie Beamte, Beschäftigte, Führungskräfte, Auszubildende),

- Behördenstrategie (etwa der Grad einer familienbewussten Personalpolitik, vgl. Kapitel 2).

Traditionell erfüllt das Personalwesen eine typische Querschnittsfunktion. Nachdem die Personalarbeit aufgrund des größer werdenden Aufgabenspektrums und der Vielzahl der anzuwendenden Rechtsvorschriften nicht mehr von den Linienvorgesetzten allein geleistet werden konnte, wurde die Verwaltung des Personals mit der Bildung einer zentralen Organisationseinheit (z. B. Personalamt, Personalabteilung, Personalreferat) institutionalisiert[597]. Es wurden demnach auf Personalarbeit spezialisierte Stellen eingerichtet. Zunächst führte dies eher zu funktional z. B. nach Beschäftigtengruppen gegliederten zentralen Personalabteilungen. Mit der Einführung von Personalreferenten kam eine stärkere Objektorientierung zum Tragen. Das Konzept des New Public Managements (in Deutschland synonym unter dem Begriff „Neues Steuerungsmodell" erörtert[598]) mit dem Trend einer stärkeren dezentralen Ressourcenverantwortung brachte eine lebhafte Diskussion der Organisation der Personalarbeit mit sich. Die Personalverantwortung wurde besonders in größeren Verwaltungen mehr auf die dezentralen Facheinheiten verlagert. Die Frage nach dem Wertschöpfungsbeitrag von Querschnittsbereichen der Verwaltung wirft aktuell die Frage auf, inwieweit durch Kooperationen mit anderen Behörden oder gar durch Ausgliederung bestimmter Tätigkeitsfelder (Outsourcing) Effekte erzielt werden können.

Im Folgenden werden die einzelnen Organisationsformen und deren praktische Umsetzung im öffentlichen Sektor thematisiert. Die Frage der behördeninternen Verteilung der Personalaufgaben stellt sich dabei insbesondere für größere Behörden, die im Personalbereich eine Vielzahl von Mitarbeitern beschäftigen.

9.2.2 Funktionalorganisation

Der Personalbereich kann grundsätzlich nach Verrichtungen oder Objekten, d. h. funktional oder objektorientiert[599], gegliedert sein. Im Rahmen einer Funktionalorganisation erfolgt eine verrichtungsorientierte Spezialisierung nach gleichartigen personalwirtschaftlichen Funktionsbereichen. Es werden demnach innerhalb des Personalbereichs einzelne Stellen bzw. kleinere Organisationseinheiten wie etwa Sachgebiete gebildet, die jeweils für unterschiedliche Instrumente des Personalmanagements zuständig sind (vgl. Abbildung 9-4).

Abb. 9-4: Funktionalorganisation des Personalbereichs

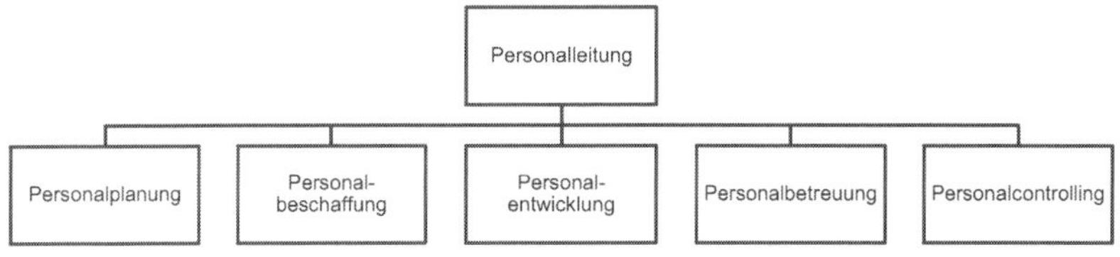

Dieser Organisationsgestaltung liegt die Annahme zugrunde, dass für die verschiedenen Instrumente unterschiedliche rechtliche und betriebswirtschaftliche Kenntnisse vorliegen müssen, da sich z. B. die Aufgaben der Personalplanung wesentlich von den Aufgaben der Personalauswahl oder der Personalentwicklung unterscheiden[600]. Die Vorteile dieser Organisation sind:

- fachliche Spezialisierung führt zu Qualitätsvorteilen und Effizienzsteigerungen,
- Gewährleistung vergleichbarer Regelungen für alle Mitarbeiter,
- schnelle und einfache Integration neuer Aufgaben.

Folgende Nachteile sind zu berücksichtigen:

- unterschiedliche Ansprechpartner für unterschiedliche personalwirtschaftliche Fragen,
- monotone Abläufe für die Aufgabenträger,
- ggf. Vertretungsprobleme bei Personalausfall.

9.2.3 Objektorganisation/Referentenmodell

Für eine objektbezogene Gliederung des Personalbereichs (divisionale Organisation) kommen Mitarbeitergruppen oder Betreuungsbereiche (z. B. Fachämter) in Betracht. Erfolgt eine Organisation nach Mitarbeitergruppen, erfüllen die einzelnen Stellen oder Sachgebiete alle personalwirtschaftlichen Funktionen für ihr „Objekt". Die Teams arbeiten weitgehend unabhängig voneinander; die Koordination erfolgt über die Personalleitung. Abbildung 9-5 verdeutlicht diese Organisationsform.

Abb. 9-5: Objektorganisation des Personalbereichs

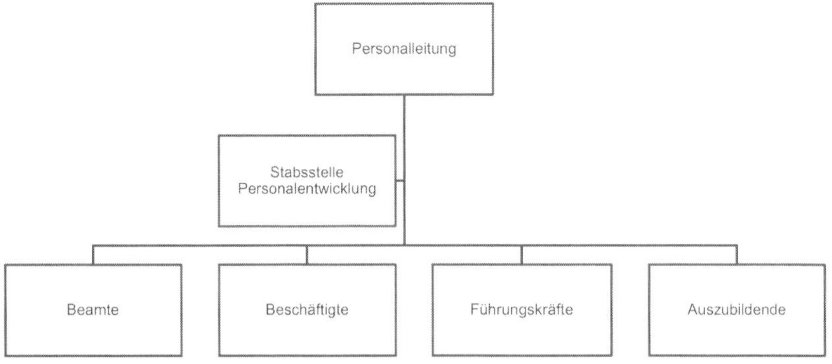

Diese Form der Objektorientierung bietet eine Rundumbetreuung der Mitarbeitergruppen aus einer Hand. Ihr liegt die Annahme zugrunde, dass sich der Einsatz der unterschiedlichen personalwirtschaftlichen Instrumente bei einzelnen Mitarbeitergruppen stark unterscheidet[601].

Sowohl bei der Funktional- als auch bei der Objektorganisation können wichtige Aufgaben wie etwa die Erstellung von Personalentwicklungs- und Führungskonzepten oder das Gesundheitsmanagement ausgegliedert und als Stabsfunktion direkt der Personalleitung zugeordnet werden. Die **Stabsstellen** verfügen nicht über Entscheidungs- oder Weisungsbefugnisse; sie beraten und unterstützen die Personalleitung[602]. Abbildung 9-5 verdeutlicht die organisatorische Einbindung einer Stabsstelle.

Das ebenfalls dem Prinzip der Objektorganisation folgende **Referentenmodell** praktiziert eine Aufteilung der Behörde in Betreuungsbereiche, für die sämtliche Personalaufgaben aus einer Hand erledigt werden. Ziel ist es, einen Ansprechpartner bzw. eine eigene Organisationseinheit für die unterschiedlichen personalwirtschaftlichen Fragen zur Verfügung zu stellen. Der Personalreferent ist der zentralen Personaleinheit fachlich und disziplinarisch unterstellt. Räumlich ist er häufig bei den Facheinheiten angesiedelt.

Die nachfolgend dargestellten Vor- und Nachteile der Objektorganisation finden sowohl für eine Objektorientierung nach Mitarbeitergruppen als auch für das Referentenmodell Anwendung.

Objektorganisation	
Vorteile	**Nachteile**
• eindeutiger Ansprechpartner • schnelle Reaktion auf mitarbeiter- bzw. bereichsbezogene Entwicklungen • abwechslungsreiche Aufgabengestaltung für die Aufgabenträger	• hoher Koordinierungsaufwand für einheitliche Lösungsbedarfe • ggf. Überforderung der Aufgabenträger durch breites Aufgabenspektrum • Qualitäts- und Effizienzverluste durch fehlende Spezialisierung

9.2.4 Mischformen der Funktional- und Objektorganisation

Um die Stärken der beiden Grundformen zu nutzen und deren Schwächen abzumildern, finden sich in der Praxis tendenziell Mischformen, die beispielsweise die Problemnähe der Personalreferenten mit funktionaler Spezialisierung kombinieren.

So ist häufig eine Konstellation vorzufinden, in der grundsätzlich das Referentenmodell Anwendung findet. Strategisch bedeutsame Aufgaben, wie etwa die Personalentwicklung, sowie behördenweit einheitliche Servicefunktionen sind in der zentralen Personaleinheit weiterhin in eigenen Abteilungen oder Sachgebieten zusammengefasst. Die konkrete Ausgestaltung erfolgt nach behördenspezifischen Kriterien, die sich an den bereits erwähnten Parametern der Behördengröße, dem Erfordernis der Differenzierung zwischen unterschiedlichen Mitarbeitergruppen und der Bedeutsamkeit der unterschiedlichen personalpolitischen Aufgaben orientieren. Abbildung 9-6 zeigt eine solche Mischform für die Stadt Offenbach am Main.

Abb. 9-6: Mischorganisationsform des Personalbereichs am Beispiel der Stadt Offenbach am Main (vereinfachte Darstellung)

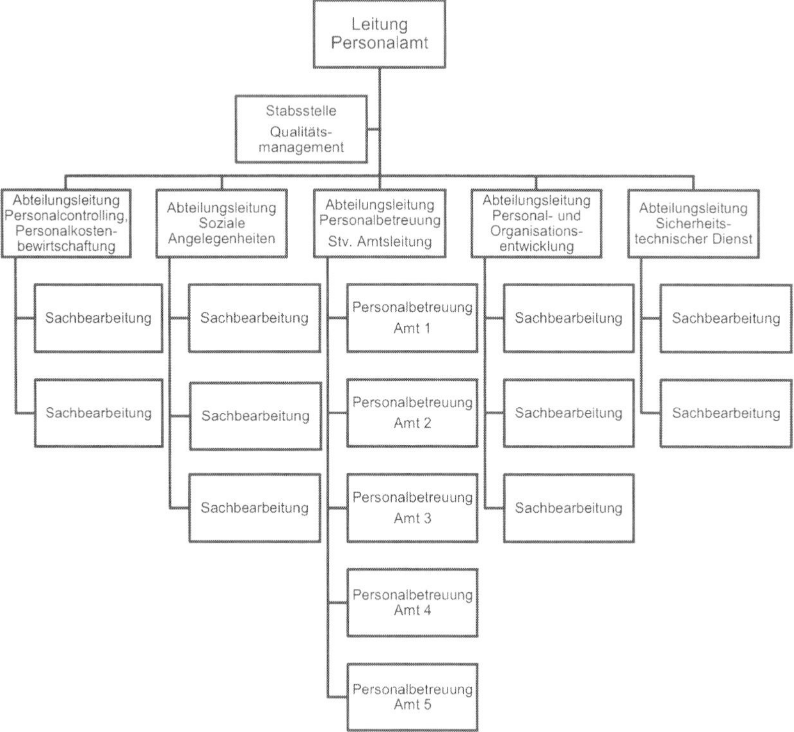

9.2.5 Besondere Organisationsformen

Das Personalmanagement sollte, wie bereits zu Beginn dieses Abschnitts thematisiert wurde, zwei Prinzipien gerecht werden[603]:

- dem Wirtschaftlichkeitsprinzip (ökonomisches Prinzip), das ein möglichst günstiges Verhältnis zwischen dem Personalaufwand und dem daraus resultierenden Personalertrag zum Ziel hat;
- dem Humanitätsprinzip, das die Mitarbeiterinnen und Mitarbeiter ins Zentrum des betrieblichen Leistungsprozesses stellt. Vor allem die Arbeitszufriedenheit und humanitäre Arbeitsbedingungen stehen hier im Vordergrund.

Um diesen Ansprüchen zu genügen, muss die Qualität der Arbeit dauerhaft auf hohem Niveau gehalten werden. Der Qualitätsaspekt ist umso bedeutender, je komplexer sich die speziellen Rechtsgebiete des Personalgeschäfts darstellen. Vor diesem Hintergrund geht man auch im öffentlichen Sektor in Bezug auf die Organisation des Personalwesens neue Wege, die nachfolgend näher beschrieben werden:

9.2.6 Outsourcing von Teilaufgaben des Personalbereichs

Als Träger der Personalaufgaben kommen nicht nur spezialisierte Stellen innerhalb der eigenen Organisation in Betracht, es besteht auch die Möglichkeit des Outsourcings. Unter Outsourcing („Outside Resource Using") wird die Übertragung von Aufgaben einer Organisation oder Teilaufgaben der Organisation auf verwaltungsexterne Dritte verstanden[604)]. In Zeiten einer angespannten Haushaltssituation entsteht für den öffentlichen Sektor vermehrt der Druck, diejenigen Produkte und Dienstleistungen, die keinen direkten Beitrag zum Kerngeschäft leisten, auszulagern.

Grundsätzlich ist immer eine Bewertung im Einzelfall vorzunehmen. Es ist zunächst zu prüfen, um welche Aufgaben des Personalwesens es sich handelt. Eine Auslagerung ist nicht in allen Fällen möglich. Einige Personalaufgaben sind zwingend von der Verwaltung selbst wahrzunehmen. Dazu zählen Führungstätigkeiten sowie die Einstellung und die Beförderung von Beamten. Darüber hinaus ist für eine Entscheidung die Zuordnung zu den drei Handlungsebenen des Personalmanagements hilfreich[605)]:

- **Strategie:** Hier geht es darum, an personalpolitischen Grundsatzfragen mitzuwirken und somit einen originären Beitrag zur Entwicklung der Organisation zu leisten. Externe Partner sind nicht in ausreichendem Maße in Verwaltungsprozesse involviert; es kann daher nicht sichergestellt werden, dass die Ziele der Organisation in ausreichendem Maße Berücksichtigung finden. Handlungsfelder, die für die jeweilige Organisation als strategisch bedeutsam identifiziert wurden (z. B. Diversity Management, Lebensphasenorientierung, Vereinbarkeit von Familie und Beruf, vgl. Kapitel 2), sollten weiterhin intern wahrgenommen werden. Allenfalls kommt eine Unterstützung durch externe Berater in Betracht.
- **Beratung:** Die Begleitung von Veränderungs- und Führungsprozessen sowie die Beratung der Mitarbeiter einschließlich einer Ausgleichsfunktion bei unterschiedlichen Interessen (z. B. der Fachverwaltung und der Personalvertretung) stehen im Vordergrund. Auch auf dieser Ebene findet eine Ausrichtung an strategischen Festlegungen der Organisation statt. Der Einsatz interner Experten ist sinnvoll, ggf. wird zusätzlich auf externe Berater zurückgegriffen.
- **Administration (Servicefunktion):** Ein Outsourcing in diesem Bereich ist grundsätzlich möglich, da spezifische Behördenkenntnisse nicht oder nur in geringem Umfang erforderlich sind. Beispiele für das Outsourcing von Servicefunktionen sind in Abbildung 9-7 aufgezeigt.

Abb. 9-7: Beispiele für das Outsourcing von Servicefunktionen im öffentlichen Sektor

Dienstleister	Aufgaben	Auftraggeber
Dienstleistungszentrum des Bundesverwaltungsamtes in Köln (DLZ)[606]	Beihilfe	61 Bundesbehörden und andere öffentliche Einrichtungen mit über 20.300 Mitarbeitern
	Bezüge	38 Bundesbehörden mit über 80.000 Mitarbeitern
	Kindergeld	38 Bundesbehörden mit rund 22.100 Kindergeldberechtigten
Dienstleistungszentrum des Bundesverwaltungsamtes, Außenstelle Hamm (DLZ)[607]	Reisekosten, Trennungsgelder, Umzugskosten	58 Bundesbehörden und andere öffentliche Einrichtungen
Landesamt für Besoldung und Versorgung Nordrhein-Westfalen in Düsseldorf (LBV NRW)[608]	(Versorgungs-)Bezüge Beihilfen Kindergeld	alle Landesbediensteten und Ruhestandsbeamten

Weiterhin sollte bei Outsourcing-Überlegungen geprüft werden, in welchem Umfang diese Maßnahme zu einer Effizienzsteigerung führt. In Bezug auf Wirtschaftlichkeitsaspekte sind die Kosten und der Nutzen einer internen Aufgabenwahrnehmung den Kosten und dem Nutzen bei einer Vergabe der Leistungen an externe Anbieter gegenüberzustellen.

Auch ist von Relevanz, ob der dauerhafte Know-how-Verlust akzeptiert werden soll. Bei einem Outsourcing gehen intern vorhandene Fähigkeiten und Kenntnisse (z. B. im Beamten- und Arbeitsrecht, zur Arbeitsplatzbewertung) mit der Zeit verloren. Ein späteres Insourcing („Inside Resource Using"), d. h. die Eingliederung bisher extern vergebener Leistungen in die Verwaltung, wird so erschwert. In diesem Zusammenhang sollte auch geklärt werden, in welchem Umfang bei einem Outsourcing internen Mitarbeitern Entwicklungschancen genommen werden, weil das Tätigkeitsfeld in der eigenen Organisation nicht mehr vorhanden ist.

Als Vorteile bzw. Chancen des Outsourcings gelten[609]:

- Fremdbezug kostengünstiger,
- variable (statt fixe) Kosten,
- größere Kostentransparenz,
- Konzentration auf die Kernaufgaben,
- Professionalität des Dienstleisters,
- Verbesserung der Qualität.

Als Nachteile bzw. Risiken sind zu nennen:

- längere Informations- und Kommunikationswege,
- Know-how-Verlust in der eigenen Organisation,
- Weitergabe sensibler Mitarbeiter-Daten,
- Abhängigkeit vom Dienstleister,
- nicht kalkulierte Kosten für Sonderleistungen.

9.2.7 Shared Service Center

Das Shared Service Center wird auch als internes Outsourcing bezeichnet. Insbesondere große Organisationen richten Shared Service Center ein, die als selbstständige, aber interne Organisationseinheiten die Durchführungsverantwortung für Unterstützungsprozesse der Gesamtorganisation besitzen und dadurch Kostenreduzierungen und Qualitätssteigerungen erzielen[610)]. Abteilungen, die Dienstleistungen in Anspruch nehmen, stehen in einem Kundenverhältnis zum Shared Service Center. Diese Organisationsform soll die Vorteile eines externen Dienstleisters mit den Vorteilen der Aufgabenwahrnehmung durch interne Mitarbeiter verbinden. In der Praxis hat sich besonders die Wahrnehmung von administrativen Aufgaben aus den Bereichen Finanzen, Personal und IT-Diensten für Shared Services als geeignet erwiesen.

Häufig wird der Begriff Shared Services bzw. Shared Service Center ebenso für die Beziehung mit einem externen Dienstleister verwendet. Eine solche Organisationsform stellt das Shared Service Center beim Kreis Warendorf dar. Aktuell haben fünf Kommunen im Kreis Warendorf einen großen Teil ihrer Personalaufgaben auf der Grundlage einer öffentlich-rechtlichen Vereinbarung auf die „Servicestelle Personal" beim Kreis Warendorf übertragen, ohne dabei auf ihre Personalhoheit zu verzichten. Das heißt, die Servicestelle führt zuvor klar definierte Leistungen für diese Kommunen und den Kreis selbst aus. Den jeweiligen Entscheidungsträgern werden anschließend unterschriftsreife Dokumente vorgelegt. Dies geschieht i. d. R. per E-Mail und ggf. eingescannten Dokumenten.

Die Ziele dieser Form der interkommunalen Zusammenarbeit sind[611)]:

- die Kosten zu senken durch einen besseren Auslastungsgrad der Ressourcen (höhere Fallzahlen je Vollzeitstelle), mit der Folge eines deutlich reduzierten Personaleinsatzes;
- die Qualität dauerhaft auf einem hohen Niveau zu halten und tendenziell zu erhöhen. Dies ist insbesondere vor dem Hintergrund relevant, dass die speziellen Rechtsgebiete der Personaldienstleistung sehr komplex sind und das Wissen stets auf dem aktuellen Stand zu halten ist.

Das Angebot der Servicestelle Personal umfasst ein großes Leistungsspektrum von der Entgeltabrechnung über die Fertigung von Arbeitsverträgen, Versetzungen und Entlassungen von Beamten, Beendigung von Arbeitsverhältnissen tariflich Beschäftigter, Nebentätigkeiten, Stellenbewertungen, Personalgewinnungs- und Auswahlverfahren bis hin zu Ausbildungsangelegenheiten.

9.3 Organisation und Verwaltung der Personaldaten

Zur Bewältigung der großen Datenmengen haben sich für den Personalbereich bestimmte Instrumente als geeignet und sinnvoll erwiesen. Hierzu zählen insbesondere die Personalakte, Personalinformationssysteme und das Personalhandbuch.

9.3.1 Personalakte

Eine Personalakte enthält schriftlich oder elektronisch festgehaltene Daten oder Vorgänge, die sich auf einen einzelnen Mitarbeiter beziehen. Der Inhalt der Akte ist vertraulich. Eine Weitergabe an Dritte ist nicht zulässig. Der Arbeitgeber ist zudem verpflichtet, die Zahl der Personalsachbearbeiter, die Einsicht in die Akten haben, möglichst gering zu halten[612)]. In der Privatwirtschaft ist die Führung einer Personalakte nicht vorgeschrieben. Im öffentlichen Dienst gibt es hierzu gesetzliche Regelungen, z. B. in § 50 Beamtenstatusgesetz i. V. m. §§ 106, 107 Bundesbeamtengesetz, entsprechende länderrechtliche Regelungen sowie für nicht beamtete Beschäftigte in § 29 Datenschutzgesetz NRW.

> Nach § 50 Beamtenstatusgesetz besteht eine Pflicht zur Führung von Personalakten:
>
> Für jede Beamtin und jeden Beamten ist eine Personalakte zu führen. Zur Personalakte gehören alle Unterlagen, die die Beamtin oder den Beamten betreffen, soweit sie mit dem Dienstverhältnis in einem unmittelbaren inneren Zusammenhang stehen (Personalaktendaten). Die Personalakte ist vertraulich zu behandeln. Personalaktendaten dürfen nur für Zwecke der Personalverwaltung oder Personalwirtschaft verwendet werden, es sei denn, die Beamtin oder der Beamte willigt in die anderweitige Verwendung ein. Für Ausnahmefälle kann landesrechtlich eine von Satz 4 abweichende Verwendung vorgesehen werden.

Die Mitarbeiter haben das Recht auf Einsichtnahme in die vollständigen Personalakten. Für Beschäftigte im öffentlichen Dienst ist dieses Recht durch § 3 Abs. 5 Tarifvertrag für den öffentlichen Dienst (TVöD) sichergestellt.

Zur Personalakte gehören alle Unterlagen, die den Beamten oder Beschäftigten betreffen, soweit sie mit seinem Dienst- oder Beschäftigungsverhältnis in einem unmittelbaren inneren Zusammenhang stehen. Die Personalakte hat in der Praxis insbesondere folgenden Inhalt:

- Bewerbungsunterlagen,
- Ergebnisse aus Auswahlverfahren,

- Zeugnisse über den Bildungs- und beruflichen Werdegang,
- Ernennungen und Beförderungen,
- Arbeitsvertrag,
- Unterlagen zu Bezügen,
- Unterlagen zu Abwesenheiten (Krankheitstage, Urlaubstage),
- Beurteilungen,
- Fortbildungsmaßnahmen,
- Vermerke zu Disziplinarmaßnahmen.

Bei der Führung der Personalakte sind einige Grundsätze zu beachten[613)]:

- Personalakten sind für jeden Mitarbeiter zu führen.
- Die Personalakte sollte zentral in der Personalabteilung verwaltet werden.
- Die Personalakte muss vollständig sein, um sie stets auf dem aktuellen Stand zu halten und ein umfassendes Bild des Mitarbeiters zu ermöglichen.
- Es sollte möglichst nur eine Personalakte geführt werden. Sind Nebenakten dienstlich erforderlich (z. B. bei der Abordnung von Mitarbeitern in der aufnehmenden Dienststelle), so ist dies zu vermerken. Diese Akten sind dem Mitarbeiter ebenfalls zugänglich zu machen.

Die Personalakte kann auch in elektronischer Form geführt werden. Da es sich bei Personaldaten um sehr sensible Informationen handelt, die besonders strengen Datenschutzbestimmungen unterliegen, sind an die Softwarelösungen für die digitale Aktenführung entsprechend hohe Anforderungen zu stellen.

9.3.2 Personalinformationssystem

Das Personalinformationssystem (Human Resource Information System) geht über das Verwalten der Personaldaten in elektronischer Form hinaus. Es ist ein Softwaresystem zur geordneten Erfassung, Speicherung, Transformation und Ausgabe von Personaldaten, die für die Personalarbeit bedeutsam sind. Dabei sind die jeweils gültigen datenschutzrechtlichen Bestimmungen zu beachten[614)]. Das Personalinformationssystem beinhaltet i. d. R. die folgenden personalwirtschaftlichen Module:

- Pflege der Mitarbeiterstammdaten (Name, Personalnummer, Stellennummer etc.),
- Entgeltabrechnung,
- Stellenbewirtschaftung,
- Arbeitszeiterfassung,
- Verwaltung der Abwesenheitszeiten,
- Beurteilungswesen,
- leistungsorientierte Bezahlung,

- Aus- und Fortbildungsmaßnahmen,
- Personalstatistiken (Auswertungen, Berichte).

Auf dem Markt sind inzwischen zahlreiche Personalinformationssysteme erhältlich. Zu nennen sind hier beispielsweise die Anwendungen von SAP, Peoplesoft, Oracle und der H.R. Management Software GmbH.

Werden Personalakten mittels eines Dokumentenmanagementsystems[XXIV]) verwaltet, kann dieses über eine Schnittstelle an ein Personalinformationssystem angebunden werden.

9.3.3 Personalhandbuch

Das Personalhandbuch enthält alle für die Arbeit des Personalbereichs relevanten Informationen und Regelungen[615)]. Es sollte Regelungen zur Organisation des Personalbereichs (Aufbauorganisation und Geschäftsablauf) treffen sowie Informationen und Richtlinien zu allen Themenfeldern des Personalwesens (z. B. Arbeitszeitregelungen, Führungsrichtlinie, Dienstanweisungen und Dienstvereinbarungen) bereitstellen. Das Personalhandbuch dient als Nachschlagewerk und als Entscheidungsrichtlinie für die Personalarbeit. Es trägt dazu bei, die Personalarbeit qualitativ zu verbessern und wirtschaftlicher zu gestalten. Neuen Mitarbeitern des Personalbereichs erleichtert es die Einarbeitung. Die verwaltungsweite Veröffentlichung des Personalhandbuchs hat eine größere Transparenz der Personalarbeit zur Folge und stärkt das Auftreten der zentralen Personaleinheit.

XXIV) Bei einem Dokumentenmanagementsystem handelt es sich um eine datenbankgestützte Verwaltung elektronischer Dokumente.

10. Personalcontrolling

Der blinde Fleck im Personalmanagement[616)]

Der Erfolg der Verwaltung ist abhängig vom Personal. Doch Personal ist oft eine unbekannte Größe. Was kostet das Personal? Da finden sich relativ zuverlässige Antworten. Was ist unser Personal wert? Hier stellt sich Schweigen ein. Der Kostenfaktor verschleiert den wertschaffenden Faktor. Modernes Personalcontrolling ist ein Steuerungsinstrument, das sowohl rückwärts als auch vorwärts gerichtet ist. Es hilft dem Personalmanagement zu navigieren, indem es Personaldaten aus verschiedenen Perspektiven erfasst, verknüpft und bewertet. Damit fungiert es als Kompass zur Steuerung der Humanressourcen und identifiziert personalbezogene Werttreiber der Verwaltungsreform.

10.1 Personal im Fokus

Die öffentliche Hand klagt über steigende Kosten – der größte Posten ist Personal mit bis zu 40 Prozent der Gesamtkosten. Daher setzt man auf Personalkostenreduktion. Gleichzeitig will sich der öffentliche Sektor modernisieren und hofft in den Umbruchzeiten auf die Stärke des Personals[617)]. Doch dies erfordert Investitionen. Deshalb sind Fahr- und Lenkassistenten im Kontext der Haushaltskonsolidierung und sich abzeichnender Personalrisiken einzusetzen[618)].

10.1.1 Personalrisikomanagement

Pensionierungs- und Verrentungswellen, Fachkräftemangel und überalterte Belegschaften lassen Personalverantwortliche aufhorchen. Gefährden diese Risiken die Organisation? Antworten finden sich in den Personaldaten. Personalkostenaufstellungen, Fehlzeiten- und Altersstrukturanalysen, Personalbestandserfassung und Informationen aus der Mitarbeiterbefragung dienen als Quellen. Im öffentlichen Sektor fällt die Antwort besorgniserregend aus. Schon die Altersstrukturwerte lassen keine Entwarnung zu, denn die Gruppe der über 55-Jährigen wird künftig einen wesentlichen Teil der Belegschaft darstellen[619)]. Damit kommen herausfordernde Aufgaben wie Aufrechterhaltung der Arbeits- und Beschäftigungsfähigkeit auf die Personalarbeit zu[620)].

Um den Herausforderungen zu begegnen, wird eine fundierte Personalberichterstattung[621)] (Abbildung 10-1) benötigt. Der Personalbericht schlüsselt deskriptiv Personalstrukturdaten, Ausgaben und Kennzahlen wie Fehlzeiten auf. Im Risikokataster erfolgen eine systematische Bewertung von Personalrisiken in Bezug auf Organisationsziele und eine Extrapolation der Risiken als Trendanalyse.

Beispiel:

Eckpunkte des Personalcontrollings der Freien Hansestadt Bremen

- *Adressaten:* (a) Parlament und Regierung, Produktplan- und Produktbereichsverantwortliche sowie Fachausschüsse, (b) Personalverantwortliche in den Produktgruppen bzw. Dienststellen
- *Ziele:* (a) Ressourcensteuerung im Einklang mit politisch-finanziellen Zielen, (b) Optimierung der Personalkonfiguration im Hinblick auf Kompetenzen und Personalstruktur, (c) Effizienz- und Effektivitätssteigerung
- *Berichterstattung:* (a) Überblick zu Beschäftigten in Kernverwaltung, Sonderhaushalten, Eigenbetrieben nebst privatwirtschaftlich organisierten Gesellschaften im bremischen Mehrheitsbesitz, (b) Entwicklung der Personalstruktur nach Geschlecht, Alter, Arbeitnehmer-/Laufbahngruppen, Teilzeit (c) (krankheitsbedingte) Fehlzeiten, (d) Personalbestand nach Zahl der Beschäftigten und Vollzeitäquivalenten als Maß für den Beschäftigungsgrad (zwei Halbtagsstellen = 1 FTE – Full Time Equivalent) und Hinweise auf Personalveränderungen, (e) Entwicklung der Personalausgaben nebst Versorgungsbeiträgen zur Kranken- und Unfallfürsorge.
- *Produktplanbezogene Bewertung:* In einem weiteren Bericht erfolgt eine Differenzierung der Personalkennzahlen im Hinblick auf die Produktpläne (Bremen hat 2011 23 Produktpläne). Beide Berichte lassen sich durch Vergleichsdaten (Benchmarking) erweitern. Relevante Personalkategorien werden ferner durch Zeitreihenvergleiche in ihrer Entwicklung abgebildet (Trendanalysen).

http://www.finanzen.bremen.de/sixcms/detail.php?gsid=bremen53.c.1913.de (Stand 12/13)

Abb. 10-1: Personalberichterstattung

Formen	Erläuterung
Personalbericht	• *Inhalt:* Aufschlüsselung relevanter Personalstrukturdaten • *Elemente:* Personalbestand, demografische Faktoren, Personalaufwand etc. • *Fokus:* Kosten- und Personalbestandscontrolling
Personalwertbericht	• *Inhalt:* Darstellung von Wertgrößen • *Elemente:* qualitative Faktoren wie Kompetenzen, Erfahrung etc. • *Fokus:* Abbildung des Personalnutzens als Auflistung

Formen	Erläuterung
Personalbilanz	• *Inhalt:* Bilanzierung humaner Ressourcen als Vermögenswerte (Assets) • *Elemente:* quantitative und qualitative Faktoren, monetär und nichtmonetär • *Fokus:* Gegenüberstellung des personellen Vermögens auf der Aktivseite und der personellen Verbindlichkeiten auf der Passivseite → Wertschöpfungsorientierung
Wissensbilanz	• *Inhalt:* Abbildung des intellektuellen Kapitals einer Organisation • *Elemente:* Humankapital, Strukturkapital und Beziehungskapital • *Fokus:* Aufzeigen der Zusammenhänge zwischen Organisationszielen, Geschäftsprozessen und dem Organisationserfolg in Bezug auf das intellektuelle Kapital
Risikokataster	• *Inhalt:* Erfassung von internen und externen Personalrisiken • *Elemente:* Arbeits-/Beschäftigungsfähigkeit, Arbeits-/ Bildungsmarkt etc. • *Fokus:* systematische Bewertung interner und externer Personalrisiken für die Organisationsziele aus der Vergangenheits- und Zukunftssicht

„Die Personalberichterstattung wird in vielen öffentlichen Verwaltungen in Angriff genommen, steckt in den meisten Fällen aber noch in den Kinderschuhen. In der Regel gibt es keine umfassende Personalberichterstattung im Sinne eines Gesamtberichts, sondern viele einzelne Berichte über die Förderung von Schwerbehinderten und Frauen, über die Auszubildenden oder über den Krankenstand"[622].

Personalrisiken identifizieren, messen und steuern[623] – unabhängig von der Berichtslegung gilt es, interne und externe Risiken frühzeitig zu identifizieren, ihre Ausprägung mithilfe von Indikatoren darzustellen und diese Daten in ein Managementinstrument zu integrieren[624]. Typische interne Risiken sind das Anpassungs-, Austritts-, Engpass-, Motivations- oder Gesundheitsrisiko. Typische externe Risiken sind das Bildungs-, Infrastruktur-, Konjunktur- oder das politisch-rechtliche Risiko. Dabei lassen sich vier Risikoarten unterscheiden[625]:

- Risiken für das Personal (Gesundheit, Arbeits- und Beschäftigungsfähigkeit),
- Risiken durch das Personal (Leistungsdefizite, Qualitätseinbußen, deviantes Verhalten),
- Risiken für das Personalmanagement (Arbeitsrecht, Krisen im Arbeits- und Bildungsmarkt),

- Risiken durch das Personalmanagement (fehlerhafte Personalbedarfsplanung oder Auswahl).

Die Erfassung von Risiken ist der erste Schritt. Im Kontext einer systematischen Risikobewältigung lehnt man sich am **Risikozyklus** an (Abbildung 10-2)[626]. Die Verwaltungsreform hat für Personalrisiken sensibilisiert. Diese müssen kontinuierlich bewertet und dokumentiert werden (Monitoring). Die Risikobewältigung im Personalbereich hat verschiedene *Ansatzpunkte* von der Vermeidung (z. B. Einstellungsstopp wegen Personalkosten), Verminderung (z. B. Gesundheitsförderung bei Stress), Überwälzung (z. B. Teilprivatisierung, Outsourcing), Begrenzung (z. B. Ausgleich durch Leiharbeit) bis zur Kompensation (Erhöhung der Ausbildungsquote als Gegenstrategie zum erhöhten Alterswert).

Abb. 10-2: Personalrisikomanagement als Zyklus

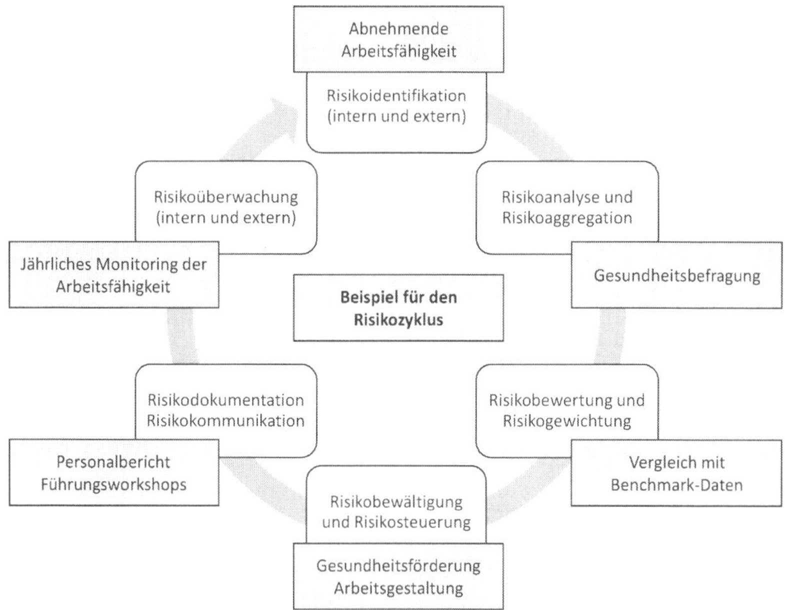

10.1.2 Erfolgsgrößen im Personalcontrolling

Der öffentliche Sektor ist nur so gut wie die Menschen, die dort arbeiten. Das Handlungsfeld Personal benötigt Investitionen im Bereich Demografie, Gesundheit, Förderung. Dies erfordert einen Wandel im Personalcontrolling, denn die beschreibende Auflistung von Personaldaten reicht für einen Managementansatz nicht aus. Hier sind *wirkungsorientierte Zusammenhänge* abzubilden.

In der IBM-Studie „Global Human Capital Study" wird deutlich, dass die Überlebensfähigkeit einer Organisation in einem dynamischen Umfeld maßgeblich vom Personal bestimmt wird. Dies trifft analog für den öffentlichen Sektor zu[627]. Die Herausforderungen verlangen HR-Champions und nicht nur HR-Administratoren[628]. Die Schlankheitskur durch Downsizing, Konsolidierung und Restrukturierung macht den Personalfaktor anfällig. Daher sind sowohl der Blick auf die Personalrisiken solcher Veränderungsprozesse als auch die Stärkung des Personalfaktors gleichermaßen von Bedeutung, denn Personal fällt eine Schlüsselrolle für den angestrebten Wandel zu.

In der Studie der Boston Consulting Group[629] werden zur Verwirklichung des Anspruchs „Wandlungsfähiges Personal" Strategiefelder identifiziert, die zur Steigerung des Personalwertes beitragen (Abbildung 10-3). So muss die Personalbeschaffung sich erneuern und aktiv werben lernen (Personalmarketing); die Personalentwicklung muss über Kompetenzmodelle nachdenken und sich vom Kataloglernen verabschieden (Kompetenzmanagement); die Personalführung muss anspornen und nicht nur kontrollieren (aktivierende Führung); die Personalvergütung muss Leistungsverhalten positiv belohnen (variable Vergütung). Nur eine *konzertierte Aktion* der Personalarbeit kann die Wandlungsfähigkeit im Zeitalter knapper Ressourcen fördern. Dies erfordert Messinstrumente und Messgrößen (Metriken), um den Fortschritt darzulegen und im schwierigen Fahrwasser das Personal durch Untiefen zu lotsen. Dabei stellt sich der *Personalwert* als zentrale Metrik heraus.

Abb. 10-3: Strategiefelder zur Steigerung des Personalwertes

Strategiefeld	Erläuterung
Bindungsstrategie	• *Ansatzpunkte:* Motivation, Commitment, Partizipation • *Messbarkeit:* Mitarbeiterbefragung, Indikatoren der Leistungsbereitschaft
Entwicklungsstrategie	• *Ansatzpunkte:* Führung, Kompetenzen, Lernen • *Messbarkeit:* Feedbacksysteme, Potenzialanalysen, Bildungscontrolling
Leistungsstrategie	• *Ansatzpunkte:* Anreize, Verantwortung, Bewertungen und Beurteilungen • *Messbarkeit:* Beurteilungsgespräche, Benchmarking (Vergleiche)
Beschaffungsstrategie	• *Ansatzpunkte:* Image, Personalmarketing, Diversity • *Messbarkeit:* Erfolgsindikatoren der Personalbeschaffung und Personalabbildung

Der Personalwert wird durch Begriffe wie Humanvermögen (Fokus: Eigentum und unmittelbare Verfügbarkeit; Aktivseite der Bilanz), Humanressourcen (Fokus: Mittel zur Erfüllung von Aufgaben; Abschreibung und Abnutzung) oder Humankapital (Fokus: Investitionen zum Zwecke seiner Mehrung; Passivseite der Bilanz) hinterlegt. Diese Begriffe sind nicht synonym, aber letztlich erfolgt keine bilanziell orientierte Differenzierung.

Der Personalwert ist ein „immaterieller Vermögenswert“. Kompetenzen, Motivation oder Einstellungen auf der Personenebene, Führung oder Vertrauen auf der Beziehungsebene sowie Handlungsspielraum oder Belastungen auf der Aufgabenebene bilden den Personalwert eines entwicklungsorientierten Personalmanagements[630)].

Folgende inhaltliche Erfolgsgrößen des Personalwertes sind relevant:

- **Gesundheit:** Der demografische Wandel hat diesen Wert in den Fokus gerückt. Was nützt qualifiziertes Personal, wenn es nicht arbeitsfähig ist? Dabei werden nicht nur körperliche, sondern vor allem auch psychische Faktoren der Gesundheit berücksichtigt[631)].
- **Kompetenz:** Hier geht es um das Erkennen (Talentmanagement), das Erhalten (Verhinderung des Wissensverlusts) und um das Fördern (lebenslanges Lernen) von Kompetenzen, die für die Organisation von strategischer Relevanz sind. Letztlich geht es darum, Kompetenzen zu mobilisieren[632)].
- **Motivation:** Die Arbeitsmotivation ist der Motor der Leistungserbringung[633)]. In der Personalarbeit befasst man sich hier vor allem mit Anreiz- und Karrieremanagement sowie mit der Aufgabengestaltung. Entscheidend ist dabei die Passung zwischen Anforderungen und Kompetenzen (Kongruenzprinzip).
- **Identifikation:** Damit wird eine positive stabile Wertorientierung in Bezug auf die Organisation beschrieben, die sich im konstruktiven Verhalten niederschlägt („Ich bin stolz, dieser Organisation anzugehören.“)[634)]. Hohes Commitment reduziert deviantes Verhalten und schafft eine positive Einstellung zur Arbeit und Organisation.

Diese Erfolgsgrößen lassen sich mit der Organisationsebene verknüpfen[635)]:

- **Humankapital**[636)]: Hiermit wird hervorgehoben, dass das Personal ein Träger von Wert und nicht nur ein Verursacher von Kosten ist. Zu Unrecht wurde Humankapital 2004 als Unwort deklariert, denn die Verwendung des Kapitalbegriffs impliziert keine einseitige Ökonomisierung, sondern ermöglicht Wertsteigerung aus qualitativer Sicht. Das Wissen der Mitarbeiter und deren Motivation sind Vermögenswerte einer Personalbilanz.
- **Sozialkapital**[637)]: Seit der Human-Relation-Bewegung ist bekannt, dass soziale Aspekte auf die Leistungsfähigkeit der Mitarbeiter und Organisation Einfluss nehmen. Gemeinsame Werte (Kultur), positive soziale Beziehung (Betriebsklima), hohe Führungsqualität, Wertschätzung und Vertrauen etc. sind Sozialkapital steigernde Faktoren. Sie verknüpfen Wissen, ermöglichen den Austausch und fördern gegenseitige Unterstützung. Diese qualitativen Sozialindikatoren sind in einer Sozialbilanz messbar und sichtbar zu machen[638)].
- **Beanspruchungsoptimalität**[639)]: Damit diese Kapitalarten Mehrwert schaffen, muss eine beanspruchungsoptimale Gestaltung der Arbeitsaufgabe und des Arbeitsplatzes gewährleistet sein. Warum? Krankmachende Arbeitsbedingungen wie zu wenig Handlungsspielraum führen zur einge-

schränkten Nutzung der Potenziale und zur Reduktion der Arbeits- und Leistungsfähigkeit.

Personalcontrolling für eine wirkungsorientierte Personalarbeit

Ein modernes Personalcontrolling berücksichtigt bei der Erfassung und Bewertung des Personalfaktors sowohl monetäre als auch nichtmonetäre Kennzahlen. Inhaltlich werden betriebswirtschaftliche Faktoren wie Personal- und Ausfallkosten sowie Verhaltens- und soziale Faktoren wie Führungsqualität oder Betriebsklima als Inhaltsmenge betrachtet. Dabei versteht sich das Personalcontrolling als Ansatz des Risikomanagements, um frühzeitig auf Fehlentwicklungen hinzuweisen. Diese Navigationsfunktion ist im Kontext der Haushaltskonsolidierung wichtig, um knappe Ressourcen nicht falsch einzusetzen. Im Sinne der Wertschöpfung gilt es, effizient und effektiv die Personalressourcen zu aktivieren, zu lenken und zu binden. Der Zufluss, Abruf und Erhalt der Humanressourcen sind in einer ausgewogenen Bewertungsmatrix zu bilanzieren. Als Erfolgsparameter resultieren eine erhöhte Wettbewerbs- und Leistungsfähigkeit der Organisation sowie auf personenbezogener Ebene eine Steigerung der Arbeits- und Beschäftigungsfähigkeit nebst Leistungssteigerung. Hiermit wird deutlich, dass Personal einen Wertschöpfungs- und nicht nur ein Kostenfaktor darstellt. Personalcontrolling erklärt, welche Erfolgsfaktoren zu bevorzugen sind. Gleichzeitig sensibilisiert das Personalcontrolling für relevante interne und externe Personalrisiken.

Kurzum: Personalcontrolling rüttelt am blinden Fleck im Personalmanagement. Es zeigt Chancen und Risiken auf.

10.2 Grundlagen des Personalcontrollings

„Waren die arbeitenden Menschen im Industriezeitalter primär ‚Produktions-' und ‚Kostenfaktoren', so sind sie im Wissenszeitalter primär ‚Potenzialfaktoren' und somit eine wichtige Quelle nachhaltiger Erfolge"[640].

Der Paradigmenwechsel: Ein modernes Personalcontrolling darf also nicht nur den Kosten-, sondern muss auch den Potenzialfaktor Mensch erfassen. Die Vergangenheit ist vor allem bestimmt durch die Humanvermögensrechnung (Human Resource Accounting). Sie widmet sich der objektiven Darstellung des Humanvermögens aus monetärer Sicht. Dabei werden Input- und Outputmodelle unterschieden – in der Praxis dominieren die Aufwandsgrößen[641].

- **Input-Modelle:** Berechnung des Humanvermögens über Kosten bzw. Aufwand
- **Output-Modelle:** Berechnung des Humanvermögens als Beitrag zum Organisationserfolg

Aktuell finden sich Erweiterungen in Bezug auf die Markt- und Ressourcenorientierung[642].

- Die *Marktorientierung* als Außensicht (Market-Based View) befasst sich mit der am Kunden definierten Ergebnisgröße (Output) und mit der Frage, wie Personal den Erfolg am Markt bestimmen kann (Wettbewerbsposition). Hier zählt das finanzielle Moment.
- Die *Ressourcenorientierung* als Innensicht (Resourced-Based View) widmet sich den eigenen Stärken und Schwächen (Personen, Prozessen und Strukturen). Dabei geht es um den Erhalt und die Förderung der Humanressourcen aus nichtmonetärer Sicht[643].

10.2.1 Statusbericht des Personalcontrollings

„Personalcontrolling gewinnt zunehmend an Bedeutung – ist es doch Aufgabe des Personalcontrollings, das Wirken des Personalmanagements transparent zu machen und gezielt zu steuern, um personalwirtschaftliche Ziele zu erreichen“[644].

Personalcontrolling ist wichtig. Wie sieht es mit der Umsetzung aus? Die Abbildung 10-4 stellt Ergebnisse des Zustands des Personalcontrollings dar. Sie bauen auf Studien[645] nebst Ergebnissen einer Erhebung zur Bestimmung des Reifegrads des Personalcontrollings im öffentlichen Sektor auf[646]. Der Reifetest berücksichtigt die Datenqualität (Datenherkunft, Kennzahlen, Statistik → Aussagekraft), die Funktionsreife (technische, inhaltliche Abbildung → Effizienz und Effektivität), die Organisationsreife (Aufhängung, Schnittstellen, externe Begleitung → Eigenständigkeit und Stellenwert) und die Kommunikationsreife (Reporting, Transparenz, Verständlichkeit → Adressatenorientierung).

Abb. 10-4: Ergebnisse des Zustandsberichts Personalcontrolling

Zustandsbericht

Ziele

+ Effizienzsteigerung
+ Kostenreduktion
+ Aufzeigen von Personalveränderungen
+ Abbildung von Strukturdaten

– Wirksamkeitsnachweise
– Effektivitätssteigerung
– Erfassung qualitativer Werte
– Strategische Ziel- und Handlungsfelder

Organisation

+ Personalnahe Organisation
+ Zugang zu Personalinformationssystemen
+ Personalforschung (externe Schnittstellen)
+ Kenntnis über Personalprozesse

– Stabstellenfunktion/Nebenfunktion
– Schnittstelle zum allgemeinen Controlling
– Eigenständiges Ressort (Verantwortung)
– Eigene Qualitätssicherung

Schwerpunkte

+ Personalbestand Personalveränderungen
+ Personalkosten
+ Demografiecontrolling (Altersstruktur)
+ Fehlzeiten

– Arbeits- und Leistungsbewertung
– Personalwert bzw. Humankapital
– Versteckte Kosten (indirekt zu bestimmen)
– Personalrisikoanalyse

Methoden

+ Personalinformationssysteme wie SAP
+ Semiprofessionelle Analysetools wie Excel
+ Quantitative Häufigkeitsanalysen
+ Berichtslegung auf Abruf

– Integrierte Datenbanken (Data Warehouse)
– Nachhaltigkeit des Datenmanagements
– Zusammenhangs- und Trendanalysen
– Eigene Kennzahlenentwicklung

10.2.2 Aufgaben und Ziele

Personalcontrolling befasst sich mit den Humanressourcen aus operativer und strategischer Sicht. Dabei unterstützt es strategische Entscheidungen, leistet einen Beitrag zur Organisationsberichterstattung und macht die Personalkosten transparent[647)]. Im Kontext der *Qualitätsinitiative Personal* wird aber deutlich, dass auch die Evaluation der Personalarbeit selbst ein Handlungsfeld des Personalcontrollings ist[648)]: „Was leistet die Personalarbeit zum Organisationserfolg?" und „Wie effizient ist die Personalarbeit?"

Die **Anwendungsbereiche des Personalcontrollings** werden durch die Kernprozesse des Personalmanagements wie Personalbedarfsplanung, Gewinnung (Image, Bewerbungszahlen, Beschaffungskosten, Fluktuation, Auswahlerfolg), Einsatz (Besetzung, Arbeitszeit, -platz, -aufgabe), Entwicklung (Bildungskosten, Beschäftigungsfähigkeit, Laufbahn, Transfer), Entlohnung (Personalkosten, variabler Anteil, Anreizbilanz), Führung (Führungsqualität, Motivation, Arbeitszufriedenheit, Fehlzeiten) oder Freistellung (Anpassungs- und Trennungskosten) bestimmt[649)]. Die Ziele bestimmen die Herangehensweisen.

Doppelte Sichtweise:
Zum einen muss das Personal in Bezug auf Kompetenz, Motivation oder Arbeitsfähigkeit, zum anderen muss die Personalarbeit hinsichtlich ihrer Effizienz und Effektivität betrachtet werden.

Die Klassiker verdeutlichen das Aufgabenspektrum im Personalcontrolling[650)].

- **Personalbedarfscontrolling:** Die Aufgaben bzw. Stellen sowie das Arbeitsaufkommen sind die Ausgangspunkte einer Bedarfsanalyse (siehe Abschnitt 3.1). Die Personalbedarfsermittlung soll gewährleisten, dass die zu erwartende Arbeitsmenge (Arbeitsvolumen) innerhalb eines vorgegebenen Zeitraumes von einer qualifizierten Personalmenge (Arbeitskapazität) abgebildet wird. Dabei sind nicht nur die quantitative Zahl, sondern auch Qualität der Mitarbeiter sowie Arbeitsort und Arbeitszeit zu berücksichtigen. Das Personalbedarfscontrolling überwacht die Abweichungen (Soll-Ist-Abgleich) und bestimmt die Sollwerte mithilfe von Vergleichszahlen.
- **Personalbestandscontrolling:** Der Personalbestand ist der Basiswert. Die Zahl der Köpfe reicht zur Darstellung nicht aus, vielmehr ist eine Strukturanalyse nach Merkmalen wie Alter erforderlich, um Risiken im Bestand zu erkennen. Die Altersstrukturanalyse ist ein Beispiel für eine nach dem Alter differenzierte zukunftsbezogene Personalbestandsanalyse. Die Währungseinheit ist das Vollzeitäquivalent (FTE = Full Time Equivalent).

- **Personalkostencontrolling:** Der Druck im öffentlichen Sektor, seine Personalkosten genau zu kennen, nimmt zu, weil der Anteil der Personal- an den Gesamtkosten hoch ausfällt. Das Personalkostencontrolling stellt die Grunddaten in Bezug auf Entgeltabbildung, Überstunden und Krankenstände für die Kosten- und Leistungsrechnung zur Verfügung. Es bezieht sich nicht nur auf die Kosten des Personaleinsatzes (Vergütung, Neben-, Arbeitsplatz- und Versorgungskosten), sondern differenziert auch nach variablen und fixen Bestandteilen sowie nach Prozesskosten. Ferner werden Ausfallzeiten als Kostenfaktor erkannt. Bei der Kostenreflexion werden nicht nur rückwärtsgewandt Kosten aufaddiert, sondern auch die Wiederbeschaffungskosten als Planungsgröße bewertet.
- **Humanvermögensrechnung:** Die Humanvermögensrechnung betrachtet nicht nur Kosten, sondern interessiert sich auch für Leistungsbeiträge. So können organisationsrelevante Eigenschaften auf Personen- und Organisationsebene (z. B. Kompetenzen oder Führung) als Erfolgsdeterminanten erkannt und als Wertfaktoren den Kosten gegenübergestellt werden. Damit schafft man den Weg zu einer Personalbilanz, in der das Personalbudget, die Personalstruktur und die Personalförderung/-erhaltung verknüpft werden.
- **Human Capital Management:** Dieser Ansatz betrachtet das Personal als Wertschöpfungsfaktor und die das Humankapital fördernden bzw. hemmenden Prozess- und Strukturfaktoren. So interessiert man sich für den Wertbeitrag des Personals am Organisationserfolg. Deshalb fokussiert dieser Ansatz auch auf die Bewertung des Humankapitals.

Die verschiedenen Ansatzpunkte des Personalcontrollings lassen sich auf vier Ebenen abbilden (Abbildung 10-5). So fokussieren einige auf Kosten- und Effizienzfaktoren (Beispiel Personalkostencontrolling), andere auf Effektivitäts- und Erfolgswerte (Beispiel Human Capital Management)[651)]. Generell lassen sich in Bezug auf die Ansatzpunkte drei **Verständnisarten des Personalcontrollings** identifizieren:

1. Kontroll- und Planungsaufgaben sowie Abweichungsanalysen in Bezug auf Personal,
2. Steuerungsfunktion und Führungsunterstützung bei Personalentscheidungen,
3. Effizienz- und Effektivitätssteigerung personalwirtschaftlicher Arbeit und Prozesse.

Abb. 10-5: Ansatzpunkte des Personalcontrollings

Die Aufgabenbereiche und Verständnisarten zeigen ein breites Spektrum an Funktionen des Personalcontrollings auf[652)]. In der Bildersprache könnte man vom Kompass (Aufzeigen von Richtungsvorgaben in der Personalarbeit), Seismograf (Darstellung der Risiken der Personalsituation) und Cockpit (Navigationshilfe und Übersicht zur Personalsituation) sprechen. Das Personalcontrolling unterstützt durch Navigation und Assistenz die Qualität der Personalarbeit und die Umsetzung der Organisationsstrategien aus Personalsicht. Die dabei zu berücksichtigenden Grundfunktionen zeigt die Abbildung 10-6.

Abb. 10-6: Grundfunktionen des Personalcontrollings

Funktionen	Erläuterung
Kontrollfunktion	• *Ansatzpunkte:* Soll-Ist-Abweichungen, interner und externer Vergleich • *Beispiel:* Veränderung der Fehlzeiten, Aufzeigen von Auffälligkeiten
Informationsfunktion	• *Ansatzpunkte:* Erklärung der Personalsituation, Transparenz, Datenaufbereitung • *Beispiel:* Personalberichte zu Strukturdaten, Zusammenhangsdarstellungen
Steuerungsfunktion	• *Ansatzpunkte:* Stärken-Schwächen-Analyse, Zielerreichungsgrade • *Beispiel:* Strukturveränderungen und ihre Wirkung auf Personalfaktoren
Planungsfunktion	• *Ansatzpunkte:* Prognose- und Zielinformationen, Trendanalysen • *Beispiel:* Ermittlung von künftigen Besetzungslücken (Bedarfsdeckung)

Funktionen	Erläuterung
Frühwarnfunktion	• *Ansatzpunkte:* Risiken für/durch Personal, Risiken für/durch Personalarbeit • *Beispiel:* Veränderung der Altersstruktur und der Arbeitsfähigkeit (Demografie)
Wertschöpfungsfunktion	• *Ansatzpunkte:* Personalarbeit als Wertkette, Abstimmung der Kernprozesse • *Beispiel:* Talentsuche und optimierte Aufstiegs-/Entwicklungsmöglichkeiten
Qualitätsprüfungsfunktion	• *Ansatzpunkte:* Personalprozesse, Personalverantwortliche, Budgetierung • *Beispiel:* Erkennen von Prozess-/Strukturdefiziten in der Personalarbeit

10.2.3 Formen und Dimensionen

Personalcontrolling lässt sich durch mehrere Dimensionen beschreiben (Abbildung 10-7). Schwerpunktmäßig überwiegt im öffentlichen Sektor das quantitative, operative und strukturelle Personalcontrolling. Das heißt, dass vor allem harte Daten wie Personalkosten oder Fehlzeiten erfasst und in Beziehung zum Personalbestand abgebildet werden. Der strategische und wertschöpfungsorientierte, meist qualitative Faktor wird erkannt, aber noch fehlen Instrumente und das Wissen zur Erfassung, Analyse und Bewertung des Personalwertes. Zusammenfassend resultieren aus den Dimensionen drei Grundformen[653)]:

- **Instrumentelles Personalcontrolling:** Das Personalcontrolling nimmt Aufgaben im Rahmen des operativen Personalmanagements wahr. Dabei misst das Personalcontrolling die Effizienz der in der Personalarbeit eingesetzten Instrumente. Je nach Personalprozess wie Beschaffung oder Entwicklung überwiegen quantitative oder qualitative Herangehensweisen. Entscheidend ist die Übereinstimmung der Instrumente mit den Bedingungen.
- **Institutionelles Personalcontrolling:** Das Personalcontrolling befasst sich hier mit den Akteuren des Personalwesens und dessen organisatorischer Abbildung. Dabei misst das Personalcontrolling die Wertschöpfungsleistung des Personalwesens. Der Personalbereich soll als Wertschöpfungscenter unternehmerisches Denken und Handeln ermöglichen. Der Personalbereich stellt damit ein eigenständiges Verantwortungsressort dar.
- **Funktionales Personalcontrolling:** Das Personalcontrolling bewertet das Personalmanagement als Funktion im Hinblick auf ihren Beitrag zum Organisationserfolg bzw. zur Wettbewerbsfähigkeit. Dabei wird die Personalarbeit als Ganzes in ihrer Vielschichtigkeit aus Ressourcensicht bewertet. Der Nachweis der Wirksamkeit steht im Vordergrund.

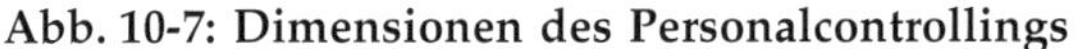

Abb. 10-7: Dimensionen des Personalcontrollings

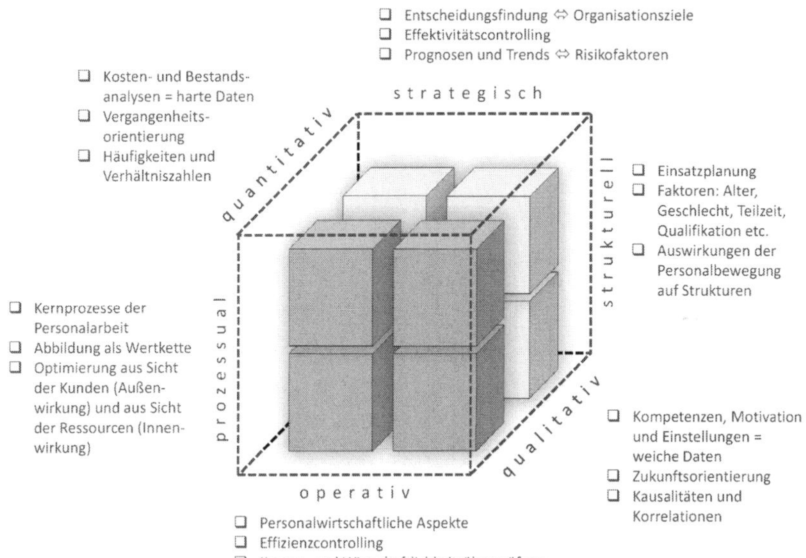

10.2.4 Erfolgsfaktoren des Personalcontrollings

Aktuelle Entwicklungen wie demografieorientierte Personallangfristplanung, Personalrisikomanagement oder die Entwicklung strategischer Steuerungsinstrumente wie die HR Balanced Scorecard offenbaren[654)], dass das Personalcontrolling der Zukunft ein *Strategieansatz* ist. Ein ressourcenbasiertes Strategiekonzept der Personalarbeit befasst sich mit dem Abruf, Erhalt und Zufluss von/an Personalressourcen. Es geht um nachhaltige Lenkung, Bindung und Aktivierung des Humankapitals. Dies kann im Zeitalter des Fachkräftemangels und des demografischen Wandels nicht mehr nur reaktiv und kurzfristig erfolgen, sondern bedarf langfristiger Pläne und Investitionen. *Strategie, Systematik und Nachhaltigkeit* der Personalarbeit stehen im Vordergrund. Diese sind nur mithilfe eines begleitenden Personalcontrollings umsetzbar, das die möglichen Zukunftswege auf Basis von Gegenwartsdaten bewertet und hilft, Maßnahmen zur Umsetzung der Personalstrategie zu priorisieren. Die elektronische Personalarbeit[655)] (eHRM) leistet einen Beitrag zur systematischen Abbildung des Personalcontrollings in der Personalarbeit. Dabei spielen *Personalinformationssysteme* eine große Rolle, denn unterschiedliche qualitative und quantitative Datenkanäle in Bezug auf die Personalprozesse müssen im Wirkungsverbund betrachtet werden[656)]. Personalcontrolling erhält hier die Datenhoheit über personalrelevante Sachverhalte. Damit ist Personalcontrolling keine isolierte Aufgabe mehr, sondern das Rückgrat einer qualitätsgesicherten, effizienz- und effektivitätsorientierten Personalarbeit.

Damit das Personalcontrolling in dieser Hinsicht erfolgreich umgesetzt werden kann, wird auf drei Ebenen angesetzt (Abbildung 10-8)[657]:

Abb. 10-8: Erfolgsebenen des Personalcontrollings

Erfolgsebene	Erläuterung
Qualität *Daten und Berichte*	• Standardisierte Erfassung der Personaldaten → Regelung der Erfassungsformen • Verdichtung der Daten zu Kennzahlen → Lenkung der Aufmerksamkeit der Entscheider • Gestaltung des Berichtswesens → transparent und nachvollziehbar • Vermeidung von Zahlenfriedhöfen
Organisation *Verankerung und Bedeutung*	• Keine Nische des Controllings → Organisation im Personalbereich • Enge Verknüpfung mit dem Personalressort mit Zugängen zum Controlling • Gewährleistung der Unabhängigkeit → risiko- und nicht interessensbezogene Analyse • Gewährleistung der Stabilität → dauerhafte strukturelle Abbildung • Verknüpfung der operativen Personalarbeit mit der strategischen Personalverantwortung
Nachhaltigkeit *Strategie und Ausdauer*	• Strategischer Partner im Kontext der Herausforderungen der Verwaltungsreform • Vorausschauendes Handeln und Frühwarnfunktion durch strategische Risikoanalyse • Personalcontrolling als Schlüssel zur Strategiedefinition und -umsetzung • Einrichtung von Schnittstellen zu strategischen Themen wie Organisationsentwicklung

10.2.5 Baustellen im Personalcontrolling

„Betrachtet man die Personalarbeit, Messgrößen und Strategie als Eckpunkte eines Dreiecks, so stellt man in den meisten Unternehmen fest, dass die Verbindungen zwischen Personalarbeit und Strategie einerseits sowie zwischen Personalarbeit und Messgrößen andererseits unterbrochen bzw. nicht vorhanden sind"[658].

Das Personalcontrolling weist Baustellen auf, die die Aussagekraft der Personaldaten schmälern und die Entschlüsselung des Personalwertes einschränken[659]:

- **Isolationsgefahr:** keine Verknüpfung zu Organisationsstrategien und defizitäre Integration in das allgemeine Unternehmenscontrolling,
- **fehlende Analysewerkzeuge:** Dominanz von Häufigkeitswerten, aber kaum Wissen über Zusammenhänge und Kausalitäten (Ursache-Wirkungs-Beziehungen),

- **mangelnde Vereinheitlichung:** fehlende Integration in ein standardisiertes Personalinformationssystem aus Datensicht (Data-Warehouse),
- **Informationslücken:** fragmentierte bzw. unvollständige Abbildung von Personalkennzahlen (Beispiel Fehlzeiten bei Führungskräften etc.),
- **keine Kontinuität:** unregelmäßige Erfassung vor allem bei Kennzahlen des Effektivitätscontrollings, die nur sporadisch bzw. diskontinuierlich erhoben werden,
- **kein Risikomanagement:** keine systematische und regelmäßige Analyse interner und externer Personalrisiken (Monitoring).

Ein weiteres Problemfeld bezieht sich auf die Passung zwischen Arbeits- und Personalwert. Diese ist anzustreben, denn ein effektiver Personaleinsatz bedeutet, dass die Kompetenzen an den Arbeitsplätzen landen, die auch diese Kompetenzen abrufen. Die Arbeitsbewertung erfasst körperliche, kognitive und emotionale Anforderungen an einen Arbeitsträger (Stelleninhaber) und berechnet daraus den Arbeitswert.

10.3 Methoden des Personalcontrollings

Die Methoden des Personalcontrollings unterscheiden sich in Bezug auf die Werttreiber und Erfolgskennzahlen. So gibt es Methoden, die vor allem Inputgrößen wie Anzahl der Beschäftigten oder Personalkosten erfassen, sowie Methoden, die vorrangig Outputgrößen wie Wertschöpfung oder Produktivität ermitteln. In der Praxis überwiegen die Inputgrößen[660)]. Die allgemeine Herangehensweise lässt sich wie folgt darstellen:

1. Aus der Personalstrategie werden Ziele abgeleitet.
2. Danach identifiziert man die Funktionen in Bezug auf die Kernprozesse des Personalmanagements wie Entwicklung oder Führung, die einen Beitrag zur Zielerreichung leisten.
3. Zuletzt werden mithilfe von Messfühlern und Messgrößen Indikatoren erfasst, die eine Aussage zur Zielerreichung ermöglichen.

Indikatoren sind hier keine erschöpfenden Kennzahlen, denn man benötigt oft mehrere Indikatoren, um ein personalrelevantes Phänomen zu beschreiben und zu bewerten. Viele Personalphänomene sind so vielschichtig, dass das Personalcontrolling diese mithilfe verschiedener Messdefinitionen operationalisieren muss, um sie messtechnisch zugänglich zu machen. Oftmals muss der Mensch dabei selbst als Messsensor fungieren.

Indikatoren sind nicht eindeutig. So lässt sich z. B. Arbeitszufriedenheit durch mehrere Indikatoren beschreiben. So könnte die Fehlzeitenquote ein Indiz für motivationale Probleme sein. Aus einer Mitarbeiterbefragung lassen sich Einstellungswerte zur Arbeitszufriedenheit ermitteln. Aber auch Hinweise auf die Arbeitsqualität oder die Bereitschaft, freiwillig „Sonderaufgaben" wahrzunehmen oder Überstunden zu machen, sind Indikatoren der Arbeitszufriedenheit. Jeder dieser Indikatoren kann auch auf andere Aspekte verweisen. So kann die Fehlzeitenquote Hinweis für gesundheitsschädigende Arbeitsbedingungen sein.

Beispiele für die Grundlogik:

- Ziel: Geeignetes Personal finden → Funktion: Beschaffung → Teilfunktion: Marketing → Indikator: Anzahl qualifizierter Initiativbewerbungen, durchschnittliche Dauer der Stellenbesetzung, Beschaffungskosten
- Ziel: Können aufrechterhalten und steigern → Funktion: Entwickeln → Teilfunktion: Weiterbildung → Indikator: Lernerfolgstests, Transfernachweis, Vorgesetztenbeurteilung, Kundenbefragung, Teilnehmerbewertung

Da das Personalcontrolling mit mehreren Datenarten Personalphänomene beschreibt, eignet sich hier das Bild vom Gleichungssystem (Abbildung 10-9)[661)]. Es bezieht sich auf abhängige und unabhängige Faktoren und berücksichtigt moderierende Einflüsse. So wird z. B. im Arbeitsfähigkeitsmanagement versucht, die Arbeitsfähigkeit der Mitarbeiter im Kontext des demografischen Wandels zu steigern[662)]. Damit ist die Arbeitsfähigkeit ein abhängiger Faktor (Zielgröße). Beeinflusst wird die Arbeitsfähigkeit durch Belastungsfaktoren der Arbeitswelt als unabhängige Faktoren wie Aufgabengestaltung, Arbeitszeit oder Führung, die mit Indikatoren gemessen werden. Moderiert wird die Beziehung zwischen unabhängigen und abhängigen Faktoren durch Alter, Geschlecht oder psychische Widerstandskraft (Resilienz). Die Logik des Gleichungssystems lässt sich am **Treiber-Indikatoren-Modell** aufzeigen[663)]. Dabei ist das Ziel eines Personalrisikomanagements, frühzeitig Hinweise auf Veränderungen zu erhalten, um rechtzeitig reagieren zu können[664)]. Je plausibler die Indikatoren das Phänomen erklären, desto eher lassen sich Maßnahmen an den Treibern realisieren und damit negative Werte bei den Spätindikatoren vermeiden.

- **Treiber:** Es handelt sich um die Befähiger. Sie sind die Stellhebel, deren Wirkung auf personalrelevante Phänomene maßgeblich ist. Dazu gehören z. B. die Führungsqualität, Kompetenzen, die sozialen Beziehungen, die Arbeitsbedingungen oder die Kulturwerte.
- **Frühindikatoren:** Noch sind keine Störgrößen im Personalbereich erkennbar. Dennoch gibt es Indikatoren, die Letztere ankündigen. Sie sind meistens personengebundener Art und bilden sich im Arbeitsverhalten ab. Dazu zählen beispielsweise das Commitment, die Arbeitszufriedenheit, das Betriebsklima oder das psychosoziale Wohlbefinden.
- **Spätindikatoren:** Treten diese auf, ist „das Kind schon in den Brunnen gefallen". Sie sind das Ergebnis eines langen Prozesses von Veränderungen. Das Personalcontrolling kann diese nur noch beschreibend erfassen und die Personalarbeit nur noch darauf reagieren. Hierzu zählen innere Kündigung, Fehlzeiten, hohe Fluktuation, defizitäre Arbeitsqualität.

Abb. 10-9: Das Treiber-Indikatoren-Modell als Gleichungssystem

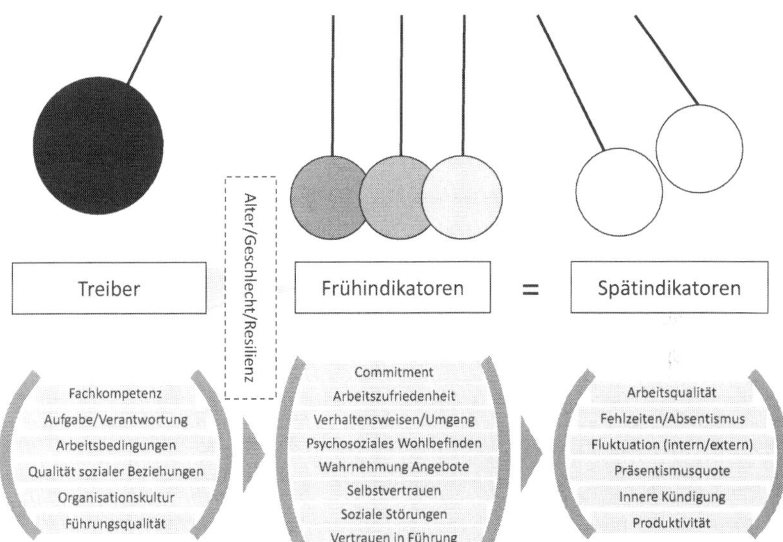

10.3.1 Daten- und Bewertungsmanagement

„Die Objektivation des Humanvermögens in den Wirtschaftswissenschaften und die Subjektivität des Humanvermögens in den Verhaltenswissenschaften sind keine Gegensätze. Es sind zwei Seiten einer Medaille, ...die hier in einer integrativen Betrachtung zusammengeführt werden sollen"[665].

Da das Humanvermögen aus Ergebnis- und Potenzialsicht nur durch einen interdisziplinären Zugang erklärt werden kann, bedarf es verschiedener Datenströme zur **integrativen Messung**. Der Erfolg einer Organisation bestimmt sich nicht nur aus formalen Qualifikationen, sondern u. a. auch aus der Motivation, von diesen Kompetenzen Gebrauch zu machen[666]. Personalcontrolling hat damit zunächst die Funktion einer möglichst *vollständigen Informationsversorgung*, um aus den Daten Antworten auf Zustände, Chancen und Risiken im Personalbereich abzuleiten. Aber hier zeichnet sich die Krux im Personalcontrolling ab, denn diese Datenströme liegen entweder brach, sind fragmentiert bzw. unvollständig oder sie lassen sich nicht zusammenführen. *Datenmanagement* bedeutet also eine systematische Zusammenführung qualitativer und quantitativer Personaldaten zwecks gemeinsamer Verrechnung in Personalinformationssystemen[667].

Daten sind zu aussagekräftigen Kennzahlen zu bündeln. Kennzahlen verfügen über einen Maßstab zur Interpretation und sind mit Zielfeldern verknüpft. Sie verdichten Daten und informieren über Sachverhalte im Personalwesen in komprimierter und quantifizierter Form. Dabei sind Gütegebote zu berücksichtigen[668]. Die Kommunale Gemeinschaftsstelle für Verwaltungsmanagement definiert einige **Mindestanforderungen für Kennzahlen**[669]:

- Kennzahlen sollen inhaltlich relevant sein und damit Steuerung ermöglichen.
- Kennzahlen sollen zielbezogen und messbar sein.
- Kennzahlen sollen sensibel auf Maßnahmen und Veränderungen reagieren.
- Kennzahlen sollen interne und externe Vergleiche erlauben.
- Kennzahlen müssen wiederholt messbar sein.
- Kennzahlen sollen transparent und nachvollziehbar sein.
- Kennzahlen sollen dem Adressaten dienen.

In Abbildung 10-10 sind klassische Kennzahlen dargestellt[670]. Zumeist handelt es sich um Quotenwerte. Um anteilige Verhältnisse darzustellen, eignet sich die Summe der Vollzeitäquivalente (zwei Halbtagsstellen = 1 Vollzeitäquivalent = 1 FTE).

Abb. 10-10: Beispielhafte Personalkennzahlen

Personalkennzahl	**Formel** (MA = Mitarbeiter)
Altersstruktur	$\frac{\text{Anzahl MA nach Altersgruppe pro Jahr}}{\text{Gesamtzahl MA}} \times 100\ [\%]$
Arbeitgeberattraktivität	$\frac{\text{Anzahl der Initiativbewerbungen}}{\text{Gesamtzahl der Bewerbungen}}$
AZUBI-Quote	$\frac{\text{Anzahl Auszubildender}}{\text{Gesamtzahl MA}} \times 100\ [\%]$
Bewerberquote	$\frac{\text{Anzahl Bewerber}}{\text{Anzahl freier Stellen}} \times 100\ [\%]$
Fehlzeitenquote	$\frac{\text{Anzahl Fehlzeitentage}}{\text{Sollarbeitszeit}} \times 100\ [\%]$
Fluktuationsquote	$\frac{\text{Anzahl der Personalabgänge}}{\text{Personalanfangsbestand + Zugänge}} \times 100\ [\%]$
Gesundheitsquote	$\frac{\text{Regelarbeitstage – Ausfalltage AU}}{\text{Regelarbeitstage}} \times 100\ [\%]$
Mehrarbeitsquote	$\frac{\text{Anzahl Mehrarbeitsstunden}}{\text{Anzahl Regelarbeitsstunden}} \times 100\ [\%]$
Personaldeckung	$\frac{\text{Tatsächliche Einstellungen}}{\text{Benötigt Anzahl MA}} \times 100\ [\%]$
Teilzeitquote	$\frac{\Sigma\ \text{Vollzeitäquivalente}}{\text{Gesamtzahl MA}} \times 100\ [\%]$

Personalkennzahl	Formel (MA = Mitarbeiter)
Unbesetzte Stellen	$\frac{\text{Anzahl unbesetzter Stellen}}{\text{Gesamtzahl geplanter Stellen}} \times 100\ [\%]$
Weiterbildungskosten	$\frac{\text{Gesamtkosten für Weiterbildungsmaßnahmen}}{\text{Gesamtzahl MA oder } \Sigma \text{ Vollzeitäquivalente}}$

Die Balanced Scorecard (BSC) offenbart, was **integrative Bewertung** bedeutet. Im Personalbereich gewinnt sie aufgrund der Vielschichtigkeit von Shareholder- und Stakeholder-Interessen (Anrechte der Eigentümer, Kunden und Mitarbeiter etc.) an Bedeutung[671)]. Sie lässt sich mit dem *Qualitätsmanagementmodell* der öffentlichen Verwaltung (CAF – Common Assessment Framework) verknüpfen, denn das CAF fungiert als Referenzrahmen, und die BSC liefert die Informationen zur Steuerung[672)]. Die Selbstbewertung im Qualitätsmanagement wird als Instrument der Verwaltungsmodernisierung genutzt[673)]. Das Qualitätsmanagement liefert eine Landkarte zu Visionen und Missionen aus der Stärken-Schwächen-Beurteilung mithilfe der Selbstbewertung (Bedeutung und Erfüllungsgrad). Die Daten sind qualitativ und zeigen strategische Zielfelder auf. Diese gilt es, zu operationalisieren und in das Tagesgeschäft zu übersetzen. Die BSC arbeitet mit diesen Indikatoren (Key Performance Indikatoren, KPI) und liefert dem Qualitätsmanagement kontinuierlich quantitative Daten zur Zielverfolgung.

HR Scorecard

Die HR BSC ist ein integriertes und aufeinander abgestimmtes Indikatorensystem, um die Wechselwirkung verschiedener Zielfelder in Bezug auf Personal wie Finanzen (Personalaufwand, Ausfallkosten etc.), Prozesse (Effizienz und Effektivität der Kernprozesse der Personalarbeit, Beteiligungsquote Mitarbeiter etc.), Kunden (Mitarbeiterzufriedenheit, Bindung, Anzahl positiver Presseberichte etc.) oder Potenziale (Beteiligung Vorschlagswesen, Bildungsintensität, Führungsqualität etc.) aufzuzeigen[674)]. Damit werden *erfolgsrelevante Werttreiber* in der Personalarbeit ganzheitlich betrachtet. Dadurch wird vermieden, dass eine einseitige Personalstrategie übersetzt wird (z. B. Kostenreduktion). Um nicht die Übersicht zu verlieren, schränkt sich die BSC auf maximal 20 strategische Faktoren in den Zielfeldern ein. Die größte Herausforderung findet sich in der Bestimmung der Gewichtungen zwischen den Zielfeldern und innerhalb derselben. Diese ergeben sich aus strategischen Setzungen, aber auch aus empirischen Ursache-Wirkungs-Analysen oder Vergleichen mit anderen.

Ein Beispiel für eine HR Scorecard ist die „Global Human Resources Scorecard" der Daimler AG (Nachhaltigkeitsbericht 2012, http:// nachhaltigkeit.daimler.com/). Sie erfasst folgende Zielfelder nebst Indikatoren:

- Profitabilität: Arbeitskosten, Flexibilität (Arbeitskräfte-/Arbeitszeitflexibilität), Global Footprint (Ausland)

- Wettbewerbsfähige Belegschaft: Anwesenheit, demografische Struktur, Qualifikation
- Führungskompetenz: Mitarbeiterzufriedenheit, Führungskräftepotenzial, Diversity
- Attraktivität als Arbeitgeber: Mitarbeiterzufriedenheit, Arbeitgeberimage, Fluktuation
- Professionelle Personalarbeit: Kundenzufriedenheit, Personalinstrumente, Service, HR-Budget

10.3.2 Methodische Herangehensweisen

„Human Capital ist...das auf Ausbildung und Erziehung beruhende Leistungspotenzial der Arbeitskräfte. Der Begriffsanteil Kapital erklärt sich hierbei aus den hohen finanziellen Aufwendungen, die zur Ausbildung dieser Fähigkeiten entstehen, und der damit erschaffenden Ertragskraft"[675].

Hohe Personalaufwendungen sollen am Ende einen hohen Ertrag erwirtschaften. Dabei ist der Ertrag abhängig von den Organisationszielen. Dementsprechend finden sich verschiedene Methoden, um das Humankapital zu bewerten[676].

Es lassen sich fünf Herangehensweisen (Methodencluster) zur Bestimmung des Humankapitals bestimmen[677]. Die Maxime dieser Methoden lautet: Investitionen in das Personal sind in Bezug auf ihren Wertbeitrag berechenbar. Diese Methoden stellen oftmals Neuland dar, weil das finanzwirtschaftliche Verständnis und die Zusammenhänge aus Sicht des Rechnungswesens im Hinblick auf Personalfragen fehlen. Trotz berechtigter Kritik[678] bieten diese Methodencluster Raum für ein erweitertes Verständnis im Personalcontrolling, das sich nicht mehr auf strukturelle Personalkennzahlen wie Teilzeit- oder Mehrarbeitsquote und Kostenarten beschränkt, sondern auch *wirksamkeitsorientierte Personalkennzahlen* liefert[679].

- **Markt als Maßstab:** Sie berücksichtigen den Zusammenhang zwischen Markt- und Buchwert. Der Marktwert lässt sich z. B. durch den Aktienwert bestimmen; der Buchwert entspricht dem bilanziellen Anlagevermögen. Dieser Wert wird in Verhältnis zum Personalbestand gesetzt. Dieser Ansatz ist für Investoren interessant. Problematisch ist, dass der Marktwert schwankend ist und dass der Buchwert von den Abschreibungsmöglichkeiten und Zuschreibungen beeinflusst ist. Unklar bleibt, welchen Anteil das Humankapital am Markt- und Buchwert hat. Ein marktorientierter Ansatz ist der Human Capital Market Value (HCMV) (Markt- minus Buchwert geteilt durch Summe Vollzeitäquivalente)[680].
- **Bilanz als Maßstab:** Sie bauen auf der Tradition der Modelle des Human Resource Accounting (HRA) auf[681]. Dabei definiert sich die Berechnung des Humankapitals gemäß der Logik der Rechnungs- und Bilanzierungsverfahren. Personal wird wie ein langfristig nutzbares Anlagegut analog

zu einem „Leasingprodukt" betrachtet. Berechnet wird das Humankapital als Funktion des Personalaufwands und entsprechender Abschreibungsgrößen. Kritisch ist, dass sich viele Personalfaktoren wie Motivation dem buchhalterischen Denken entziehen. Zudem lassen sich zukünftige Einkünfte nur schwer prognostizieren. Dabei geht man von stabilen Annahmen für die Langfristbetrachtung aus, was z. B. die Größe der Organisation betrifft. Ein bilanzorientierter Ansatz ist das Entgeltbarwertverfahren. Dort berechnet sich das Humankapital aus Personalaufwand und einem Konversionsfaktor, das die jährlichen Gehaltssteigerungen, den Langfristzinssatz und die durchschnittliche Restarbeitszeit bis zum Pensionseintritt berücksichtigt.

- **Ertrag als Maßstab:** Diese Ansätze sind outputorientiert. Ertragsgrößen werden im Verhältnis zu Kapitalkostensatz und Personalbestand gesetzt. Damit wird eine Verknüpfung zwischen beschäftigten Mitarbeitern und dem Ertrag postuliert, um aufzuzeigen, wie hoch der Beitrag des Humankapitals am finanziellen Erfolg ist. Kritisch ist hier die Verknüpfung zwischen Ertrags- und Personalgrößen. Dabei wird ein für jeden Mitarbeiter gleicher Beitrag zur Wertsteigerung angenommen. Problematisch ist, dass die Modelle durch ihre Logik die Verringerung von Personal als wertsteigernd in Bezug auf das Humankapital unterstellen und dass es sich um eine vergangenheitsbezogene Momentaufnahme handelt. Ein ertragsorientierter Ansatz ist der ROI-Wert (Return on Investment) für das Humankapital (HCROI). Die Kapitalrendite des Humankapitals ergibt sich aus dem operativen Ergebnis abzüglich des Personalaufwands, dividiert durch den Personalaufwand. Dieser bestimmt sich aus Gehältern, Arbeitgeberzusatzleistungen, Leih- und Zeitarbeitskosten sowie Absentismus- und Fluktuationskosten (Human Capital Cost Factor).
- **Wertschöpfung als Maßstab:** Analog zu den ertragsorientierten Ansätzen bemühen sich die mehrwertorientierten Ansätze um ein outputorientiertes Controlling, d. h., dass man das Humankapital anhand der durch die Mitarbeiter begründeten Wertschöpfung ermittelt. Der Wert des Humankapitals resultiert aus der Differenz zwischen Output und Input. Die Berechnung basiert auf Informationen aus der Rechnungslegung. Auch hier kristallisieren sich als Hauptprobleme die Zurechnungs- und Zukunftsfrage heraus. Die Verfahren berücksichtigen keine qualitativen Komponenten des Humankapitals. Dadurch kommt die Logik auf, dass Personalabbau zur Steigerung des durchschnittlichen Humankapitalwertes beiträgt („Entlassungsproduktivität"). Ein mehrwertorientierter Ansatz ist der Human Economic Value Added (HEVA). Dort wird EVA als Nettogröße des Gewinns in Relation zu den Vollzeitäquivalenten gesetzt. Damit drückt der HEVA aus, wie hoch der ökonomische Wertbeitrag durch einen durchschnittlichen Vollzeitäquivalenten ausfällt.
- **Qualitative Eigenschaften als Maßstab:** Diese Ansätze sind vielfältig, denn das Ziel ist, durch quantitative oder qualitative Indikatoren und deren Wechselwirkungen das Humankapital zu steuern. So lassen sich

hier Potenzialwerte, wie Motivation, als Messgrößen berücksichtigen. Im Gegensatz zu den ertragsorientierten Verfahren werden zukünftige Beiträge des Humankapitals erfasst. Die mehrdimensionale Erfassung des Humankapitals bedeutet aber mehr Aufwand. Zumeist sind Instrumente z. B. zur Bestimmung des Commitments zu entwickeln. Die Personaldarstellung ist aussagekräftiger, aber auch schwieriger in der Umsetzung und im Vergleich. Damit ergeben sich messtheoretische Probleme und Risiken der Beeinflussbarkeit[682)]. Ein indikatorenbasierter Ansatz ist der Human Asset Worth (HAW), der die Fähigkeiten, Potenziale, Beiträge und das Commitment der Mitarbeiter erfasst und die strategisch gewichteten Werte mit den Personalkosten verknüpft.

Eine kritisch diskutierte Gesamtformel, die mehrere Ansätze berücksichtigt, stellt die **Saarbrücker Formel** dar (Abbildung 10-11)[683)].

- Im ersten Teil folgt die Formel dem *Marktansatz*, indem die Summe der Vollzeitäquivalente der Beschäftigungsgruppe mit dem durchschnittlichen Marktgehalt multipliziert wird.
- Im zweiten Teil folgt die Formel dem *bilanzorientierten Ansatz*, indem als Abschreibungskomponente das Wissen fokussiert wird. Hier werden die Wissensrelevanzzeit und die Dauer der durchschnittlichen Betriebszugehörigkeit als Verbleibedauer des Wissens in Beziehung gesetzt. Als Kompensationsstrategie des Wissensverlustes werden additiv die auszahlungswirksamen Kosten der Personalentwicklung berücksichtigt.
- Der dritte Teil der Formel folgt dem *indikatorenbasierten Ansatz* und erfasst qualitative Faktoren wie Commitment, diverse Aspekte der Arbeits- und Führungssituation (Kontext) und die Neigung der Mitarbeiter, sich längerfristig an das Unternehmen zu binden (Retention). Diese weichen Faktoren werden quantifiziert.

Am Ende erfolgt eine Aufsummierung über alle betrachteten Mitarbeiter der jeweiligen Mitarbeitergruppe, um eine monetäre Gesamtkennzahl für das Humankapital zu erzielen. Eine individuelle Betrachtung würde hier die Steuerbarkeit zu sehr einschränken. Die *Grundlogik* der Saarbrücker Formel besagt, dass eine fähige, hoch motivierte Belegschaft, die über aktuelles wertschöpfungsrelevantes Wissen verfügt und durch Personalentwicklung weitgehend auf diesem Wissensstand gehalten wird, zu hohen Humankapitalwerten führt. Dieser Ansatz erntet jedoch Kritik und wird als „Formel ohne Fortschritt“ entlarvt, denn in der konsequenten Umsetzung bedeutet diese Formel, möglichst viele qualifizierte Mitarbeiter mit veraltungsresistentem Wissen mit unterdurchschnittlicher Vergütung einzustellen[684)]. Problematisch sind vor allem die Berechnung des Wertverlustes und die nur additive Verknüpfung der Wertkompensation, denn die Fluktuation zur Aufrechterhaltung des wertschöpfungsrelevanten Wissens erscheint „günstiger“ als die Personalentwicklung. Doch wäre dies voreilig, denn die Formel berücksichtigt multiplikativ einen Motivationsindex als Wertveränderung[685)]. So wirkt z. B. eine hohe Fluktuation negativ auf das Commitment. Gerade dieser Wert wird aber hinsichtlich seiner Operationalisierung nicht weiter konkretisiert, sodass er in der Praxis unterschiedlich gemessen wird. In Anbetracht des demografischen Wandels sollte auch die Arbeitsfähigkeit der Mitarbeiter als Faktor berücksichtigt werden.

> **Risiken bei der Bestimmung des Personalwertes:**
> Man sollte sich der Einschränkungen der jeweiligen Herangehensweisen bewusst sein und keine unreflektierten Kausalschlüsse ziehen. Dies betrifft vor allem die finanzorientierten Verfahren, da sie Personalabbau kurzfristig als Renditefaktor betrachten.

Abb. 10-11: Saarbrücker Formel nach Christian Scholz

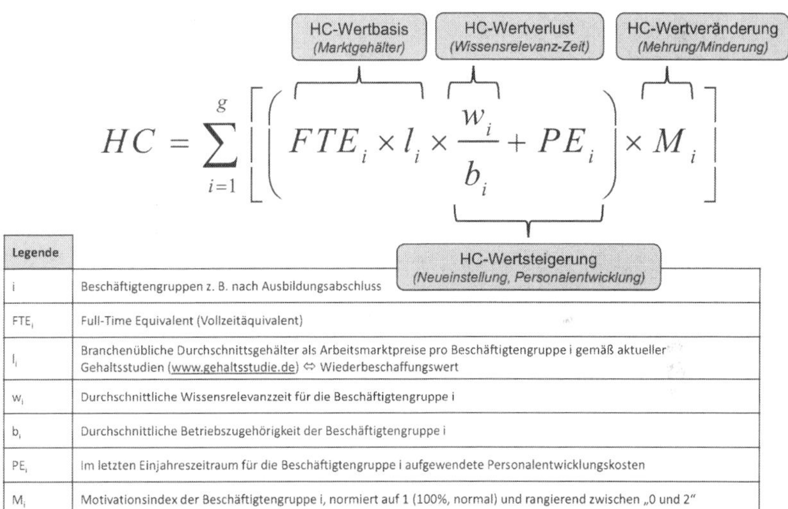

$$HC = \sum_{i=1}^{g} \left[\left(FTE_i \times l_i \times \frac{w_i}{b_i} + PE_i \right) \times M_i \right]$$

Legende	
i	Beschäftigtengruppen z. B. nach Ausbildungsabschluss
FTE_i	Full-Time Equivalent (Vollzeitäquivalent)
l_i	Branchenübliche Durchschnittsgehälter als Arbeitsmarktpreise pro Beschäftigtengruppe i gemäß aktueller Gehaltsstudien (www.gehaltsstudie.de) ⇔ Wiederbeschaffungswert
w_i	Durchschnittliche Wissensrelevanzzeit für die Beschäftigtengruppe i
b_i	Durchschnittliche Betriebszugehörigkeit der Beschäftigtengruppe i
PE_i	Im letzten Einjahreszeitraum für die Beschäftigtengruppe i aufgewendete Personalentwicklungskosten
M_i	Motivationsindex der Beschäftigtengruppe i, normiert auf 1 (100%, normal) und rangierend zwischen „0 und 2"

10.3.3 Werttreibermodell

Ein mehrdimensionales Konzept zeichnet sich ab. Personen, Prozesse, Strukturen und Systeme bestimmen den wertschaffenden Raum des Personals, der sowohl aus Sicht der Eigentümer (Shareholder-Value) als auch aus Sicht der Beteiligten (Stakeholder-Value) zu reflektieren ist[686)]. Das **Werttreibermodell** differenziert diverse Kapitalarten[687)]:

1. **Individuelles Humankapital (IHC):** Personengebundene Werte wie Fach- und Sozialkompetenzen, Motivation, Erfahrung etc. stellen die intellektuelle, integrative und motivationale Potenzialseite des Humankapitals dar[688)]. Es gilt, das IHC durch Personalprozesse wie Personalentwicklung sowie durch Investitionen wie Gesundheitsförderung und Work-Life-

Balance zu erhalten und zu steigern. Eine Mehrung entsteht durch Personaleintritt, ein Verlust durch Personalaustritte oder Ausfallzeiten. Gerade im Zeitalter des Fachkräftemangels ist das Beschaffungs- und Bleibemanagement damit eine wichtige Funktion zur Steigerung des individuellen und strukturellen Humankapitals.

2. **Dynamisches Humankapital (DHC):** Prozessgebundene Faktoren wie Führung, Kommunikation, Entscheidung und Beteiligung bestimmen das dynamische Humankapital. Betriebsklima, eine gesunde Organisationskultur und der gruppenbezogene Zusammenhalt wirken positiv auf das in den Abläufen gebundene Humankapital. Viele Personalinstrumente bemühen sich um eine Optimierung der Abläufe – hierzu zählen z. B. Führungsinstrumente und Teamentwicklungsmaßnahmen. Im Zeitalter der Verwaltungsreform ist das Beziehungs-/Sozialkapital ein erfolgversprechender Faktor. Die Bestimmung des dynamischen Humankapitals erfolgt vor allem durch das qualitative Personalcontrolling.
3. **Strukturelles Humankapital (SHC_1):** Zuallererst ist damit der Personalbestand in seiner strukturellen Abbildung gemeint. Kategorien wie Alter, Berufsgruppe etc. ermöglichen eine segmentierte Darstellung innerhalb der Aufbauorganisation. Das Personalbestandscontrolling bietet eine Übersicht. Auch lassen sich hier Fluktuation und Krankenstand abbilden. Das strukturelle Humankapital stellt eine stabilisierende Komponente dar.
4. **Systembezogenes Humankapital (SHC_2):** Dieser Ansatz wird im Werttreibermodell beim strukturellen Humankapital angesiedelt. Aufgrund der Bedeutungszunahme der Qualität der Personalsysteme empfiehlt sich diese Differenzierung. Leitbilder, Personalsysteme, Berichtswesen und die Funktionen der Personalarbeit bestimmen die Matrix, in der Personal seine Leistung abbildet. Zu den Personalsystemen zählen u. a. Beschaffungs-, Auswahl-, Vergütungs-, Entwicklungs- oder Führungssysteme. Hier lassen sich die Personalinstrumente in Bezug auf Quantität und Qualität bewerten. Entscheidend ist ferner die Betreuung der Beschäftigten durch die Personalarbeit. Dies entspricht der Vorstellung, dass Personalarbeit ein unternehmerischer Wertschöpfungsfaktor ist[689)].

Derzeit gewinnt vor allem das dynamische Humankapital aufgrund der Veränderungsprozesse an Bedeutung. Deshalb ist zu erwägen, dass man anstatt des summativen Modells $HC_{Gesamt} = \Sigma[IHC, DHG, SHG_{1+2}]$ das dynamische Humankapital als multiplikativen Faktor im Sinne von $HC_{Gesamt} = DHG \times [IHG + SHG_{1+2}]$ betrachtet, denn Defizite in den Prozessen lassen sich nur bedingt durch individuelle oder strukturelle Maßnahmen kompensieren[690)].

Zur Bestimmung der Kapitalarten werden Werttreiber definiert (Abbildung 10-12)[691)]. Diese werden durch Gestaltungsfaktoren und zugeordnete Messgrößen (Kennzahlen, Deskriptoren, Indikatoren) beschrieben. So lässt sich z. B. der Werttreiber Personalmanagement anhand der Personalstrategien, der Struktur des Personalbereichs, der Abläufe in der Personalarbeit sowie der Systeme und Instrumente der Personalarbeit beschreiben. Die Messgrößen je

Werttreiber sind organisationsspezifisch zu bestimmen. Aus den Werttreibern lassen sich Risikokategorien ableiten[692] – beim Personalmanagement z. B. unklare Personalstrategien, nicht kundenorientierte Personalstruktur, ineffiziente Personalprozesse, mangelnde Vernetzung oder nicht ökonomische Personalsysteme. Die Berechnung des Personalwerts erfolgt anschließend aus der Multiplikation des aus den Gestaltungsfaktoren des Humankapitals errechneten Humankapital-Gewichtungsfaktors mit dem Unternehmenswert.

Abb. 10-12: Werttreiber im Personalcontrolling

Werttreiber	Erläuterung	Individuelles Humankapital	Dynamisches Humankapital	Strukturelles Humankapital
Unternehmens-umfeld	Wirkung von außen auf Organisation und Wirkung der Organisation auf das Umfeld	stark	schwach	mäßig
Unternehmens-struktur	Gestalt der Organisation aus formaler, inhaltlicher und informeller Sicht	mäßig	mäßig	mäßig
Teamprozesse	Interaktionen zwischen Personen und Gruppen auf gleicher Ebene	schwach	stark	schwach
Führung	Systeme und Verhaltensweisen führungsbezogenen Handelns	mäßig	stark	schwach
Personal-management	Aktivitäten, die sich auf Personal oder Personalbereich beziehen	mäßig	stark	mäßig
Arbeits- und Personalrecht	Rechtswirksame und schriftlich fixierte Regelungen hinsichtlich Personal	schwach	schwach	stark
Personalkosten	Finanzielle und kostenwirksame Personalaufwendungen	schwach	schwach	stark
Personal-struktur	Qualitative und quantitative Zusammensetzung des Personals	mäßig	schwach	stark
Schlüsselkräfte	Personen von entscheidender Bedeutung für den Organisationserfolg	stark	schwach	schwach
Unternehmens-kultur	Formale und informelle Werte, Normen und Regeln	mäßig	stark	schwach

Zusammenspiel der Humankapitalarten als Chance

Wertschöpfung in der Personalarbeit erzielt man, indem man in Personal investiert (Förderung und Erhalt der Humanressourcen) sowie gewährleistet, dass qualifiziertes Personal in angemessener Zahl nach Arbeitsort und Arbeitszeit vorliegt. Die Schlagkraft des Personals steigt jedoch exponentiell, wenn es zudem gelingt, die Zusammenarbeit des Personals zu steigern. Führung und Teamarbeit sind beispielhafte Gestaltungsfelder.

10.4 Schwerpunktbereiche

Personalcontrolling beschränkt sich nicht nur auf die Bestimmung des Humankapitals oder des Personalwerts, sondern ermöglicht Tiefenblicke in Schwerpunktbereiche. Diese beziehen sich auf die *Wachstumsbausteine der Personalarbeit*: Kompetenzen, Werte, Gesundheit, Führung und Motivation[693]. Der Paradigmenwechsel im Personalcontrolling von Kosten und Köpfen zu Inhalten ist geprägt durch das Personalrisikomanagement[694].

10.4.1 Übersicht

„Vom Wiegen wird die Sau nicht fett" ist ein Plädoyer für mehr Inhalte, wenn es um das Beschreiben, Messen und Bewerten von Humanressourcen geht[695].

Die Abbildung 10-13 enthält eine Übersicht zu Schwerpunktbereichen des Personalcontrollings. Im Kontext einer integrierenden wertbezogenen Betrachtung des Personalfaktors wird es notwendig, diese Aktivitäten in einem übergreifenden Ansatz des Personalcontrollings zu bündeln[696]. Beispielhaft wird hier das Bildungscontrolling vorgestellt.

Abb. 10-13: Schwerpunktbereiche im Personalcontrolling

Schwerpunktbereiche	Typische Zielfelder	Beispielhafte Ansätze der Messung
Bildungscontrolling	Evaluation der Maßnahmen Nachweis der Wirksamkeit Zielgruppenorientierung Qualitätssicherung Bildungsqualität	Erfolgsmessung Weiterbildungsstatistik (Teilnahme) Teilnehmerzufriedenheit Nutz-Wert-Analysen Qualität der Dozenten Transfernachweis
Einstellungs- und Erwartungscontrolling	Erfassung von Commitment Analyse der Stimmungslandschaft Selbst- und Fremdsicht Erwartungsbrüche und Dissonanzen Akzeptanzwerte	Mitarbeiterbefragung Beschwerde-/Kummerkasten Erweiterte Fluktuationsanalysen Interaktive Methoden wie Workshop Diskussionen
Führungscontrolling	Führungsqualität Gesundes Führen Führungsakzeptanz Führungskompetenz Führungsziele	Managementaudit Feedbacksysteme Mitarbeiterbefragung Potenzialanalysen Managementdiagnostik
Gesundheits- und Demografiecontrolling	Arbeitsfähigkeit Altersstrukturwert Belastungsfaktoren Arbeitswelt Psychische Gefährdung Soziale Störungen Gesundheitsressourcen	Gesundheitsstatistiken Gesundheitsanalyse Mitarbeiterbefragung Gefährdungsanalyse Fehlzeitenanalyse Altersstrukturanalyse

Schwerpunktbereiche	Typische Zielfelder	Beispielhafte Ansätze der Messung
Kompetenzcontrolling *Verknüpfung mit Bildungscontrolling*	Kernkompetenzen Karrieremodelle Talentsuche Passung Stelle ↔ Anforderungen	Kompetenzmodelle Kompetenzprofiling Potenzialanalysen Identifikation von Talenten Stellenprofilanalysen

10.4.2 Bildungscontrolling

„Bildungscontrolling ist…weder ein reines Kennzahlensystem noch lediglich ein Instrument, mit dem am Ende von Fortbildungsmaßnahmen Zufriedenheits- und Lernerfolge gemessen werden, sondern ein Prozess, mit dem Bildungsmaßnahmen von Anfang an auf ihre größtmögliche Wirksamkeit und ihren größtmöglichen Nutzen für die Organisation auf der einen und die Mitarbeiter auf der anderen Seite ausgerichtet wird"[697].

Das Neue Steuerungsmodell verlangt nicht nur eine höhere Wirtschaftlichkeit und eine ausgeprägte Bürger- bzw. Kundenorientierung, sondern auch eine nach innen gerichtete Mitarbeiterorientierung[698]. Fort- und Weiterbildungen im Konzert der Personalentwicklung zählen zu Ansatzpunkten zur Steigerung des Humankapitals (siehe Kapitel 5). Dieser Ansatz erfordert im Bildungscontrolling einen Paradigmenwechsel von der Input- zur Outputorientierung[699]. Nicht nur die Kosten sind maßgeblich, sondern die Qualität der Leistungserbringung. Im Inputcontrolling werden Angebote und Ressourcen erfasst, im Outputcontrolling interessiert der ökonomische Nutzen, der Bildungsgewinn, die Zufriedenheit sowie der Lern- und Umsetzungserfolg. Es geht um Wirkungen, Ergebnisse und Transfer[700]. Deshalb ist hier der Begriff *Weiterbildungsevaluation*[701] auch angemessen.

Beispiel: Landeshauptstadt München

Die Stadt München hat 2013 den Deutschen Bildungspreis für ihr nachhaltiges Bildungsmanagement erhalten (http://www.deutscher-bildungspreis.de). Ein wesentlicher Baustein für Nachhaltigkeit ist das Bildungscontrolling[702]. Es orientiert sich am Bildungscontrollingzyklus (Abbildung 10-14) und verknüpft qualitative und quantitative Kennzahlen, um den Anforderungen moderner Bildungsarbeit zu entsprechen.

Personalentwicklung ist vielschichtig. Verknüpfungen mit Themenfeldern wie lernende Organisation, Wissens- und Innovationsmanagement unterstreichen die Komplexität. Daher ist ein systematischer Zugang von der Bedarfsanalyse bis zur Transfersicherung im Sinne des Funktionszyklus der systematischen Personalentwicklung erforderlich (siehe Abschnitt 5.5)[703]. Maßnahmen müssen im Hinblick auf ihren Erfolg kontrolliert werden, denn Personalentwicklung ist zum einen kostspielig und zum anderen für den Fortschritt der Organisation essenziell. Der Erfolg bestimmt sich sowohl als *pädagogisch konzipiertes Sachziel* (z. B. Kompetenzsteigerung) als auch als *ökonomisch gefasstes Formalziel* (z. B. Budgeteinhaltung)[704]. Dabei untersucht Bildungscontrolling sowohl die Input-Output-Relationen als auch den Output der qualitativen Faktoren. Das Bildungscontrolling muss *vor, während und nach* der Maßnahme laufen, um frühzeitig im Lern-Lehr-Prozess einzugreifen (Abbildung 10-14)[705]. Folgende Phasen sind zu berücksichtigen[706]:

- **Kontextkontrolle:** Kontrolle der Voraussetzungen in Bezug auf Anforderungen, individuelle Prämissen sowie Ressourcen als Ausgangspunkt
- **Inputkontrolle:** Erfassung relevanter Gestaltungskriterien zur Programmplanung
- **Prozesskontrolle:** Durchführungs- und Maßnahmenkontrolle, Zwischenkontrollen des Lernfortschritts, Beurteilung der Lehrmethoden, der Lehr-/Lernmittel sowie der Lehrkräfte
- **Outputkontrolle:** Erfüllung der Entwicklungsziele und Erwartungen, Nachweis der Rezeption von Lerninhalten meistens nach Ende einer Maßnahme
- **Transferkontrolle:** Kontrolle des Anwendungserfolgs und des tatsächlichen Abbaus der Deckungslücke als Langzeiterfolg und Auswirkungen auf die Praxis

Abb. 10-14: Bildungscontrollingzyklus

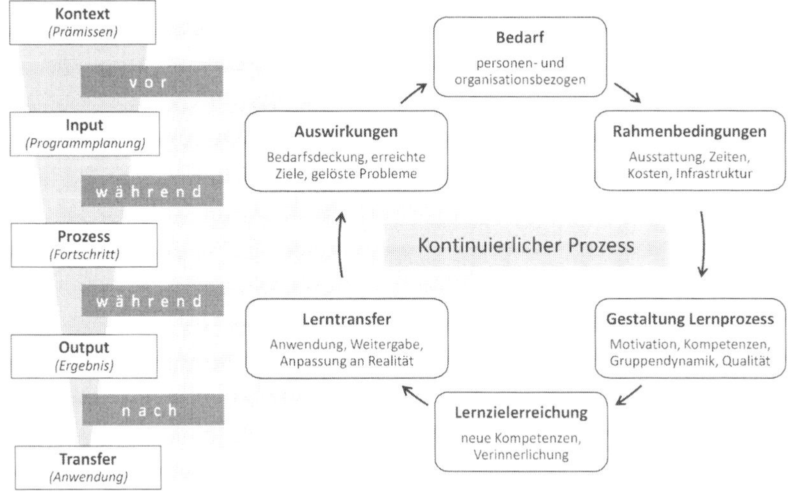

In der Praxis kristallisiert sich das Bildungscontrolling in der Umsetzung als diffizil heraus. Dafür gibt es mehrere *Gründe* als Spiegelbild der Lernkultur:

- **Vorbehalte:** Ein Problem ist, dass teilweise „Weiterbildner" es nicht als ihre Aufgabe wahrnehmen, Bildungscontrolling zu betreiben bzw. die Wertschöpfung zu belegen.

- **Skepsis:** Bisweilen wird die Ansicht vertreten, dass es keine geeigneten Instrumente zur Ermittlung des Nutzens von Weiterbildung gäbe. Dies betrifft vorrangig qualitative Themen.
- **Angst:** Ferner wird befürchtet, dass durch Berücksichtigung der Kostenseite die qualitative Seite der Weiterbildung ins Hintertreffen geraten könnte. Damit entstünde ein kontraproduktiver Erfolgsdruck. Vermeidungsverhalten ist die Folge. Der Fehler liegt in der einseitigen Kostensicht, die Personalentwicklung nicht als Wertschöpfungsfaktor identifiziert.
- **Ressourcen:** Ein nicht wesentliches Problemfeld ist der Zeit- und Ressourcenmangel in den Bildungsabteilungen. Vielfach wird aus Kostengründen schon in der Bedarfsermittlung gespart, indem auf eine Potenzialanalyse verzichtet wird. Das leistet dem Kataloglernen Vorschub. Weiterbildungsevaluation ist nicht zum Nulltarif zu haben.
- **Transfer:** Das größte Problem ist die Transferevaluation, denn in der Praxis scheitert die Erstellung von Transferkriterien daran, dass zum einen keine Nachhaltigkeitsmessungen erfolgen, und zum anderen daran, dass man kaum valide Kenntnisse über die Tätigkeitsmerkmale der Arbeitsstelle hat. Eine einfache ergebnisorientierte Ermittlung des Erfolgs ist bei der Zunahme verhaltensorientierter Maßnahmen ebenfalls wenig erfolgversprechend.

Hauptfunktionen und Zielfelder

Die vergangenheitsorientierte Aufgabe des Bildungscontrollings im Sinne von Abweichungsanalysen in Bezug auf Budget, Mengen und Zielen (ex post Betrachtung = Kontrolle) genügt den neuen Herausforderungen im Bildungsgeschehen wie Zunahme der Selbstverantwortung, Bedeutung der Lernmotivation, Steigerung der Handlungsfähigkeit nicht mehr[707)]. Zukunftsorientierte Steuerungsaufgaben sind ein herausforderndes Arbeitsfeld des Bildungscontrollings (ex ante Betrachtung = Steuerung), wo künftige Entwicklungen geplant und im Abgleich mit den Personalstrategien bewertet werden. Im Gegensatz zum klassischen Controlling überwiegt hier der pädagogische Zielraum. Der *Spagat* des Bildungscontrollings offenbart sich an den folgenden Dimensionen:

- **Pädagogische Dimension:** Änderungsprozess beim Teilnehmer, oft qualitativ begründet
- **Ökonomische Dimension:** personalwirtschaftliche Reflexion sowohl aus Kosten- als auch Wertschöpfungssicht, oft quantitativ begründet

Die Phasen der Personalentwicklung von der Bedarfsermittlung über die Durchführung bis zum Transfer erfordern unterschiedliche Methoden, um Effizienz und Effektivität der Bildungsarbeit zu messen. Abbildung 10-15 stellt einige Methoden vor[708)]. Sie lassen sich an vier Themenfeldern clustern: Datenbasis schaffen, Zufriedenheit messen, Lernerfolg überprüfen, Transfererfolg sicherstellen sowie Organisationserfolg und ROI erheben[709)]. Prinzipiell lassen sich zwei generelle Herangehensweisen unterscheiden[710)]:

- *Summativer Ansatz:* In der Praxis dominiert die Erfolgsmessung am Ende einer Veranstaltung. Der Weg zum Erfolg wird nicht erfasst.
- *Formativer Ansatz:* Um einen Wirksamkeitsnachweis zu liefern, muss das Controlling vor, während und nach der Maßnahme begleitend ansetzen.

Abb. 10-15: Methodenarsenal Bildungscontrolling

Methodenbereich	Erläuterung und Beispiele
Bedarfsermittlung	• Die individuellen und (infra-)strukturellen Voraussetzungen sind am Anfang zu prüfen. Damit stellt man eine ausreichende Adressatenorientierung sicher. Es wird gewährleistet, dass die anvisierten Maßnahmen aus Prozess- und Struktursicht umsetzbar sind. Problematisch ist, dass die Bedarfsermittlung häufig nur informell erfolgt. • *Beispiele:* Potenzialanalysen (Talentsuche), Umfeldanalysen, Bildungs- bzw. Entwicklungsbedarfsanalyse, Bildungsvorbereitung, Anforderungskontrolle (Passung zur Stellenbeschreibung), Personalentwicklungsgespräch
Teilnahmestatistik	• Diese informatische Datenbasis resultiert aus den Anmeldestatistiken und ermöglicht eine Aussage zur Durchdringung. Problematisch ist, dass diese Statistiken oftmals nicht systematisch und teilweise nur rudimentär erfasst werden. • *Beispiele:* Maßnahmenzahl, zeitlicher Umfang der Maßnahmen, Teilnehmerzahl, Stunden pro Teilnehmer, Differenzierung nach Mitarbeiter- und Altersgruppen
Kostenermittlung	• Es geht um den Kostenfaktor. Dabei werden oft nur auszahlungswirksame Kosten berücksichtigt, jedoch der Aufwand für arbeitsplatznahe Weiterbildung oder andere Aufwendungen (Erstellung von Selbstlernmaterialien etc.) vernachlässigt (latente Kosten). • *Beispiele:* Gesamtkosten, Bildungsaufwand in Prozent des Gesamtumsatzes oder des Gesamtpersonalaufwands, Kosten in Relation zu Betriebszahlen, Kosten pro Teilnehmer, Kurskosten je Mitarbeiter aufgeschlüsselt nach Organisationseinheiten, Gehaltsfortzahlung der Teilnehmer, Raum- und Mietkosten sowie Dozentenhonorare, Kosten für Lehrmittel, Reisekosten, Teilnahmegebühren
Evaluation der Qualität	• Die Bildungsqualität bestimmt sich aus der teilnehmer-, träger- und maßnahmenbezogenen Sicht. Bildungsqualität ist also mehrdimensional, denn nicht nur die Zufriedenheit und das Erfüllen der Erwartungen der Teilnehmer, sondern auch die nachweisbare Qualität des Trägers und der konkreten Maßnahme gilt es zu berücksichtigen.

Methodenbereich	Erläuterung und Beispiele
	• *Beispiele:* teilnehmerbezogene Qualität → Beratung, Beachtung der Lernvoraussetzungen, Gruppendynamik im Lehr-/Lernprozess, Berücksichtigung der Bedürfnisse, Steigerung der Lernmotivation; trägerbezogene Qualität → Fortbildung des pädagogischen Personals, Qualifikationsstruktur, Teilnehmerinteressen, Standortfrage, Verkehrsanbindung, Infrastruktur, Seriosität; maßnahmenbezogene Qualität → klare Zielsetzung, Beachtung der Zugangsvoraussetzungen, Ausstattung, Anzahl der Lehrkräfte, Lern- und Erfolgskontrollen, Rahmenplan, Adressatenorientierung, sozialpädagogische Betreuung
Transfer	• Fragebögen oder auch wissensbasierte Erfolgskontrollen am Ende der Maßnahme sind sinnvoll, sagen aber wenig aus, ob das Wissen später auch angewendet werden kann. • *Beispiele:* Rückkehrgespräche mit Vorgesetzten, Berichte zum Gelernten, Vereinbarungen zur Umsetzung am Arbeitsplatz, Zielvereinbarungen, Vorträge über besuchte Veranstaltungen für Kollegen (Multiplikatoren), Mentoring, Erfahrungsaustausch

Am Ende steht die Wertschöpfung: Hier liegt oft ein blinder Fleck vor. In der Logik eines modernen Bildungscontrollings ist sie notwendig. Der Weg zum Nachweis des Returns in Investment in der Personalentwicklung ist schwierig, aber machbar[711)]. Die Schwierigkeit liegt in der Bewertung immaterieller Werte und in den Informationsdefiziten begründet. Die Informationsdefizite lassen sich anhand der fünf *Evaluationsstufen* aufzeigen[712)]:

1. Stufe: *Wie finden die Teilnehmer die Maßnahme?*

Meistens liegen fundierte Daten vor, die mithilfe standardisierter Instrumente erhoben werden. Problematisch ist, dass oft keine Informationen zu den Soll-Anforderungen existieren. Ferner sind Zufriedenheit und Reaktion der Teilnehmer nicht unbedingt mit der Qualität der Maßnahme korreliert.

2. Stufe: *Was haben die Teilnehmer gelernt?*

Hier sind schon Informationsdefizite feststellbar, da viele Maßnahmen als Sitzschein definiert sind und die Inhalte nicht überprüft werden. Das hängt damit zusammen, dass viele Teilnehmer vor einer solchen Überprüfung auch zurückschrecken, denn diese erhöht den Lerndruck.

3. Stufe: *Wenden die Teilnehmer das Erlernte an?*

Informationsdefizite liegen bei vielen Organisationen vor, denn das Bildungscontrolling verfolgt häufig nur bis zur Beendigung der Maßnahme den Prozess, danach ist das Bildungscontrolling blind. Begründet ist dies durch den zusätzlichen Aufwand, Daten nach der Maßnahme zum Transfer zu gewinnen.

4. Stufe: *Welche Geschäfts- bzw. Organisationsergebnisse werden erzielt?*

Der Zusammenhang zwischen Personalentwicklungsmaßnahmen und Geschäftsergebnissen (Key Performance Indikatoren) wird teilweise als Relation zwischen Umsatz/Gewinn und Personalentwicklungsaufwand der betreffenden Geschäftseinheit erfasst, aber dadurch, dass der Aufwand der Personalentwicklung nur die auszahlungswirksamen Kosten berücksichtigt und auch nicht inhaltlich bestimmt ist, liegen hier signifikante Lücken vor.

5. Stufe: *Wie hoch ist der Return on Investment?*

Diese Frage wird selten oder gar nicht beantwortet. Die Gründe liegen u. a. in der Schwierigkeit der Bewertung immaterieller Werte aus finanzieller Sicht und in dem erforderlichen Aufwand, Bildungscontrolling systematisch und formativ mit standardisierten Instrumenten abzubilden. Denn der ROI-Prozess geht über den Transfer hinaus. Die gesamte Einflusskette sollte aus Kosten-Nutzen-Sicht analysiert werden (www.roi-institut.com, Stand 12/13).

Wer wirksam weiterbilden will, muss Effizienz und Effektivität der Personalentwicklung aufzeigen. Andernfalls bleibt die Wirkung der Investition in das Humankapital unsichtbar und drängt damit die Personalentwicklung ins Schattendasein. Eine nachhaltige und systematische Personalentwicklung muss datengetrieben sein. Studien wie die Betriebsbefragung des Bundesinstituts für Berufsbildung (BIBB) verdeutlichen, dass der punktuelle Einsatz derzeit dominiert[713)]. Nur etwa zehn Prozent gehen systematisch nach dem Bildungscontrollingzyklus vor. Aber ein eindeutiger Trend zeichnet sich ab: Jede zweite Organisation macht Bildungscontrolling. Dabei sollte es nicht als Aufwandscontrolling, sondern als didaktisches Handeln mit und durch Evaluation verstanden werden[714)], denn Bildungscontrolling hilft, durch methodisches Vorgehen und Erfassen sowie begründetes Bewerten Maßnahmen der Personalentwicklung besser zu verstehen und zu gestalten (siehe Kapitel 5).

11. Quellenverzeichnis

Achouri, C. (2009). *Systemic Leadership – Ein innovativer Weg der Personalführung.* München: Oldenbourg.

Achouri, C. (2010). *Recruiting und Placement – Methoden und Instrumente der Personalauswahl und -platzierung.* Wiesbaden: Gabler.

Agthe, M. & Spörrle, M. (2010). Was die Entscheidung verfälscht. *Personalmagazin, 11/2010,* 16–18.

Akademie für Öffentliche Verwaltung des Freistaates Sachsen (Hrsg.) (2013). *Fortbildungsprogramm 2013: Beratung – Qualifizierung – Projekte.* Meißen: Akademie für öffentliche Verwaltung des Freistaates Sachsen. URL: http://www.avs.sachsen.de/download/avs/AVS_Fortbildungsprogramm_2013.pdf (Abrufdatum 1.7.2013).

Altis, A. & Koufen, S. (2011). *Entwicklung der Beschäftigung im öffentlichen Dienst.* Wiesbaden: Statistisches Bundesamt, Wirtschaft und Statistik.

Alznauer, M. (2013). *Natürlich führen – Der evolutionäre Quellcode der Führung.* Wiesbaden: Springer Gabler.

Andresen, M. (2009). *Das (Un-)Glück der Arbeitszeitfreiheit – Eine ökonomisch-psychologische Analyse und Bewertung.* In Neue betriebswirtschaftliche Forschung, Band 370. Wiesbaden: Gabler Research.

Arnold, R. & Tutor, C. G. (2007). *Grundlagen einer Ermöglichungsdidaktik: Bildung ermöglichen – Vielfalt gestalten.* Augsburg: Ziel-Verlag.

Aron-Weidlich, M. (2012). *Essenz der Führung: Wie Sie sich selbst und Ihre Mitarbeiter nachhaltig motivieren, steuern und führen.* Wiesbaden: Springer Gabler.

Badura, B. & Greiner, W., Rixgens, P., Ueberle, M. & Behr, M. (2008). *Sozialkapital: Grundlagen von Gesundheit und Unternehmenserfolg.* Heidelberg: Springer.

Badura, B., Ducki, A., Schröder, H., Klose, J. & Meyer, M. (Hrsg.) (2012). *Fehlzeiten-Report 2012 – Gesundheit in der flexiblen Arbeitswelt: Chancen nutzen und Risiken minimieren.* Berlin: Springer.

Bäcker, R. (2005). Fragen und Zuhören – „Interviewkunst" in der Managementdiagnostik. In S. Etzel & A. Etzel (Hrsg.), *Managementdiagnostik in der Praxis* (S. 37–56). Aachen: Shaker.

Bäcker, R. (2009). Einsatz situativer Verfahren bei der Auswahl eines Beigeordneten. In A. Gourmelon, C. Kirbach & S. Etzel (Hrsg.), *Personalauswahl im öffentlichen Sektor* (S. 393–395). Baden-Baden: Nomos.

Baron-Boldt, J., Funke, U. & Schuler, H. (1989). Prognostische Validität von Schulnoten. Eine Metaanalyse der Prognose des Studien- und Ausbildungserfolgs. In R. S. Jäger, R. Horn & K. Ingenkamp (Hrsg.), *Tests und Trends 7* (S. 11–39). Weinheim: Beltz.

Bass, B. M. & Bass, R. (2008). *The Bass Handbook of Leadership: Theory, Research, and Managerial Applications.* New York: Free Press.

Beauvoir, S. de (1968). *Das andere Geschlecht.* Reinbek: rororo.

Beck, S. (2012). Öffentliches Personalmanagement zukunftsfähig gestalten. *Public Governance, Ausgabe Herbst 2012,* 6–11.

Becker, B. E., Huselid, M. A. & Ulrich, D. (2001). *The HR Scorecard – Linking People, Strategy, and Performance.* Boston, Massachusetts: Harvard Business School Press.

Becker, H. & Langosch, I. (1995). *Produktivität und Menschlichkeit. Organisationsentwicklung und ihre Anwendung in der Praxis.* Stuttgart: Enke.

Becker, M. (2008). *Messung und Bewertung von Humanressourcen: Konzepte und Instrumente für die betriebliche Praxis.* Stuttgart: Schäffer-Poeschel.

Becker, M. (2009). *Personalentwicklung. Bildung, Förderung und Organisationsentwicklung in Theorie und Praxis* (5. Auflage). Stuttgart: Schäffer-Poeschel.

Becker, M. (2011). *Systematische Personalentwicklung. Planung, Steuerung und Kontrolle im Funktionszyklus* (2. Auflage). Stuttgart: Schäffer-Poeschel.

Becker, M. (2013). *Personalentwicklung. Bildung, Förderung und Organisationsentwicklung in Theorie und Praxis* (6. Auflage). Stuttgart: Schäffer-Poeschel.

Becker, M., Labucay, I. & Rieger, C. (2006). Formel ohne Fortschritt. *Personal, 58 (11),* 30–32.

Becker, M., Labucay, I. & Rieger, C. (2007). Erfassung und Bewertung von Humankapital – Kritische Anmerkungen zur Saarbrücker Formel. *Betriebswirtschaftliche Forschung und Praxis, 59 (1),* 38–58.

Becker, M. & Seidel, A. (Hrsg.) (2006). *Diversity Management: Unternehmens- und Personalpolitik der Vielfalt.* Stuttgart: Schäffer-Poeschel.

Behrens, I. & Zempel, C. (2012). Personalmarketing im öffentlichen Sektor. In A. Gourmelon (Hrsg.), *Personalmanagement im öffentlichen Sektor* (Band 2). München: Rehm.

Benedikter, R. (2001). *Postmaterialismus. Band 1: Einführung in das postmaterialistische Denken.* Wien: Passagen Verlag.

Bernard, U. (2006). *Leistungsvergütung: Direkte und indirekte Effekte der Gestaltungsparameter auf die Motivation.* Wiesbaden.

Berthel, J. & Becker, F. G. (2003). *Personal-Management.* Stuttgart: Schäffer-Poeschel.

Berthel, J. & Becker, F. G. (2010). *Personal-Management. Grundzüge für Konzeptionen betrieblicher Personalarbeit.* Stuttgart: Schäffer-Poeschel.

Berthel, J. & Becker, F. G. (2013). *Personalmanagement. Grundzüge für Konzeptionen betrieblicher Personalarbeit.* Stuttgart: Schäffer-Poeschel.

BerufsStart im öffentlichen Dienst (2013). *Mobilität wird von den Beschäftigten im öffentlichen Dienst erwartet.* http://www.berufsstart-im-oeffentlichen-dienst.de/ausbildung/beamtenanwaerter/412 (Abruf am 29.12.2013).

Berufundfamilie (2009). *Eltern pflegen.* Frankfurt am Main: berufundfamilie.

Berufundfamilie (2013). *Handlungsfelder des Audit berufundfamilie.* http://www.beruf-und-familie.de/index.php?c=21#elema42 (Abruf am 08.10. 2013).

Bethke, V. & Gourmelon, A. (2014). Was Abiturienten wollen – Interessen, Motive und Entscheidungsprozesse der Berufswahl als Grundlage für ein wirksames Personalmarketing. *Der Öffentliche Dienst, 3/2014,* 49–58.

Biester, F. (2006). Auswirkungen des Allgemeinen Gleichbehandlungsgesetzes auf die betriebliche Praxis. *Juris-Praxisreport, 35,* 4–19.

Bitomsky, G. (2009). Personalgewinnung in der Bundesfinanzverwaltung. In A. Gourmelon, C. Kirbach & S. Etzel (Hrsg.), *Personalauswahl im öffentlichen Sektor* (S. 371–382). Baden-Baden: Nomos.

Blake, R. R. & Mouton, J. S. (1980). *Verhaltenspsychologie im Betrieb: Das neue Grid-Management-Konzept.* Düsseldorf: Econ-Verlag.

Böschen, I., Alt, R., Krause, A., Rinne, U. & Zimmermann, K. F. (2012). *Pilotprojekt „Anonymisierte Bewerbungsverfahren" – Abschlussbericht.* Bonn: Antidiskriminierungsstelle des Bundes.

Bohinc, T. (2012). *Führung im Projekt.* Berlin: Springer.

Bolay, F. W. (2001). Betriebswirtschaft und öffentliche Verwaltung. Anmerkungen zu einigen populären Missverständnissen. *Deutsche Verwaltungspraxis, Nr. 5/2001,* 189–183.

Boston Consulting Group (2008). *Creating People Advantage – Bewältigung von HR-Herausforderungen weltweit bis 2015.* Boston: The Boston Consulting Group, Inc. and World Federation of Personnel Management Associations. URL: https://www.bcgperspectives.com/content/articles/people_management _human_resources_ organization_creating_people_advantage_2008/ (Abruf am 18.06.2012).

Bowers, D. G. & Seashore, S. E. (1966). Predicting Organizational Effectiveness with a Four-Factor Theory of Leadership. *Administrative Science Quarterly, 11 (2),* 238–263.

Bracken, D. W. & Rose, D. S. (2011). When does 360°-Degree Feedback create Behavior Change? And how would we know it when it does? *Journal of Business Psychology, 26,* 182–192.

Bröckermann, R. (2012). *Personalwirtschaft* (6. Auflage). Stuttgart: Schäffer-Poeschel.

Brown, M. E., Trevino, L. K. & Harrison, D. A. (2005). Ethical Leadership: A Social Learning Perspective for Construct Development and Testing. *Organizational Behavior and Human Decision Processes*, 97 (2), 117–134.

Büssing, A., Drodofsky, A. & Hegendörfer, K. (2003). *Telearbeit und Qualität des Arbeitslebens.* Göttingen: Hogrefe.

Bull-Kommission (2003). *Zukunft des öffentlichen Dienstes – öffentlicher Dienst der Zukunft. Ein Bericht der von der Landesregierung Nordrhein-Westfalen eingesetzten Kommission nebst Anlagen.* Düsseldorf: Innenministerium des Landes Nordrhein-Westfalen.

Bundesagentur für Arbeit (2012a). *Berufsvielfalt im öffentlichen Dienst entdecken.* http://www.arbeitsagentur.de /nn_172622/Dienststellen/RD-S/Pirna/AA/Presse/Presseinformationen/2012/016-BIZ-Messe-Berufsvielfalt-im-oeffentlichen-Dienst-entdecken.html (Abruf am 29.12.2013).

Bundesagentur für Arbeit (2012b). *Leitfaden Diversity Management.* Nürnberg: Bundesagentur für Arbeit.

Bundesagentur für Arbeit (2013). *Arbeitsmarktberichterstattung: Der Arbeitsmarkt in Deutschland, Zeitarbeit in Deutschland – Aktuelle Entwicklungen.* Nürnberg: Bundesagentur für Arbeit.

Bundesagentur für Arbeit (2014). *Studienwahl.de* http://www. studienwahl.de/de/studieren/studienfelder/oeffentlicher-dienst.htm (Abruf am 02.02.2014).

Bundesanstalt für Arbeitsschutz und Arbeitsmedizin (Hrsg.) (2013). *Im Takt? Risiken, Chancen und Gestaltung von flexiblen Arbeitszeitmodellen.* Dortmund: Bundesanstalt für Arbeitsschutz und Arbeitsmedizin.

Bundesarbeitsgericht (1995). *Urteil vom 22.3.1995 – 5 AZB 21/94.*

Bundesministerium des Innern (Hrsg.) (2009). *Change Management – Anwendungshilfe zu Veränderungsprozessen in der öffentlichen Verwaltung.* Berlin: Bundesministerium des Innern.

Bundesministerium des Innern (2011). *Teilzeit und Beurlaubung im öffentlichen Dienst des Bundes.* Berlin. http://www.bmi.bund.de/SharedDocs/Downloads/DE/Broschueren/2009/teilzeit.html (Abruf am 12.03.2014).

Bundesministerium des Innern (2012a). *Demografiesensibles Personalmanagement in der Bundesverwaltung – Leitfaden zur Ausgestaltung einer lebensphasenorientierten Personalpolitik.* Berlin: Bundesministerium des Innern.

Bundesministerium des Innern (2012b). *Demografiesensibles Personalmanagement in der Bundesverwaltung – Praxisorientierte Empfehlungen zur Altersstrukturanalyse und zur Nutzung vorhandener IT-Tools.* http://www.verwaltunginnovativ.de/cln_108/nn_684676/DE/Personal/Personalmanagement/demografiesensibles__personalmanagement__node.html?__nnn=true (Abruf am 18.02.2013).

Bundesministerium für Familie, Senioren, Frauen und Jugend (2004). *Frauen in Deutschland. Von der Frauen- zur Gleichstellungspolitik.* Berlin: Bundesministerium für Familie, Senioren, Frauen und Jugend.

Bundesministerium für Familie, Senioren, Frauen und Jugend (2009). *Hauptbericht des Freiwilligensurveys 2009.* http://www.bmfsfj.de/RedaktionBMFSFJ/Broschuerenstelle/Pdf-Anlagen/3._20Freiwilligensurvey-Hauptbericht,property=pdf,bereich=bmfsfj,sprache=de,rwb=true.pdf (Abruf am 06.06.2013).

Bundesministerium für Familie, Senioren, Frauen und Jugend (2012). *Strategie „Gender Mainstreaming".* http://www.bmfsfj.de/BMFSFJ/gleichstellung, did=92702.html (Abruf am 04.02.2014).

Bundesministerium für Wirtschaft und Arbeit (Österreich) (Hrsg.) (2004). *Statusbericht – Auf dem Weg von Telearbeit zu eWork.* Wien: Bundesministerium für Wirtschaft und Arbeit, Abteilung III/9.

Bundesministerium für Wirtschaft und Technologie (Hrsg.) (2012). *Fachkräfte sichern – Flexible Arbeitszeitmodelle.* Berlin: Bundesministerium für Wirtschaft und Technologie.

Burth, A. & Gnädinger, M. (2014). *Personalpool. Lexikon zur öffentlichen Haushalts- und Finanzwirtschaft.* http://www.haushaltssteuerung.de/lexikon-personalpool.html (Abruf am 23.02.2014).

Buschkamp, R. (2012). Nachqualifizierung fachfremden Personals im Rahmen des Personaleinsatzmanagements NRW. In A. Gourmelon (Hrsg.), *Personalressourcen sichern – eine Zukunftsaufgabe für den öffentlichen Sektor* (S. 85–94). München: Rehm.

Busse, B. & Nimtz, H. (2010). *Methodik des Selbststudiums. Eine praxisorientierte Systematisierung.* Grüne Reihe, Band 32. Gelsenkirchen: Fachhochschule für öffentliche Verwaltung NRW.

BVA – Bundesverwaltungsamt (Hrsg.) (2009). *Selbstbewertung mit CAF – Leitfaden für die Praxis.* Köln: Bundesverwaltungsamt. URL: http://www.caf-netzwerk.de (Stand 12/13).

Collins, J. (2001). Level 5 Leadership – The Triumph of Humility and Fierce Resolve. *Harvard Business Review, Issue January (Reprint),* 2–11.

Collisi, B. (2006). Jetzt wird,s ernst: Leistungsbezogene Vergütung und Personalbeurteilung nach dem TVöD. In A. Gourmelon & C. Kirbach (Hrsg.), *Personalbeurteilung im öffentlichen Sektor* (S. 19–33). Baden-Baden: Nomos.

Conradi, W. (1983). *Personalentwicklung.* Stuttgart: Ferdinand Enke Verlag.

Costas, R., Klasa, A. & Stranz, R. (2002). Spielend zur Stadt. In A. Gourmelon (Hrsg.), *Ins Netz gegangen – Personalmarketing und Neue Medien,* Grüne Reihe – Band 19 (S. 145–153). Gelsenkirchen: Fachhochschule für öffentliche Verwaltung Nordrhein-Westfalen.

Cross-Mentoring-Projekt im Kreis Unna (2014). *Mit Frauen an die Spitze. Mentoring für Frauen* (Broschüre). Unna: Kreisverwaltung Unna.

Däubler, W. & Bertzbach, M. (2008). *Allgemeines Gleichbehandlungsgesetz – Handkommentar.* Baden-Baden: Nomos.

Danne, H. & Heider-Knabe, E. (2003). *Personalwirtschaft: Handlungsfelder und Gestaltungselemente.* Berlin: Cornelsen.

dbb – Beamtenbund und Tarifunion (Hrsg.) (2002). Moderne Arbeitsformen – Arbeitszeitflexibilisierung und Telearbeit. *Reihe Verwaltung im 21. Jahrhundert* (Band 3). Berlin: Die Bundesleitung des dbb beamtenbund und tarifunion.

dbb – Beamtenbund und Tarifunion (2013a). *Hergebrachte Grundsätze des Berufsbeamtentums.* http://www.dbb.de/themen/themenartikel/h/hergebrachte-grundsaetze-des-berufsbeamtentums.html (Abruf am 27.12.2013).

dbb – Beamtenbund und Tarifunion (2013b). *Personal im öffentlichen Dienst.* http://www.dbb.de/themen/themenartikel/p/personal-im-oeffentlichen-dienst.html (Abruf am 02.01.2013).

dbb – Beamtenbund und Tarifunion (2013c). *Image des öffentlichen Dienstes.* http://dbb.web118. serverdienst.net/themen/themenartikel/i/image-des-oeffentlichen-dienstes.html (Abruf am 29.12.2013).

dbb – Beamtenbund und Tarifunion (2014). http://www.dbb.de/index.php?id=834#03 (Abruf am 22.01.2014).

Deller, J., Kern, S., Hausmann, E. & Diederichs, Y. (2008). *Personalmanagement im demografischen Wandel – Ein Handbuch für den Veränderungsprozess.* Heidelberg: Springer.

DeRue, S., Nahrgang, J. D., Wellman, N., Humphrey, S. E. (2011). Trait and behavioral theories of leadership: an integration and meta-analytic test of their relative validity. *Personnel Psychology, 64 (1),* 7–52.

Deutsche Gesellschaft für Personalführung e. V. (Hrsg.) (2004). *Ergebnisse einer Befragung der DGFP e. V. zum Thema Personalmanagement in öffentlichen Verwaltungen (bearbeitet von C. Geighardt). Praxis Papiere, Ausgabe 10/2004.* Düsseldorf: Deutsche Gesellschaft für Personalführung e. V.

Deutsche Gesellschaft für Personalführung e. V. (Hrsg.) (2007). *Personalcontrolling: Status quo und Perspektiven – Ergebnisse einer Tendenzbefragung. DGFP Papiere, Ausgabe 05/2007.* Düsseldorf: Deutsche Gesellschaft für Personalführung e. V.

Deutsche Gesellschaft für Personalführung e. V. (Hrsg.) (2013). *Personalcontrolling für die Praxis: Konzepte, Kennzahlen, Unternehmensbeispiele. DGFP PraxisEdition, Bd. 92.* Bielefeld: Bertelsmann.

Deutsches Institut für Normung (2002). *DIN 33430 – Anforderungen an Verfahren und deren Einsatz bei berufsbezogenen Eignungsbeurteilungen (Ref. Nr. DIN 33430:2002-06).* Berlin: Beuth.

Dick, R. van (2004). *Commitment und Identifikation mit Organisationen.* Göttingen: Hogrefe.

Die Beauftragte der Bundesregierung für Migration, Flüchtlinge und Integration (o. J.). *Vielfalt nutzen. Diversity Management in der öffentlichen Verwaltung.* http://www.charta-der-vielfalt.de/fileadmin/user_upload/beispieldateien/Downloads/Leitfaden-OeffentlicheHand-Web.pdf (Abruf am 05.10.2013).

Dienstleistungszentrum des Bundesverwaltungsamtes (2013). *Aufgaben.* www.dienstleistungszentrum.de (Abruf am 25.10.2013).

Diers, C.-G. (2006). Falsches Selbstbild. Personal, 5, 50–52.

Dlugosch, S. (2009). Das Telefoninterview als Instrument der Vorauswahl. In A. Gourmelon, C. Kirbach & S. Etzel (Hrsg.), *Personalauswahl im öffentlichen Sektor* (S. 217–228). Baden-Baden: Nomos.

do – didactics online. *CBT – Computer Based Training.* http://www.didactics.eu/index.php?id=217; http://www.didactics.eu/index.php?id=218 (Abruf am 08.02.2014).

Döring, S. (2012). „Employer Branding" – Wer oder was bin ich als Arbeitgeber. *PersonalMentor, September 2012,* 2–3.

Dörr, S. (2007). Fit für den Wandel durch transaktionale und transformationale Führung. *Wirtschaftspsychologie aktuell, 1,* 23–26.

Drescher, A. (2001). Moderne Verwaltungen erfordern eine professionelle Personalauswahl. In A. Drescher, Handbuch *zur Personalauswahl in der modernen Kommunalverwaltung* (S. 19–23). Stuttgart: Boorberg.

Drumm, H. J. (2008). *Personalwirtschaft.* Heidelberg: Springer.

Eberhardt, D. (Hrsg.) (2012). *Like it – lead it – change it: Führung im Veränderungsprozess.* Berlin: Springer.

Eckhardt, H. H. & Schuler, H. (1992). Berufseignungsdiagnostik. In R. S. Jäger & F. Petermann (Hrsg.), *Psychologische Diagnostik* (S. 533–551). Weinheim: Psychologie Verlags Union.

Ehrensberger, C. (2012). Bindung und Entwicklung von Beschäftigten mit Familienzeiten. In A. Gourmelon (Hrsg.), *Personalressourcen sichern – eine Zukunftsaufgabe für den öffentlichen Sektor* (S. 77–84). München: Rehm.

Erpenbeck, J. & Rosenstiel, L. von (Hrsg.) (2007). *Handbuch Kompetenzmessung: Erkennen, verstehen und bewerten von Kompetenzen in der betrieblichen, pädagogischen und psychologischen Praxis.* Stuttgart: Schäffer-Poeschel.

Eschenbach, A. (1977). *Job Enlargement und Job Enrichment: Methoden und Organisationsformen.* Gerbrunn b. Würzburg: Lehmann.

Etzel, G., Griebeling, J. & Liebscher, B. (2002). *Arbeitsrecht. Darstellung, Kontrollfragen, Aufgaben und Lösungen* (8. Auflage). Berlin: NWB Verlag.

Fauth-Herkner, A. (2003). Flexible Arbeitszeitmodelle zur Verbesserung der „Work-Life-Balance". In B. Badura u. a., *Fehlzeiten-Report 2003.* Berlin: Springer.

Felfe, J. (2006). Transformationale und charismatische Führung – Stand der Forschung und aktuelle Entwicklung. *Zeitschrift für Personalpsychologie, 5(4),* 163–176.

Festing, M. (2004). Interkulturelle Kompetenz als Erfolgsfaktor – Schlussfolgerungen. In Deutsche Gesellschaft für Personalführung e. V. (Hrsg.), *Interkulturelle Managementsituationen in der Praxis* (S. 115–129). Bielefeld: Bertelsmann.

Fisch, R., Beck, D. & Englich, B. (2001). *Projektgruppen in Organisationen.* Göttingen: Verlag für Angewandte Psychologie.

Fischer, T. (2013). IT-gestütztes Personalmanagement – Ein Wegweiser durch den Digitalisierungsdschungel. In A. Gourmelon (Hrsg.), *Personalmanagement im öffentlichen Sektor* (Band 7). Heidelberg: Rehm.

Fitz-enz, J. (2000). *The ROI of Human Capital: Measuring the Economic Value of Employee Performance.* New York : Amacom.

Flamholtz, E. (1999). *Human Resource Accounting: Advances in Concepts, Methods, and Applications.* Boston: Kluwer Academic Publishing.

Flanagan, J. C. (1954). The critical incident technique. *Psychological Bulletin, 51,* 327–358.

Fredersdorf, F. & Lehner, M. (2004). Hochschuldidaktik und Lerntransfer: Bildungscontrolling von FH-Studiengängen. In *Schriftenreihe Wissenschaft-Praxis-Dialog Weiterbildung,* Bd. 11. Bielefeld: Bertelsmann.

Freiberg, R. (2007). Personalwirtschaftliche Maßnahmen und Instrumente zur Förderung der Personalfluktuation bei der Stadt Lünen. In C. Kirbach & A. Gourmelon (Hrsg.), *Personalmanagement in Umbruchzeiten.* Baden-Baden: Nomos.

Freie und Hansestadt Hamburg (2013). http://www.hamburg.de/innenbehoerde/korruption/(Abruf am 01.06.2013).

Frey, D. & Schmalzried, L. (2013). *Philosophie der Führung – Gute Führung lernen von Kant, Aristoteles, Popper & Co.* Berlin: Springer.

Fricke, H.-C. & Schütte, M. (2012). Die gesundheitliche Eignung für eine Verbeamtung. *Der Öffentliche Dienst, 6/2012,* 121–144.

Für soziales Leben e.V. (2014). http://www.ehrenamt-deutschland.org/verguetung-aufwandsentschaedigung/(Abruf am 22.01.2014).

Fuller, J. B., Patterson, C. E., Hester, K. & Stringer, D. Y. (1996). A Quantitative Review of Research on Charismatic Leadership. *Psychological Reports, 78 (1),* 271–287.

Funke, S. (2013). Gemeinsame effektive Personalverwaltung als Shared Service – die Servicestelle Personal beim Kreis Warendorf. *Der Öffentliche Dienst, 10/2013,* 253.

Gabler Wirtschaftslexikon (2013). http://wirtschaftslexikon.gabler.de/Archiv/85664/personalverwaltung-v8.html

Gabler Wirtschaftslexikon (2014). http://wirtschaftslexikon.gabler.de/Definition/arbeitnehmerueberlassung. html?referenceKeywordName=Personalleasing (Abruf am 23.02.2014).

Gebert, D. (2002). *Führung und Innovation.* Stuttgart: Kohlhammer.

Gebert, H., Heupel, B. & Schall, K. (2001). *Flexible Arbeitszeitmodelle im öffentlichen Dienst – Praktiker-Handbuch.* München, Berlin: Rehm.

Gerlach, I., Schneider, H., Schneider, A. K. & Quednau, A. (2013). *Ergebnisse der repräsentativen Unternehmensbefragung 2012 zur Vereinbarkeit von Beruf und Familie.* http://www.beruf-und-familie.de/index.php?c=30&sid=&cms_det=1091 (Abruf am 03.10.2013).

Giesecke, J. & Wotschack, P. (2009). *Flexibilisierung in Zeiten der Krise: Verlierer sind junge und gering qualifizierte Beschäftigte.* WZBrief Arbeit 01, Juni 2009. Berlin: Wissenschaftszentrum für Sozialforschung.

Gmür, M. & Thommen, J.-P. (2006). *Human Resource Management – Strategien und Instrumente für Führungskräfte und das Personalmanagement in 13 Bausteinen.* Zürich: Versus Verlag.

Görlich, Y. & Schuler, H. (2006). Personalentscheidungen, Nutzen und Fairness. In H. Schuler (Hrsg.), *Lehrbuch der Personalpsychologie* (S. 798–840). Göttingen: Hogrefe.

Gohil, K. (2003). *Transformationale Führung – Implikationen für die lernende Verwaltung.* Dissertation an der FU Berlin. Berlin: Freie Universität Berlin. URL: http://www.diss.fu-berlin.de/diss/receive/FUDISS_thesis_000000001089 (Abruf am 01.09.2013).

Gourmelon, A. (2002). Neue Wege der Personalgewinnung im Öffentlichen Dienst. In A. Gourmelon (Hrsg.), *Ins Netz gegangen – Personalmarketing und Neue Medien*, Grüne Reihe – Band 19 (S. 5–14). Gelsenkirchen: Fachhochschule für öffentliche Verwaltung Nordrhein-Westfalen.

Gourmelon, A. (2003a). Intelligenz, berufliche Leistung und die Konsequenzen für die Personalauswahl. *Verwaltung und Management, 4/2003,* 190–192.

Gourmelon, A. (2003b). Zur Praxis der Personalauswahl in der öffentlichen Verwaltung. *Verwaltungsrundschau, 9,* 292–296.

Gourmelon, A. (2004). Anforderungen an die Persönlichkeit von zukünftigen Kommunalbeamten. *Wirtschaftpsychologie aktuell, 3/2004,* 15–20.

Gourmelon, A. (2008). Berufliche Trennungen im Erleben der Mitarbeiter. *Der Öffentliche Dienst. Personalmanagement und Recht. 9/2008,* 193–197.

Gourmelon, A. (2009a). Die eignungsdiagnostische Norm DIN 33430 und ihre Bedeutung für die Personalauswahl für den öffentlichen Sektor. In A. Gourmelon, C. Kirbach & S. Etzel (Hrsg.), *Personalauswahl im öffentlichen Sektor* (S. 73–84). Baden-Baden: Nomos.

Gourmelon, A. (2009b). Anforderungsprofile als Grundlage der Personalauswahl. In A. Gourmelon, C. Kirbach & S. Etzel (Hrsg.), *Personalauswahl im öffentlichen Sektor* (S. 123–138). Baden-Baden: Nomos.

Gourmelon, A. (2009c). Personalauswahl unter Beachtung des Allgemeinen Gleichbehandlungsgesetzes. In A. Gourmelon, C. Kirbach & S. Etzel (Hrsg.), *Personalauswahl im öffentlichen Sektor* (S. 85–104). Baden-Baden: Nomos.

Gourmelon, A. (2009d). Analyse von Bewerbungsunterlagen. In A. Gourmelon, C. Kirbach & S. Etzel (Hrsg.), *Personalauswahl im öffentlichen Sektor* (S. 139–151). Baden-Baden: Nomos.

Gourmelon, A. (2009e). Das Interview als eignungsdiagnostisches Verfahren. In A. Gourmelon, C. Kirbach & S. Etzel (Hrsg.), *Personalauswahl im öffentlichen Sektor* (S. 203–216). Baden-Baden: Nomos.

Gourmelon, A. (2010a). Führungspotential bei Mitarbeitern erkennen. *Der Öffentliche Dienst, 63 (10),* 237–241 (Teil 1), 63 (11), 261–265 (Teil 2).

Gourmelon, A. (2010b). Zur Erstellung von Anforderungsprofilen im Rahmen der Personalauswahl. *Der Öffentliche Dienst, 3/2010,* 61–68.

Gourmelon, A. (2011). Strategien und Maßnahmen einer systematischen Personaleinführung. *Der Öffentliche Dienst, 9/2011,* S. 197–206.

Gourmelon, A. (2012). Klamme Kassen und knappes Personal – warum der öffentliche Dienst Personalressourcen sichern muss. In A. Gourmelon (Hrsg.), *Personalressourcen sichern – eine Zukunftsaufgabe für den öffentlichen Sektor* (S. 1–4). München: Rehm.

Gourmelon, A. (2013a). Führungskräfte im Blickpunkt. *Personalwirtschaft, Sonderheft 4,* 12–14.

Gourmelon, A. (2013b). Bürgerschaftliches Engagement: Herausforderung für das Personalmanagement. *Der Bayerische Bürgermeister, Heft 6,* 204–207.

Gourmelon, A. & Knabe-Gourmelon, G. (2009). Potenzialanalysen: Einsatz, methodische Aspekte und Praxisbeispiele. In A. Gourmelon (Hrsg.), *Personalauswahl im öffentlichen Sektor* (S. 397–411), Baden-Baden: Nomos.

Gourmelon, A., Mroß, M. & Seidel, S. (2011). *Management im öffentlichen Sektor.* München: Rehm.

Gourmelon, A. & Oenning, S. (2005). Personalauswahl im Hochschulbereich – ein Fallbeispiel. In A. Gourmelon & C. Kirbach (Hrsg.), *Personalauswahl im öffentlichen Sektor* (1. Aufl.) (S. 319–326). Baden-Baden: Nomos.

Gräser, P. (2013). *Führen lernen – Der Weg zur Führungskompetenz und zur persönlichen Karriere-Strategie.* Wiesbaden: Springer Gabler.

Grone-Bildungszentren (2013). *Top in Führung.* Dortmund: Grone-Bildungszentren Nordrhein-Westfalen GmbH.

Gros, G. (2009). Internetgestützte Bewerberbeurteilung auf Basis biografischer Daten. In A. Gourmelon, C. Kirbach und S. Etzel (Hrsg.), *Personalauswahl im öffentlichen Sektor* (S. 333–342). Baden-Baden: Nomos.

Gros, G. (2012). Anonymisierte Bewerbungen. In A. Gourmelon (Hrsg.), *Personalmanagement im öffentlichen Sektor* (Band 1). München: Rehm.

Groß, H. (2009). *Vergleichende Analyse der Arbeits- und Betriebszeitentwicklung im Zeitraum von 1987 bis 2007.* Hrsg. von der Sozialforschungsstelle der Technischen Universität Dortmund. Dortmund: Technische Universität.

Groß, H. & Schwarz, M. (2010). *Arbeitszeit, Altersstrukturen und Corporate Social Responsibility – Eine repräsentative Betriebsbefragung.* Wiesbaden: Verlag für Sozialwissenschaften.

Grote, S. (Hrsg.) (2012). *Die Zukunft der Führung.* Berlin: Springer Gabler.

Grotlüschen, A. (2010). E-Learning, Web Based Learning, Telelearning, Fernunterricht und Blended Learning. In R. Bröckermann, & M. Müller-Vorbrüggen, *Handbuch Personalentwicklung. Die Praxis der Personalbildung, Personalförderung und Arbeitsstrukturierung* (S. 247–261, 3. Auflage). Stuttgart: Schäffer-Poeschel.

Gutenberg, E. (1958). *Einführung in die Betriebswirtschaftslehre.* Wiesbaden: Gabler.

Habelt, D. & Sonnabend, M. (2012). *Führung, wohin führst du? Wie Führungskräfte Unternehmenswerte optimieren, vergüten, bilanzieren.* München: Oldenbourg.

Hackman, J. R. & Oldham, G. R. (1976). Motivation through the Design of Work: Test of a Theory. *Organizational Behavior and Human Performance, 16 (2),* 250–279.

Hammerschmid, G., Meyer, R. E. & Egger-Peitler, I. (2009). Das Konzept der Public Service Motivation – Status Quo der internationalen Diskussion und erste empirische Evidenzen für den deutschsprachigen Raum. *dms – der moderne staat – Zeitschrift für Public Policy, Recht und Management, Heft 1,* 73–92.

Hammerschmid, G., Proeller, I., Reichard, C., Röber, M. & Geißler, R. (2010). *Verwaltungsführung heute – Ergebnisse einer Führungskräftebefragung in der deutschen Ministerialverwaltung. Ein Gemeinschaftsprojekt der Hertie School of Governance, der Universität Potsdam und der Universität Leipzig, gefördert durch KPMG.* Berlin: Institut für den öffentlichen Sektor e.V. URL: http://www.publicgovernance.de/docs/20100923_Verwf_heute.pdf (Abruf am 02.08.2013).

Haufe – Haufe Akademie (Hrsg.) (2012). *Studie Personalcontrolling 2012 – Personalcontrolling in Deutschland heute.* Freiburg i. Br.: Haufe Akademie GmbH & Co. KG. URL: http://www.haufe-akademie.de/downloadserver/nl-pip/Studie-Personalcontrolling2012-final.pdf (Abruf am 05.12.2013).

Hentze, J. (1994). *Personalwirtschaftslehre 1.* Stuttgart: Haupt.

Herrmann, D. & Felfe, J. (2009). Romance of Leadership und die Qualität von Managemententscheidungen. *Zeitschrift für Arbeits- und Organisationspsychologie, 53 (N.F.27) (4),* 163–176.

Heyse, V. & Erpenbeck, J. (2009). *Kompetenztraining. 64 Modulare Informations- und Trainingsprogramme für die betriebliche, pädagogische und psychologische Praxis.* Stuttgart: Schäffer-Poeschel.

Hielscher, V. (2000). *Entgrenzung von Arbeit und Leben? Die Flexibilisierung von Arbeitszeiten und ihre Folgewirkungen für die Beschäftigten – Eine Literaturstudie.* In Veröffentlichungsreihe der Abteilung Regulierung von Arbeit des Forschungsschwerpunkts Technik-Arbeit-Umwelt des Wissenschaftszentrums Berlin für Sozialforschung. Berlin: Wissenschaftszentrum Berlin für Sozialforschung gGmbH (WZB).

Hölbling, G., Stößel, D. & Bohlander, H. (2010). *Bildungscontrolling – Erfolg messbar machen.* In Schriftenreihe des Forschungsinstituts Betriebliche Bildung (f-bb), Bd. 33. Bielefeld: Bertelsmann.

Hoffmann, B. (2011). Grundlagen des öffentlichen Dienstrechts. In T. Fischer (Hrsg.), *Personalmanagement.* Frankfurt: Verlag für Verwaltungswissenschaft.

Hoffmann, B. (2013). Rechtssichere Personalauswahl in der öffentlichen Verwaltung. In A. Gourmelon (Hrsg.), *Personalmanagement im öffentlichen Sektor* (Band 8). München: Rehm.

Holtbrügge, D. (1995). Quantitative Personalbedarfsplanung in der öffentlichen Verwaltung. *Verwaltung und Fortbildung, 23,* 41–59.

Holtbrügge, D. (2013). *Personalmanagement.* Berlin: Springer Gabler.

Hopp, H. & Göbel, A. (2008). *Management in der öffentlichen Verwaltung.* Stuttgart: Schäffer-Poeschel.

Hornung, S., Herbig, B. & Glaser, J. (2008). Mitarbeiterorientierte Flexibilisierung: Konzeptgeleitete Evaluation eines Fallbeispiels aus der öffentlichen Verwaltung. *Journal Psychologie des Alltagshandelns, 1 (1),* 33–43.

House, R. J., Hanges, P. J., Javidan, M., Dorfman, P. W. & Gupta, V. (Eds.) (2004). *Culture, Leadership, and Organizations – the Globe Study of 62 Societies.* Thousand Oaks, CA: Sage Publications.

Huber, A. (2010). *Personalmanagement.* München: Vahlen.

Hülsheger, U. R., Maier, G. W. & Stumpp, T. (2007). Validity of general mental ability for the prediction of job performance an training success in Germany: a meta-analysis. *International Journal of Selection and Assessment, 15,* 3–18.

Hungenberg, H. & Wulf, T. (2011). *Grundlagen der Unternehmensführung*. Heidelberg: Springer.

Innenministerium Nordrhein-Westfalen (2005). *Rahmenkonzept Personalentwicklung für die Beschäftigten des Innenministeriums NRW*. http://www.fah.nrw.de/08-Infothek/01-Downloads_A-Z/P/Rahmenkonzept_Personalentwicklung_IM_Abschlussbericht.pdf (Abruf am 29.09. 2013).

International Task Force on Assessment Center Guidelines (2009). Guidelines an ethical considerations for assessment center operations. *International Journal of Selection and Assessment, 17*, 243–253.

Jackson, L. A., Hunter, J. E. & Hodge, C. N. (1995). Physical attractiveness an intellectual competence: a meta-analytic review. *Social Psychology Quarterly, Vol. 58, No. 2*, 108–122.

Judge, T. A., Bono, J. E., Ilies, R. & Gerhardt, M. W. (2002). Personality and Leadership: A qualitative and quantitative Review. *Journal of Applied Psychology, 87 (4)*, 765–780.

Judge, T. A. & Piccolo, R. F. (2004). Transformational and Transactional Leadership: A Meta-Analytic Test of their Relative Validity. *Journal of Applied Psychology, 89 (5)*, 755–768.

Judge, T. A., Woolf, E. F., Hurst, C. & Livingston, B. (2006). Charismatic und Transformational Leadership: A Review and an Agenda for Future Research. *Zeitschrift für Arbeits- und Organisationspsychologie, 50 (N.F. 24) (4)*, 203–214.

Jung, H. (2008a). *Arbeits- und Übungsbuch Personalwirtschaft*. München: Oldenbourg.

Jung, H. (2008b). *Personalwirtschaft*. München: Oldenbourg.

Jung, H. (2010). *Allgemeine Betriebswirtschaftslehre*. München: Oldenbourg.

Jung, H. (2011). *Personalwirtschaft*. München: Oldenbourg.

Käpplinger, B. (2009). *Bildungscontrolling: Vor allem in Großbetrieben ein Thema – BIBB-Umfragen von 1997 und 2008 im Vergleich*. BIBB-Report, 13/09. Hrsg. vom Bundesinstitut für Berufsbildung.

Kaiser, S. & Ringlstetter, M. J. (2010). *Work-Life Balance*. Heidelberg: Springer.

Kanning, U. P. (1999). *Die Psychologie der Personenbeurteilung*. Göttingen: Hogrefe.

Kanning, U. P. (2004). *Standards der Personaldiagnostik*. Göttingen: Hogrefe.

Kanning, U. P. (2009). Eignungsdiagnostik sozialer Kompetenzen mithilfe situativer Testverfahren. In A. Gourmelon, C. Kirbach & S. Etzel (Hrsg.), *Personalauswahl im öffentlichen Sektor* (S. 193–202). Baden-Baden: Nomos.

Kanning, U. P. & Holling, H. (Hrsg.) (2002). *Handbuch personaldiagnostischer Instrumente.* Göttingen: Hogrefe.

Kaplan, R. S. & Norton, D. P. (2001). *Die strategiefokussierte Organisation: Führen mit der Balanced Scorecard.* Stuttgart: Schäffer-Poeschel.

Kassebaum, S. & Windorf, S. (2009). Marketing der Stadtverwaltung Dortmund zur Gewinnung qualifizierter Nachwuchskräfte. In A. Gourmelon, C. Kirbach & S. Etzel (Hrsg.), *Personalauswahl im öffentlichen Sektor* (2. Aufl.) (S. 291–310). Baden-Baden: Nomos.

Kaudela-Baum, S., Nagel, E., Bürkler, P. & Glanzmann, V. (Hrsg.) (2011). *Führung lernen – Fallstudien zu Führung, Personalmanagement und Organisation.* Berlin, Heidelberg: Springer.

Kauffeld, S. (2010). *Nachhaltige Weiterbildung – Betriebliche Seminare und Trainings entwickeln, Erfolge messen, Transfer sichern.* Berlin, Heidelberg: Springer.

Kegelmann, J., Böhmer, R. & Willmann, H. (2013). Quo vadis Verwaltung? In J. Kegelmann, R. Böhmer & H. Willmann (Hrsg.), *Rechnungswesen und Controlling in der öffentlichen Verwaltung* (S. 527–542). Freiburg: Haufe.

Kersting, M. (2003). DIN 33430 – Entstehungsprozess, Ziele und Inhalte des neuen Qualitätsstandards für berufsbezogene Eignungsbeurteilungen. *DGP-Informationen, 57,* 2–6.

Kersting, M. (2009). Profit durch Personalauswahl – warum sich eine qualitativ hochwertige Personalauswahl langfristig rechnet. In A. Gourmelon, C. Kirbach & S. Etzel (Hrsg.), *Personalauswahl im öffentlichen Sektor* (S. 33–54). Baden-Baden: Nomos.

Kieser, A. & Walgenbach, P. (2010). *Organisation.* Stuttgart: Schäffer-Poeschel.

Kirbach, C. & Gourmelon, A. (Hrsg.) (2007). *Personalmanagement in Umbruchzeiten.* Baden-Baden: Nomos.

Kirchler, E. (Hrsg.) (2005). *Arbeits- und Organisationspsychologie.* Wien: WUV (UTB).

Kirkpatrick, D. L. & Kirkpatrick, J. D. (2006). *Evaluating Training Programs: The Four Levels.* San Francisco, CA: Berrett-Koehler Publishers.

Kirsch, J. & Mühge, G. (2010). *Die Organisation der Arbeitsvermittlung auf internen Arbeitsmärkten.* Düsseldorf: Hans-Böckler-Stiftung.

Kleinbeck, U. & Kleinbeck, T. (2009). *Arbeitsmotivation: Konzepte und Fördermaßnahmen.* Lengerich: Pabst Science Publishers.

Klein-Schneider, H. (Hrsg.) (2003). *Interner Arbeitsmarkt – Beschäftigung und Personalentwicklung in Unternehmen und Verwaltungen.* Frankfurt am Main: Bund-Verlag.

Kliche, T. & Thiel, S. (Hrsg.) (2011). *Korruption: Forschungsstand, Prävention, Probleme.* Lengerich: Pabst.

Klimecki, R. G. & Gmür, M. (1998). *Personalmanagement. Funktionen, Strategien, Entwicklungsperspektiven.* Stuttgart: Lucius & Lucius.

Klimecki, R. G. & Gmür, M. (2005). *Personalmanagement: Strategien, Erfolgsbeiträge, Entwicklungsperspektiven.* Stuttgart: Lucius & Lucius.

Klöti, L. (2008). *Personalrisiken: Qualitative und quantitative Ansätze für das Management von Personalrisiken.* Bern: Haupt.

Kluger, A. N. & DeNisi, A. (1996). Effects of Feedback Intervention in Performance: A historical Review, a Meta-Analysis, and a preliminary Feedback Intervention Theory. *Psychological Bulletin, 119 (2),* 254–284.

Kniep-Taha, D. (2013). Coaching. Praktische Erfahrungen mit passgenauer Personalentwicklung. In A. Gourmelon (Hrsg.), Pers*onalmanagement im öffentlichen Sektor* (Band 6). München: Rehm.

Kobi, J.-M. (2002). *Personalrisikomanagement: Strategie zur Steigerung des People Value.* Wiesbaden: Gabler.

Kochan, T., Bezrukova, K., Ely, R., Jackson, S., Joshi, A., Jehn, K., Leonard, J., Levine, D. & Thomas, D. (2003). The effects of diversity on business performance: report of the diversity research network. *Human Resource Management, Vol. 42, No. 1,* 3–21.

Köhler, W. (2013). Die Chancen der interkulturellen Vielfalt aktiv nutzen. *Innovative Verwaltung, 12/2013,* 24–27.

König, C. J., Klehe, U.-C., Berchthold, M. & Kleinmann, M. (2010). Reasons for being selective when choosing personnel selection procedures. *International Journal of Selection and Assessment, Vol. 18, 1,* 17–27.

Kolb, M. (2010). *Personalmanagement. Grundlagen und Praxis des Human Resources Managements.* Wiesbaden: Gabler.

Kommunale Gemeinschaftsstelle für Verwaltungsmanagement (Hrsg.) (2003a). *Professionelle Personalauswahl* (KGSt-Bericht Nr. 10). Köln: Kommunale Gemeinschaftsstelle für Verwaltungsmanagement.

Kommunale Gemeinschaftsstelle für Verwaltungsmanagement (Hrsg.) (2003b). *Kennzahlengestütztes Personalcontrolling.* Köln: KGSt.

Kommunale Gemeinschaftsstelle für Verwaltungsmanagement (Hrsg.) (2007). *Bericht Nr. 5/2007: Führungsfeedback.* Köln: Kommunale Gemeinschaftsstelle für Verwaltungsmanagement.

Kommunale Gemeinschaftsstelle für Verwaltungsmanagement (2012). Kreis Warendorf: Servicestelle Personal. *KGSt-Journal 09/2012.*

Kosel, M. (2012). *Aktiv und konsequent führen – Gute Mitarbeiter sind kein Zufall.* Wiesbaden: Gabler.

Kosiol, E. (1962). *Organisation der Unternehmung.* Wiesbaden: Gabler.

Kramer, R. & Peter, F. K. (2012). *Arbeitsrecht: Grundkurs für Wirtschaftswissenschaftler.* Wiesbaden: Gabler.

Kratz, H.-J. (1997). *Neue Mitarbeiter erfolgreich integrieren.* Wien: Ueberreuther.

Kreis Warendorf (2014). http://www.servicestelle-personal.de (Abruf am 27.01.2014).

Krieg, H.-J. & Ehrlich, H. (1998). *Personal.* Stuttgart: Schäffer-Poeschel.

Kruppke, H., Otto, M. & Gontard, M. (Hrsg.) (2006). *Human Capital Management – Personalprozesse erfolgreich managen.* Berlin: Springer.

Kuhn, T. & Weibler. J. (2012). *Führungsethik in Organisationen.* Stuttgart: Kohlhammer.

Landesamt für Besoldung und Versorgung NRW (2013). *Aufgaben.* www.lbv.nrw.de (Abruf am 25.10.2013).

Landesamt für Besoldung und Versorgung NRW (2014). http://www.lbv.nrw.de/lbv_vorstellung/aufgaben/index.php (Abruf am 16.01.2014).

Landeshauptstadt München (2013). *Präsentation Altersstrukturanalyse.* http://www.muenchen.de/rathaus/Stadtverwaltung/Personal-und-Organisationsreferat/Personalentwicklung/Demographie.html (Abruf am 18.02.2013).

Landeshauptstadt Stuttgart (2013). *Work-Life-Balance Netzwerk Region Stuttgart.* http://www.stuttgart.de/item/show/226063/1 (Abruf am 22.12.2013).

Landesregierung Nordrhein-Westfalen (2014). *Wir halten in NRW Kurs: Es bleibt beim Dreiklang aus Sparen, Investitionen und Einnahmeverbesserungen.* http://www.nrw.de/landesregierung/wir-halten-in-nrw-kurs-es-bleibt-beim-dreiklang-aus-sparen-investitionen-und-einnahmeverbesserungen-14631/ (Abruf am 16.02.2014).

Landsberg, G. v. & Weiss, R. (Hrsg.) (1995). *Bildungs-Controlling.* Stuttgart: Schäffer-Poeschel.

Landwehr, N. & Müller, E. (2006). *Begleitetes Selbststudium. Didaktische Grundlagen und Umsetzungshilfen.* Bern: hep.

Langer, K.-U. & Wichmann, M. (2007). *Öffentliches Dienstrecht* (6. Aufl.). Stuttgart: Kohlhammer.

Lang-von Wins, T. & Triebel, C. (2012). *Karriereberatung: Coachingmethoden für eine kompetenzorientierte Laufbahnberatung.* Berlin: Springer.

LEARNTEC Glossar (2014). http://glossar.learntec.de/index.php?id=291 (Abruf am 08.02.2014).

Lendner, A. & Scholer, S. (2012). Wirksam weiterbilden – Praxishilfen für ein Bildungscontrolling im öffentlichen Sektor. In A. Gourmelon (Hrsg.), *Personalmanagement im öffentlichen Sektor* (Band 5). Heidelberg: Rehm.

Likert, R. (1961). *New Patterns of Management.* New York, NY: McGraw-Hill.

Lindner-Lohmann, D., Lohmann, F. & Schirmer, U. (2012). *Personalmanagement* (2. Auflage). Heidelberg: Springer.

Lorinser, B. (2009). *Arbeitsrechtliche Praxis – Leitfaden für Personalverantwortliche.* München: Oldenbourg.

Lüders, C. (2013). Verwaltungen sind ein Spiegel der Gesellschaft. *dbb magazin, Juli/August 2013,* 33.

Manz, C. C. & Sims, H. P. (1989). *Super Leadership: Leading others to lead themselves.* New York: Prentice Hall.

Marcks, H. (2012). *Taylorismus 3.0. Direkte Aktion 211* (Ausgabe Mai/Juni 2012). http://www.direkteaktion.org/211/Taylorismus-3.0 (Abruf am 03.03.2013).

Marcus, B. (2011). *Personalpsychologie.* Wiesbaden: Verlag für Sozialwissenschaften.

Mayer, T. (im Druck). Assessment Center. In A. Gourmelon (Hrsg.), *Personalmanagement im öffentlichen Sektor.* München: Rehm.

Meissner, F. (o. J.). *Vereinbarkeit von Familie und Beruf für Personalräte.* Berlin: DGB-Bundesvorstand.

Meixner, H. E. (1993). *Personalpolitik und -führung.* Vieselbach: Deutscher Kommunal-Verlag.

Meixner, H. E. & Meixner, J. (2013). Dienen statt Verdienen – ein Anachronismus? *Der Öffentliche Dienst, 5/2013,* 110–117.

Mentzel, W. (2001). *Personalentwicklung: Wie Sie Ihre Mitarbeiter erfolgreich fördern und weiterbilden.* München: dtv.

Mentzel, W. (2008). *Personalentwicklung: Wie Sie Ihre Mitarbeiter erfolgreich fördern und weiterbilden.* München: dtv.

Ministerium für Arbeit und Sozialordnung, Familie, Frauen und Senioren Baden-Württemberg (2011). *Familien in Baden-Württemberg – Vereinbarkeit von Familie und Beruf* (Report 04/2011). http://www.statistik.baden-wuerttemberg.de/BevoelkGebiet/Fafo/Familien_in_BW/R20114.pdf (Abruf am 06.10.2013).

Ministerium für Inneres und Kommunales des Landes Nordrhein-Westfalen (2003). *Führung – Verwaltungsmodernisierung in Nordrhein-Westfalen. Herausgegeben von der Staatskanzlei des Landes NRW – Projekt Verwaltungsmodernisierung.* URL: http://www.mik.nrw.de/allg-datensaetze/vorlagen/themen-aufgaben/moderne-verwaltung/strukturreform-modernisierung/ueberblick/binnenmodernisierung/personal/fuehrung.html (Abruf am 18.07.2013).

Ministerium für Inneres und Sport Mecklenburg-Vorpommern (2013). *Landesrechtsinformationssystem.* URL: http://www.landesrecht-mv.de (Abruf am 06.11.2013).

Ministerium für Wirtschaft und Arbeit des Landes Nordrhein-Westfalen (Hrsg.) (2004). *Arbeits- und Betriebszeiten flexibel gestalten. In aktiv in NRW. Landesinitiative „Moderne Arbeitszeiten", Veröffentlichungsnummer: 1008.* Düsseldorf: Ministerium für Wirtschaft und Arbeit NRW.

Mook, P. (2012). Bürgerschaftliches Engagement in Kommunalverwaltungen – Entwicklung und Zukunftspotenziale am Beispiel der Stadt Hagen. In A. Gourmelon (Hrsg.), *Personalressourcen sichern – eine Zukunftsaufgabe für den öffentlichen Sektor* (S. 139–152). München: Rehm.

Mudra, P. (2004). *Personalentwicklung: Integrative Gestaltung betrieblicher Lern- und Veränderungsprozesse.* München: Vahlen.

Mühge, G. (2011). *Betriebliche Beschäftigungssicherung durch interne Personalvermittlung. WSI-Mitteilungen, 02/2011,* hrsg. vom Wirtschafts- und Sozialwissenschaftlichen Institut der Hans Böckler Stiftung.

Müller-Vorbrüggen, M. (2010). Struktur und Strategie der Personalentwicklung. In R. Bröckermann & M. Müller-Vorbrüggen, *Handbuch Personalentwicklung. Die Praxis der Personalbildung, Personalförderung und Arbeitsstrukturierung* (S. 3–22). Stuttgart: Schäffer-Poeschel.

Neuberger. O. (2000). *Das 360°-Feedback – Alle fragen? Alles sehen? Alles sagen?* München: Rainer Hampp.

Neuberger, O. (2002). *Führen und führen lassen: Ansätze, Ergebnisse und Kritik der Führungsforschung.* Stuttgart: Lucius & Lucius.

Neuberger, O. (2006). Mikropolitik: Stand der Forschung und Reflexion. *Zeitschrift für Arbeits- und Organisationspsychologie, 50 (N.F.24) (4),* 189--202.

Nicolai, C. (2009). *Personalmanagement.* Stuttgart: Lucius & Lucius.

Niewerth, C. & Mühge, G. (2012). *Abteilungen zur internen Arbeitsvermittlung. Ergebnisse des Projekts BOPS.* http://www.iaq.uni-due.de/aktuell/veroeff/2012/bops_Personalvermittlungsabteilungen.pdf (Abruf am 25.02. 2013).

North, K., Reinhardt, K. & Sieber-Suter, B. (2013). *Kompetenzmanagement in der Praxis: Mitarbeiterkompetenzen systematisch identifizieren, nutzen und entwickeln – Mit vielen Fallbeispielen.* Wiesbaden: Gabler.

Northouse, P. G. (2007). *Leadership: Theory and Practice.* Thousand Oaks: Sage.

Novak, E. (1994). Personal in der Verwaltung. In K.-H. Mattern (Hrsg.), *Allgemeine Verwaltungslehre* (S. 169–198). Regensburg: Walhalla.

Nürnberger Nachrichten (2013). http://www.nordbayern.de/nuernberger-nachrichten/nuernberg/medizin-vorlesungen-am-nurnberger-klinikum-1.1921004 (Abruf am 06.02.2013).

Nußbaum, A. & Neumann, B. (1995). Jede Entwicklung geht von Menschen aus – Human Resource Management als unternehmerische Aufgabe. In W. Jochmann (Hrsg.), *Personalberatung intern* (S. 121–142). Göttingen: Hogrefe.

Oechsler, W. A. (2006). *Personal und Arbeit – Grundlagen des Human Resource Management und der Arbeitgeber-Arbeitnehmer-Beziehungen.* München: Oldenbourg.

Oechsler, W. A. (2011). *Personal und Arbeit. Grundlagen des Human Resource Management und der Arbeitgeber-Arbeitnehmer-Beziehungen.* München: Oldenbourg.

Ohne Verfasser (2013). Neue Personalinstrumente in Magdeburg: Wir stellen ein. *Dbb regional magazin, Januar/Februar 2013,* 2–3.

Olfert, K. (2010). *Personalwirtschaft.* Herne: NWB Verlag.

Olfert, K. (2011). *Lexikon Personalwirtschaft.* Herne: NWB Verlag.

Olfert, K. (2012). *Personalwirtschaft.* Herne: Kiehl.

Ones, D. S, Viswesvaran, C. & Schmidt, F. L. (1993). Meta-analysis of integrity test validities: Findings and implications for personnel selection. *International Journal of Selection and Assessment, 78,* 679–703.

Paqué, K.-H. (2012). *Vollbeschäftigt: das neue deutsche Jobwunder.* München: Hanser.

Paul, C. (2005). *Personalrisikomanagement: Bestandsaufnahme und Perspektive.* (Arbeitspapier 112). Düsseldorf: Hans-Böckler-Stiftung.

Peters, L. H., Hartke, D. D. & Pohlmann, J. T. (1985). Fiedler's Contingency Theory of Leadership: An Application of the Meta-Analysis Procedere of Schmidt and Hunter. *Psychological Bulletin, 92 (2),* 274–285.

Peters, T. & Ghadiri, A. (2011). *Neuroleadership – Grundlagen, Konzepte, Beispiele: Erkenntnisse der Neurowissenschaften für die Mitarbeiterführung.* Wiesbaden: Gabler.

Philipps, J. J. & Schirmer, F. C. (2008). *Return on Investment in der Personalentwicklung: Der 5-Stufen-Evaluationsprozess.* Berlin: Springer.

Präsidium der Bayerischen Bereitschaftspolizei (2013). *Flyer Berufsbild.* http://www.polizei.bayern.de/content/1/5/7/0/berufsbild_2013_1.pdf (Abruf am 04.06.2013).

Pusacker, E. (2013). Interamt entlastet Berlin. *Kommune 21, 4/2012,* 46–47.

Rau, T. (2007). *Betriebswirtschaftslehre für Städte und Gemeinden.* München: Vahlen.

Rauen, C. (2008). *Coaching.* Göttingen: Hogrefe.

Rechtswörterbuch (2013). *Personalakte.* www.rechtswoerterbuch.de/recht/p/personalakte (Abruf am 22.10.2013).

Reichelt, B. (2010). Mentoring und Patenschaft. In R. Bröckermann & M. Müller-Vorbrüggen, *Handbuch Personalentwicklung. Die Praxis der Personalbildung, Personalförderung und Arbeitsstrukturierung* (S. 437–454). Stuttgart: Schäffer-Poeschel.

Reifenhäuser, C., Hoffmann, S. & Kegel, T. (2012). *Freiwilligen-Management.* Augsburg: Zentrum für interdisziplinäres erfahrungsorientiertes Lernen.

Reineck, U., Sambeth, U. & Winklhofer, A. (2011). *Handbuch Führungskompetenzen trainieren.* Weinheim: Beltz.

Reischmann, J. (2006). *Weiterbildungs-Evaluation: Lernerfolge messbar machen.* Augsburg: ZIEL-Verlag.

Resch, M. & Bamberg, E. (2005). Work-Life-Balance – Ein neuer Blick auf die Vereinbarkeit von Berufs- und Privatleben. *Zeitschrift für Arbeits- und Organisationspsychologie, 49 (N.F.23) (4),* 171–175.

Rheinische Versorgungskassen (2014). http://www.versorgungskassen.de/pages/betriebsrenten/rentenleistungen_2.php (Abruf am 16.01.2014).

Richenhagen, G. (2007). Beschäftigungsfähigkeit, altersflexibles Führen und gesundheitliche Potenziale – Personalarbeit und Führung im demografischen Wandel. *Fachbeiträge Personalführung, Heft 8,* 44–51.

Richenhagen, G., Prümper, J. & Wagner, J. (2002). *Handbuch der Bildschirmarbeit. Mit einer Kommentierung der Bildschirmarbeitsverordnung.* Neuwied: Luchterhand Verlag.

Ritz, A. & Thom, N. (Hrsg.) (2011). *Talent Management – Talente identifizieren, Kompetenzen entwickeln, Leistungsträger erhalten.* Wiesbaden: Gabler.

Robbins, S. P., DeCenzo, D. A. & Coulter, M. (2013). *Fundamentals of Management – Essential Concepts and Applications.* Edinburgh Gate: Pearson Education Limited.

Robert Bosch Stiftung (Hrsg.) (2009). *Demographieorientierte Personalpolitik in der öffentlichen Verwaltung – Studie in der Reihe „Alter und Demographie".* URL: http://www.bosch-stiftung.de/content/language1/downloads/Demographieorientierte_Personalpolitik_fuer_Internet.pdf (Abruf am 14.12.2013).

Rohrhirsch, F. (2011). *Führen durch Persönlichkeit: Abschied von der Führungstechnik.* Wiesbaden: Gabler.

Roland Berger (2011). *Dreamteam statt Quote. Studie zu „DiversityandInclusion".* http://www.rolandberger.com/media/pdf/Roland_Berger_DiversityInclusion_D_20110509.pdf (Abruf am 05.10.2013).

Rosenstiel, L. von, Regnet, E. & Domsch, M. E. (Hrsg.) (1999). *Führung von Mitarbeitern – Handbuch für erfolgreiches Personalmanagement.* Stuttgart: Schäffer-Poeschel.

Roth, P. L., Bobko, P. & McFarland, L. A. (2005). A meta-analysis of work sample test validity. *Personnel Psychology, 58,* 1009–1037.

Rowohl, J. & Borgmann, L. (2009). Zum Zusammenhang zwischen ethischer Führung, Arbeitszufriedenheit und affektivem Commitment. *Wirtschaftspsychologie aktuell, Heft 2,* 58–66.

Runde, B. (2009). Persönlichkeitstests in der Personalauswahl. In A. Gourmelon, C. Kirbach & S. Etzel (Hrsg.), *Personalauswahl im öffentlichen Sektor* (S. 177–192). Baden-Baden: Nomos.

Rundstedt, E. von (2010). Berufliche Neuorientierung und Outplacement. In R. Bröckermann & M. Müller-Vorbrüggen, *Handbuch Personalentwicklung. Die Praxis der Personalbildung, Personalförderung und Arbeitsstrukturierung* (S. 197–214). Stuttgart: Schäffer-Poeschel.

Sarges, W. (Hrsg.) (2000). *Management-Diagnostik.* Göttingen: Hogrefe.

Scherm, M. (Hrsg.) (2001). *360-Grad-Beurteilungen: Diagnose und Entwicklung von Führungskompetenzen.* Göttingen: Hogrefe.

Scherm, E. & Süß, S. (2003). *Personalmanagement.* München: Franz Vahlen.

Scherm, E. & Süß, S. (2010). *Personalmanagement.* München: Franz Vahlen.

Schirmer, U. (2006). Die induktiv-deduktive Lernschleife in der handlungsorientierten Didaktik. *Personalführung, 39. Jg., Heft Nr. 1,* 62–69.

Schlick, C., Bruder, R. & Luczak, H. (2010). *Arbeitswissenschaft.* Berlin: Springer.

Schmeisser, W. (2008). *Finanzorientierte Personalwirtschaft.* München: Oldenbourg.

Schmeisser, W. (2010). Humankapital verstehen, definieren und erfassen. *Personalführung, Heft 4,* 16–25.

Schmeisser, W. & Lukowsky, M. (2006). *Human Capital Management: A Critical Consideration of the Evaluation and Reporting of Human Capital.* München: Hampp.

Schmidt, F. L. & Hunter, J. E. (1998). The validity and utility of selection methods in personnel psychology. *Psychological Bulletin, 124,* 262–274.

Schmitt, I. L. & Werth, K. (1998). *Personalauswahl in Unternehmen: zu einer Theorie der Auswahlpraxis.* Mering: Hampp.

Scholz, C. (2000). *Personalmanagement. Informationsorientierte und verhaltenstheoretische Grundlagen.* München: Vahlen.

Scholz, C. (2011). *Grundzüge des Personalmanagements.* München: Vahlen.

Scholz, C., Stein, V. & Bechtel, R. (2011). *Human Capital Management – Raus aus der Unverbindlichkeit.* München: Luchterhand.

Schrapper, L. (2008). Der Bachelor kommt! Die Fachhochschule für öffentliche Verwaltung auf dem Weg nach Bologna. *apf – Ausbildung – Prüfung – Fachpraxis, 9/2008,* 257–261.

Schrapper, L. (2013). Der öffentliche Dienst im demografischen Wandel. Herausforderungen für das Personalmanagement. *Die Verwaltung, 46, 3,* 441–455.

Schubert, K. & Klein, M. (2011). *Das Politiklexikon.* Bonn: Dietz.

Schuler, H. (2000). Das Rätsel der Merkmals-Methoden-Effekte: Was ist „Potenzial" und wie lässt es sich messen? In L. von Rosenstiel & T. Lang-von-Wins (Hrsg.), *Perspektiven der Potenzialbeurteilung* (S. 53–74). Göttingen: Verlag für Angewandte Psychologie.

Schuler, H. & Moser, K. (1995). Die Validität des Multimodalen Interviews. *Zeitschrift für Arbeits- und Organisationspsychologie, 39,* 2–12.

Schulte, Chr. (2011). *Personal-Controlling mit Kennzahlen.* München: Vahlen.

Seifert, H. (Hrsg.) (2005). *Flexible Zeiten in der Arbeitswelt.* Frankfurt, New York: Campus Forschung.

Senat der Freien und Hansestadt Hamburg (2004). *Leitbild.* https://www.hamburg.de/contentblob/30710/data/d-pdf-leitbild-des-personalamtes.pdf (Abruf am 24.10.2013).

Sennet, R. (2006). *Der flexible Mensch – Die Kultur des neuen Kapitalismus.* Berlin: Berliner Taschenbuch Verlag.

Servicestelle Personal beim Kreis Warendorf (2013). *Organisationsform.* http://www.servicestelle-personal.de (Abruf am 25.10.2013).

Siemann, C. (2012). Den Kompass neu ausrichten. *Personalwirtschaft. Magazin für Human Resources. Special Öffentliche Verwaltung,* 6–11.

Sonntag, K. (Hrsg.) (2006). *Personalentwicklung in Organisationen – Psychologische Grundlagen, Methoden und Strategien.* Göttingen: Hogrefe.

Sonntag, Kh. & Stegmaier, R. (2007). *Arbeitsorientiertes Lernen – Zur Psychologie der Integration von Lernen und Arbeit.* Stuttgart: Kohlhammer.

Speier, M. (2012). *Identifizierung von Erfolgsfaktoren für die interne Personalvermittlung im öffentlichen Sektor.* Master-Arbeit an der Fakultät für Psychologie der Ruhr-Universität Bochum. Bochum: Ruhr-Universität.

Speier, M. (2013). Identifizierung von Erfolgsfaktoren für die interne Personalvermittlung: Eine empirische Untersuchung im öffentlichen Sektor aus 2012. In A. Gourmelon (Hrsg.), *Forschung für die Praxis – neue Erkenntnisse für ein professionelles Personalmanagement, Sonderausgabe in der Reihe „Personalmanagement im öffentlichen Sektor" (PöS).* München: Rehm.

Stadt Dortmund (2013). *Ausbildung.lohnt.* http://www.dortmund.de/de/rathaus_und_buergerservice/stadtverwaltung_zentrale_aufgaben/personalamt/ausbildung/ausbildung_start/index.html (Abruf am 04.06.2013).

Stadtverwaltung Aachen (2011). *Evaluation der bei der Stadtverwaltung Aachen umgesetzten Maßnahmen zur Vereinbarkeit von Beruf und Familie (Projektbericht).* Köln: Fachhochschule für öffentliche Verwaltung NRW.

Stadtverwaltung München (2013). *Leitbild.* http://www.muenchen.de/rathaus/Stadtpolitik/Leitbild_Stadtverwaltung/Selbstverst-ndnis-derMitarbeiterinnen-und-Mitarbeiter-.html (Abruf am 01.10.2013).

Statistische Ämter des Bundes und der Länder (2009). *Demografischer Wandel in Deutschland – Auswirkungen auf die Zahl der Erwerbspersonen.* Stuttgart: Statistisches Landesamt Baden-Würtemberg.

Statistische Ämter des Bundes und der Länder (2011). *Demografischer Wandel in Deutschland* (Heft 1). https://www.destatis.de/DE/ZahlenFakten/GesellschaftStaat/Bevoelkerung/Bevoelkerungsvorausberechnung/Bevoelkerungsvorausberechnung.html (Abruf am 05.07.2013).

Statistisches Bundesamt (2013). *Finanzen und Steuern. Personal des öffentlichen Dienstes 2012, Fachserie 14, Reihe 6.* Wiesbaden: Statistisches Bundesamt.

Steiger, T. & Lippmann, E. (Hrsg.) (2013). *Handbuch Angewandte Psychologie für Führungskräfte – Führungskompetenz und Führungswissen. Band 1 und 2.* Berlin, Heidelberg: Springer.

Stein, V. (2007). Human Capital Management – The German Way. *Zeitschrift für Personalforschung, 21 (3),* 295–321.

Stellermann, R., Haussmann, S. & Schwalm, S. (2011). *Verwaltungsmodernisierung auf Bundesebene – Studie zum Stand der Modernisierung der Bundesverwaltung. Herausgegeben von Steria Mummert Consulting AG und BearingPoint GmbH, Hamburg.* URL: http://www.bearingpointconsulting.com/SID-E8CD8F44-78949102/de-de/download/Reformstand_Bundesverwaltung_Verwaltungsmodernisierung.pdf (Abruf am 28.07.2013).

Stelzer-Rothe, T. (2010). Stellvertretung. In R. Bröckermann & M. Müller-Vorbrüggen, Handbuch Personalentwicklung. Die Praxis der Personalbildung, Personalförderung und Arbeitsstrukturierung (S. 611–623). Stuttgart: Schäffer-Poeschel.

Stenzel, S. (2010). Coaching und Supervision. In R. Bröckermann & M. Müller-Vorbrüggen, Handbuch Personalentwicklung. Die Praxis der Personalbildung, Personalförderung und Arbeitsstrukturierung (S. 413–435, 3. Auflage). Stuttgart: Schäffer-Poeschel.

StepStone (2009). *Studie „ARBEITEN IM ÖFFENTLICHEN DIENST. Der Öffentliche Dienst als Arbeitgeber – aus Sicht der deutschen Fach- und Führungskräfte".* www.stepstone.de (Abruf am 22.02.2014).

Stewart, R. (1991). *Managers and their Jobs: A Study of Similarities and Differences in the Ways Managers spend their time.* Houndmills: Macmillan.

Stock-Homburg, R. (2008). *Personalmanagement. Theorien – Konzepte – Instrumente.* Wiesbaden: Gabler.

Stock-Homburg, R. (2013). *Personalmanagement.* Wiesbaden: Springer.

Stöwe, C. & Keromosemito, L. (2013). *Führen ohne Hierarchie – Laterale Führung: Wie Sie ohne Vorgesetztenfunktion Teams motivieren, kritische Gespräche führen, Konflikte lösen.* Wiesbaden: Gabler.

Stogdill, R. M. & Coons, A. E. (Eds.). (1957). *Leader behaviour: Its Description and Measurement (Vol. 88; Bureau of Business Research Monograph – Ohio Studies in Personnell).* Columbus, Ohio: Ohio State University.

Suckow, J. (2007). *Das Allgemeine Gleichbehandlungsgesetz.* Neuwied: Luchterhand.

Tannenbaum, R. & Schmidt, W. H. (1958). How to choose a Leadership Pattern? *Harvard Business Review, 36 (2),* 95–101.

Thom, N. & Ritz, A. (2008). *Public Management – Innovative Konzepte zur Führung im öffentlichen Sektor.* Wiesbaden: Gabler.

Thommen, J.-P. & Achleitner, A.-K. (2012). *Allgemeine Betriebswirtschaftslehre – Umfassende Einführung aus managementorientierter Sicht.* Wiesbaden: Gabler.

Treier, M. (2000). *Weiterbildung von Führungskräften: Eine kritische Bestandsaufnahme im Kontext aktueller Entwicklungstrends.* Berlin: Verlag für Wissenschaft und Forschung (VWF).

Treier, M. (2001). Regulationsbehinderungen bei der Teleheimarbeit unter Berücksichtigung des Wechselverhältnisses zwischen Erwerbsarbeit und Familie. *Zeitschrift für Arbeitswissenschaft, 55 (4),* 239–248.

Treier, M. (2003). Belastungs- und Beanspruchungsmomente bei der Teleheimarbeit. *Zeitschrift für Arbeits- und Organisationspsychologie, 47 (1),* 24–35.

Treier, M. (2005). *Führung mit Kennwerten – Das Multi-Source-Feedback und sein Beitrag zu einer innovativen und strategisch ausgerichteten Führungskultur.* München: Rainer Hampp.

Treier, M. (2009). *Personalpsychologie im Unternehmen.* München: Oldenbourg.

Treier, M. (2011). *Personalpsychologie kompakt.* Weinheim: Beltz.

Treier, M. (2012). Der blinde Fleck im Personalmanagement. *Personalmentor – Für Personaler und Führungskräfte im öffentlichen Sektor, Dezember 2012,* 6–8.

Treier, M. (2013). *Personalcontrolling für den öffentlichen Sektor – Ein Kompass für wertschöpfungsorientierte Personalarbeit.* Heidelberg: Rehm.

Uhle, T. & Treier, M. (2013). *Betriebliches Gesundheitsmanagement: Gesundheitsförderung in der Arbeitswelt – Mitarbeiter einbinden, Prozesse gestalten, Erfolge messen.* Heidelberg: Springer.

Ulich, E. (2011). *Arbeitspsychologie.* Stuttgart: Schäffer-Poeschel und Zürich: vdf Hochschulverlag.

Ulrich, D. (1997). *Human Resource Champions: The next Agenda for Adding Value and Delivering Results.* Boston, MA: Harvard Business School Press.

Unger, J. (2007). Strategische Haushaltskonsolidierung und Personalmanagement in der Stadt Halle. In C. Kirbach & A. Gourmelon (Hrsg.), *Personalmanagement in Umbruchzeiten* (S. 92–104). Baden-Baden: Nomos.

Vahs, D. (2009). *Organisation. Ein Lehr- und Managementbuch.* Stuttgart: Schäffer-Poeschel.

Verband für Interkulturelle Arbeit (2012). *Mehr Vielfalt im öffentlichen Dienst.* Arbeitspapier 01/2012. München: Verband für Interkulturelle Arbeit.

Vereinte Dienstleistungsgewerkschaft (2013). *Entgelttabelle Kommunaler Bereich.* http://bund-laender.nrw.verdi.de/tarif_recht/tarifvertraege/2013-tvoed (Abruf am 30.09.2013).

Voigt, B.-F. & Wagner, D. (2007). Diversity-Management als Leitbild von Personalpolitik. In D. Wagner und B.-F. Voigt (Hrsg.), *Diversity Management als Leitbild von Personalpolitik* (S. 1–15). Wiesbaden: Deutscher Universitäts-Verlag.

Wagner, D. & Sepehri, P. (1999). Managing Diversity – alter Wein in neuen Schläuchen? *Personalführung, 5/99,* 18–21.

Wald, A. (1996). *Personalmanagement für die kommunale Praxis.* Berlin: Erich Schmitt.

Wald, P. M. (2005). *Neue Herausforderungen im Personalmanagement. Best Practices - Reorganisation – Outsourcing.* Wiesbaden: Gabler.

Wastian, M., Braumandl, I. & Rosenstiel, L. von (Hrsg.) (2012). *Angewandte Psychologie für das Projektmanagement: Ein Praxisbuch für die erfolgreiche Projektleitung.* Heidelberg: Springer.

Weber, V. & Breucker, G. (2009). Erste Hilfe für Führungskräfte. *Personal, Heft 07/08,* 21–24.

Wegener, M. (2003). Rechtliche Verbindlichkeit der DIN 33430 für Behörden und Gerichte. *DGP-Informationen, 57,* 7–11.

Wegerich, Ch. (2007). *Strategische Personalentwicklung in der Praxis. Instrumente, Erfolgsmodelle, Checklisten.* Weinheim: WILEY-VCH Verlag.

Wegge, J. (2004). *Führung von Arbeitsgruppen.* Göttingen: Hogrefe.

Wegge, J. (2006). Gruppenarbeit. In H. Schuler (Hrsg.), *Lehrbuch der Personalpsychologie* (S. 579–610). Göttingen: Hogrefe.

Weibler, J. (2001). *Personalführung.* München: Vahlen.

Weinert, A. B. (2004). *Organisations- und Personalpsychologie.* Weinheim: Psychologie Verlags Union (Beltz).

Werkmann-Karcher, B. & Rietiker, J. (Hrsg.) (2010). *Angewandte Psychologie für das Human Resource Management – Konzepte und Instrumente für ein wirkungsvolles Personalmanagement.* Berlin: Springer.

Werres, S. (2011). *Beamtenverfassungsrecht.* München: Rehm.

Weuster, A. (2012). *Personalauswahl I.* Wiesbaden: Springer.

Wichmann, M. & Langer, K.-U. (2013). *Öffentliches Dienstrecht.* Stuttgart: Deutscher Gemeinde Verlag.

Wildenmann, B. (2009). *Professionell führen – Empowerment für Manager, die mit weniger Mitarbeitern mehr leisten müssen.* Neuwied: Luchterhand.

Wingen, S., Hohmann, T., Bensch, U. & Plum, W. (2004). *Vertrauensarbeitszeit – Neue Entwicklung gesellschaftlicher Arbeitszeitstrukturen. Schriftenreihe der Bundesanstalt für Arbeitsschutz und Arbeitsmedihin, Fb 1027.* Bremerhaven: Wirtschaftsverlag NW.

Winkler, B. & Hofbauer, H. (2010). *Das Mitarbeitergespräch als Führungsinstrument – Handbuch für Führungskräfte und Personalverantwortliche.* München: Carl Hanser.

Wirtschaftslexikon24.com (2014). *Fluktuation.* http://www.wirtschaftslexikon24.com/d/fluktuation/fluktuation.htm (Abruf am 23.02.2014).

Wirtz, A., Nachreiner, F., Beermann, B., Brenscheidt, F. & Siefer, A. (2009). *Lange Arbeitszeiten und Gesundheit.* www.baua.de/de/Publikationen/Fachbeitraege/artikel20.html (Abruf am 20.06.2010).

Wisser, W., Matten, D., Pohl, M. & Tolhurst, N. (2008). *The A to Z of Corporate Social Responsibility: A Complete Reference Guide to Concepts, Codes and Organisations.* Chichester, London: John Wiley & Sons.

Wolf, G. (2008). Zielgerichtetes Personalcontrolling – Zukunftssicherung mit Humanressourcen. *Arbeit und Arbeitsrecht – Personal-Profi, 63 (11),* 650–655.

Wollsching-Strobel, P. & Prinz, B. (Hrsg.) (2012). *Talentmanagement mit System – Von Top-Performern lernen – Leistungsträger im Unternehmen wirksam unterstützen: Der PWS-Ansatz.* Wiesbaden: Gabler.

Wortmann, R. (2012). Ehrenamtliches Engagement – ein Überblick. In A. Gourmelon (Hrsg.), *Personalressourcen sichern – eine Zukunftsaufgabe für den öffentlichen Sektor* (S. 123–137). München: Rehm.

Wucknitz, S. (2009). *Handbuch Personalbewertung: Messgrößen, Anwendungsfelder, Fallstudien für das Human Capital Management.* Stuttgart: Schäffer-Poeschel.

Wunderer, R. (2006). *Führung und Zusammenarbeit: Eine unternehmerische Führungslehre.* Neuwied: Luchterhand.

Wunderer, R. & Dick, P. (2006). *Personalmanagement – Quo vadis? Analysen und Prognosen zu Entwicklungstrends bis 2010.* Neuwied: Luchterhand.

Wunderer, R. & Jaritz, A. (2007). *Unternehmerisches Personalcontrolling: Evaluation der Wertschöpfung für das Personalmanagement.* München: Luchterhand.

Wunderer, R. & Kuhn, T. (1993). *Unternehmerisches Personalmanagement: Konzepte, Prognosen und Strategien für das Jahr 2000.* Frankfurt: Campus.

Wunderer, R. & Kuhn, T. (1995). Unternehmerisches Personalmanagement – zentraler Ansatzpunkt zur Förderung unternehmerischen Verhaltens. In R. Wunderer & T. Kuhn (Hrsg.), *Innovatives Personalmanagement. Theorie und Praxis unternehmerischer Personalarbeit* (S. 3–20). Neuwied: Luchterhand.

Yukl, G. A. (1998). *Leadership in Organizations.* Upper Saddle River, NJ: Prentice-Hall.

Zimmer, A. (2005). *Bürgerschaftliches Engagement: Definition, Potential und Grenzen.* http://www.aktive-buergerschaft.de/fp_files/Zimmer_Vortrag_2005.pdf (Abruf am 12.03.2014).

Endnoten

1) Vgl. Holtbrügge, 2013, S. 1
2) Vgl. Nicolai, 2009, S. 1
3) Vgl. Nicolai, 2009, S. 1
4) Vgl. Holtbrügge, 2013, S. 1
5) Vgl. Jung, 2011, S. 8
6) Vgl. Berthel & Becker, 2010, S. 13 ff.
7) Vgl. Berthel & Becker, 2010, S. 15 ff.
8) Vgl. Siemann, 2012, S. 6
9) Vgl. Nicolai, 2009, S. 3; Olfert, 2010, S. 26
10) Vgl. Jung, 2011, S. 13
11) Vgl. Jung, 2008a, S. 32
12) Vgl. Olfert, 2010, S. 25
13) Jung, 2011, S. 9; Oechsler 2011, S.1
14) Vgl. dbb, 2013a
15) Vgl. Gabler Online-Wirtschaftslexikon, 2013
16) Vgl. Mook, 2012, S. 140 f.
17) Vgl. Zimmer, 2005, S. 3 f.
18) Vgl. Wortmann, 2012, S. 123
19) Mook, 2012, S. 139
20) Vgl. Gourmelon, 2013b, S. 205 f.
21) Scholz, 2011, S. 35
22) Vgl. Olfert, 2011, Ziff. 176
23) Kolb, 2010, S. 3
24) Kolb, 2010, S. 3
25) Vgl. Gutenberg, 1975
26) Vgl. Kolb, 2010, S. 13; Wunderer & Kuhn, 1996, S. 16
27) Vgl. Wunderer & Kuhn, 1996, S. 8
28) Vgl. Kolb, 2010, S. 12
29) Statistisches Bundesamt, 2013, S. 45
30) dbb Beamtenbund und Tarifunion, 2013b
31) Gourmelon, 2012, S. 1
32) BerufsStart im öffentlichen Dienst, 2013
33) Vgl. Bundesagentur für Arbeit, 2012a
34) Hopp & Göbel, 2008, S. 10–11
35) dbb Beamtenbund und Tarifunion, 2013c
36) Schrapper, 2013, S. 446
37) Altis & Koufen, 2011, S. 1114
38) Altis & Koufen, 2011, S. 1115
39) Vgl. Gourmelon, Mroß & Seidel, 2011, S. 1; Hopp & Göbel, 2008. S. 38 ff.
40) Vgl. Kaiser & Ringlstetter, 2010
41) Hopp & Göbel, 2008, S. 41
42) Vgl. Gourmelon, Mroß & Seidel, 2011, S. 3

43) Vgl. Lindner-Lohmann et al., 2012, S. 9–10; Ehrensberger, 2012, S. 77 ff.
44) Vgl. Schubert & Klein, 2011
45) Vgl. Lindner-Lohmann et al., 2012, S. 14–15
46) Vgl. Festing, 2004, S. 119 ff.
47) Scholz, 2000, S. 7
48) Ähnlich: Olfert, 2012, S. 44
49) Meixner, 1993, S. 5
50) Aus: Stadtverwaltung München, 2013
51) Vgl. Kolb, 2010, S. 48
52) Meixner, 1993, S. 5
53) Rau, 2007, S. 224
54) Meixner, 1993, S. 33; Huber, 2010, S. 46
55) Meixner, 1993, S. 33
56) Olfert, 2012, S. 46
57) Nach Oechsler, 2011, S. 115
58) Nach Innenministerium Nordrhein-Westfalen, 2005, S. 9 f; Rau, 2007, S. 234
59) Biester, 2006, S. 6
60) Suckow, 2007
61) Bundesarbeitsgericht, 1995, zitiert nach Däubler & Bertzbach, 2008, S. 119
62) Sozialgesetzbuch IX, § 2 Abs. 1 Satz 1
63) de Beauvoir, 1968, S. 265
64) Bundesministerium für Familie, Senioren, Frauen und Jugend, 2012
65) Zitiert nach Bundesministerium für Familie, Senioren, Frauen und Jugend, 2004, S. 181
66) Bundesministerium für Familie, Senioren, Frauen und Jugend, 2004, S. 182
67) Wagner & Sepehri, 1999, S. 18
68) Roland Berger, 2011, S. 7 ff.; Bundesagentur für Arbeit, 2012b, S. 4 f.; Verband für Interkulturelle Arbeit, 2012, S. 2; Die Beauftragte der Bundesregierung für Migration, Flüchtlinge und Integration, o. J., S. 3; Voigt & Wagner, 2007, S. 2
69) Kochan et al., 2003, S. 15
70) Wegge, 2006, S. 587
71) Wegge, 2006, S. 587
72) Nach Bundesagentur für Arbeit, 2012b, S. 10
73) Angela Merkel, Bundeskanzlerin, in einer Rede anlässlich des Kongresses „Diversity als Chance". http://www2.hu-berlin.de/francopolis/germanopolis/db/sisdb.cgi?userid=guest&pw=guest&login=Gast&db=dt&view_records=1&ww=on&ID=1768&lang=it (Abruf am 02.10.2013).
74) Köhler, 2013, S. 25 f.
75) Lüders, 2013, S. 33
76) Roland Berger, 2011, S. 18
77) Collisi, 2006, S. 27 f.
78) Aus: Vereinte Dienstleistungsgewerkschaft, 2013
79) Meissner, o. J., S. 3
80) berufundfamilie, 2009, S. 5
81) Ministerium für Arbeit und Sozialordnung, Familie, Frauen und Senioren Baden-Württemberg, 2011, S. 10
82) Gerlach et al., 2013, S. 7
83) In Anlehnung an berufundfamilie, 2013
84) Stadtverwaltung Aachen, 2011, S. 235 und 245
85) Ehrensberger, 2012, S. 77 ff.
86) Aus: Bundesministerium des Innern, 2012a, S. 17

87) Bundesministerium des Innern, 2012a, S. 18
88) Nicolai, 2009, S. 31
89) Scherm & Süß, 2010, S. 21
90) Hentze, 1994, S. 171 f; Holtbrügge, 2013, S. 100
91) Wald, 1996, S. 63
92) Novak, 1994, S. 176 ff., zitiert nach Oechsler, 2011, S. 172
93) Holtbrügge, 1995, S. 42f, zitiert nach Holtbrügge, 2013, S. 100
94) Rau, 2007, S. 250 f.
95) Oechsler, 2011, S. 170 f.
96) Nürnberger Nachrichten, 2013
97) Z. B. Scherm & Süß, 2010, S. 22; Nicolai, 2009, S. 39 ff.; Bröckermann, 2012, S. 34
98) Kolb, 2010, S. 614
99) Hentze, 1994, S. 171
100) Rau, 2007, S. 258
101) Reifenhäuser, Hoffmann & Kegel, 2012, S. 86
102) Reifenhäuser et al, 2012, S. 74
103) Gourmelon, Mroß & Seidel, 2011, S. 124 f.
104) Kosiol, 1962, S. 89; Vahs, 2009, S. 63
105) Gourmelon et al., 2011, S. 128
106) Siehe auch Wald, 1996, S. 64 f.
107) Bröckermann, 2012, S. 33 f.
108) Scherm & Süß, 2010, S. 27
109) Bundesministerium des Innern, 2012b, S. 9 ff.
110) Landeshauptstadt München, 2013
111) Wirtz et al., 2009, S. 2 ff.
112) Hopp & Göbel, 2008, S. 339 f.
113) Bröckermann, 2012, S. 51; Holtbrügge, 2013, S. 108; Wald, 1996, S. 74 f.
114) Bröckermann, 2012, S. 51; Holtbrügge, 2013, S. 108; Wald, 1996, S. 74 f.
115) Vgl. Kirsch & Mühge, 2010, S. 9
116) Speier, 2012, S. 4; vgl. auch Niewerth & Mühge, 2012, S. 12
117) Kirsch & Mühge, 2010, S. 19, S. 31 ff.
118) Unger, 2007, S. 99 f
119) Buschkamp, 2012, S. 85 ff.
120) Oechsler, 2011, S. 246 ff.; Jung, 2008b, S. 144 f.
121) Bundesagentur für Arbeit, 2013, S. 6
122) Vgl. Holtbrügge, 2013, S. 42 ff.
123) Marcks, 2012
124) Mook, 2012, S. 140 ff.
125) Oechsler, 2011, S. 243
126) Gourmelon & Oenning, 2005, S. 320
127) Paqué, 2012
128) Statistische Ämter des Bundes und der Länder, 2009, S. 10
129) Statistische Ämter des Bundes und der Länder, 2011, S. 8
130) Gourmelon, 2012, S. 1
131) Vgl. Kolb, 2010, S. 84; Hopp & Göbel, 2008, S. 336
132) Behrens & Zempel, 2012, S. 30
133) Behrens & Zempel, 2012, S. 30 ff.
134) Kassebaum & Windorf, 2009, S. 291

135) Costas, Klasa & Stranz, 2002, S. 148
136) Bethke & Gourmelon, 2014, S. 54 f.
137) Bundesministerium für Familie, Senioren, Frauen und Jugend, 2009, S. 8
138) Kolb, 2010, S. 89
139) Meixner & Meixner, 2013, S. 111
140) Döring, 2012, S. 3
141) Stadt Dortmund, 2013
142) Präsidium der Bayerischen Bereitschaftspolizei, 2013
143) Jung, 2008b, S. 147
144) Hoffmann, 2013
145) Hoffmann, 2013, S. 17
146) Behrens & Zempel, 2012, S. 96 ff.
147) Gourmelon, 2002, S. 10 ff.
148) Fischer, 2013, S. 25 ff.
149) Kassebaum & Windorf, 2009, S. 309
150) Einen andersartigen Zielkatalog bietet Drescher, 2001, S. 22
151) König et al., 2010, S. 17 ff.
152) Schmitt & Werth, 1998
153) Gourmelon, 2003b, S. 292 ff.
154) Kanning, 2004, S. 514
155) Erlanger Nachrichten vom 22. Juli 2013, S. 8
156) Deutsches Institut für Normung, 2002
157) Kersting, 2003, S. 2
158) Gourmelon, 2009a, S. 73
159) Wegener, 2003, S. 10
160) Kommunale Gemeinschaftsstelle für Verwaltungsmanagement, 2003a
161) Görlich & Schuler, 2006, S. 807 ff.
162) Gourmelon, 2009b, S. 124
163) Bitomsky, 2009, S. 373
164) Eckhardt & Schuler, 1992, S. 534
165) Aus Gourmelon, 2004, S. 17
166) Frieling & Hoyos, 1978
167) Hacker et al., 1995
168) Flanagan, 1954, S. 327 ff.
169) Gourmelon, 2009c, S. 88 f.
170) Hoffmann, 2013, S. 33
171) Jackson, Hunter & Hodge, 1995, S. 108
172) Baron-Boldt, Funke & Schuler, 1989, S. 11 ff.
173) Weuster, 2012, S. 169
174) Gourmelon, 2009d, S. 146 ff.; Weuster, 2012, S. 126 ff.; Kolb, 2010, S. 113 ff.
175) Wald,1996, S. 108 ff.
176) Für den deutschsprachigen Bereich: Hülsheger, Maier & Stumpp, 2007, S. 3 ff.
177) Marcus, 2011, S. 81 ff.
178) Nußbaum & Neumann, 1995, S. 127
179) Runde, 2009, S. 191
180) Marcus, 2011, S. 70
181) Ones, Viswesvaran & Schmidt, 1993, S. 679 ff.
182) Freie und Hansestadt Hamburg, 2013

183) Kanning, 2004, S. 367
184) Kanning, 2010
185) Fricke & Schütte, 2012, S. 121 f.
186) Fricke & Schütte, 2012, S. 125
187) Hoffmann, 2013, S. 74
188) Bäcker, 2009, S. 393 ff.
189) Kanning, 2009, S. 198 f. und Kanning, 2004, S. 371 ff.
190) Oechsler, 2011, S. 222; Kolb, 2012, S. 126; Hoffmann, 2013, S. 146 f.
191) Schuler & Moser, 1995, S. 2 f.; Bäcker, 2005, S. 47 ff.; Gourmelon, 2009e, S. 213 ff.
192) Dlugosch, 2009, S. 217 ff.
193) Vergleiche die Definition der International Task Force on Assessment Center Guidelines, 2009, S. 243 ff.
194) Mayer (im Druck)
195) Angaben in der Spalte – sofern nicht anders angegeben – nach Schmidt & Hunter, 1998, S. 262 ff.
196) Angaben in der Spalte – sofern nicht anders angegeben – nach Marcus, 2011, S. 80 f.
197) Roth, Bobko & McFarland, 2005, zitiert nach Marcus, 2011, S. 58
198) Marcus, 2011, S. 55
199) Schuler & Höft, 2006, S. 103 f.
200) Görlich & Schuler, 2006, S. 806; Kanning, 2004, S. 268
201) Gourmelon, Mroß & Seidel, 2011, S. 331 ff.
202) Gros, 2009, S. 339
203) Böschen et al., 2012, S. 13
204) Agthe & Spörrle, 2010, S. 16 ff.
205) Für einen umfassenden Überblick siehe Gros, 2012
206) Böschen et al., 2012
207) Treier, 2009, S. 113
208) Hoffmann, 2013, S. 17 ff.
209) Fischer, 2013, S. 25 ff.
210) Ohne Verfasser, 2013, S. 2 f.
211) Persönliche Mitteilung von Joachim Eckert, Bundeshauptstadt Berlin, 25.6.2013; Pusacker, 2013, S. 46 f
212) Kersting, 2009, S. 48 ff.
213) Berthel & Becker, 2003, S. 231
214) Kratz, 1997, S. 5
215) Aus Gourmelon, 2011, S. 200
216) Wald, 1996, S. 322
217) Ausführlich in Gourmelon, 2011, S. 203 ff.
218) dbb Beamtenbund und Tarifunion, 2002, S. 7
219) Vgl. Bundesanstalt für Arbeitsschutz und Arbeitsmedizin, 2013
220) Holtbrügge, 2013, S. 159 ff.; Berthel & Becker, 2013, S. 539 ff.
221) Vgl. Lindner-Lohmann et al., 2012, S. 79
222) Vgl. Klein-Schneider, 2003
223) Vgl. Speier, 2013, S. 28 ff.
224) Mühge, 2011, S. 70
225) Holtbrügge, 2013, S. 90
226) Vgl. Jung, 2011, S. 851 ff.
227) Vgl. Lorinser, 2009; Kramer & Peter, 2012
228) Vgl. Jung, 2011, S. 246 ff.

229) Vgl. Becker & Seidel, 2006
230) Resch & Bamberg, 2005, S. 175
231) Vgl. Richenhagen, 2007, S. 46
232) Vgl. Jung, 2011, S. 242 ff.
233) Vgl. Schlick et al., 2010, S. 575 ff.
234) Danne & Heider-Knabe, 2003, S. 91 ff.
235) Uhle & Treier, 2013, S. 68 ff.
236) Schlick et al., 2010; Holtbrügge, 2013, S. 172 f.; Berthel & Becker, 2013, S. 639 ff.
237) Deller et al., 2008, S. 188 ff.
238) Berthel & Becker, 2013, S. 79 ff.
239) Vgl. Treier, 2009, S. 13 ff.
240) Drumm, 2008, S. 203 ff.
241) Vgl. Uhle & Treier, 2013, S. 93 ff.
242) Vgl. Ulich, 2011
243) Fauth-Herkner, 2003, S. 91 ff.
244) Sonntag & Stegmaier, 2007; Ulich, 2011, S. 440 ff.
245) Scherm & Süß, 2003, S. 67
246) Berthel & Becker, 2013, S. 349 ff.
247) Treier, 2009, S. 70 ff.
248) Vgl. Erpenbeck & Rosenstiel, 2007
249) Holtbrügge, 2013, S. 170 ff.
250) Vgl. Achouri, 2010, S 65 ff.
251) Vgl. Lang-von Wins & Triebel, 2012
252) Vgl. Ritz & Thom, 2011
253) Beck, 2012, S. 9
254) Beck, 2012, S. 6
255) Hornung et al., 2008, S.33
256) Vgl. Lindner-Lohmann et al., 2012, S. 87 f.
257) Bundesanstalt für Arbeitsschutz und Arbeitsmedizin, 2013, S. 15 ff.
258) Treier, 2003
259) Vgl. Hielscher, 2000
260) Andresen, 2009, S. 1
261) Vgl. Büssing et al., 2003
262) Badura et al., 2012
263) Sennet, 2006
264) Holtbrügge, 2013 S. 159; Lindner-Lohmann, 2012, S. 79
265) Vgl. Berthel und Becker, 2013, S. 539 ff.; Schlick et al., 2010
266) Olfert, 2010, S. 180 f.
267) Holtbrügge, 2013, S. 160; Lindner-Lohmann, 2012, S. 82; Olfert, 2010, S. 181
268) Hackman & Oldham, 1976; Vgl. Kleinbeck & Kleinbeck, 2009
269) Ulich, 2011, S. 201 ff.
270) Treier, 2009, S. 212
271) Schlick et al., 2010
272) Uhle & Treier, 2013, S. 264 f.
273) Holtbrügge, 2013, S. 162 ff.; Lindner-Lohmann, 2012, S. 82 ff., Olfert, 2010, S. 179 ff.; Ulich, 2011, S. 212 ff.
274) dbb Beamtenbund und Tarifunion, 2002, S. 17 ff.
275) Büssing et al., 2003
276) Treier, 2001; Treier, 2003

277) Richenhagen et al., 2002
278) Bundesministerium für Wirtschaft und Arbeit (Österreich), 2004, S.2
279) Schlick et al., 2010, S. 575
280) Vgl. Seifert, 2005
281) Gebert et al., 2001
282) Groß, 2009; Groß & Schwarz, 2010, S. 18 und 63 ff.
283) Holtbrügge, 2013, S. 175 ff.; Schlick et al., 2010, S. 593
284) Vgl. MWA, 2004, S. 19
285) Bundesanstalt für Arbeitsschutz und Arbeitsmedizin, 2013, S. 25 ff.; vgl. Berthel & Becker, 2013, S. 550 ff.; Schlick et al., 2010, S. 594 f.
286) Schlick et al., S. 596 ff.
287) Wingen et al., 2004, S. 55 ff.
288) Andresen, 2009, S. 11
289) Bundesministerium für Wirtschaft und Technologie, 2012, S. 2 f.
290) Vgl. Becker, 2013, S. 5 ff.
291) Mook, 2012, S. 151
292) Vgl. Mentzel, 2008, S. 3; Becker, 2011, S. 8
293) Müller-Vorbrüggen, 2010, S. 8
294) Vgl. Bröckermann, 2012, S. 309
295) Berthel & Becker, 2010, S. 388
296) Vgl. Müller-Vorbrüggen, 2010, S. 8
297) Vgl. Mentzel, 2008, S. 11
298) Berthel & Becker, 2010, S. 438
299) Vgl. Müller-Vorbrüggen, 2010, S. 8
300) Bröckermann, 2012, S. 310
301) Stock-Homburg, 2008, S. 155; Berthel & Becker, 2010, S. 396 ff.; Hopp & Göbel, 2008, S. 370
302) Vgl. Becker, 2009, S. 6
303) Bröckermann, 2012, S. 324
304) Wegerich, 2007, S. 119
305) Vgl. Heyse & Erpenbeck, 2009, S. XI
306) Vgl. Lindner-Lohmann et al., 2012, S. 156
307) Vgl. Schirmer, 2006, S. 65
308) Vgl. Hopp & Göbel, 2008, S. 385
309) Becker, 2009, S. 241
310) Vgl. Becker, 2009, S. 272; Berthel & Becker, 2010, S. 429
311) Vgl. Stock-Homburg, 2008, S. 168
312) Vgl. Drumm, 2008, S. 324
313) Vgl. Scherm & Süß, 2010, S. 92
314) Vgl. Scherm & Süß, 2010, S. 92
315) Vgl. z. B. Verordnung über die Abschlussprüfung für die Ausbildungsberufe zur Verwaltungsfachangestellten/zum Verwaltungsfachangestellten und zur Fachangestellten für Bürokommunikation/zum Fachangestellten für Bürokommunikation im Lande Nordrhein-Westfalen – Fachrichtungen Landes- und Kommunalverwaltung – (APO Verwaltungsberufe).
316) Vgl. beispielsweise Verordnung über die Ausbildung und Prüfung der Beamten in der Laufbahn des mittleren allgemeinen Verwaltungsdienstes im Lande Sachsen-Anhalt (APVOmD).
317) Bundesagentur für Arbeit, 2014
318) Vgl. z. B. Verordnung über die Ausbildung und Prüfung für Laufbahnen des gehobenen nichttechnischen Dienstes im Lande Nordrhein-Westfalen (Ausbildungsverordnung gehobener nichttechnischer Dienst – VAPgD).

319) Vgl. etwa Becker, 2009, S. 272 ff.; Stock-Homburg, 2008, S. 168 ff.; Jung, 2011, S. 266; Hopp & Göbel, 2008, S. 386

320) Vgl. Berthel & Becker, 2010, S. 429

321) Vgl. z. B. Prüfungsordnung für Angestellte im kommunalen Verwaltungsdienst NRW – POA Gem.

322) Vgl. beispielsweise §§ 35 ff. der Ausbildungsverordnung gehobener nichttechnischer Dienst – VAP gD des Landes Nordrhein-Westfalen aus dem Jahre 1994.

323) Die Zuständigkeiten für die Prüfung sind in NRW z. B. in § 73 Berufsbildungsgesetz i. V. mit der entsprechenden Zuständigkeitsverordnung (BBiGZustVO NRW) geregelt.

324) Vgl. Lendner & Scholer, 2013, S. 24

325) Vgl. Kolb, 2010, S. 474 ff.

326) Vgl. LEARNTEC Glossar, 2014

327) Vgl. Lindner-Lohmannet al., 2012, S. 164

328) Vgl. do – didactics online, 2014

329) Vgl. Mudra, 2004, S. 409

330) Vgl. Grotlüschen, 2010, S. 249; do - didactics online, 2014

331) Vgl. do – didactics online, 2014

332) Vgl. Holtbrügge, 2013, S. 138

333) Vgl. do – didactics online, 2014

334) Grotlüschen, 2010, S. 249

335) Grotlüschen, 2010, S. 249

336) Berthel & Becker, 2010, S. 486

337) Grotlüschen, 2010, S. 250

338) Vgl. Busse & Nimtz, 2010, S.4

339) Vgl. Busse & Nimtz, 2010, S.2 f.

340) Vgl. Landwehr & Müller, S. 16 ff.

341) Vgl. Schrapper, 2008, S. 258 ff.

342) Becker, 2009, S. 409

343) Vgl. Mentzel, 2008, S. 11

344) Vgl. Jung, 2011, S. 289

345) Vgl. Becker, 2009, S. 488

346) Vgl. Hopp & Göbel, 2008, S. 391; Berthel & Becker, 2010, S. 452

347) Vgl. Berthel & Becker, 2010, S. 456; Stock-Homburg, 2008, S. 198

348) Vgl. Hopp & Göbel, 2008, S. 392; Stock-Homburg, 2008, S. 198

349) Vgl. Stock-Homburg, 2008, S. 199

350) Grone Bildungszentrum, 2013, S. 3

351) Holtbrügge, 2013, S. 145

352) Vgl. Stock-Homburg, 2008, S. 199

353) Vgl. Hopp & Göbel, 2008, S. 394

354) Becker, 2009, S. 364

355) Vgl. Berthel & Becker, 2010, S. 476

356) Vgl. Reichelt, 2010, S. 439

357) Vgl. Reichelt, 2010, S. 441

358) Cross-Mentoring Projekt im Kreis Unna, 2014

359) Vgl. Becker, 2009, S. 483

360) Becker, 2009, S. 539

361) Vgl. Rauen, 2003, S. 2 ff.

362) Stenzel, 2010, S. 425

363) Vgl. Kniep-Taha, 2013, S. 27

364) Vgl. Kniep-Taha, 2013, S. 26
365) Vgl. Bröckermann, 2012, S. 336
366) Vgl. Wegerich, 2007, S. 79
367) Vgl. Nicolai, 2009, S. 293
368) Vgl. Lindner-Lohmann et al., 2012, S. 161
369) Vgl. Stelzer-Rothe, 2010, S. 611
370) Berthel & Becker, 2010, S. 438
371) Vgl. Berthel & Becker, 2010, S. 439
372) Zur Begriffsdefinition der Aufgabe, organisatorischen Kompetenz und Verantwortung vgl. Gourmelon, Mroß & Seidel, 2011, S. 118 ff.; Vahs, 2009, S. 64 ff.
373) Vgl. Holtbrügge, 2013, S. 162
374) Vgl. Olfert, 2010
375) Vgl. z. B. Lindner-Lohmann et al., 2012, S. 83
376) Vgl. Eschenbach, 1977, S. 110 ff.
377) Vgl. Fisch, Beck & Englich, 2001
378) Vgl. Gourmelon, Mroß & Seidel, 2011, S. 362
379) Vgl. Lindner-Lohmann et al., 2012, S. 84
380) Verändert nach Holtbrügge, 2013, S. 135; erweitert nach Conradi, 1983, S. 25 f.
381) Klimecki & Gmür, 1998, S. 215
382) Vgl. Klimecki & Gmür, 1998, S. 217
383) Vgl. Holtbrügge, 2013, S. 141
384) Zitiert nach Becker & Langosch, 1995, S. 5
385) Vgl. Gourmelon, Mroß & Seidel, 2011, S. 274
386) Vgl. Becker, 2011, S. 19 ff.
387) Vgl. Becker, 2009, S. 178 f.
388) Innenministerium NRW, 2005, S. 4
389) Gourmelon & Knabe-Gourmelon, 2009, S. 397 f.
390) Schuler, 2000, S. 54
391) Kolb, 2010, S. 510
392) Vgl. Olfert, 2010, S. 411
393) Vgl. Becker, 2011, S. 115
394) In Anlehnung an Becker, 2011, S. 120
395) Vgl. Kauffeld, 2010, S. 26
396) Vgl. Becker, 2011, S. 150 f.
397) Becker, 2011, S. 220
398) Vgl. Becker, 2011, S. 331 ff.
399) Bröckermann, 2012, S. 185
400) Bernard, 2006, S. 231, zitiert nach Stock-Homburg, 2013, S. 419
401) Stock-Homburg, 2013, S. 407 ff.
402) Stock-Homburg, 2013, S. 414
403) Vgl. Werres, 2011, S. 48
404) Vgl. Langer & Wichmann, 2007, S 53
405) Vgl. Deutscher Beamtenbund, 2014
406) Werres, 2011, S. 49
407) Vgl. Werres, 2007, S 53
408) § 1 Abs. 1 S. 1 TVöD
409) Vgl. Rheinische Versorgungskassen, 2014
410) Vgl. Für soziales Leben, 2014
411) Landesamt für Besoldung und Versorgung NRW, 2014

412) Z. B. Kreis Warendorf, 2014
413) Bull-Kommission, 2003, S. 102
414) Gourmelon, 2013a
415) Gmür & Thommen, 2006, S. 350
416) Stöwe & Keromosemito, 2013
417) Vgl. Herrmann & Felfe, 2009
418) Rosenstiel in Rosenstiel et al., 1999, S. 4
419) Frey & Schmalzried, 2013, S. 29
420) Mayer zitiert nach Grote, 2012, S. 621
421) Dörr, 2007, S. 23
422) Neuberger, 2002, S. 26
423) Thom & Ritz, 2008, S. 386
424) Jung, 2010, S. 8 f.
425) Thommen & Achleitner, 2012, S. 938
426) Thom & Ritz, 2008, S. 390 ff.
427) Vgl. Kirchler, 2005, S. 17 ff.; Treier, 2011, S. 26 ff.
428) Ministerium für Inneres und Kommunales des Landes Nordrhein-Westfalen, 2003, S. 6 ff., vgl. Kosel, 2012
429) Treier, 2009, S. 294; Robbins et al., 2013
430) Ministerium für Inneres und Kommunales des Landes Nordrhein-Westfalen, 2003, S. 8
431) Vgl. Kosel, 2012; Steiger & Lippmann, 2013
432) Elbe in Grote, 2012, S. 173 ff.
433) Weber & Breucker, 2009
434) Wildenmann, 2009
435) AmtsBl. M-V 2002 S. 760
436) Marcus, 2011, S. 85 ff.
437) Ministerium für Inneres und Sport Mecklenburg-Vorpommern, 2013
438) Holtbrügge, 2013, S. 196 ff.
439) Winkler & Hofbauer, 2010, S. 205 ff.
440) Marcus, 2011, S. 90
441) Winkler & Hofbauer, 2010, S. 107 ff.
442) Marcus, 2011, S. 97
443) Kanning, 1999
444) Rietiker in Werkmann-Karcher & Rietiker, 2010, S. 230
445) Treier, 2009, S. 136 ff.
446) Treier, 2009, S. 240
447) Stöwe & Keromosemito, 2013, S. 37 ff.
448) Steiger & Lippmann, 2013, Band 2, S. 217 ff.
449) Bohinc, 2012, S. 101 und 109
450) Vetter in Steiger & Lippmann, 2013, Band 2, S. 241
451) Lippmann in Steiger & Lippmann, 2013, Band 2, S. 334
452) Neuberger, 2006
453) Steiger & Hug in Steiger & Lippmann, 2013, Band 2, S. 255
454) Habelt & Sonnabend, 2012
455) Vgl. Thom & Ritz, 2008
456) Gräser, 2013, S. 3
457) Treier, 2009, S. 287
458) Sarges, 2000
459) Wollsching-Strobel & Prinz, 2012

460) Gourmelon, 2010a, S. 237
461) Kaudela-Baum et al., 2012
462) Arnold & Tutor, 2007
463) Gräser, 2013, S. 255 ff.
464) Treier, 2011, S. 108 ff.
465) Kommunale Gemeinschaftsstelle für Verwaltungsmanagement, 2007, S. 11
466) Vgl. Scherm, 2001; Treier, 2005
467) Neuberger, 2000
468) Bracken & Rose, 2011
469) Stellermann et al., 2011, S. 20 f.
470) Vgl. Grote & Hering, 2012, S. 1 ff.
471) Bass & Bass, 2008, S. 651 ff.; Stewart, 1991
472) Diers, 2006
473) Dörr, 2007
474) Judge et al., 2006
475) Kuhn & Weibler, 2012
476) Gräser, 2013, S. 124 ff.
477) Collins, 2001
478) Kliche & Stephanie, 2011
479) Hammerschmidt et al., 2009, S. 81
480) Neuberger, 2002, S. 752
481) Kosel, 2012
482) Rohrhirsch, 2011
483) Neuberger, 2002, S. 753 ff.
484) Weibler, 2001, S. 463
485) Visser et al., 2008
486) Gourmelon, 2013a
487) Becker, 2009; North et al., 2013
488) Akademie für Öffentliche Verwaltung des Freistaates Sachsen, 2013, S. 20-40
489) Vgl. Steiger & Lippmann, 2013, Bd. 2, S. 251 ff.
490) Treier, 2009, S. 285 ff.
491) Frey & Schmalzried, 2013, S. 36
492) Vgl. Neuberger, 2002, S. 59 f.; Treier, 2009, S. 286
493) Alznauer, 2013, S. 25
494) Achouri, 2009, S. 141 ff.
495) Vgl. Neuberger, 2002, S. 640
496) Neuberger, 2002, S. 638
497) Wunderer, 2006, S. 271
498) Vgl. Weinert, 2004, S. 462
499) Northouse, 2007, S. 15 ff.; Yukl, 1998
500) Judge et al., 2002
501) Felfe, 2006
502) Judge et al., 2006
503) Bass & Bass, 2008
504) Hungenberg & Wulf, 2011, S. 382 f.
505) Fuller et al., 1996; Pundt & Nerdinger in Grote, 2012, S. 27
506) Vgl. Thom & Ritz, 2000
507) Gohil, 2003

508) Gebert, 2002, S. 48 ff.
509) Hammerschmid et al., 2010, S. 30 f.
510) Ministerium für Inneres und Kommunales des Landes Nordrhein-Westfalen, 2003
511) Nach Rosenstiel et al., 1999, S. 13
512) Tannenbaum & Schmidt, 1958
513) Likert, 1961
514) Stogdill & Coons, 1957
515) Blake und Mouton, 1980
516) Treier, 2009, S. 307
517) Bowers & Seashore, 1966
518) Kanning & Holling, 2002, S. 403 ff.
519) Treier, 2005
520) Kluger & DeNisi, 1996
521) Treier, 2011, S. 107 f.
522) Kanning, 1999
523) Judge & Piccolo, 2004
524) Vgl. Kieser & Walgenbach, 2010
525) Vgl. Northouse, 2007
526) Treier, 2009, S. 310
527) Liebermann, 2007, S. 54 ff.; Treier, 2009, S. 311 ff.
528) Vgl. Hungenberg & Wulff, 2011, S. 372 ff.; Peters et al., 1985; Robbins et al., 2013
529) Vgl. Treier, 2009, S. 308
530) DeRue et al., 2011
531) DeRue et al., 2011
532) Ulich, 2011
533) Manz & Sims, 1989
534) Wunderer & Kuhn, 1993, S. 112 f.
535) Aron-Weidlich, 2013, S. 8
536) Eberhardt, 2012, S. 5 ff.
537) Aron-Weidlich, 2013, S. 9 ff.; Vgl. Grote, 2012
538) Wastian et al. in Grote, 2012, S. 81
539) Wastian et al., 2012
540) Piecha et al. in Grote, 2012, S. 557 ff.
541) Wegge, 2004
542) Uhle & Treier, 2013, S. 128 ff.
543) Vgl. Sträter et al. in Grote, 2012, S. 307 ff.
544) Nach Sträter et al. in Grote, 2012, S. 319 f.
545) Peters & Ghadiri, 2011
546) Uhle & Treier, 2013, S. 127 ff.
547) Hertel & Lauer in Grote, 2012, S. 103 ff.
548) House et al., 2004
549) Gourmelon, 2013b
550) Vgl. Reifenhäuser et al., 2012
551) Vgl. Bücker-Gärtner in Kliche & Stiel, 2011, S. 467 ff.
552) Vgl. Jung, 2011, S. 314; Olfert, 2011, Ziff. 166
553) Vgl. Olfert, 2011, Ziff. 166
554) Vgl. Berthel & Becker, 2010, S. 363
555) Vgl. StepStone, 2009

556) Etzel et al. 2002, S. 162 ff.
557) Vgl. Jung, 2011, S. 314
558) Vgl. Stock-Homburg, 2008, S. 220
559) Vgl. Berthel & Becker, 2010, S. 365
560) In Anlehnung an Berthel & Becker, 2010, S. 366
561) Nach Holtbrügge, 2013, S. 151
562) Vgl. Jung, 2011, S. 314
563) Vgl. Gourmelon, Mroß & Seidel, 2011, S. 1
564) Landesregierung Nordrhein-Westfalen, 2014
565) Vgl. Landesregierung Nordrhein-Westfalen, 2014
566) Vgl. Holtbrügge, 2013, S. 151
567) Vgl. Stock-Homburg, 2008, S. 221
568) Vgl. Stock-Homburg, 2008, S. 221
569) Holtbrügge, 2013, S. 151
570) Vgl. Olfert, 2011, Ziff. 168
571) Vgl. Berthel & Becker, 2010, S. 370
572) Vgl. Freiberg, 2007, S. 82
573) Gourmelon, 2008, S. 195
574) Vgl. Burth & Gnädinger, 2014
575) Vgl. Stock-Homburg, 2008, S. 224
576) Vgl. Olfert, 2010, S. 428
577) Vgl. Holtbrügge, 2013, S. 152 f.
578) Vgl. Gabler Wirtschaftslexikon, 2014
579) Vgl. Jung, 2011, S. 319
580) Vgl. Stock-Homburg, 2008, S. 236
581) Vgl. Holtbrügge, 2013, S. 153 f.
582) Vgl. Wirtschaftlexikon24.com, 2014
583) Vgl. Freiberg, 2007, S. 83 f.
584) Vgl. Holtbrügge, 2013, S. 154
585) Vgl. von Rundstedt, 2010, S. 197
586) Vgl. Mentzel, 2001, S. 166 ff.; Nicolai, 2009, S. 298
587) Vgl. Nicoai, 2009, S. 298
588) Vgl. Bröckermann, 2012, S. 368
589) Vgl. Treier, 2009, S. 265
590) Vgl. Holtbrügge, 2013, S. 155; Oechsler, 2011, S. 270
591) Vgl. Wichmann & Langer, 2013
592) Bundesministerium des Innern, 2011
593) Giesecke & Wotschack, 2009, S. 2
594) Vgl. Olfert, 2010, S. 38
595) Senat der Freien und Hansestadt Hamburg, 2004
596) In Anlehnung an Krieg & Ehrlich, 1998, S. 26
597) Vgl. Oechsler, 2011, S. 2; Scherm & Süß, 2010, S. 244
598) Näheres hierzu Gourmelon, Mroß & Seidel, 2011, S. 10
599) Näheres hierzu Vahs, 2009, S. 151, S. 156
600) Vgl. Nicolai, 2009, S. 25; Scherm & Süß, 2010, S. 241
601) Vgl. Holtbrügge, 2013, S. 58 f.; Scherm & Süß, 2010, S. 250
602) Näheres hierzu Gourmelon, Mroß & Seidel, 2011, S. 182
603) Vgl. Olfert, 2011, Ziff. 184

604) Vgl. Drumm, 2008, S. 69
605) In Anlehnung an Wald, 2005, S. 326 ff.
606) Vgl. Dienstleistungszentrum des Bundesverwaltungsamtes, 2013
607) Vgl. Dienstleistungszentrum des Bundesverwaltungsamtes, 2013
608) Vgl. Landesamt für Besoldung und Versorgung NRW, 2013
609) Vgl. Kolb, 2010, S. 590; Scherm & Süß, 2010, S. 258
610) Vgl. Jung, 2011, S. 51; Kolb, 2010, S. 599
611) Vgl. Funke,2013, S. 253
612) Vgl. Rechtswörterbuch, 2013
613) Vgl. Jung, 2011, S. 663
614) Vgl. Olfert, 2010, S. 482
615) Vgl. Jung, 2011, S. 690
616) Treier, 2012
617) Vgl. Kirbach & Gourmelon, 2007
618) Treier, 2013
619) Robert Bosch Stiftung, 2009
620) Vgl. Deller et al., 2008
621) Schmeisser, 2008, S. 185 ff.; Wucknitz, 2009, S. 121 ff.; Treier, 2013, S. 88 ff.
622) Deutsche Gesellschaft für Personalführung e. V., 2004, S. 20
623) Deutsche Gesellschaft für Personalführung e. V., 2013, S. 197 ff.
624) Vgl. Drumm, 2008, S. 587 ff.; Treier, 2013, S. 62 f.
625) Vgl. Kobi, 2002, S. 33ff; Klöti, 2008, S. 47 ff.
626) Treier, 2013, S. 65
627) Vgl. Bundesministerium des Innern, 2009
628) Vgl. Ulrich, 1997
629) Boston Consulting Group, 2008
630) Klimecki & Gmür, 2005
631) Uhle & Treier, 2013, S. 124 f.
632) North et al., 2013, S. 9 ff.
633) Kleinbeck & Kleinbeck, 2009
634) Dick van, 2004, S. 2 ff.
635) Vgl. Treier, 2011, S. 37
636) Scholz et al., 2011
637) Badura et al., 2008
638) Becker 2008, 303 ff.
639) Ulich, 2011
640) Becker, 2008, S. 1
641) Flamholtz, 1999
642) Stein, 2007, S. 316
643) Becker, 2008, S. 16 ff.
644) Haufe, 2012, S. 2
645) Haufe, 2012; Deutsche Gesellschaft für Personalführung e. V., 2007; Gerlach & Armutat in Deutsche Gesellschaft für Personalführung e. V., 2013, S. 279 ff.
646) Treier, 2013, S. 99 ff.
647) Deutsche Gesellschaft für Personalführung e. V., 2007, S. 9
648) Wunderer & Jaritz, 2007
649) Vgl. Deutsche Gesellschaft für Personalführung e. V., 2013; Schulte, 2012
650) Drumm, 2008, S. 607 ff.; Oechsler, 2006, S. 178 ff.
651) Treier, 2013, S. 43 ff.

652) Schulte, 2011, S. 3 ff.; Treier, 2013, S. 52 ff.; Armutat in Deutsche Gesellschaft für Personalführung e. V., 2013, S. 23 ff.
653) Vgl. Holtbrügge, 2013, S. 252 ff.
654) Vgl. Deutsche Gesellschaft für Personalführung e. V., 2013, S. 179 ff.
655) Vgl. Fischer, 2013
656) Jung, 2011, S. 694 ff.
657) Treier, 2013, S. 69 ff.
658) Schulte, 2011, S. 1
659) Schulte, 2011, S. 2; Treier, 2013, S. 38
660) Deutsche Gesellschaft für Personalführung e. V., 2007, S. 80 f.
661) Treier, 2013, S. 121
662) Treier, 2013, S. 119 ff.
663) Uhle & Treier, 2013, S. 216 f.
664) Vgl. Paul, 2005; Klöti, 2008
665) Becker, 2008, S. 22
666) Wolf, 2008, S. 650
667) Jung, 2011, S. 694 ff.
668) Treier, 2013, S. 85 f.
669) Kommunale Gemeinschaftsstelle für Verwaltungsmanagement, 2003b; vgl. Treier, 2013, S. 87
670) Treier, 2013, S. 124 ff.
671) Kaplan & Norton, 2001; Becker, 2008, S. 320 ff.
672) Vgl. Bundesverwaltungsamt, 2009
673) http://www.caf-netzwerk.de, Stand 02/14
674) Vgl. Becker et al., 2001
675) Friederichs & Labes in Kruppke et al., 2006, S. 18
676) Schmeisser, 2010
677) Scholz et al., 2011, S. 57 ff.
678) Schmeisser, 2010, S. 22
679) Treier, 2013, S. 129 ff.; vgl. Wucknitz, 2009
680) Fitz-enz, 2000, S. 38
681) Flamholtz, 1999
682) Oechsler, 2006, S. 182 f.
683) Scholz, 2011, S. 213 ff.; Informationen unter https://www.saarbruecker-formel.net (Stand 12/13)
684) Becker et al., 2006; Becker et al., 2007; Schmeisser & Lukowsky, 2006, S. 71 f.
685) Treier, 2009, S. 373 f.
686) Schmeisser, 2010, S. 17 ff.
687) Wucknitz, 2009, S. 43 ff.
688) Friederichs & Labes in Kruppke et al., 2006, S. 25
689) Wunderer & Jaritz, 2007
690) Treier, 2009, S. 359
691) Becker, 2008, S. 342; Wucknitz, 2009, S. 62 ff.
692) Paul, 2005, S. 26
693) Treier, 2011, S. 117 ff.
694) Vgl. Kobi, 2002
695) Becker, 2008, S. 362
696) Treier, 2013, S. 162 ff.
697) Lendner & Scholer, 2012, S. 70
698) Lendner & Scholer, 2012, S. 37
699) Treier, 2009, S. 390 ff.

700) Vgl. Sonntag, 2006
701) Reischmann, 2006
702) Lendner & Scholer, 2012
703) Vgl. Becker, 2011
704) Vgl. Landsberg & Weiss, 1995
705) Vgl. Fredersdorf & Lehner, 2004
706) Oechsler, 2006, S. 529 ff.
707) Vgl. Wunderer & Dick, 2006, S. 134 ff.
708) Treier, 2009, S. 397 ff.
709) Hölbling et al., 2010, S. 17 ff.
710) Reischmann, 2006, S. 105 ff.
711) Philipps & Schirmer, 2008
712) Philipps & Schirmer, 2008, S. 2; vgl. Kirkpatrick & Kirkpatrick, 2006
713) Käpplinger, 2009
714) Reischmann, 2006, S. 259 ff.

Stichwortverzeichnis

Die Zahlen beziehen sich auf die Seiten.

B

C

D

E

F

G

H

I

J

K

L

M

N

O

P

Q

R

S

T

U

V

W

Z